Originalsachtitel: *EL TANGO*

Übersetzung: Thure Roman Adler (thureroman@gmx.de)

Umschlagsbild: Edgar Arroñade (Öl auf Leinwand 1,00 x 1,20 m)
edgar@abrazosbooks.com

Umschlag und graphische Gestaltung: Daniel Canuti

ABRAZOS books
(Bücher zum Thema Tango)
Daniel Canuti
Mönchhaldenstr. 101
70191 Stuttgart
Germany
www.abrazosbooks.com
e-mail: info@abrazosbooks.com
ISBN 3-9807383-1-0

Lizenzausgabe für den Buchhandel:
Schmetterling Verlag
GbR Jörg Hunger & Paul Sandner
Lindenspürstr. 38 b
70176 Stuttgart
Germany
www.schmetterling-verlag.de
e-mail: info@schmetterling-verlag.de
ISBN 3-89657-604-6

Printed in Germany
1. Auflage, 2002

Druck: Hensel Druckerei, Leipzig

Die Deutsche Bibliothek -- CIP-Einheitsaufnahme:
Ein Titeldatensatz für diese Publikation ist bei der Deutschen Bibliothek erhältlich.

Anmerkungen des Übersetzers

Wie kommt es, daß ausgerechnet ein Stück argentinische Kultur in der ganzen Welt Furore macht? Der Siegeszug des Tango ist gewiß kein Ausdruck geistiger Auseinandersetzung mit Argentinien, ja oft nicht einmal mit dem Tango selbst. Internationale Plattenfirmen verkaufen mit Gewinn die „historischen“ Aufnahmen der *orquestas típcias,* während deren altgewordene Mitglieder in ihrem Heimatland verarmt als Taxifahrer arbeiten. Der Diskjockey sortiert seine Titel bestenfalls nach ihrem Erfolg bei seinem Tanzpublikum, ohne es nötig zu haben, auf den Inhalt ihrer Texte oder auf ihren Kontext Rücksicht zu nehmen. Die heute viel beschworene weltweite Verbreitung des argentinischen Tango beschränkt sich in erster Linie auf seine Vermarktung und reduziert den Tango auf Konsum oder Tanzschritte.

Das vielen in- und ausländischen Schriften als Vorlage dienende Werk von Horacio Salas ist eine umfassende und gelungene Darstellung der Kulturgeschichte des Tango, die mit dieser Übersetzung endlich dem deutschsprachigen Publikum zugänglich wird. Es läßt die argentinische Identität des Tango in mehrfacher Hinsicht deutlich werden. Zum einen sehen wir die Entwicklung und die Persönlichkeiten des Tango in die Geschichte seines Ursprungslandes eingebettet – und diese vom kritischen Standpunkt des Argentiniers Salas aus betrachtet – zum anderen zitiert und bezieht sich der Autor auf einen geschichtlichen und kulturellen Kontext, der den meisten deutschen Lesern gänzlich unbekannt sein dürfte.

Diese „kontextuelle Eigenheit“ des Tango spiegelt sich im Vokabular des Buches wider. Der Übersetzer begegnet Wörtern, die keine direkten, deutschen Entsprechungen haben, die aber gefühlsmäßig mit der „Essenz des Tango“ verknüpft sind. Deshalb sind in der Übersetzung bewußt spanische oder argentinische Ausdrücke belassen worden, – die entweder durch eine Fußnote[1] oder in der anschließenden Wortliste, häufig aber im Text selbst erklärt werden – um den Leser auf diesen Kontext zu verweisen. An dieser Stelle möchte ich aber betonen, daß die Tangoliedtexte in ihren deutschen Übersetzungen ihre sprachlich-dichterischen Eigenheiten verloren haben. Die Übersetzungen erheben nicht den Anspruch, ihren Vorlagen dichterisch ebenbürtig zu sein; sie sollen dem Leser vor allem helfen, die spanischen Sätze zu entschlüsseln, um sie so gut es geht inhaltlich zu verstehen. Ich habe es meistens vorgezogen, die

[1] Numerierte Fußnoten sind Fußnoten des Übersetzers, während die Fußnoten des Autors mit Sternchen gekennzeichnet sind.

vom Dichter gewählten Metaphern beizubehalten, anstatt deutsche Redewendungen einzusetzen. Auf der anderen Seite sind auch die mit „Lunfardismen“ (Wörter aus dem Slang von Buenos Aires) gespickten Tangotexte weitgehend ins Hochdeutsche übersetzt worden, und nicht in einen dem Original nachempfundenen, deutschen Slang, wie wir ihn vielleicht am ehesten in den Milieuschilderungen der zwanziger Jahre eines Walter Serner gefunden hätten.

Der Leser sollte wissen, daß einige der in den Tangotexten auftauchenden Wörter selbst dem durchschnittlichen Argentinier von heute fremd sind. Deshalb weist auch die spanische Originalausgabe eine erklärende Wortliste solcher Ausdrücke auf. Horacio Salas schreibt im Kapitel „Das Lunfardo“ ausführlich über die Sprache des Tango. Zusätzlich gehe ich in den Fußnoten auf die zitierten Wörter ein. Ebenso habe ich im erwähnten Kapitel versucht, die Liedtexte und Gedichte – so gut es ging – wortwörtlich zu übersetzen, um die Besonderheiten ihres Vokabulars herauszustellen, worunter bisweilen die Lesbarkeit gelitten haben mag. Dieses Kapitel möchte ich dem Leser dennoch empfehlen, damit er einen Einblick in das „dichterische Geheimnis“ der Tangotexte bekommt, das ihm vielleicht beim bloßen Lesen der deutschen Übersetzungen verborgen bleibt. Nach dem Lesen dieses Kapitels wird klar, daß in den Übersetzungen der meisten Tangotexte „Vereinfachungen“ der dichterischen Bilder nicht zu vermeiden waren. Mitunter besteht der Unterschied zwischen Original und Übersetzung weniger in der lexikalischen Bedeutung eines Wortes, als vielmehr im sozialen Kontext seines Gebrauchs.

Es ist dieser konkrete, gesellschaftliche Bezug des Tango als Musik, Dichtung und Tanz, der ihn in seiner Essenz immer an Argentinien bindet, dessen soziale Wirklichkeit dabei ist, sich weiter von der unsrigen zu entfernen.

Für dem spanischen Arzt
Francisco Albertos.
Für Fermín Chávez, Geno Díaz,
Blas Matamoro
und Armando Piratte

Einleitung von Ernesto Sabato: Tango, Lied aus Buenos Aires

1. Hybride

Die Millionen von Einwanderern, die in weniger als einhundert Jahren in dieses Land strömten, brachten nicht nur Ressentiment und Traurigkeit hervor –diese zwei Eigenschaften des neuen Argentiniers –, sondern ermöglichten auch die Ankunft des eigentümlichsten platensischen[1] Phänomens – des Tango.

Dieser Tanz, der nacheinander verworfen, verherrlicht, verspottet und analysiert worden ist.

Es ist aber Enrique Santos Discépolo, sein größter Schöpfer, der ihm seine, wie ich glaube, innigste und genaueste Definition gibt: „Er ist ein trauriger Gedanke, den man tanzt“.

Carlos Ibarguren behauptet, daß der Tango nicht argentinisch sondern ein Mischprodukt aus dem *arrabal porteño*[2] sei. Diese Behauptung, die den Tango gewiß nicht richtig definiert, beschreibt eher den Menschen Carlos Ibarguren. Es ist offensichtlich: Für den *gringo*[3] war es ebenso schmerzlich, den Zorn des *criollo*[4] zu ertragen, wie für diesen, mitanzusehen, wie sein Vaterland von Fremden, die sein Land plünderten, überfallen wurde. Und dabei geschah oft genau das, was Leute, wie André Gide es ausdrückt, gern in den Hotels tun: sich die Schuhe mit den Gardinen zu reinigen. Jedoch sind unverfälschte Gefühle keine Garantie für unverfälschte Gedanken, sondern eher ein Grund zu mißtrauen; ein betrogener Ehemann ist nicht die geeignetste Person, die Verdienste des Geliebten seiner Frau zu würdigen. Wenn Ibarguren die Meinung vertritt, daß der Tango nicht argentinisch, sondern ein bloßes Produkt der Vermischung sei, trifft er damit zwar einen beträchtlichen Teil der Wahrheit, aber gleichzeitig verzerrt er den übrigen Teil aufgrund der (verständlichen) Leidenschaft, die ihn beunruhigt. Denn, ist auch der Tango gewiß ein Mischprodukt, so ist er doch keineswegs nicht „unargentinisch“; zum Glück, oder zum Unglück, gibt es keine platonisch reinen Völker und das heutige Argenti-

[1] platensisch – aus der Region Río de la Plata
[2] *arrabal porteño* – Vorstadt von Buenos Aires
[3] *gringo* – im Sinne von „Ausländer“
[4] *criollo* – Einheimischer Argentinier, der kein *indio* darstellte, sondern bereits ein Mischling der ersten Eroberer mit den vorhandenen Bewohnern war.

nien ist das Ergebnis (ein häufig erbärmliches, das ist wahr) fortwährender Invasionen, angefangen bei dem, was Carlos Ibargurens Familie vollbrachte. Die *Calfucurá*[4] müssen ihn ohne jeden Zweifel als einen Eindringling betrachten, dessen Meinungen sie als typisch für einen solchen „Pseudo-*pampeano*[5]" ansehen.

Dem Tango seine „Argentinität" abzusprechen ist ein genauso pathetisch selbstmörderischer Akt wie die Existenz von Buenos Aires zu leugnen. Die autistische These von Ibarguren würde mit einem Schlag den Hafen unserer Hauptstadt abschaffen, ihre Wolkenkratzer, die nationale Industrie, ihre rassigen Stiere und ihren Getreideschatz. Es gäbe auch keine Regierung, weil unsere Präsidenten und Regierenden ja dazu neigen bloße Kinder von Italienern oder Basken oder Mischprodukte, wie der Tango selbst, zu sein. Aber was sage ich: Nicht einmal der Nationalismus würde dem Gemetzel standhalten, denn wir müßten die Scalabrini und die Mosconi opfern.

Vielleicht ist es für uns schmerzlich, daß Geschichte, wie W. James sagt, immer nach Neuem strebt und deshalb immerzu verworren und der Vermischung zugeneigt ist. Aber es ist gerade dies, was sie so spannend macht. Wir sollten die Übereinstimmung mit sich selbst in der Logik oder in der Mathematik suchen: Niemand kann von der Geschichte ein Ergebnis verlangen, das so eindeutig (aber auch langweilig) wie ein Konus oder eine Sinuskurve ist.

Abgesehen von ihrer Unvermeidlichkeit ist Vermischung immer fruchtbar: Es genügt, an die Gotik und an die Musik der Schwarzen der Vereinigten Staaten zu denken. Und auch die platensische Literatur, die von vielen dafür kritisiert wird, daß sie in gewissem Sinne die Techniken und Themen Europas weiterführt, ist ein weiteres Mischphänomen; denn, falls man nicht fordert, daß wir in *querandí*[6] schreiben und die Straußenjagd beschreiben, erkenne ich nicht, wie man hierbei vernünftiger Weise von einer nationalen Reinheit sprechen kann. Zu meinen, zur nationalen Literatur gehöre nur eine solche, die sich mit *indios* oder *gauchos* beschäftigt, hieße, der Ibargurenischen Apokalypse unsinniger Weise zuzustimmen. Nicht einmal die griechischen Götter des Olymp, die einige Professoren für das Paradigma der Reinheit halten, können eine vollkommen einheimische Genealogie vorweisen.

[4] *Calfucurá* – Stamm indianischer Ureinwonher
[5] *pampaeano* – Bewohner der Pampa
[6] *querandí* – indigne Sprache

2. Sex

Verschiedene argentinische Denker haben den Tango als Sex aufgefaßt oder haben ihn, wie Juan Pablo Echagüe, einfach als einen lasziven Tanz angesehen. Ich halte genau das Gegenteil für richtig. Gewiß, er tauchte im Bordell auf, aber gerade diese Tatsache sollte uns schon vermuten lassen, daß dies so etwas wie seine Rückseite sein muß, da künstlerische Schöpfung beinahe ausschließlich ein antagonistischer Akt ist, ein Akt der Flucht oder der Rebellion. Man erschafft sich, was man nicht hat, was in gewissem Sinne das Objekt unserer inneren Unruhe und unserer Hoffnung ist, was uns auf magische Weise erlaubt aus der harten alltäglichen Wirklichkeit zu entkommen. Und darin gleicht die Kunst dem Traum. Nur eine Rasse so leidenschaftlicher und körperlicher Menschen wie die Griechen konnte die platonische Philosophie erfinden, die empfiehlt, dem Körper und seinen Leidenschaften zu mißtrauen.

Das Bordell ist Sex im Zustand der (verhängnisvollen) Reinheit. Und der einsame Einwanderer, der in dieses eintrat, löste leicht, wie Tulio Carella sagt, sein „sexuelles Problem“: Mit der tragischen Leichtigkeit, mit der sich dieses Problem in dieser düsteren Einrichtung löst. Das war es also nicht, was dem einsamen Mann aus Buenos Aires Sorgen machte, noch was er in seinem sehnsuchtsvollen, obwohl oft gemeinen Lied heraufbeschwören würde. Es war genau das Gegenteil. Die Sehnsucht nach Vereinigung und Liebe, die wehmütige Erinnerung an die Frau – nicht die Gegenwart eines Instrumentes seiner körperlichen Begierde:

En mi vida tuve muchas, muchas minas, *pero nunca una mujer*	In meinem Leben hatte ich viele, viele Mädchen, aber niemals eine Frau

Aus *Patotero sentimental*

Der Körper des Anderen ist ein simples Objekt, und der bloße Kontakt mit dessen Materie erlaubt es nicht, die Grenzen der Einsamkeit zu überwinden. Ein Grund, weswegen der reine Sexualakt doppelt traurig ist; denn er läßt nicht nur den Menschen in seiner anfänglichen Traurigkeit zurück, sondern verschlimmert und verdüstert sie mit der Frustration des Versuches.

Dies ist einer der Mechanismen, der die Traurigkeit des Tangos erklären kann, die so oft mit der Verzweiflung, der Wut, der Drohung und dem Sarkasmus zusammenkommt.

Es gibt im Tango ein erotisches Ressentiment und eine versteckte Demonstration des Minderwertigkeitsgefühls des neuen Argentiniers, da Sex schließlich eine der ursprünglichen Formen von Macht ist. Der *machismo* ist ein sehr eigentümliches Phänomen des *porteño*[4], Kraft dessen er sich verpflichtet fühlt, männlich im Quadrat und in der dritten Potenz zu sein; um wenigstens immer als männlich in der ersten Potenz angesehen zu werden. Denn, wie es Estela Canto gut beobachtet hat, und wie es für einen unsicheren Mann charakteristisch ist, überwacht dieser Typus achtsam sein Verhalten vor anderen und fühlt sich von seinesgleichen beurteilt oder womöglich ausgelacht:

El malevaje extrañao	Die erstaunte Unterwelt
me mira sin comprender.	schaut mich an ohne zu verstehen.

Aus *Malevaje*

3. Unzufriedenheit

Dieser Mann hat entsetzliche Angst vor Lächerlichkeit und seine *compadradas*[5] entstehen im hohen Maße aus seiner Unsicherheit und seiner Furcht, daß die Meinung der anderen über ihn nachteilig ausfallen könnte. Seine Reaktionen haben viel von der hysterischen Gewalttätigkeit eines bestimmten Typus schüchterner Männer. Und wenn er der Frau seine Beleidigungen und Ohrfeigen zuteilt, spürt er mit Sicherheit ein heimliches Schuldgefühl. Das Ressentiment gegenüber den anderen ist der äußere Aspekt der Wut gegen sein eigenes Ich. Kurz und gut, er hat diese Unzufriedenheit, diese schlechte Laune, diese vage Derbheit, diese unbestimmte und latente Wut gegen alles und alle, was beinahe die Quintessenz des durchschnittlichen Argentiniers ausmacht.

All dies macht den Tango zu einem introvertierten, ja sogar introspektiven Tanz: Ein trauriger Gedanke, den man tanzt. Im Gegensatz zu dem, was bei anderen volkstümlichen Tänzen geschieht, die extrovertiert und euphorisch, Ausdruck eines Freudengeschreies oder fröhlich erotisch sind. Nur ein *gringo* kann die Clownerei begehen, einen Tango dazu zu benutzen, sich zu unterhalten oder zu amüsieren.

Der Tango ist, wenn man recht überlegt, das erstaunlichste Phänomen, das ein Volkstanz je hervorgebracht hat.

Einige argumentieren, daß er nicht immer dramatisch ist und das er, wie alles, was zum *porteño* im allgemeinen gehört, humoristisch sein kann; was – wie ich annehme – bedeuten soll, daß er nicht weit von Fröhlichkeit entfernt ist. Dies ist jedoch in keinster Weise richtig. Denn in solchen Fällen ist der

---

[4] *porteño* – Bewohner von Buenos Aires

[5] *compadradas* – dem *compadre* zugehörige Handlungen, zur Schau gestellte Tapferkeiten.

Tango Satire, sein Humorismus besitzt die Aggressivität der argentinischen *cachada*[6], seine Epigramme sind zornig und provozieren:

Durante la semana, meta laburo,	Während der Woche, auf zum Malochen,
y el sábado a la noche sos un bacán	und Samstagnacht bist Du ein Mann mit Klasse

Aus *Garufa*

Es ist die karikaturistische und ironische Seite einer nachdenklichen und düsteren Seele:

¡Si no es pa suicidarse	Schau, ob das nicht reicht um sich umzubringen,
que por este cachivache	Daß ich wegen dieses „Haufen Elends"
sea lo que soy!	das bin, was ich bin!

Aus *Esta noche me emborracho*

Der Neapolitaner, der Tarantella tanzt, tut dies, um sich zu amüsieren; der *porteño* der „sich" einen Tango tanzt, tut es, um über sein Schicksal zu meditieren (das im allgemeinen *grela*[7] ist) oder um unschöne Gedanken über die allgemeine Beschaffenheit menschlicher Existenz abzurunden. Der Deutsche, der sich – bis zum Überlaufen mit Bier angefüllt – zu Tiroler Musik im Kreis dreht, lacht und amüsiert sich dabei treuherzig; der *porteño* lacht nicht, noch amüsiert er sich und wenn er ironisch lächelt, dann unterscheidet sich diese groteske Geste vom Lachen des Deutschen wie ein pessimistischer Buckliger von einem Sportlehrer.

4. Bandoneón

Welcher mysteriöse Ruf aus der Ferne hat ausgerechnet ein germanisches Volksinstrument kommen lassen, um das Unglück des platensisischen Menschen zu besingen? Und hier haben wir wieder ein melancholisches Problem für Ibarguren.

Gegen Ende des Jahrhunderts war Buenos Aires eine gigantische Masse einsamer Menschen, ein Feldlager aus improvisierten Werkstätten und *conventil-*

---

[6] *cachada* – argentinischer Begriff für „Spott"

[7] *grela* – Frau; die Formulierung „das Schicksal, das *grela* ist" bezieht sich auf Enrique Santos Discépolos Tangotext *Yira, Yira*, in dem es heißt: „wenn das Schicksal, das *grela* (Frau) ist, Dich im Stich läßt und Dich ‚stehend' zurückläßt..." *(cuando la suerte, que es grela, fayando y fayando te largue parao...)*

los[8]. Hier, in den Kneipen und Bordellen, pflegte dieses Maskottchen der Schiffslagerarbeiter und *canfinfleros*[9], der Maurer und berufsmäßigen Schlägertrupps, der einheimischen und ausländischen Musikanten, der Fleischhauer und der Kuppler sein Gesellschaftsleben: Man trinkt Wein und Schnaps, man singt und tanzt, man erfindet Epigramme gegenseitiger Beschimpfungen, man spielt *la taba*[10] und Boccia, äußert kurze Hypothesen über die Mutter oder die Großmutter von einem Trinkgenossen, man diskutiert und prügelt sich.

Der *compadre* ist der König dieser Unterwelt.

Eine Mischung aus gewissenlosem *gaucho* und sizilianischem Verbrecher, ist er der unvermeidliche Archetypus der neuen Gesellschaft geworden: er ist wütend und jähzornig, prahlerisch und männlich. Die Prostituierte ist seine Partnerin in diesem gefährlichen Unterweltsballet; zusammen tanzen sie eine Art verhöhnenden, provokativen und spektakulären Pas–de–deux.

Es ist ein Mischtanz einer Mischung von Leuten: Er hat etwas von der von den Seeleuten hergebrachten *habanera*, Reste der *milonga* und dann viel von italienischer Musik. Alles so zusammengewürfelt wie die Musiker, die ihn erfinden: einheimische *criollos* wie Ponzio und *gringos* wie Zambonini.
Künstler ohne Dünkel, die nicht wußten, daß sie gerade im Begriff standen Geschichte zu schreiben. Bescheidene kleine Orchester und Zusammenkünfte aus Gitarre, Violine und Flöte, die aber auch mit Mandoline, mit Harfe und sogar mit Harmonika zurechtkamen.

Bis das *bandoneón* erscheint, das dieser großen, unbewußten Massenschöpfung den definitiven Stempel aufdrückte. Der Tango begann jetzt zu dem zu werden, zu dem er bestimmt war; was der heilige Thomas als „was er war bevor er existierte" bezeichnen würde – die Quiddität des Tango. Ein gefühlvolles, aber im Unterschied zur leichten und pittoresken Rührseligkeit des Akkordeons, ein dramatisches und tiefgründiges Instrument, das den Tango ein für allemal von vergnüglichem Geschnörkel und vom Erbe des *candombe*[11] trennen würde.

Von den Kuppelstätten und *piringundines*[12] machte der Tango sich zur Eroberung des Zentrums auf, in Drehorgeln mit Papageien, die unschuldig Ungeheuerlichkeiten hinausposaunten:

---

[8] *conventillo* – so hießen die Wohnbaracken, in denen die angekommenen Immigranten untergebracht waren.

[9] *canfinflero* – Zuhälter, der normalerweise nicht mehr als eine Frau ausbeutete.

[10] *la taba* – Spiel, bei dem Knochenstücke als Art Würfel dienen.

[11] *candombe* – Musik und Tanz afrikanischen Ursprungs, der unter den Schwarzen Uruguays und Argentiniens verbreitet war und nach wie vor in Uruguay praktiziert wird.

[12] *piringundines* – Bezeichnung für Tanzstätten in den Anfängen des Tango

Quisiera ser canfinflero	Ich wäre gern ein Zuhälter,
para tener una mina.	dann hätte ich ein Mädchen.

Und mit der unbändigen Energie, die den unverfälschten Äußerungen eigen ist, eroberte er die Welt. Ob es uns gefällt oder nicht (im allgemeinen nicht); durch ihn hat man uns in Europa kennengelernt und Tango war schlechthin Argentinien, vergleichbar dem Spanien und seinen Stieren. Und, ob es uns paßt oder nicht, es ist auch gewiß, daß in dieser Schematisierung etwas tiefgründig Wahres steckt, denn der Tango war die Inkarnation der wesentlichen Gesichtszüge des Landes, das wir langsam bekamen: Die Unordnung, die Sehnsucht, die Traurigkeit, die Frustration, das Dramatische, die Unzufriedenheit, die Wut und das Problematische. In seinen zartesten Formen bot er Lieder dar wie *Caminito*: in seinen groteskesten Äußerungen, Texte wie *Noche de reyes* und in seinen schroffsten und dramatischsten Modi die *tanguística*[13] von Enrique Santos Discépolo.

5. Metaphysik

In diesem Land der Opponenten, springen jedesmal, wenn jemand etwas tut (sei es ein Kostenvoranschlag, eine Sinfonie oder der Grundriß einer kleinen Wohnungen) sofort tausende Kritiker hervor, um dies dann mit sadistischer Genauigkeit zu zertrümmern.

Eine der Demonstrationen jenes Minderwertigkeitsgefühls des Argentiniers (der sich dadurch tröstet, daß er das, zu dem er sich unfähig fühlt, zerstört) ist die Doktrin, die jegliche Literatur mit metaphysischem Akzent disqualifiziert: Es heißt, sie habe mit unserer Wirklichkeit nichts zu tun, sie sei importiert und apokryphisch, und schließlich, daß sie charakteristisch für die europäische Dekadenz sei.

Gemäß dieser eigentümlichen Doktrin darf an der „Krankheit Metaphysik" nur ein Bewohner von Paris oder Rom erkranken. Und, wenn einem bewußt ist, daß die Krankheit Metaphysik eine Folge der Sterblichkeit des Menschen ist, muß daraus geschlossen werden, daß man für diese Theoretiker nur in Europa stirbt.

Diesen Kritikern, die sich nicht nur weigern, ihre Kurzsichtigkeit als einen Nachteil zu betrachten, sondern die sie im Gegenteil als Instrument ihrer Forschungen benutzen, sollte man klarmachen, daß, wenn die Krankheit Meta-

---

[13] *tanguística* – hier im Sinne von „grandiose Tangos"

physik einen Europäer quält, sie erst recht einen Argentinier quälen muß. Denn, wenn der Mensch in Rom ein Vergänglicher ist, dann ist er es hier noch viel stärker, weil wir das Gefühl haben, in einem universellen Kataklysmus zu leben, ohne diese Rückendeckung tausendjähriger Tradition.

Wie wahr das sein muß, ist daran zu sehen, daß sogar die Autoren des Tango Metaphysik betreiben, ohne sich dessen bewußt zu sein.

Für die erwähnten Kritiker ist gleichwohl Metaphysik als solche nur in langatmigen und düsteren Traktaten deutscher Professoren zu finden; wenngleich sie sich doch, wie Nietzsche sagt, inmitten der Straße, in dem Drangsal des kleinen Mannes aus Fleisch und Blut befindet.

Dies ist nicht der Ort, an dem wir untersuchen auf welche Weise metaphysischer Kummer das Material unserer besten Literatur ausmacht. Hier wollen wir sie einfach in diesem bescheidenen *suburbio*[14] argentinischer Literatur zeigen, das der Tango ist.

Der gewaltige und stürmische Zuwachs von Buenos Aires, die Ankunft von Millionen von Menschen voller Hoffnungen und deren beinahe ausnahmslose Enttäuschung, die Sehnsucht nach dem fernen Heimatland, das Ressentiment der Einheimischen gegen diese Invasion, das Gefühl der Unsicherheit und der Zerbrechlichkeit in einer Welt, die sich auf schwindelerregende Weise veränderte, die vergebliche Suche nach einem sicheren Sinn des Lebens, das Fehlen von absoluten Machtstrukturen, all dies manifestiert sich in der Metaphysik des Tangos. Er sagt schwermütig:

Borró el asfalto de una manotada,	Der Asphalt hat mit einem Schlag
la vieja barriada que me vio nacer...	Die alte Ecke des Viertels, die mich zur Welt kommen sah, verschwinden lassen...

Aus *Puente Alsina*

Der Fortschritt, der „auf Teufel komm raus" von den Führern des neuen Argentiniens erzwungen wird, läßt keinen Stein auf dem anderen. Was sag ich: Er läßt keinen Ziegelstein auf dem anderen; ein Material, das technisch gesehen zerbrechlicher und, als Folge – philosophisch gesprochen – ängstlicher ist.

Nichts bleibt in dieser Gespensterstadt bestehen.

Und der Volksdichter besingt seine Sehnsucht nach dem alten *Café de los Angelitos*:

[14] *suburbio* – Vorstadt

Yo te evoco, perdido en la vida,	Ich denke an Dich zurück, verloren im Leben,
y enredado en los hilos del humo.	Und verheddert in den Fäden des Rauches.

Und der bescheidene Manrique der Vorstadt fragt sich:

¿ Tras de qué sueños volaron?	Hinter welchen Träumen flogen sie her?
¿En qué estrellas andarán?	Auf welchen Sternen wandeln sie wohl?
Las voces que ayer llegaron	Die Stimmen, die gestern ankamen,
y pasaron y callaron,	und vorbeigingen und schwiegen,
¿dónde están?,	wo sind sie?
¿por qué calles volverán?	Auf welchen Straßen werden sie zurückkehren?

Aus *Café de los Angelitos*

Der *porteño* spürt, so wie niemand in Europa, daß die Zeit vergeht und daß die Frustration aller seiner Träume und letztlich der Tod seine unvermeidlichen Epiloge sind. Und auf den Marmor des Tisches gestützt, inmitten von Weingläsern und schwarzen Zigaretten, fragt er, versunken und freundschaftlich:

¿Te acordás, hermano, qué tiempos aquéllos?	Erinnerst Du Dich, Bruder? Was für Zeiten, damals!

Aus *Tiempos viejos*

Oder er befindet mit zynischer Bitterkeit:

Se va la vida, se va y no vuelve,	Das Leben geht fort, es geht fort und kommt nicht
lo mejor es gozarla y largar	Zurück, am besten ist, es zu genießen und
las penas a rodar.	die Kümmernisse loszulassen, daß sie wegrollen.

Discepolín, horazisch, sieht die Frau, die er zu einer anderen Zeit liebte, nun alt, verblüht und schwer verwundet (*Esta noche me emborracho bien*).

Im existentialistischen Text eines seiner größten Tangos sagt er:

¡Cuando manyés que a tu lado	Wenn Du merkst, daß man an Deiner Seite
se prueban la ropa	die Kleider anprobiert,
que vas a dejar..	die Du hinterlassen wirst..
te acordarás de este otario	wirst Du Dich an diesen Einfaltspinsel erinnern,
que un día, cansado,	der eines Tages, müde,
se puso a ladrar!	anfing zu kläffen!

Aus *Yira, yira*

Der Mensch des Tango ist ein tiefgründiges Wesen, der über den Lauf der Zeit meditiert und darüber, was uns schließlich dieser Lauf bringt: den unerbittlichen Tod. Und so murmelt ein beinah unbekannter Texter nüchtern:

Esta noche para siempre	Diese Nacht gehen für immer
terminaron mis hazañas.	meine „Heldentaten" zu Ende.
Un chamuyo misterioso	Ein geheimnisvolles Geflüster
me acorrala el corazón...	schüchtert mein Herz ein..

Um damit zu schließen, daß er mit der verhängnisvollen Arroganz des einsamen *porteño* sagt:

Yo quiero morir conmigo,	Ich möchte mit mir sterben,
sin confesión y sin Dios,	ohne Beichte und ohne Gott,
crucificado en mi pena,	gekreuzigt an meinen Kummer,
como abrazao a un rencor.	wie umarmt mit einem Zorn.

Aus *Como abrazao a un rencor*

Tanz – *macho* und *milonguero*

Gibt es weder Dokumente noch Zeugen, dann ist die Rekonstruktion eines Ereignisses immer imaginär. Stellen wir uns also irgendein *bailongo* am Stadtrand oder einfach ein Lagerfeuer vor, an dem man die Stunden bis zum Morgengrauen verbringt, um danach wieder mit seiner Arbeit zu beginnen. Die Figur, die alle ringsum unterhält, ist ein Musikant mit gutem Gehör, der Akkorde auf einer Violine, einer alten Klarinette oder einer Gitarre mit abgegriffenen Saiten spielt.

Jemand bittet um einen kleinen Tango und pfeift zur Verdeutlichung ein paar Takte, die er bei einem Tanz der Schwarzen gehört hatte, und weil er schon mal dabei ist, macht er zum Scherz ein paar Verrenkungen. Dem Musikanten klingt der Rhythmus nach einer *habanera*, dieser Takt, den er zufällig am besten „in den Fingern hat", und das Resultat bekommt Züge dieser, vor einiger Zeit aus der Karibik gekommenen, Musik. Ein anderer Zuhörer korrigiert zurückhaltend. Sein Geträller klingt mehr nach *milonga*. Dann spielt einer mit gutem Gedächtnis nochmals den ganzen Hybriden, und die Version beginnt sich zu verwandeln. Es ist wie ein Spiel, und die Mitspieler sind sich nicht bewußt, daß sie währenddessen einen Mythos initiiert haben.

Ein anonymer Chronist, der am 22. September 1913 in der Zeitung *Critica* unter einer kurzen Zusammenfassung der Geschichte des Tango, unterschrieben mit *Viejo Tanguero*, riskierte es, zwei Namen von Musikern der ersten Stunde zu nennen: Den schwarzen Geiger Casimiro Alcorta, *el Negro*, „der erste, der seine Tangos bekanntwerden ließ", und den Mulatten *el Mulato Sinforoso*, „eine Klarinette, die vom vielen Wacholderschnaps schon von alleine spielte."

Sicher ist, daß Mitte der 70er Jahre des neunzehnten Jahrhunderts das Land Argentinien noch nicht seine unverwechselbaren Gesichtszüge besaß, und anscheinend tauchten in jenen Tagen, wenn wir denn der Versuchung erliegen, ein unbestimmtes Datum festlegen zu wollen, die ersten noch mit *habaneras*, *milongas*, *candombes* oder andalusischen Tangos verwechselbaren Hybriden auf.

Im Dezember 1873 wurde auf den Ländereien von Don Gonzalo der Aufstand von Ricardo López Jordán, dem letzten föderalistischen Anführer, der sich rebellisch gegen die Regierung von Buenos Aires stellte, niedergeschlagen. Es war der letzte Schlagabtausch einer langwährenden Auseinandersetzung zwischen Buenos Aires und dem Rest der Provinzen, die seit den Tagen der Unabhängigkeit das Land in Blut tränkte. In jener Schlacht setzte das nationale Heer, das in den vorherigen zehn Jahren mit der Vernichtung zuerst der Kämpfer des Generals Ángel Vicente Peñaloza und wenig später der von Felipe Varela beschäftigt gewesen war, zum erstenmal eine neue, todbringende Waffe ein: die Remington. Das Repetiergewehr verwandelte jegliche Anstrengung der zwölftausend Mann, die von dem Entrerrianer López Jordán kommandiert wurden und unter denen sich auch José Hernández, der frischgebackene Autor von *Martín Fierro*, befand, in sinnlose Tapferkeit.

Alle, dieser Schlacht nachfolgenden bewaffneten Konflikte, waren einfache Zusammenstöße von Parteien, die ein – mit kleinen Varianten – ähnliches Modell eines neuen unabhängigen Landes erstrebten, sich aber aufgrund politischer Interessenskonflikte und persönlicher Ambitionen in die Quere kamen. Solcher Art kann die *revolución mitrista*[1] charakterisiert werden, die 1874 nach Nicolás Avellanedas Wahl zum Präsidenten stattfand, sowie einige kleinere Aufstände im Landesinnern und schließlich der unfruchtbare Versuch des Widerstandes Buenos Aires' gegen seine Berufung zur Hauptstadt, der von Carlos Tejedor und Bartolomé Mitre im Juni 1880 angeführt wurde. Ein Jahr zuvor hatte General Julio A. Roca, der spätere Präsident der Republik, den Feldzug zur Ausrottung indianischer Stämme beendet. Deren Streifzüge hatten bis dahin eine Begrenzung für den Vormarsch der städtischen Zivilisation und der rassisch-reinen, weißen Besiedlung am Río de la Plata bedeutet.

Mit der Wahl von Buenos Aires als Sitz der zentralen Regierung und als Kopf Argentiniens war das neue Land auf dem Vormarsch: Wirtschaftlich ein Exporteur von landwirtschaftlichen Erzeugnissen, durch koloniale Bande mit Großbritannien verbunden und politisch von einer Elite gelenkt, die sich mit französischer Kultur identifizierte und deren Arbeitskräfte größtenteils Einwanderer waren. In diesen Rahmen sollte der Tango hineinwachsen.

Die Plätze mit ihren zweirädrigen Wägen und den Obstständen, die sich über die städtischen *arrabales* verstreuten, waren die äußerste Grenze, zu der die *gauchos* vorstießen, die im allgemeinen die Arbeiterschaft der oligarchen Großgrundbesitzer ausmachten. An solchen Punkten des Aufeinandertreffens zweier Kulturen, der ländlichen und der städtischen, fand unter anderem ein aktiver Austausch von Liedern statt. Jene vom Land vermischten sich mit denen, die in Buenos Aires in Mode waren. Und in der Runde des *mate* oder des nächtlichen *asado* fehlten selten die Weisen des *payador*, in denen dieser über das Leben, den Tod, die Liebe, die Einsamkeit oder den Lauf der Zeit nach-

[1] *revolución mitrista* – Revolution unter Bartolomé Mitre.

sann. In den Tagen nach Caseros[2] hatte in der Hafenstadt schon die kubanische *habanera* Wurzeln geschlagen, von Seeleuten nach Argentinien gebracht, die den Handelsweg zwischen den karibischen und den platensischen Häfen beschifften. Diese *habanera,* die bereits unter dem Einfluß der Rythmen der iberischen Halbinsel zu leiden begann, vermischte sich nach ihrer Ankunft in dieser Region der Welt bald mit der *milonga,* der Erbin der alten *payada.*

Die *payada*, eine spontane, ländliche Dichtung aus Uruguay und der Provinz von Buenos Aires, hatte sich bei ihrem Einzug in die Vorstadt in die *milonga* verwandelt. In seinem Klassiker *Cosas de negros* definierte Vicente Rossi wie folgt: „Die *milonga* ist die städtische *payada.* Ihre Verse sind Achtsilber. Sie werden in einem bestimmten, nicht unangenehmen Tonfall rezitiert, der mit angemessenem Dazwischentreten der Gitarre nuanciert wird. In solchen Pausen zwischen den Strophen erklingt das charakteristische Zupfen dreier Töne, währenddessen der *milonguero* laut schnauft oder Atem holt. Es ist ein Volkslied, wenn die ursprünglichen Improvisationen, die in dem Gedächtnis des Volkes haften blieben wiederholt werden; es ist *payada*, wenn sie improvisiert werden. Die klassische *payada* der *payadores* war gewöhnlich sechsversig; die der *milongueros* bestand aus vier Versen."

Milonga ist nach José Gobello ein Begriff aus der Sprache Quimbunda: der Plural von „mulonga", was soviel wie „Wort" bedeutet. Milonga – das Wort der *payadores*. Als José Hernández 1872 den ersten Teil von *Martín Fierro* veröffentlichte, besaß die Vokabel bereits die zusätzliche Bedeutung „Zusammenkunft zum Tanzen":

Supe una vez, por desgracia,	Ich erfuhr einmal, zu meinem Unglück,
que había un baile por allí,	daß es da einen Tanz gab,
y medio desesperao	und halb verzweifelt
a ver la milonga fui.	ging ich hin, um mir die *milonga* anzusehen.

Ein Jahrzehnt später war die *milonga* der Volkstanz par excellence. Ventura Lynch hielt im Jahre 1883 fest: „In der Umgebung der Stadt ist die *milonga* so sehr Allgemeingut, daß sie ein Pflichtstück auf allen einfachen Festen geworden ist. Man hört sie bald auf Gitarren, Akkordeons, dem Kamm mit Papier und von reisenden Musikanten mit Flöte, Harfe und Violine. Ebenso ist sie bereits im Gemeingut der Drehorgelspieler, welche sie arrangiert haben und sie wie eine Art *habanera* klingen lassen. Man tanzt sie auch in den Lokalen des

---

[2] Caseros – in der Schlacht bei Caseros wird Juan Carlos Rosas am 03.02. 1852 von Justo José de Urquiza, dem Gouverneur von Entre Ríos, besiegt.

gemeinen Volkes, an den Märkten *11 de Septiembre* und *Constitución*, ebenso wie in den *bailables* und abendlichen Tanzfesten."

Für Rossi hatte sich der Tanz, anfangs noch ohne die Kennzeichen des Tango, in den *cuartos de chinas*[3] angesiedelt. „So wurden, an beiden Ufern des Rio de la Plata[4], die kasernennahen Behausungen, in denen die Frauen des Trosses der Bataillone wohnten, genannt. Es waren Schwarze, Mulattinnen, Eingeborene, Mestizinnen und auch einige Weiße. An den dienstfreien Tagen und Nächten der Soldaten bildeten sich in jenen Räumen vergnügliche und lärmende Zusammenkünfte, (...) denen auch Zivilisten beiwohnten, abgehärtete *orilleros*, Freunde des Hauses; die Nützlichsten unter ihnen waren immer die Musiker und Sänger, denn keine jener Runden war ohne Musik, Gesang und ein kleines Tänzchen vorstellbar. Wenn die Noten der *milonga* oder des *estilo* durch das *barrio* klangen, kamen die Nachbarinnen, die mit der Gastgeberin des Raumes auf gutem Fuße standen, herbei und verliehen der Zusammenkunft noch mehr Glanz. Es war unausweichlich, daß bald keiner der Anwesenden der Versuchung widerstehen konnte eine Runde zu drehen, und es ging ein Tanz los, der in der Regel wirkungsvoll vom Akkordeon unterstützt wurde, das bevorzugte Instrument in solchen Fällen, das vom *criollo* geschickt gehandhabt wurde. (...) Man tanzte paarweise, Mann und Frau umarmt, wie in den Tänzen ‚der Gesellschaft', was man auch ‚auf die französische Art' nannte, da man die Herkunft dieses Brauches in Paris vermutete; aber es sprang sofort der technische Unterschied zwischen den Paaren der Familien oder ‚der Gesellschaft' und den Paaren aus der *orilla* ins Auge. Erstere tanzten, ohne daß sich ihre Körper berührten und indem der Mann rückwärts ging. Die zweiten ganz gegenteilig; die Körper – je nach Grad ihrer Vertrautheit – mehr oder weniger in Kontakt; die Frau ging dabei immer rückwärts; es gab aber keinerlei Verrenkungen oder gesuchte *traspies*[5], gerade nur nach ‚alter Sitte', also dezent. Der *corte* und die *quebrada* waren noch nicht aufgetaucht." Und Rossi fährt fort: „Der bevorzugte Tanz – den die Franzosen in den Zeiten des Can-Can in Anbetracht seiner sanften und heiteren Sinnlichkeit in ihr Land geholt hatten – war, in diesen Fällen *la Danza* afro-antillischer Herkunft, mit der die rasenden Lüsternheiten des Tango ausgeglichen wurden. (...) Unser *orillero* unterwarf danach diesen, vom kubanischen Seemann den ‚porteñischen' Nächten und Lokalen geschenkten Tanz, seiner künstlerischen und

---

[3] *cuartos de chinas* – wörtlich „Zimmer der *chinas*"; als *chinas* wurden dunkelhaarige / dunkelhäutige Frauen niedriger Herkunft bezeichnet.

[4] Auf beiden Ufern des Rio de la Plata bedeutet: in Buenos Aires und in Montevideo.

[5] *traspié* – spezielle Fußtechnik beim Tangotanz.

wagemutigen Veranlagung. Seinen zweiten Namen (den der *habanera*) erhielt *la Danza* durch seine Herkunft, und nachdem der Tanz die choreografische Feinheit unseres *orillero* auf die Probe gestellt hatte, durchlief die *habanera* langsam eine charakteristische Verwandlung (...) Die abendlichen Tanzgesellschaften der *cuartos de las chinas* hießen *la Danza* auf der Stelle willkommen, waren sie doch eine Fortsetzung der Seemannsviertel; und als man diesen Tanz bereits beherrschte und er weitgehend zu einem *criollo* gemacht worden war, kam er unvermeidlich in die fröhlichen Gesellschaften der *orilla*. Sein dritter Name definierte seine neue Verwandlung. Er nannte sich *milonga* aufgrund eines logischen und natürlichen Prozesses: An die kleinen Tanzabende schloß sich eine Runde Gesang an und – wie man sagte und wie man immer noch sagt – was man tat, hieß ‚*milonguear*'. Die Zusammenkunft nannte man dann ‚*milonga*'; folgerichtig konnte ‚*vamos a milonguear*', ohne Unterschied zum Singen oder zum Tanzen gehen oder beides gleichzeitig bedeuten. Es blieb nicht aus, daß der verlockende, neue Tanz das Tauföl der Umgebung erhielt, in der er entstanden war; unter dem Namen *milonga* fügte er sich nahtlos in den *criollismo* ein."

Am 6. Juni 1880 erklärte Benigno B. Lugones in der Zeitung *La Nación*, daß man die Tänze: Quadrille, *lanceros*, *contradanza*, Menuette und im allgemeinen jeden Tanz mit voneinander „getrennten" Tanzpartnern akzeptieren konnte und daß sie sogar in dem hochgestelltesten Umfeld akzeptiert wurden. „Aber die Polka, die Mazurka, der Walzer und einige andere Stücke (*habanera, schottish, danza*), die in den Salons des guten Tons geächtet werden, sind im höchsten Grade verwerflich."

Gobello vertritt die Meinung, daß der Tango nichts anderes als die Afrikanisierung der Mazurka und der *milonga* darstellt und daß er ursprünglich kein eigenständiger Tanz war, sondern lediglich eine andere Art, mit der man auf schon bekannte Rhythmen tanzte.

Es gibt kaum Zweifel, und Ventura Lynch bestätigte es in seiner Schrift *La provincia de Buenos Aires hasta la definición de la cuestión capital,* Buenos Aires, 1883: Die *milonga* als Tanz wurde von den *compadritos* – als eine Art Spott auf die von den Schwarzen an ihren Plätzen getanzten Tänze – erfunden. Am Anfang tanzte man getrennt, wie bei den *candombes*; später veränderten sich diese Tänze und die *milonga* verwandelte sich in einen, vornehmlich unter Männern getanzten, Paartanz mit enger Umarmung, und so bleibt es bis zu seinem Eintritt in die Bordelle. Noch im Jahre 1903 veröffentlichte die Zeitschrift *Caras y Caretas* eine Reihe von leicht spöttischen Fotografien, auf denen man zwei *orilleros* in einer Straßenszene sieht, die sich Tangofiguren beibringen.

Man tanzte auf den Gehwegen zum Takt der Drehorgeln, die einige wenige Melodien leierten; Evaristo Carriego hat die Szene beschrieben:

En la calle la buena gente derrocha	Auf der Straße vergeuden die guten Leute
sus guarangos decires más lisonjeros	ihre schmeichelhaftesten, unflätigen Sprüche,
porque al compás de un tango que es La morocha	denn zum Takt eines Tangos, der da heißt *La morocha*
lucen ágiles cortes dos orilleros.	glänzen die agilen *cortes* zweier *orilleros.*

Aber man muß nicht übertreiben: Der Tanz war auch zwischen gemischten Tanzpartnern akzeptiert. Im Jahr 1889, drei Jahre nach dem die Aufführung des Theaterstückes *Juan Moreira* von Eduardo Gutiérrez aufgehört hatte eine reine Pantomime zu sein, sah man in der, vom Zirkus der Gebrüder Podestá dargebotenen Vorstellung, gemischte Paare, die eine *milonga* tanzten. Dies geschah in der Schlußszene, die in einem Bordell spielt, wo der Sergeant Chirino Moreira überrascht und ihn beim Versuch zu fliehen hinterrücks umbringt. Im vorherigen *bailongo* erschienen einige Paare und drehten ein paar kleine, leichte Runden, zum familiären Vergnügen. Sogar die Brüder Bates bestätigen, daß das vorgetragene Thema extra für das Werk von Antonio Podestá komponiert worden war und den Titel *La estrella* trug.

Dem städtischen Publikum würde sich wenige Monate später eine neue *milonga* und zwar mit dem Titel *Ensalada criolla*, diesmal von Eduardo García Lalanne für die Revue *El estado de un país o La nueva vía* geschrieben, präsentieren. Die Uraufführung fand im Theater Goldoni (heute Liceo) von Buenos Aires statt. Eigentlich handelte es sich um drei, von García Lalanne lediglich miteinander verknüpfte, populäre Themen. Das erste Thema benutzte Julián Aguirre später in der „Nummer drei" seiner *Aires criollos*. Das zweite findet sich im *Cancionero bonaerense* von Ventura Lynch wieder, der in einer Randnotiz anmerkt, daß es von den *orilleros La antigua* genannt wurde. Das dritte war eine *milonga* mit dem Namen *Ke-Ko* oder *Queco*, die im Ambiente der damaligen Jahre auch *Milongón* hieß und die von verschiedenen Autoren für einen der ersten Tangos gehalten wird. Auf der Bühne tanzten die drei *compadres als* Hauptpersonen der Revue miteinander, ganz im Einklang mit den allgemeinen Gepflogenheiten.

Der Musikologe Néstor Ortiz Oderigo legte im einzelnen dar, daß der Tango in seinen Anfängen nicht eng umarmt getanzt wurde, sondern daß er ein Tanz aus dem Becken heraus war, bei dem sich Mann und Frau einander gegenüber aufstellten, um verschiedene Bewegungen zu vollführen: Grimassen, Figuren und Tanzfiguren, die direkt vom *candombe* beeinflußt waren. Zur Bekräftigung seiner These wies er darauf hin, daß in einem Stich der Zeitschrift *La Ilustración Argentina* vom 30. November 1882 ein schwarzes Paar zu sehen ist, das mit den Gesichtern zueinander tanzt – darunter die Aufschrift, die da lautet: „El tango".

Anders die Meinung von Carlos Vega, für den man in den Tanzfiguren des Tango die vielfältigen Einflüsse bei seiner Entstehung wiedererkennt: „Von seiner Choreografie her ist der Tango eine Erfindung. Seine Schöpfer, die *porteños*, die sich nicht damit abfanden, immer wieder nichtssagende, abgesprochene Schritte und Drehungen zu wiederholen, auf die alle Paartänze hinauslaufen, probierten beim Tanzen derselben Salontänze, der Milonga und sogar der *cuadrilla*, Neues aus." Und er fährt fort: „Der argentinische Tango bringt das Wunder fertig, die Tanzfigur in die Verbindung des Paares einzufügen, sozusagen die Tradition in diese begünstigte Neuheit. Dies ist das Geheimnis für seinen Erfolg; dies die hauptsächliche Neuerung, die er der Welt anzubieten hat." Und er meint weiter: „Die vorherrschenden ‚Tänze der Verbindung' erforderten eine kontinuierliche Bewegungsabfolge. In Übereinstimmung mit der gängigen Praxis mußte das Paar, wenn es einmal tanzte, taktgemäße Schritte oder Drehungen einfädeln, ohne für einen Moment anzuhalten. Folglich: Die Urheber des Tango führen das Innehalten in der Fortbewegung ein. Das Paar beruhigt sich auf einmal. Und mehr noch: der Mann pflegt sogar alleine stehenzubleiben, während die Frau sich bewegt oder im Kreis um ihn geht, und umgekehrt kann der Mann sich bewegen, und die Frau bleibt stehen. Es scheint eine geringfügige Sache zu sein, aber manchmal ist Sensationelles die Summe aus Kleinigkeiten."

„Natürlich haben die Figuren, die man früher im offenen Rechteck – wie bei der *cuadrilla* – vollführte, nun die Breite, die das verbundene Paar einnimmt, und die Länge, welche die Tänzer in ihrer Fortbewegungslinie durch den Salon benötigen. Man gibt den Figuren im neuen Tanz auch Namen, und einige, wie *molinete* oder *ocho*[6], bleiben bestehen. Alle Figuren zeichnen sich durch eine kurze Kombination von Schritten, welche von der Frau umgekehrt wiederholt werden, aus. Ein andauernder Einfallsreichtum bringt zehn, zwanzig, vierzig und mehr Figuren hervor, und beim Durchtanzen eines Saals verkettet der Mann sie raffiniert zu einer Serie und erschafft jedesmal eine Tangoversion, die er niemals in der Lage sein wird mit totaler Exaktheit zu wiederholen. Es

---

[6] *molinete, ocho* – Bezeichnungen für Tangotanzfiguren.

handelt sich also um ein Schauspiel, das sich bei jeder Aufführung erneuert, und die Überlegenheit, die dieser Tanz gegenüber dem Walzer oder der Mazurka mit den immer gleichen Drehungen besitzt, ist nicht abzuschätzen. Vielfalt innerhalb der Einheit – vorschriftlich klassisch – war das, was der Tango der Erwartung schenkte. (...) Aber während sich in den alten, offenen Figuren des Quadrats die Tänzer mit völliger Freiheit bewegten und im Walzer oder in der Polka die Verbindung auf ganze Armlänge – zumal es nicht an Stolpereien fehlte – für eine gewisse Bewegungsfreiheit bei der Ausführung von geraden Schritten oder einfach vorhersehbaren Drehungen sorgte, gab es dies beim Tango nicht. Es existierte keine Regelmäßigkeit, und nichts ließ sich vorhersagen, weil die nächste Figur, die gesamte Schrittfolge, das gesamte Stück erst im Moment seiner Ausführung erfunden wurden. Es war notwendig, eine Technik dafür zu entwickeln: Das Paar mußte sich vollständig umarmt bewegen, Gesicht an Gesicht, Seite an Seite. Der Mann gab die Richtung der Frauenschritte an und bestimmte sie sogar regelrecht mittels seiner rechten Hand, mit der er sie fest um die Taille faßte. Die Tänzer hatten – ich sagte es schon in meinem Buch *Danzas y canciones argentinas* – ein schlichtes Dilemma aufgeworfen: Entweder wir drücken uns aneinander oder wir treten uns auf die Füße. Und sie drückten sich aneinander. Aber es war da keine Lüsternheit in der Umarmung; es waren die Kritiker der Umarmung, die die Geilheit in den Tango brachten. Die Tänzer hatten viele andere Dinge, um die sie sich kümmern mußten. Man tanzte aus Lust am Tanzen, aber man kämpfte auch beim Tanzen. Die Rivalität unter den Tänzern, der Kampf zwischen den *barrios*, erforderte Aufmerksamkeit und Vorsicht. Der Mann konnte beim Tanzen nicht rückwärts gehen, wie es die Höflichkeit bis dahin erfordert hatte, weil man mit dem Rücken nicht an den potentiellen Feind stoßen durfte. Männliche Regeln machten es zwar zur Ausnahme, aber es war nicht unmöglich, daß jemand hinterrücks angriff. Es war möglich, daß sich ein Verlierer rachsüchtig aufspielte. Die Männer auf der ganzen Welt tanzen aufgrund eines *porteño*-Argwohns vorwärts."

Sicher ist, daß der Tango in der Mitte der neunziger Jahre des neunzehnten Jahrhunderts bereits seine eigene Choreographie erlangt hatte, die sich in den ersten Jahren des zwanzigsten Jahrhunderts durchsetzte. Florencio Iriarte bietet in einigen erklärenden Vierzeilern mit dem Titel *Batifondo a la Villa de Roi,* erschienen in der Zeitschrift Don Basilio vom 30. August 1900, eine prägnante und humoristische Beschreibung des Beginns einer Tanzrunde:

...hicimos la dentrada	...wir machten den Eintritt
cada uno con su banana y	jeder mit seiner „Banane“ und
comenzó la jarana	der Rummel begann
con puro corte y quebrada.	mit reinem *corte und quebrada*
Me lambía, hermano, solo	ich leckte mich, Bruder, allein
y vieras ché qué cuerpiadas	und wenn Du sehen könntest, he! Was für Manöver
y qué de chipé, sentadas	und was wir für echte *sentadas*
hicimos con el Bartolo...	bei dem *Bartolo* machten...
Mi paica se me doblaba	Mein Mädchen bog sich mir
Igual que pasto en la loma	so wie Gras auf dem Hügel
y ché... parecía de goma	und he!... Sie schien aus Gummi
del modo que se meneaba.	so, wie sie tanzte.

Die arglose, gereimte Chronik wiederholt sich mit ähnlichen Ausdrücken in dem 1907 uraufgeführten Stück von Manuel Saavedra *Chambergos y galeras* (Schlapphüte und Zylinder), in dem zwei männliche Personen sagen:

Donde nosotros pisamos	wo wir hintreten
nos hacemos repetar	verschaffen wir uns Respekt
jamás atrás nos quedamos.	niemals stehen wir hinten an.
Cuando hay vento en el bolsillo,	Wenn es Geld in der Hosentasche gibt,
pronto armamos un fandango.	machen wir bald einen *Fandango*.
Bailando tango tras tango	Wir tanzen dabei einen Tango nach dem anderen
al compás de un organillo	zum Takt einer Drehorgel,
si nos toca una caquera	wenn wir an ein feines Mädchen geraten,
que sea ladina y resuelta	dann laß sie pfiffig und beherzt sein,
al hacerle dar la vuelta	und wenn ich sie die Runde machen lasse,
le flamea la pollera.	flattert ihr der Rock.

Der Stolz, gut tanzen zu können, war charakteristisch für den sich damit brüstenden *orillero*. Zu zeigen, daß man ein unbegabter Tänzer war, konnte sich für das männliche Prestige genauso negativ auswirken, wie ein Schwächling mit dem Messer zu sein. Selbst eine so introvertierte Persönlichkeit wie Ecuménico López, der Protagonist von *Un guapo del 900* von Samuel Eichelbaum, weiß sich – auch wenn dies ohne die Protzereien des *compadrito* geschieht – im Tango hervorzutun. Niemand hätte sich getraut selbstbewußt aufzutreten, ohne präzise seine wichtigsten Figuren zu kennen. Ins *quilombo*[6] ging man auch um zu tanzen.

---

[6] *quilombo* – Puff

In einem Text von Ángel Villoldo, *Cuerpo de alambre*, ist der Sänger stolz auf seine Tanzpartnerin und brüstet sich:

Yo tengo una percantina	Ich habe eine Kleine
que se llama Nicanora.	die heißt Nicanora.
Y da las doce antes de hora	und es schlägt zwölf vor der Stunde
Cuando se pone a bailar;	sobald sie zu Tanzen beginnt;
Y si le tocan un tango,	und wenn sie ihr einen Tango spielen,
De aquellos con „fiorituras"	einen von jenen mit „*fiorituras*[7]"
a más corte y quebraduras	außerdem mit *corte und quebraduras*
nadie la puede igualar.	kann niemand ihr gleichkommen.
Pa'l tango criollo con corte;	Für den Tango *criollo* mit *corte*;
Su cadera es un resorte	ist ihre Hüfte eine Sprungfeder
Y cuando baila un motor.	und wenn sie tanzt ein Motor.
Hay que verla cuando marca	Man muß sie sehen wenn sie
El cuatro o la medialuna,	einen *cuatro* oder *medialuna*[8] zeichnet,
con qué lujo lo hace ¡ahijuna!	mit was für einer Zierde sie es macht. *Ahijuna!*[9]
Es una hembra de mi flor.	Es ist ein Weibchen der allerbesten Sorte.
Yo también soy medio pierna	Ich bin auch ein halbes Schlaubein
Pa'l baile de corte criollo,	für den *criollo*-Tanz mit *corte*
y si largo todo el rollo	und wenn ich alles abspule
con ella me sé lucir.	mit ihr, weiß ich zu glänzen.
En Chile y Rodríguez Peña	An der Kreuzung Chile und Rodríguez Peña
De bailarín tengo fama:	bin ich als Tänzer berühmt:
Cuerpo de alambre me llama	Körper aus Draht nennt mich
La muchachada gilí.	die dämliche Schar.

Über die durch den Tanz erreichte Verbreitung des Tango in den ersten Jahren des 20. Jahrhunderts wird man sich beim Lesen eines Textes klar, der in der Zeitschrift *Caras y Caretas* in der Ausgabe vom 11. März 1904, unterzeichnet von Goyo Cuello, mit dem suggestiven Titel „Modetanz" veröffentlicht wurde. Der Artikel, der eine ganze Seite einnimmt, beschreibt: „Der Karneval ist gekommen, der Tango macht sich zum Herrscher und Herr über alle Tanzprogramme, und der Grund hierfür ist, daß er, als ausschweifendster Tanz, nur in solchen tollen Tagen toleriert werden kann. Kein Theater, in dem nicht neue Tangos als Köder für die Tänzerkundschaft ankündigt werden, die,

---

[7] *fiorituras* – (italienisch) Ausschmückungen

[8] *cuatro, ocho, sentada, media luna, corrida, corte* – Bezeichnungen für Tangotanzfiguren.

[9] *ahijuna* – steht für „*Ah, hijo de una puta*" (Ah, Hurensohn).

begierig danach – mit den *compadradas* und *firuletes* zu glänzen, denen dieser laszive Tanz Raum gibt – wie Fliegen auftauchen, die zum Honig kommen.

Als Spektakel ist das originell: Vor allem im Victoria, wo man es am meisten bewundern muß. Der Saal voll mit fröhlichen Menschen, überall hört man Sätze, die fähig wären, den Helm eines Wachmanns zum Erröten zu bringen. Im Hintergrund die Unterwelt der Außenbezirke mit improvisierten Masken; in den Logen gute Kerle und ‚noch bessere Mädchen'.

Plötzlich legt das Orchester mit einem Tango los und es beginnen sich Paare zu bilden. *Chinerío*[10] und *compadraje* vereinigen sich in einer brüderlichen Umarmung und es beginnt ein Tanz, in dem die Tänzer eine derartige Kunst hinlegen, daß es unmöglich ist, die Verrenkungen, Ausweichmanöver, schiefen Lagen und *taconeos*[11] zu beschreiben, denen der Tango Raum bietet.

Die Paare gleiten nur so dahin, sich rhythmisch zum Takt der Musik schaukelnd, wollüstig, als wenn sie in diesen Tanz alle ihre Wünsche legen würden. Dort im Hintergrund bilden die Leute eine Gruppe, um eine *china orillera* tanzen zu sehen, die als eine ausgesprochene Meisterin ohnegleichen in dieser schwierigen Kunst gilt. Die Menschenmenge applaudiert wie wild diesem Wunder der *quebradura*, und die Tänzerin lacht skandalös, als der Partner zu ihr sagt: ‚Tu mir den Gefallen, meine *china*'.

Dies ist der *orillero* Tanz par excellence; er bietet Raum, damit der *compadre* mit schamlosen Fertigkeiten brilliert, damit er die ganze Behendigkeit seines Körpers und die Ausdauer seiner Füße zeigt."

Miguel A.Camino wagte geographische Präzisierungen:

Nació en los Corrales Viejos	Er kam in *Corrales Viejos* zur Welt
Allá por el año ochenta...	Damals um das Jahr 80...

...metaphorisiert er, und er ersinnt, daß der Ursprung des Tanzes ein Abbild der Bilder war, die durch das Licht der Laternen vom Hin und Her der Fechter der *orilla* produziert wurden:

... y los duelos a cuchillo	... und die Duelle mit dem Messer
le enseñaron a bailar...	lehrten sie zu tanzen...

...präzisiert er in den ersten Zeilen von *El tango*, veröffentlicht 1926, um später zu unterstreichen:

---

10 *chinerío* – Männer und Frauen des einfachen Volkes.

11 *taconeo* – Stampfen mit dem Absatz um einen Ton zu erzeugen (wie beim Flamencotanz).

Así en el ocho	Und so lag in der *ocho*
y en la sentada	und der *sentada*
la media luna	dem *media luna*
y el paso atrás,	und dem Schritt nach hinten
puso el reflejo	der Abglanz
de la embestida	des Angriffs
y las cuerpeadas	und der Ausweichmanöver
del que se juega	dessen, der sich dem Kampf stellt
con su puñal.	mit seinem Dolch.

Und in seinem Buch *La crencha engrasada* (Der eingeschmierte Scheitel) übernimmt es der bemerkenswerte *Lunfardo*-Dichter Carlos De la Púa zusammenzufassen:

Baile macho, debute[12] *y milonguero,*	Tanz, *macho*, debute und *milonguero*,
danza procaz, maleva y pretenciosa,	frecher, anmaßender *Malevo*-Tanz
que llevás en el giro arrabalero	Du trägst in der Vorstadt-Drehung
la cadencia de origen candombero	die Kadenz des *candombe* Ursprungs
como una cinta vieja y asquerosa.	wie ein altes und scheußliches Band.
Pasión de grelas de abolengo bajo	Leidenschaft der Weiber niederer Herkunft
De quien sos en la bronca de la vida,	denen Du in der Wut des Lebens,
un berretín con sensación de tajo,	eine irre Idee mit Gefühl nach Messerschnitt bist,
cuando un corte las quiebra como un gajo,	wenn ein *corte* sie bricht wie ein Ast,
o les embroya el cuero una corrida.	oder eine *corrida* ihnen das Leder verwirrt.

---

[12] *debute* – abgeleitet von Debüt; exzellent.

Spiel den Tambour – *Tocá Tangó*

Obwohl das Wort Tango zu einem rechtskundigen Ausdruck geworden ist und es seit geraumer Zeit keinen Zweifel über seine Bedeutung gibt – abgesehen von der klaren Unterscheidung zwischen dem rioplatensischen und dem andalusischen Tango – herrscht keine Einigkeit hinsichtlich seiner Etymologie. Dabei mag es natürlich sein, daß man bei einem Thema von solch nebulöser und widersprüchlicher Genese, auch bei dessen Etymologie auf Meinungen stößt, die, außer einige Hypothesen aufzustellen, definitiv nur wenig zur Aufklärung beitragen. Durch die Aufzählung solcher Hypothesen lassen sich einige Spuren aufzeigen, jedoch keineswegs mehr. Auf diesem Gebiet, wie bei der Mehrzahl der, die Prähistorie des Tango betreffenden Punkte, ist fast noch alles zu entdecken, und die bis heute gefundenen dokumentarischen Zeugnisse haben bisher nur einen sehr kleinen Teil der Wahrheit ans Licht gebracht.

Das Wort *tango* tauchte bereits auf, als der Tanz in der Weise wie man ihn am Ende des neunzehnten Jahrhunderts kennenlernte, noch nicht einmal im entferntesten existierte. In der Tat hatte das *Diccionario de la Real Academia Española* schon in seiner Ausgabe von 1803 eine Beschreibung von *tángano* vermerkt: „Der Knochen oder Stein, den man im Spiel mit dem gleichen Namen zieht."

Ungeachtet dieser Tatsache gibt Joan Corominas in seinem *Diccionario etimológico* an, daß das Wort erst seit 1836 in Gebrauch sei. Seine Definition lautet: „Argentinischer Tanz; erscheint zuerst außerhalb des amerikanischen Kontinents als Name eines Tanzes der Isla de Hierro und in anderen Teilen Amerikas mit der Bedeutung der Zusammenkunft von Schwarzen, um zum Klang des Tambour zu tanzen sowie als Name derselbigen Trommel. Diese und andere Analoga waren die ursprüngliche Bedeutung des Wortes, wobei es wahrscheinlich ist, daß es sich um einen lautmalerischen Begriff handelt. Tangue, ein gewisser Tanz, der im 16. Jahrhundert in der Normandie auftaucht und das deutsche ‚Tingeltangel', das Kaffee-Konzert aus dem Jahr 1872, sind vermutlich parallele, wenngleich unabhängige Wortbildungen."

Das *diccionario de la Real Academia* bietet keine Varianten in seinen zwei folgenden Ausgaben von 1869 und 1884, jedoch erscheint das Wort im Jahr 1899 in zwei Eintragungen. Die Erste verweist auf *tángano* und die zweite definiert das Wort als „Fest und Tanz von Schwarzen oder von Leuten des amerikanischen Volkes" mit einer zweiten Einzelbedeutung: „Musik zu diesem Tanz." Nicht ohne eine Herkunft hinzuzufügen, die wenig Überzeugungskraft besitzt: Vom lateinischen Verb *tangir* – Instrumente spielen. Offensichtlich ist das Problem der Etymologie komplizierter als es die Akademie im ersten Moment dachte: In der Ausgabe von 1914 wird, ohne dessen Definition zu verändern, als Ursprung *tangir* angegeben – berühren oder betasten – und von da an in den folgenden Ausgaben klugerweise auf jeglichen etymologischen Hinweis verzichtet.

Es erscheint ziemlich natürlich, den Versuch gemacht zu haben einen lateinischen Ursprung für dieses Wortes zu finden; denn auch wenn die derartig definierte, etymologische Linie keine direkte Beziehung zum rioplatensischen Gebrauch des Wortes als Bezeichnung des Tango-Tanzes zu haben scheint, ist die Versuchung groß, das Wort von *tango, is, ére, tetigi, tactum* herzuleiten. Dieses Verb bedeutet unter anderem: berühren, betasten // handhaben, mit Händen greifen // nebenan, unmittelbar daneben sein // (eine Frau) verführen // im Vorübergehen, kurz, leicht, berühren. (Valbuena, *Diccionario Latino-Español*). Vielleicht hat der gleiche Klang, gemeinsam mit den semantischen Annäherungen, die Meinung von Miguel Devoto gefördert, der in seiner Sammlung *La flor de la rosa* einen archaischen spanischen Vers aufnimmt:

Tango vos, el mi pandero Tango Du, mein Tamburin

Aber wenn man der Forschung von Corominas darin traut, daß das von *tanguere* abgeleitete Word *tañer* erst im Jahr 1140 auftaucht und *tocar* – berühren // ein Instrument spielen – mit derselben Herkunft erst 100 Jahre später, erscheint es einsichtig, daß der anonyme Vers sich auf das Trommeln des Tamburins und nicht im entferntesten auf's Tanzen bezieht.

Auch der uruguayische Essayist Daniel Vidart ist derselben Meinung, daß *tango* aus *tangir, tañer*, oder *tocar un instrumento* – ein Instrument spielen – hervorging. Zwar ist die Hypothese verführerisch, jedoch wird es schwierig sein zu erklären, warum und wie das Wort so viele Jahrhunderte übersprungen hat, in der seine einzige Verwendung *tángano* war, um wieder gegen Ende des 19. Jahrhundert am Río de la plata in seiner alten Bedeutung aufzutauchen.

Der Musikologe Carlos Vega fügt dieser Summe erdenklicher Bausteine einen neuen hinzu, indem er erklärt, daß „schon im Mexiko des 18.Jahrhunderts ein Tanz für ein sich nicht-umarmendes Paar oder für einzelne Tänzer existierte, der Tango hieß.“ Er bezieht sich auf eine der Inquisition erstatteten Anzeige aus dem Jahre 1803, in der eine mexikanische Weise erwähnt wird, (...) genannt *El Torito*, die – wie er sagt – „von diesem sehr alten Tango stammt.“

1925 gibt sich die königliche Akademie schon als offiziell über die Existenz des Tanzes informiert: Die erste Bedeutung ist die von *chito* (ein Wurfspiel, eine Variante des Spiels *taba*), die zweite ist immer noch die von „Fest und Tanz von Schwarzen oder von Leuten des Volkes von Amerika“ und die Dritte definiert: „aus Amerika in den ersten Jahren dieses Jahrhunderts eingeführter Gesellschaftstanz.“ Es gibt noch zwei weitere Bedeutungen: die Vierte, „Musik für diesen Tanz“; die Letzte, ein „honduranisches Perkussionsinstrument.“

Die Ausgabe von 1956 schließt die folgende, neue Wortbedeutung ein: „Lied, das zur Weise dieser Musik gesungen wird“, deren formale Unsicherheit keines Kommentars bedarf. Im Jahr 1970 fügt der Ergänzungsband das Wort *tanguista* hinzu: „(Von Tango) Professionelle, für eine Show engagierte Tänzerin.“

Nur in der Ausgabe von 1984 ist die Definition vollständiger und verzichtet auf etymologische Vermutungen: *tango*: (amerikanisches Wort) Fest und Tanz von Schwarzen oder von Leuten aus dem Volk einiger amerikanischer Länder. // 2. Argentinischer Tanz, international verbreitet, mit einem eng verbundenen Paar, in der binären, musikalischen Form eines Zweiviertel-Taktes. // 3. Musik dieses Tanzes und der Text, der gesungen wird. // 4. Hond. Musikinstrument, welches von den Einheimischen benutzt wird (...)“ (Nebenbei muß angemerkt sein, daß der Rhythmus des Tango schon nicht mehr – von Ausnahmen abgesehen – ein Zweivierteltakt, sondern, seit der Dekade der Zwanziger, ein Vierachteltakt ist, und daß Astor Piazzolla den Viervierteltakt für seine Kompositionen schon vor etwa 30 Jahren eingeführt hat, was die Begriffsbestimmung zumindest unvollständig macht.)

Obwohl diese theoretischen Erörterungen helfen, die geringe Flexibilität und den Eurozentrismus einer Akademie aufzudecken, die sich hinsichtlich dessen, was mit ihrer Sprache außerhalb der iberischen Halbinsel geschieht, wissenschaftlich strenger und interessierter zeigen müßte, reichen sie jedenfalls nicht aus, um dieses schwierige etymologische Problem zu lösen. Und obgleich bei diesem Stand der Dinge niemand behaupten kann, daß sich ein bestimmtes Kriterium sicher durchgesetzt hätte, besitzen für die Mehrzahl der Gelehrten die Hypothesen über eine wahrscheinlich „schwarze“ Abstammung des Wortes die größte Überzeugungskraft.

Blas Matamoro vereinigt verschiedene Meinungen über den Ursprung des Tango und dem zur Diskussion stehenden Begriff. Dabei geht er von dessen Afrikanizität aus: „Wenn man den afrikanischen Ursprung des Wortes zugibt, stößt man auf die Schwierigkeit, seine Einwanderung nach Amerika historisch zu erklären, weil ja niemand weiß, was *tango* eigentlich in Afrika bedeutete.

Eher haltbar ist die Theorie *tambo* und *tango* als Wörter lautmalerischen Ursprungs zu betrachten. *Tambo* ähnelt eindrucksvoll *tambor*, welches das Tamtam oder die *candombe*-Trommel der schwarzen Tänze ist, ein langes Handperkussionsinstrument. Die Aufforderung des Tänzers an die Candombetrommel lautete in bozal[1] *tocá tambó* – spiel die Trommel. Die Synonymie und die ähnliche Phonetik zwischen diesen, hier in Erinnerung gerufenen Ausdrücken, waren in den Vierteln, wo sich Weiße und Schwarze vermischten, im Buenos Aires zu Beginn des 19. Jahrhunderts sehr wohl geläufig. Das *Barrio del Tambor* war das *barrio moreno*". Gleichwohl mag es notwendig sein, daran zu erinnern, daß zu Beginn und in der Mitte des 19.Jahrhunderts mehrere Gebiete in der Stadt mit einer zahlenmäßig großen, schwarzen Bevölkerung existierten, und es in diesen – wie Francisco Romay in seinem Buch *El barrio de Monserrat* aufgezeigt hat – zahlreiche, ausschließlich von Schwarzen besuchte Einrichtungen gab, in denen diese bewiesenermaßen ihre Tänze ausübten.

Kommen wir wieder auf das semantische Thema und den Ursprung des Wortes *tango* zurück. Ricardo Rodríguez Molas schreibt in seinem von Matamoro zitierten, unveröffentlichten Buch *Africanía del tango*, daß „*tango* ein direktes und ausschließlich afrikanisches Wort" sei. Er forschte verschiedenen Dialekten des Gebietes nach, aus dem sich der amerikanische Sklavenhandel mit Schwarzen versorgte (hauptsächlich aus dem Kongo von den Stämmen des Golf von Guinea und aus dem südlichen Sudan). Bei einigen von ihnen bedeutet *tango*: Geschlossener Ort, Kreis, umfriedetes Grundstück und als verwandte Bedeutung: Jeglicher umzäunte Raum, der nur zugänglich war, wenn bestimmte Bedingungen vor der Zulassung ausgelost worden waren. „Ich erlaube mir anzunehmen" fährt Matamoro fort „daß der Gebrauch des Wortes *tango* in diesen afrikanischen Teilsprachen in die Welt des Religiösen, des Verschlossenen und des Hermetischen gehörte, der jedem Kult vor allen Dingen in den primitiven Gesellschaften innewohnt."

Außerdem nannte der Schwarze die Versammlungsorte der Sklaven, sowohl in Afrika wie auch in Amerika, *tango*. Zusätzlich erhielt der Verkaufsort der Sklaven denselben Namen. Für Gobello „ist *tango* ein Wort, das in allen Ländern der Sklaverei kursierte", und er fügt hinzu: „Esteban Pichardo definierte in seinem *Diccionario Provincial de Voces Cubanas*, 1836, Seite 242: ‚*Tango*. Nomen singular maskulinum; Versammlung von Schwarzen afrikanischer Herkunft, um zum Klang der Trommeln oder Pauken zu tanzen.' In Buenos

[1] *bozal* ist der Name des unter den schwarzen Sklaven gesprochenen Dialektes.

Aires nannte man *tango* schon zu Beginn des 19. Jahrhunderts die Häuser, in denen die Schwarzen ihre Tänze ausübten. Wahrscheinlich hat das Wort *tango* portugiesischen Ursprung und wurde in Amerika mit dem kreolischen Afro-Portugiesisch aus San Thomé und über Kuba aus Spanien eingeführt."

Rodríguez Molas hat die Existenz von *tango*-Häusern, die in Buenos Aires 1802 betrieben wurden, bestätigt, und erinnert im ersten Band seiner im Verlag Corregidor erschienen *Historia del tango* daran, daß Jorge Alberto Bossio die *Academia Porteña del Lunfardo* über einen Bericht vom 21. Oktober 1821 informierte, der von Bernardino Rivadavia unterschrieben ist. In diesem wurde verfügt, daß die polizeiliche Behörde den dunkelhäutigen Kongoyanern Juan Duval und José Antonio Peña den Unmut der obersten Verwaltung gegenüber ihrem Antrag ausdrücken sollte, worin jene um die Erlaubnis baten, eine Sammlung von Almosen durchführen zu dürfen, deren Erlös einer Institution gegenseitiger Hilfe zugute kommen sollte, die sich in einer Einrichtung mit dem Namen *tango de Bayle*[2] befand.

In Anlehnung an die Hypothese über die schwarzen Wurzeln des Tango merkte Lauro Ayestarán an: „Zu Beginn des 19. Jahrhunderts bescheinigt der Stadtrat von Montevideo die Gegenwart von *candombes*, die man, ohne damit eine Unterscheidung zu treffen, *tambos* oder *tangos* nannte, und die man zum Schutz der öffentlichen Moral verbot, sowie deren Betreiber schwer bestrafte. Nach der zweiten englischen Invasion beruft der Regierende Francisco Javier de Elía am 26. November des Jahres 1807 den Stadtrat ein, und einhellig behandeln die Anwesenden den Punkt über die Negertänze *tambos...*" in der Weise, daß diese, aufgrund aller ihrer verderblichen Beweggründe, innerhalb und außerhalb der Stadt verboten wurden und daß man jeden, der zuwiderhandelte, als Strafe für einen Monat auf die öffentlichen Baustellen zwang.

Obwohl diese Zitate einer streng philologischen Angabe entbehren, stellen sie einen wichtigen Beitrag dar, weisen sie doch, ohne die noch vor einigen Dekaden bestehenden Zweifel, auf die afrikanische Herkunft von *tango* hin, was auch Vicente Rossi bereits zu Beginn des Jahrhunderts vertrat: „In einer bestimmten Zeit konnte man anstatt ‚die Tamboriles oder Tamtam der Schwarzen' ‚die *tangos* der Schwarzen' sagen, was zum selben wurde wie ‚die Tänze der Schwarzen', so wie es vorher bereits in den Antillen geschah, indem die Ursache und seine Wirkung miteinander vertauscht wurden. Stößt man heute (das Buch *Cosas de negros* wurde im Jahre 1926 herausgegeben) auf ein altes Zitat mit dem Wort *tango*, kann man davon ausgehen, daß es sich dabei

---

[2] *tango de Bayle* – Tango Tanz.

um einen Tanzort handelt, welcher mit einigen Variationen dem heutigen gleicht oder wenigstens sein Vorgänger ist." Und er fügte hinzu: „Die am weitesten zurückliegende Notiz reicht in das Jahr 1808 zurück. Die Spießbürger des improvisierten, maurisch-, lusitanisch-gotischen Marktplatzes, dort, wo sich heute Montevideo erhebt, beschwerten sich bei ihrem Anführer Elío und baten diesen, den Schwarzen die *tangos* wegen des Durcheinanders, das sie hervorriefen und der sich daraus ergebenden Vernachlässigung der häuslichen Aufgaben zu verbieten." Wenn man von *tango* sprach, umfaßte dies den Ort, die Instrumente und den Tanz. Auch Lauro Ayestarán besteht auf die afrikanische Herkunft des Wortes: „Die satirische Zeitschrift *La Matraca* aus Montevideo veröffentlichte in ihrer Ausgabe vom 1. März 1832 eine kurze Beschreibung der drei letzten Karnevalstage in jenem Jahr mit diesen lebendigen Worten: Die Einen gehen, Andere kommen, Einige gehen hoch, Andere hinunter. Hier ein Türke, dort ein Marinesoldat: Eine Sudelei von Teufeln, ein Komödienprogramm. Hier Polizei, dort die Schwarzen mit dem *tango*."

Für Matamoro bestehen aufgrund der Fülle von Indizien nicht allzuviele Konfusionen: „Wenn wir einmal die schwarzafrikanische, mulattische oder lautmalerische Herkunft des Wortes eingesehen haben, ist es an der Zeit anzumerken, daß dieses dann zu einer spanischen Vokabel wurde. Zu ein und derselben Zeit bezeichnete *tango andaluz*, *tanguillo* oder einfach *tango* im Süden Spaniens den alten Kontertanz der Renaissance; ein Tanz, der mit der Kolonisation des amerikanischen Kontinents importiert wurde. Bestimmte ‚schwarze Figuren' wurden in Kuba in die *contradanza* oder einfach *danza* aufgenommen, die seitdem *danza habanera* oder *habanera* hieß. Dieser Tanz kam über Havanna in den Salon und in den andalusischen *tablao*."

Zu guter Letzt können wir eine exotische These von Eduardo S. Castilla wiederaufgreifen, der im Jahr 1932 phantasierte: „Der Ausdruck *tango* ist japanisch. Eine Stadt und eine Region des Reiches der aufgehenden Sonne sind so benannt. Auch eines der fünf Volksfeste jenes Landes trägt diesen Namen. Man feiert es am fünften Tag des fünften Monats des Jahres und dieser ist der symbolische Tag der Kinder." Und er vermutet: „In Kuba gab es seit der Mitte des 18.Jahrhunderts viele Japaner, und es war zufällig in Kuba, wo man zum erstenmal *tango* tanzte."

Mit Sack und Pack in die Fremde

Seit der Unabhängigkeit bis gegen 1860 hatte es in der argentinischen Gesellschaft keine großen, demographischen Veränderungen gegeben. Weder die Unabhängigkeits- und Bürgerkriege noch die Krankheiten, die in dieser Epoche herrschten (wenn auch bis zum Jahr 1871, in dem das Gelbfieber ausbrach, keine schweren Epidemien registriert wurden) beeinflussten die Bevölkerungswachstums-Pyramide allzusehr und somit blieb sie von größeren Schwankungen verschont. Es handelte sich um eine relativ statische Gesellschaft, deren Bevölkerung 1810 auf 405.000 Menschen geschätzt wurde und die in den letzten Tagen der Regierung von Juan Manuel de Rosas 1.300.000 Bewohner zählte.

Argentinien war eine Gemeinschaft, die kein Freund von Wechsel und Veränderungen war, eine Gemeinschaft, die das charakteristische konservative Erbe Spaniens trug. Und obwohl sich nur wenige Adlige in diese ferne Welt begeben hatten, trug die traditionelle Vorstellung, daß Edelleute nicht mit ihren Händen arbeiten durften und sich außer der Muße nur religiösen oder militärischen Aktivitäten widmen konnten, auch nicht dazu bei, diesen Gegenden den Impuls für Handel und Industrie zu geben, den ein neues Land bedarf.

Die Verdrängung der gebürtigen Spanier aus der Verwaltung durch *criollos,* mit dem Ziel der Abspaltung vom Mutterland im Jahr 1810, reichte ebensowenig aus, die tiefsitzende Ideologie der herrschenden Klasse zu verändern, deren Kinder in den besten Fällen die Schicht der Rechtsanwälte, der vielen Ärzte, Geistlichen oder Privatiere besetzen konnten. So wurden sogar die Aktivitäten von Rosas auf den von ihm gegründeten Salzfeldern der Provinz Buenos Aires mehr als ein Beweis für seine maßlosen, persönlichen Ambitionen angesehen, denn als echter Beitrag zur Entwicklung der Gemeinschaft. Diese Situation vor Augen, erscheint es logisch, daß man bei der Suche nach einer Lösung meinte, diese könne allein durch die Ankunft von Europäern erzielt werden, die sich den argentinischen Fortschritt auf ihre Schultern laden sollten.

Seit den ersten Tagen der Unabhängigkeit machten Ausländer einen wichtigen Bevölkerungsanteil aus. Zu Beginn der Regierung Rosas schätzte man die Bevölkerung von Buenos Aires auf etwa 90.000. Davon war ein Drittel nicht auf dem Gebiet der Konföderation geboren. Von diesen waren 8.000 Engländer, 6.000 Italiener und 4.000 Spanier und Portugiesen. Diese Zahlen erschienen jedoch jener liberalen Ideologie mager, die ihre prägnante Definition mit dem Ausspruch von Juan Bautista Alberdi erhielt: „Regieren heißt bevölkern.“ Ein Denkspruch, der nach dem Ausscheiden von Rosas seinen Niederschlag im Wortlaut der Konstitution von 1853 fand, deren Artikel 25 lautete: „Die föderative Regierung soll die europäische Einwanderung begünstigen und soll das Eintreffen der Ausländer auf argentinischem Boden, die mit dem Ziel kommen, die Erde zu bearbeiten, die Industrien zu unterstützen und die Wissenschaften und Künste einzuführen, weder restringieren, begrenzen, noch mit irgendeiner Steuer erschweren."

Theoretisch galt der Ruf allen Menschen der Welt, die argentinischen Grund und Boden bewohnen wollten. In der Praxis begünstigten die Maßnahmen aber nicht die Übersiedlung der erwünschten Gruppe aus Fachkräften, Lehrern, Wissenschaftlern, Intellektuellen und Künstlern, wie sich ihre Ideologen gedacht hatten. Man war sich nicht bewußt gewesen, daß diese erwünschte, ökonomische und soziale Schicht – bis auf wenige Exilianten – ihre angestammten Lebensräume nicht verlassen wollten, um sich auf das Abenteuer Einwanderung einzulassen. Man hatte sich der Fantasie hingegeben, daß dieser Utopie Tausende von Landwirten und spezialisierten, erfahrenen Viehzüchtern folgten, die im Hafen von Buenos Aires an Land gehen würden und in der Lage wären, die bis dahin unkontrollierte, nationale, landwirtschaftliche Produktion zu verbessern. Im Fall der Rinderzucht zum Beispiel verwertete man bis dahin in der Pampa nur das Leder und einige wenige Fleischstücke, insbesondere die Zunge.

Zwei Sätze, einer von Domingo Faustino Sarmiento, der andere von Juan Bautista Alberdi, reichen aus, um die tiefsitzende Ideologie zu begreifen, die jene wurzellosen, liberalen Gegner von Rosas hatten, die sich ein von europäischen Immigranten bevölkertes Argentinien vorstellten: „Aus der Verschmelzung dieser drei Familien (Spaniern, Schwarzen und Einheimischen) ist ein gänzliches Homogen entstanden, das sich durch seine Liebe zur Muße und durch die Unfähigkeit zu industrieller Arbeit auszeichnet, das nur durch Erziehung und die Erfordernisse einer sozialen Position in seine Schranken verwiesen und aus seinem gewohnten Trott herausgebracht werden kann", ließ Sarmiento im Jahre 1845 vernehmen. Zur gleichen Zeit erklärte Alberdi in der Zeitung *El Mercurio* von Santiago de Chile: „Jeder Europäer, der kommt, bringt uns mit seinen Gewohnheiten mehr Zivilisation, die er später in unseren Ländern besser als jedes Philosophiebuch verkünden wird. Die Vollkommenheit, die man nicht mit eigenen Händen berühren kann, wird schlecht verstanden. Der lehrreichste Katechismus ist ein arbeitsamer Mensch." Und er fährt fort: „Wollen wir, daß sich die Gewohnheiten von Ordnung und Industrie in Amerika durchsetzen? Dann reichern wir es mit Menschen an, die diese Gewohnheiten reichlich besitzen. Diese sind ansteckend: neben dem europäischen wird sich bald ein amerikanischer Industriemensch herausbilden."

Verständlicherweise stand dieser naiven Vision von Immigration, die beide später bereuen würden, sehr bald eine Wirklichkeit gegenüber, die diesen Erwartungen nicht entsprach. Die idyllischen Europäer, die die Werte der Zivilisation verkörperten, wählten nicht den Weg der Immigration – bis auf wenige Ausnahmen, die aus rein politischen Gründen, wie zum Beispiel durch die Niederlage der Kommune von Paris (1871) oder im Fall der italienischen Carbonaros, kamen. Diejenigen, die sich auf die Gefahr einer so langen Reise einließen, um ein besseres Schicksal zu suchen, waren in großer Mehrheit die vom Elend aus den verarmten Zonen Europas Hinausgeworfenen, so aus Galizien in Spanien, den Dörfern um Neapel und Genua, der sizilianischen Insel oder der kalabrischen Region. Darunter waren auch Juden, die vor den wiederkehrenden Pogromen in Rußland und Zentraleuropa flohen.

Es kamen jedenfalls keine kultivierten Florentiner, in der Lage, Dantes Metrik zu genießen, und keine spanischen Leser des *Don Quijote* oder Liebhaber von Garcilazo. Es trafen vielmehr Analphabeten ohne Beruf und Handwerk ein, solche, die gar keinen Kontakt zu den tausendjährigen Kulturen ihrer Länder gehabt hatten. Menschen, für die Museen ebenso unvorstellbare, unmögliche Orte waren, wie für einen *gaucho* aus der Pampa. Hinzu kam, daß viele mit der falschen Versprechung verführt worden waren, für sie bestünde die Möglichkeit, zu sehr niedrigen Preisen Ackerland zu erwerben. Die Propaganda-Handzettel beweisen das Ausmaß des vielleicht unbedachten Betruges, dem diese – zum Großteil aus ländlichen Regionen stammenden Personen, die sich ihren Lebensunterhalt nur als Bauern zu verdienen wußten – auf den Leim gingen. Sie fanden eine vom Typ her feudale Sozialstruktur vor. Das Land war bereits in den Händen einiger weniger Großgrundbesitzer, und sie standen vor der Unmöglichkeit, sich den Aufgaben zu widmen, zu denen sie eigentlich befähigt waren. Mit einem Mal mußten sie sich in neuen Arbeiten zurechtfinden, und es blieb ihnen nichts anderes übrig, als in der Peripherie der großen Städte, im besonderen und beinahe ausschließlich in den Randzonen von Buenos Aires, zu bleiben. Auf diese Weise verwandelten sich die kultivierten Immigranten, denen man die Wüste zum Bewohnen zugedacht hatte – denn ein damals geläufiger Ausspruch von Sarmiento hieß: „Das Schlechte, das Argentinien anhaftet, ist seine Ausdehnung" – hatten sie erst einmal den Atlantik überquert, in abgerissene, deklassierte *gringos*, die „als Gipfel allen Übels" – wie es hieß – in ihren Heimatländern schon den Klängen der anarchistischen Ideen gelauscht hatten.

Gewiß ist jedoch, daß sich die Bevölkerungszahlen von dem Zeitpunkt an vervielfachten, ab welchem die Gesetzgebung der Konföderation die unbegrenzte Immigrantenaufnahme verabschiedete. Aus 1.300.000 Einwohnern im Jahre 1859 wurden zehn Jahre später 1.737.076. Im Jahre 1895 waren es bereits 3.954.911 und zum Zeitpunkt der Volkszählung 1914, bis zu dem Moment, in dem der europäische Krieg den Immigrantenfluß stoppte, war die Zahl auf 7.885.237 angestiegen. Es läßt sich hinzufügen, daß von allen Immigranten fünfzig Prozent in Buenos Aires blieben, zusammengepfercht in *conventillos.*

Diese Gruppen der Ausländer waren es auch, die die Gründung der ersten genossenschaftlichen Vereinigungen in Gang setzten und – als logische Konsequenz – zu den ersten Streiks, die das Land kennenlernte, aufriefen. Der erste würde im Jahr 1878 von den Buchdruckern veranstaltet werden.

Als die Oligarchie auf die Streiks mit brutalen Repressionen, mit Massakern unter den Arbeitern und der Verabschiedung des Aufenthaltsgesetzes reagierte, war es zu spät: Die Überschwemmung der Immigration hatte bereits das Gesicht dieses Landes verändert, das zuerst die Heimatlosen und dann die Liberalen der achtziger Jahre des neunzehnten Jahrhunderts in ihren Träumen gesehen hatten.

Die herrschende Schicht reagierte mit der Verherrlichung der Tugenden des *gaucho*, der als solcher schon nicht mehr existierte und sich gezwungen sah, bis an die Grenzen der Stadt zu wandern. Der *gaucho* war zum *orillero* geworden und befand sich – zu seinem größten Kummer – in derselben Klasse wie die Immigranten, denen gegenüber er seine Verachtung nicht verhehlte, aber mit denen er dieselben Nöte und Hoffnungen teilte.

Es gab unzählige Intellektuelle, die Schmähschriften gegen die Ausländer herausbrachten. Eugenio Cambaceres ging sogar soweit, daß er in seinem Roman *En la sangre* die Minderwertigkeit des Immigranten auf biologische Gründe zurückführte. Aber vielleicht kann nichts die Abneigung so gut zusammenfassen wie ein von Enrique Larrete 1900 in der Universität von Córdoba (Argentinien) ausgesprochener Satz. Der Autor von *La gloria de Don Ramiro* sagte: „Es erscheint mir nicht richtig, daß es auch jene (die Immigranten) sein sollen, die diesen Schatz aus Vernunft und eigener Erfahrung, dieses Erbe der Opfer, der Betrachtungen, des Heldentums, welches uns die Gründer unserer Nationalität vermachten, übernehmen dürfen; ich glaube nicht einmal, daß aus diesem kläglichen Pöbel, welcher zu einem großen Teil alle Schatten der Ignoranz mit sich schleppt, eine führende Klasse entstehen könnte, die fähig wäre, die argentinische Kultur einem großartigen Ideal entgegenzuführen.“

Von den enttäuschten Immigranten kehrten die, denen es möglich war – und dies waren mehr als die Hälfte der Angekommenen – in ihre Herkunftsländer zurück. Andere blieben trotz Spott und Schmähungen. Sie blieben da, weil sie keine andere Wahl hatten. Sie wurden zu Argentiniern und bauten das Land auf. Und auch sie steuerten ihren Beitrag zur Entwicklung des Tango bei, machten ihn nostalgisch und schwermütig, so wie sich der Entwurzelte immer fühlt.

So wie die Spanier in dieses Argentinien ihre Vorliebe für das Theater mitbrachten, das einige Jahrhunderte lang – mit seinem Höhepunkt im 17. Jahrhundert – das hauptsächliche Vergnügen bei Volk und Adel darstellte, so brachten die Italiener ihre Leidenschaft zur Musik ein, ihr Geschick verschiedene Instrumente zu spielen, ihr gutes Gehör und ihre Liebe zum Gesang.

Aber während sich die spanischen Immigranten schnell anpaßten und sich aufgrund ihrer Sprache mit größerer Leichtigkeit tarnen konnten, zwang der sprachliche Unterschied den italienischen Immigranten zu stärkeren Anstrengungen, um die unvermeidliche Diskriminierung nicht zu verschärfen, der sie in dieser, das Fremde ablehnenden Umgebung, in jedem Fall ausgesetzt waren. Aus diesem Ringen um schnellstmögliche Integration entstand die Figur des *cocoliche*. Ein Prototypus, der auf argentinischen Bühnen in Erscheinung zu treten begann. Abbild eines wirklichen Typus, wie er in den großen Städten lebte und auf seine Art die Lebensgewohnheiten derjenigen Argentinier nachahmte, die ihm am nächsten waren: seine Nachbarn aus dem *conventillo*.

Cocoliche war einer der vielen Charaktere, die sich im Drama *Juan Moreira* zusammenfanden. Dieses von dem Roman des Eduardo Gutiérrez inspirierte Werk wurde von den Gebrüdern Podestá in vielen Dörfern der Provinz Buenos Aires und der Republik Uruguay als krönender Abschluß der Vorstellungen ihres berühmten Zirkus gezeigt. In dem besagten Werk ruft ein Italiener, der sich zum *criollo* gemacht hatte, aus: „Isch heisse Franchisque Cocoliche un bin *criollo* bisch in die Gnoochn." Der Taugenichts gefiel, man fand ihn sympathisch, denn er erschien glaubhaft, alltäglich. Und so nahm er für Jahrzehnte seinen Platz im nationalen Schauspiel ein: In Zukunft sollte es fast kein Theaterstück geben, besonders im Genre des *sainete*[1], das nicht seinen eigenen *cocoliche* hatte. Es war auch eine Art und Weise mittels Spotts die Furcht vor einer Gestalt wie dem *gringo* zu überspielen, der sich mit jedem Tag einen größeren Raum innerhalb der argentinischen Gesellschaft schuf.

[1] *sainete* – volkstümlicher Schwank.

Das Ressentiment gegen den Ausländer, dem das *sainete* manchmal das Aussehen einer beleidigenden Karikatur abverlangte – wo der italienische Immigrant als geizig, egoistisch und feige auftaucht – kennt literarische Vorgänger bereits im *Martín Fierro* (beinahe der gesamte V. Gesang des ersten Teils) und in der Rivalität zwischen dem *criollo* und dem Ausländer im Schlußteil des Gedichts *Santos Vega* von Rafael Obligado, der dem Fremden einen geradezu dämonischen Charakter verlieh. Der Protagonist, der die angeblich traditionellen Werte des argentinischen Landmenschen verkörpert, wird in einer *payada* von Juan Sin Ropa besiegt, keinem anderen als dem leibhaftige Teufel, der sich hinter der These des Fortschritts und der Wissenschaft versteckt. Im Juan Moreira wird diese Rolle von einem Händler verkörpert, der durch eine Falschaussage den Protagonisten ins Unglück stürzt und nicht zufällig den Namen Sardetti – von unbestreitbar italienischer Herkunft – trägt.

José Sixto Alvarez, ein exzellenter Milieuschilderer und der Geschäftsführer der Zeitschrift *Caras y Caretas*, drückte in einem seiner Dialoge die Feindschaft eines *criollo* des Mittelstandes gegenüber den gerade angekommenen jungen Ausländern aus. Bei einem Geplauder mit einer Nachbarin, die ihrem Gegenüber erzählt, daß sich ihre drei Töchter mit gut vermögenden, ausländischen Kaufleuten verheiratet haben, beglückwünscht sie ihr Gesprächspartner nicht wegen der guten Partien, sondern deshalb, weil sie dank deren Nationalität beim Tod ihrer Schwiegersöhne nicht würde weinen müssen.

Die Meinung der herrschenden Oligarchie über die Einwanderungsschwemme kann man aus einer Fülle von Zeitdokumenten herauslesen, aber vielleicht reichen einige wenige Absätze von José Ramos Mejía aus *Las multitudes argentinas,* veröffentlicht 1899, aus. Ramos Mejía stellte fest: „(das Gehirn des Einwanderers) ist ein langsames Gehirn, wie das des Ochsen, an dessen Seite er gelebt hat. Kurzsichtig in seinem psychischen Sehvermögen und von einem plumpen und stumpfen Aufnahmevermögen im Hinblick auf alles, was die spontane und leichte Aneignung von Bildern auf dem Wege der zerebralen Sinne betrifft. Was für eine Dunkelheit in seiner Wahrnehmung, welche Ungeschicklichkeit, um auch nur die elementarsten Gefühle zu vermitteln, über diese an die der Dickhäuter erinnernde Haut mit ihren Schwierigkeiten als physiologischer Leiter zu dienen! In gewissem Sinn ähnelt die Stufe des psychischen Entwicklungsstandes dieses Bauerns, dem vigorösen Protoplasma der neuen Rasse, beim Betreten unseres Bodens einem larvenartigen Dämmerzustand. Zwangsläufig muß sich einer klar machen, daß der Tölpel nicht wie wir fühlt." Und er empörte sich: „Deshalb kommt einem von weitem das scharfe Gerüchlein nach Stall und Asyl quadratköpfigen Pöbels entgegen, das ihnen von Kopf bis Fuß anhaftet, selbst wenn sie als Ärzte, Rechtsanwälte, Ingenieure oder Journalisten kommen. Ihr könnt sehen, wie sie sich in die beste Gesellschaft einschmeicheln, Mitglieder der besten Kreise oder ausgewählter Vereinigungen werden; ihr seht sie sich anstrengen, um sich zu erneuern, und manchmal erneuert sich einer, aber dann, wenn man es am allerwenigsten erwartet, kommt auf einmal die widerspenstige Struktur zum Vorschein, die ein paar Generationen braucht, um die Larve, der sie zuerst angehörte, zu verlassen (...) Kratzt ihr diesen Lack ab, mit dem das soziale Wohlwollen kläglich die Risse von dieser *'anima maculata'* abdeckt, werdet ihr sehen, wie sich sofort die bewußten Schatten abzeichnen und damit die Amnestie für ungültig erklären, die ihm der Schneider und die Straffreiheit durch irgendein hochtrabendes Diplom gewährten."

Die Mehrheit der Chronisten zu Beginn des Jahrhunderts ließen den Zusammenprall zwischen dem *criollo* und dem Einwanderer hervortreten. Indem man sich über das Kauderwelsch des gerade Angekommenen lustig machte, konnte man seine eigenen Vorurteile ausdrücken. Es war eine feindselige Wirklichkeit, die von Verachtung bis Angst vor einer immer zahlreicher werdenden Personengruppe reichte, die sich, wenn sie keinen Raum mehr bekam, welchen schuf. Nicht nur würden Hipólito Yrigoyens Söhne ihn an die Macht begleiten oder sich in die Sozialistische Partei einreihen: Ebenso würden sie die Universitätsreform von 1918 in Bewegung setzen, mit der der Zugang der neuen Klasse zu den liberalen Berufen garantiert wurde. Einen Sohn mit Diplom zu haben, das Streben eines jeden Einwanderers, spiegelt sich wider in dem Theaterstück von Florencio Sánchez *M'hijo el dotor* (Mein Sohn der Doktor) aus dem Jahr 1903. Dieser Wunsch verwandelte sich von purer Vision zu einer realen Möglichkeit. Insofern, als in kürzester Zeit an den Bildungsstätten die Immigrantensöhne die Söhne aus den Familien der *criollos* an Zahl übertrafen, wie die langen Listen italienischer Nachnamen im Verzeichnis der liberalen Berufe – was noch bis zum Ende des 19. Jahrhunderts ungewöhnlich war – verdeutlichten.

Die italienische Einwanderung war die zahlenmäßig Größte. Sie übertraf bei weitem die Spanische, die die zweitgrößte Gemeinschaft darstellte, die in den argentinischen Häfen an Land ging. Zwischen 1857 und 1899 trafen, den Erhebungen der Immigrationsbehörde zufolge, 1.100.000 Italiener ein, von denen 650.000 im Land blieben, gegenüber nur 360.000 Spaniern, von denen sich schließlich 250.000 ansiedelten.

Gemäß denselben Quellen kamen zwischen 1900 und 1920 weitere 1.200.000 Italiener, von denen 449.000 in Argentinien blieben; und zwischen

1921 und 1947 850.000, von denen 395.000 nicht mehr in ihr Heimatland zurückkehrten. Zieht man in Betracht, daß im Jahr 1895 der Bevölkerungsanteil der Einwanderer mit italienischer Herkunft in der Stadt Buenos Aires bis auf 49 % anstieg, eine Zahl, die 1914 ungefähr auf 40 % sank, dann wundert es nicht, daß der italienische Beitrag zum Tango beachtlich war. Zudem war das Spielen von Tangos, zu dessen Entwicklung beizutragen und Tangostücke zu erfinden, nicht nur eine Art, den Lebensunterhalt zu verdienen, es war auch der demonstrative Wunsch, sich an das Land, an seine Bräuche und an seine Riten anzupassen.

Dennoch war trotz der Intention, sich so schnell wie möglich in die neue Wirklichkeit zu integrieren, die Sehnsucht stärker. Oftmals und ohne sich über den Spott der *compadritos* im gleichen Innenhof zu kümmern, holte der *tano*[2] in den Nächten des *conventillo* wieder seine Mandoline oder sein Akkordeon hervor und begleitete die Lieder seiner alten Heimat, zu der er, wie er wußte, nur in seinen Träumen zurückkehren konnte.

In den Versen des Tango *La violeta* faßt Nicolás Olivari (Autor von bemerkenswerten Büchern wie *La musa de la mala pata* oder *El gato escaldado*) dieses Gefühl zusammen:

Con el codo en la mesa mugrienta	Mit dem Ellenbogen auf dem schmierigen Tisch
y la vista clavada en un sueño,	und den Blick vernagelt in einen Traum,
piensa el tano Bomingo Polenta	denkt der *Tano* Bomingo Polenta
en el drama de su inmigración...	an das Drama seiner Immigration...
Canzoneta del pago lejano	Lied des fernen Landstücks
que idealiza la sucia taberna	das die schmutzige Taverne veredelt
y que brilla en los ojos del tano	und das in den Augen des Tano
con la perla de algún lagrimón...	mit der Perle einer dicken Träne glänzt...
Lo aprendió cuando vino con otros	Er lernte es, als er mit anderen
encerrado en la panza de un buque	eingesperrt im Bauch eines Schiffs kam
y es con ella, metiendo batuque	und mit diesem, wenn er sein Spektakel macht,
que consuela su desilusión...	tröstet er seine Enttäuschung...

Carlos De la Púa beobachtet in *Los bueyes* (die Ochsen), einem seiner bekanntesten Gedichte, aus einem anderen Winkel das von Olivari erwähnte Drama der Immigration:

---

[2] *tano* – umgangssprachliche Abkürzung für *italiano* (Italiener).

Vinieron de Italia, tenían veinte años,
con un bagayito por toda fortuna
y, sin aliviadas, entre desengaños,
llegaron a viejos sin ventaja alguna.

Mas nunca sus labios los abrió el reproche.
Siempre consecuentes, siempre laburando,
pasaron los días, pasaban las noches
el viejo en la fragua, la vieja lavando.

Vinieron los hijos. ¡Todos malandrinos!
Vinieron las hijas. ¡Todas engrupidas!
ellos son borrachos, chorros, asesinos,
y ellas, las mujeres, están en la vida.

Y los pobres viejos, siempre trabajando,
nunca para el yugo se encontraron flojos.
Pero aveces, sola, cuando está lavando,
a la vieja el llanto le quema los ojos.

Sie kamen aus Italien, zwanzig Jahre alt,
mit allem Hab und Gut in einem Säckchen
und, ohne Erleichterungen, unter Enttäuschungen,
wurden sie alt ohne irgendeinen Gewinn.
Niemals mehr öffnete der Vorwurf ihnen Die Lippen.
Immer konsequent, immer schuftend
vergingen die Tage, vergingen die Nächte
der Alte in der Schmiede, die Alte am Waschen.

Es kamen die Söhne. Alles üble Taugenichtse!
Es kamen die Töchter. Alles Eingebildete!
Sie sind Säufer, Diebe, Mörder,
und sie, die Frauen stehen im Leben[3]

Und die armen Alten, die immer am Arbeiten sind,
nie waren sie zu schlapp für das Joch,
aber manchmal, alleine, wenn sie gerade wäscht,
brennt der Alten das Heulen in den Augen.

Unterscheiden zu wollen, bis zu welchem Punkt die *criollos* sich „italienisierten“ oder die Italienier sich den *criollos* anpaßten, ist schwierig und erscheint byzantinisch. Die sozio-psychologischen Grenzen sind normalerweise sehr diffus und eine endgültige Interpretation wird es nie geben. In jeder Handlung eines heutigen Argentiniers nach italienischen Wurzeln zu forschen kann sich leicht als absurd herausstellen und die Resultate könnten ganze Bibliotheken einnehmen, aber wenn man das Experiment machen würde, könnte bewiesen werden, bis zu welchem Punkt die Gewohnheiten, die Tendenzen und Gesten eine italienische Abstammung wiedererkennen lassen. Ganz zu schweigen von den Redewendungen, Sätzen, Refrains und Wörtern, die jeder der verschiedenen Dialekte der italienischen Halbinsel unserer täglichen Sprache hinzufügte. Die Philologen Giovanni Meo Zilio und Ettore Rossie zählten, im 1970 erschienenen Buch *El elemento italiano en el habla de Buenos Aires y*

[3] *en la vida* – im Leben : hier ist gemeint : *en la vida airada* (im liederlichen Leben).

Montevideo mehr als zweitausend Italienismen des täglichen bzw. häufigen Gebrauchs am Río de la Plata, ohne daß die Liste damit vollständig wäre.

Zur konkreten italienischen Beteiligung am Tango hebt José Sebastián Tallón hervor, daß üblicherweise, die in den Cafés von La Boca bis zu den Tagen der Jahrhundertfeier auftretenden musikalischen Gruppen (Trios), aus Süditalienern zusammengesetzt waren, die die Gitarre oder die Harmonika durch die Klarinette ersetzten. Dieses Faktum darf bei den damals herrschenden nachbarschaftlichen Verhältnissen nicht überraschen. La Boca war ein Stadtviertel mit einer erdrückenden Mehrheit an Italienern, und von daher ist es verständlich, daß einige junge Männer sich ein paar Pesos verdienen wollten, indem sie jede Nacht in anderen Lokalen kleine Tangos spielten. Die Art der Improvisation, die diese Aufführungen charakterisierte, führte auf natürliche Weise zur Schöpfung von Melodien, die im Gedächtnis der Stammgäste blieben. Und diese erbaten sie dann wieder von den Musikern, die ihnen den Gefallen taten, sie zu wiederholen. Auf diese Art und Weise traten berühmte Themen und Komponisten in Erscheinung.

Viele bemerkenswerte Namen der Guardia Vieja waren Italiener oder Söhne italienischer Einwanderer. Unter ihnen: Santo Discépolo (Napolitaner, Vater von Enrique Santos und von Armando, der 1872 in Buenos Aires eintraf, sich als Direktor von Polizei und Feuerwehrkapellen verdingte und einige Tangos schrieb, z.B.: *No empujés, caramba* und *Payaso*); Söhne von Italienern waren: Vicente Greco; Pascual Contursi; Alfredo Bevilacqua; Ernesto Ponzio; Augusto P.Berto; Roberto Firpo; Alberico Spátola; Juan Maglio; Samuel Castriota; Arturo de Bassi; Francisco Lomuto; Francisco Canaro; Sebastián Piana und die Brüder Francisco und Julio De Caro. Direkt auf der Halbinsel geboren waren unter anderem: Modesto Papávero (in Alessandría), der Schöpfer von *Leguisamo solo;* die Sänger Alberto Marino (in Verona) und Alberto Morán (in Streve) und der Dichter Julián Centeya, ein Sohn der Stadt Parma und Autor der Tangos *La vi llegar* und *Midinette* und Bücher wie *El recuerdo de la enfermería de San Jaime*, *El misterio del tango* und *La musa mistonga*.

Die andalusischen Wurzeln

Auf der iberischen Halbinsel existierte im 19. Jahrhundert der *tango* als eine der in Amerika entstandenen Varianten des *Cante Flamenco*, neben dem aus Cádiz stammenden, der *habanera* zum Verwechseln ähnlichen, *tanguillo*. Dieser verbreitete sich unter dem Namen Tango, ohne jeglichen weiteren Beinamen, schnell in ganz Spanien und ging in das Madrider *genero chico* ein, um dann von dort zu den Bühnen des Río de la Plata zu gelangen. Mal waren es dieselben spanischen Kompanien, die die Stücke aufführten, andere Male waren es nur vorgeblich-argentinische Originalstücke, die in Wirklichkeit nicht mehr als Adaptationen der Madrider Werke für das *porteño* Publikum waren; mit allen Charakteristika eines aufs Äußerste entstellten Plagiats. In Buenos Aires stieß dieser Rhythmus auf sofortige und breite Akzeptanz.

Die Kenner des *cante jondo* sind sich nicht darüber einig, wo der *tango andaluz* anzusiedeln ist. Francisco Carreras Candi ordnet ihn zum Beispiel den Weisen des Flamencogesanges zu, die man in einer Art Niemandsland, auf halbem Weg zwischen der Bezeichnung *cante grande,* (dem *cante jondo*) und dem *cante chico* ansiedeln könnte. Der *tango* würde dort neben *rondelas*, *malagueñas*, *peteneras*, *tientos*, *farrucas*, *alegrías* und *sevillanas* stehen. Der Flamenco, der moderner als der *cante jondo* ist, zeichnet sich zwar durch längere Phrasierungen aus, diese besitzen jedoch weniger Atem und Verzierungen als beim *cante grande.* Seine Schlußteile sind schwächer, während sein Stimmumfang und die Modulierungen größer erscheinen. Die strengsten orthodoxen Verfechter bezeichnen den Flamenco sogar abschätzig als vulgär und werfen ihm seinen ungezwungenen Humor vor, der im Gegensatz zur nüchternen Schwere des *jondo* steht.

Ricardo Molina und Antonio Mairena, betrachten dagegen den Tango als einen der Grundpfeiler des Flamenco. Sie klassifizieren ihn je nach seinem Verbreitungsgebiet in *jerezano*, *gaditano*, *sevillano* oder *malagueño.*

Allen diesen Hypothesen ist gemeinsam, daß der Tango keine der alten Weisen des *cante* ist; man trifft erst gegen Ende des 19. Jahrhunderts und vor allem zu Beginn des 20. Jahrhunderts auf ihn. Er gehört zur Welt der sogenannten „Weisen des Hin und Zurück“, was heißen soll, zur Musik, die zuerst in „die Neue Welt“ gebracht worden war und dann, schon modifiziert durch die amerikanische Praxis, erneut Eingang in die Folklore Andalusiens fand.

Der *tango* scheint aus dem *tiento* hervorgegangen zu sein, einer von Schematik freien Weise, die auf den Improvisationen des Gitarristen basiert, die der „Attacke“ des Sängers vorangehen. Der Name *tiento* stammt vom Verb *tentar* und bedeutet soviel wie „Versuch, Probe". Die Strophen des *tango* werden sehr frei gehandhabt und obwohl er so wie der südamerikanische Tango einen binären Takt hat, kann die Stimme die Silben oder die Wörter langziehen.

Für den aus Cádiz stammenden Dichter und Flamencologen Fernando Quiñones umfassen die andalusischen *tangos* eine äußerst breite Palette: „Wir haben bedrückende und dunkle *tangos* gehört; *tangos*, so lachend und jovial wie *bulerías* oder *mirabrás*, lansame *tangos*, monotone, flache, die kaum Modulationen oder Nuancen in der Stimme aufweisen; weite, soweit wie ein Sonnenuntergang über dem Meer im Sommer, und *tangos* beinahe mit dem Klang der *rumba flamenca*, die den lebhaftesten Rhythmus und scherzhafte Substanz aufweisen, allerdings nicht durchgängig, tragen sie doch bestimmte Momente und Modulationen eines unerwarteten, unauslöschlichen Pathos...dies kommt sogar innerhalb ein und desselben Tangogesanges vor, und, wie im Fall der nicht so ganz fröhlichen *alegrías*, treffen manchmal die unterschiedlichsten Äußerungen aufeinander, versöhnen sich in ihnen oder kämpfen miteinander: Der Haß und der Schmerz, die Liebe und die Prahlerei, Komödie und Tragödie und selbst der *sainetillo*[1]. Ebenso besitzen sie eine stark rhythmische Färbung, und sei es durch nichts anderes als durch ihr einzigartiges *marcato*, verraten die lebhaftesten *tangos*, die man hören kann, schnell dem kundigen Hörer ihre hauptsächlich in Cádiz liegende Abstammung."

Einige Gedanken aus der Darstellung von Quiñones machen uns auf gewisse thematische Übereinstimmungen aufmerksam – so als ginge ein geheimes Band durch die beiden musikalischen Gattungen, das den *tango andaluz* mit den Texten des rioplatensischen Tango verbindet (nach Erscheinen von Pascual Contursis *mi noche triste*, dem Beginn des Tangotextes mit Handlung). Der lebhafte Rhythmus, den Quiñones erwähnte, ließe sich auf die staccatoartigen Tangos der *Guardia Vieja* beziehen, und die „Momente (..) eines unerwarteten und unauslöschlichen Pathos" könnte man gut mit Werken von Enrique Santos Discépolo in Verbindung bringen. Ebenso gilt dies für die Äußerungen von Haß und Schmerz, Liebe und Prahlerei, Komödie und Tragödie, die mit ähnlichen Elementen aus der langen Geschichte des Tango überein stimmen.

Zum Tanz läßt sich sagen, daß es sich beim *tango flamenco* immer um eine tanzbare Weise mit fröhlichem Humor, und Texte mit anzüglichem Ton handelte. Die Tänzer versammeln sich in einem Kreis, jeder tanzt jedoch für sich und ohne Kastagnetten. Was die Liedverse angeht, sind die *tango*-Varianten

[1] *sainetillo* – eine Art volkstümlicher Schwank.

Schöpfungen berühmter Sänger gewesen, die, von einem gemeinsamen Element ausgehend, eigene Weisen erfunden haben. So verdanken wir den *tango de Jerez* dem Frijones, der *tango de Málaga* Piyayo und die sogenannten *tangos paraos*, die sich später geradewegs zum *tiento* entwickelten, sind das Werk von Antonio el Mochuelo, dem Autor so berühmter Stücke des Genres, wie dem *tango de los tientos*, dem *tango de los peines*, dem *tango de los maestros* sowie dem *tango de la tontona*. Andere berühmte *tanguistas* waren Enrique „el Mellizo", Pastora Pavón, la Niña de los Peines, Aurelio Selle, Antonio Mairena, Pericón de Cádiz und der zeitgenössische José Menese.

Der gegenwärtige *tanguillo* aus Cádiz dagegen ist eng verwandt mit jenem Musiktyp, der, nachdem er stark von der *habanera* beeinflußt wurde, aus Kuba zurückkehrte, um erfolgreich in die beliebtesten *zarzuelas*[2] von Madrid aufgenommen zu werden. Beinahe heimlich gelangte er später an den Rio de la Plata, mitgenommen von den spärlichen Theaterkompanien, die in diese Region gelangten, sowie durch Seeleute, unter denen sich immer ein begeisterter Anhänger fand, der ein Instrument anzuschlagen verstand oder sich im Tanz hervortun wollte.

Im Umfeld der Opern- oder Theaterkompanien kam es nicht selten vor, daß außerhalb der Bühne, wo natürlich weniger Lampenfieber herrschte, andere Neuigkeiten gezeigt wurden: Tänze der neuesten Mode und die aktuellen Schlager der „Alten Welt". Man sang spitzbübische Reime oder probierte ein paar Flamencofiguren aus, die in den *tablaos*[3] der andalusischen Städte alltäglich (oder besser gesagt allnächtlich) präsentiert wurden. Daher kann es auch nicht verwundern, daß gegen Mitte des 19. Jahrhunderts am Rio de la Plata bereits – wenn auch nur oberflächlich – derselbe *tango* bekannt war, den das *diccionario de la academia real* in seiner Ausgabe aus dem Jahr 1852 als Tanz der *gitanos*[4] definiert. Diese offizielle Aufnahme in den Sprachgebrauch ging – wie Matamoro erinnerte – mit der Akzeptanz einher, die man dem *tango* in den Theatern Madrids unter den anderen, auf der Bühne geduldeten Tänzen und Rhythmen entgegenbrachte.

Carlos Vega widmete jenem an den Rio de la Plata gelangten *tango* eine Beschreibung: „Der Text bestand aus verschiedenen Vierzeilern, die sich aus Sechs-, Acht- oder Fünfsilbern aufbauten. Die Gitarre begleitete den Gesang mit einem unveränderlichen *rasgueo* – typischer Gitarrenschlag beim Flamen-

---

[2] *zarzuela* – spanische Form der Operette.

[3] *tablao* – spanische Gaststätte, in der eine Bühne *(tablao)* für den Flamencokünstler zur Verfügung steht.

[4] *gitanos* – Zigeuner

co – und nach jeder Strophe ließ sie ein kurzes, pointiertes Zwischenspiel, die *falseta*, erklingen. Man tanzte auch: Anfangs eine Frau allein, dann eines oder mehrere Paare. Mann und Frau standen sich gegenüber und markierten den Rhythmus mit den Füßen, drehten sich halb, dabei mit den Fingern schnalzend."

Ein Beispiel für den Charakter der Texte der gängigsten spanischen *tanguillos* sind diese Zeilen aus Cadíz, die der Folklorist Jose Carlos de Luna in den Häfen gesammelt hatte:

Con los musicos, chiquilla, *poquita conversación* *porque siempre están pensando* *en el doremifasol...*	Bei den Musikern, Kleines, wenig Unterhaltung, denn sie denken immerzu an das Doremifasol...
¿De la niña qué? *De la niña, ná.* *¿Pues no dicen qué?* *Dicen, pero cá.*	Und von dem Mädchen? Vom Mädchen nichts. Dann sagen sie nicht was? Sie sagen, aber schweigen.

Matamoro hob hervor, daß „in Buenos Aires zwischen 1850 und 1900 zahlreiche *habaneras*, die man *tango* im andalusischen Sinne des Wortes nannte, im Volk kursierten, also mündlich überliefert wurden. Dies sind Stücke wie: *tango del café, tango de la morena trinidad* von Nieto, *Tango del automóvil* und *Tango de la estrella* von Valverde, sowie die *Tangos de la casera, Tango de de los sombreritos, Tango del morrongo, Tango de los viejos ricos, Tango de los merengazos, Tango de la vaquita*. Zu den von Vega gefundenen zählen: *Al salir los nazarenos*, eine mündliche Überlieferung und *Detrás de una liebre iba*, von dem es eine Schallplattenaufnahme gibt."

Als das 19. Jahrhundert zu Ende ging, hörte auch die Verwechslung zwischen *tangos andaluzes* und *tangos criollos* auf. Die Themen spanischer Herkunft blieben lediglich als Vorläufer bestehen, als Nachgeschmack alter Melodien, von denen einige, selbst in *„res nullius"* verwandelt, die Grundbausteine oder sogar das Rückgrat für neue Tangos bildeten. Aus diesem Haufen von *habaneras*, von *couplet-tanguillos*, sollte der spanische Beitrag zum Tango bestehen. Die andere, zahlenmäßig größere Einwanderung der Italiener würde den Tango dagegen mit den ersten Musikern beschenken und letztlich die melancholische, sehnsuchtsvolle Nuance prägen, die für die Musik vom Rio de la Plata charakteristisch werden sollte.

Bartolo hatte eine Flöte...

Wenigstens solange kein bisher unveröffentlichtes Material entdeckt wird, bewegt sich die Thematik der allerersten Tangos auf der Ebene der Annäherungen oder beruht einfach auf Mutmaßungen. Zwar kennt man die Titel von einigen Liedern, die man unter dem Namen Tango in den Theatern des Rio de la Plata in der Zeit der Achtziger Jahre des 19. Jahrhunderts hörte, aber im allgemeinen handelte es sich dabei um einfache *habaneras*. Ein besonderer Grund für den Mangel an Zeugnissen ist der, daß die authentischen Tangos damals nicht als Partituren herausgegeben wurden. Das war logisch, denn die Musiker konnten keine Noten lesen und erschufen fast ausnahmslos reine Improvisationen. Im besten der Fälle wiederholten die laienhaften Interpreten einige Melodien, die sie aufgrund ihres guten Ohres im Gedächtnis behielten – sicherlich waren es nicht sehr viele.

Auf jeden Fall besteht unter den Geschichtsschreibern Einhelligkeit über eine Handvoll Titel, – manche davon tendieren zur *habanera*, andere ähneln der *milonga* – die in den Repertoires der primitiven Trios aus Flöte, Violine und Gitarre bzw. unter jenen Musikanten geläufig waren, die ihre Akkorde in irgendeiner *pulpería* der Vorstädte oder an einem nächtlichen Lagerfeuer schmetterten.

So wird bestätigt, daß *El Queco* (oder *El Ke-Ko*) bereits von den Truppen des General Arredondo gesungen wurde und zwar in jenen Tagen des Aufstandes unter General Bartolomé Mitre nach den Wahlen von 1874, aus denen Nicolás Avellaneda als Präsident hervorging. Das Wort *quico* oder *keko* war einige Jahrzehnte lang ein Synonym für „Bordell“ und der kleine, erhaltengebliebene Text sagt:

Queco, me voy pa'l hueco,	Queco, ich geh los zum Loch
negra, dejáme pasar.	Schwarze, laß mich vorbei.
Queco, que me voy pa' Europa	Queco, ich geh jetzt nach Europa
Queco, tendéme la ropa.	Queco, häng mir die Wäsche auf.

Der Geschichtsforscher Roberto Selles schrieb, daß das Stück *El Queco* nichts anderes als ein *tango andaluz* war, dessen ursprünglicher Titel *Quico* war, der Spitzname für Francisco, und er zitierte, um seine These zu untermauern, den Liedtext von *Un batuque* des Uruguayers Benjamín Fernández Medina:

Quico, vámonos al baile,	Kiko, auf, gehn wir zum Tanz,
Quico, yo no quiero ir,	Kiko, ich möchte nicht gehn,
con el quico, riquico, riquico.	mit dem Kiko, Rikiko, Rikiko.

Um die Tango-Genese aufzuspüren, gehen andere Autoren bis zum Thema *El Negro Schicoba* zurück, das in einem Theaterstück gleichen Titels von José María Palazuelos gegen 1867 uraufgeführt wurde. Aber es handelte sich dabei wohl in Wirklichkeit um eine Abart des *candombe*, die man mit *tango de los negros* (Tango der Schwarzen) bezeichnete.

Es gab ebenfalls viele Tangos aus Spanien, die am Río de la Plata sogar mit einem importierten Akzent gesungen wurden. Dies ist der Fall beim *Tango de la casera* oder *Señora casera* oder *Tango de los merengazos*, dessen kleiner Text auf seine andalusische Herkunft verweist:

Señora casera,	Häuslerin,
¿qué es lo que s'alquila?	was ist es, was man hier vermietet?
Sala y antesala,	Saal und Vorzimmer,
comedor y cosina.	Speiseraum und Küche.
Sí, sí, sí,	Ja, Ja, Ja,
a mí me gustan los merengazos.	ich mag die *merengazos*[1].
No, no, no,	Nein, nein, nein,
a tí te gustan los medios vasos.	Dir gefallen die halbvollen Becher.

Die Verwirrung rührt daher, daß häufig andalusische Tangos in das Umfeld von Buenos Aires transponiert oder in die Eigenarten der *criollo*-Welt übersetzt wurden. Diese Praxis wendete man aus Bequemlichkeit bei kompletten Theaterstücken oder Revuen an, die nach ihrem Erfolg in Madrid für das *porteño*-Publikum hergebracht wurden.

Üblicherweise wird auch *Dame la lata* (gib mir das Blech), zu den ältesten Tangos gerechneten, ein Stück, das von einem Volksfestklarinettisten namens Juan Pérez zu stammen scheint, der es gegen Mitte der Achtziger Jahre des 19. Jahrhunderts komponierte. Der Titel bezieht sich auf die Blechmarke, die die Bordellmutter ihrer *pupila* nach jeder „Bedienung" eines Kunden gab und worauf die Hälfte des für den Dienst verlangten Preises stand. Es war gleichzeitig die Summe, die der Zuhälter pünktlich an jedem Montag abholte. Auf diesem Hintergrund entstand eine anonyme Strophe:

[1] *merengazo* – Schwarzer. Nebenbedeutung: große *merengue (* eine spezielle Sü ßspeise).

Qué vida más arrastrada	Was für ein elendes Leben,
la del pobre canfinflero,	das des armen Zuhälters,
el lunes cobra las latas,	am Montag kassiert er die Bleche,
el martes anda fulero.	am Dienstag ist er pleite.

Diese Strophe wird als eines der ersten Zeugnisse für die *Lunfardo*-Dichtung angesehen. Sie bezieht sich auf das schlechte Geschäft in einem Beruf, der zu Prahlereien und angeberischer Verschwendung verpflichtete, denn beim Kuppler waren Eleganz und ein vorgebliches Desinteresse am Geld die üblichen Lockmittel, um neue *pupilas* zu bekommen.

Die Strophen, die man über die Melodie von Pérez sang, waren älter als das musikalische Thema, aber sie paßten sich ihm schnell an:

Dame la lata	Gib mir das Blech
que has escondido.	das Du versteckt hast.
¿Qué te pensás, bagayo,	Was glaubst Du, häßliches Ding,
que yo soy filo?	daß ich ein Ganove bin?
Dame la lata	Gib mir das Blech
y ¡a laburar!	und an die Arbeit!
Si no la linda biaba	Sonst wirst Du Dir eine schöne Tracht Prügel
te vas a ligar.	holen.

In anderen Darstellungen wird darauf bestanden, daß der Tango *Andáte a la Recoleta* als eines der ältesten Themen anzusehen ist; jedoch könnte es sich hierbei einfach um einen neuen Titel für den bereits angeführten andalusischen Tango *Tango de la casera* handeln. Dabei sollten wir wissen, daß *la Recoleta*, außer daß es sich auf den Friedhof bezog, auch ein Vergnügungsviertel war. „Auf die Recoleta gehen *(Ir a la Recoleta)*" – führt Matamora an – „bedeutete soviel wie zum Amüsieren gehen und von der Recoleta zu kommen soviel wie erschöpft zu sein von den Vergnügungsexzessen. In jedem der Fälle bezog man sich auf die Tänze, die im Viertel *la Recoleta* stattfanden (unter ihnen *El Prado Español*, in der Allee Quintana gelegen, der erste Ort, an dem gestattet wurde, daß Männer und Frauen öffentlich zusammen Tango tanzten) und die Volksfeste zu Ehren der Jungfrau von Pilar, die Raum für große, populäre Feste gaben, bei denen es nicht gerade fromm zuging."

Unter den Strophen, die von *Andáte a la Recoleta* erhalten geblieben sind, lautete die Verbreitetste:

Andáte a la Recoleta	Geh doch nach Recoleta
decíle al recoletero	sag dem Recoletero
que prepare una bóveda	daß er eine Gruft
para este pobre cochero.	für diesen armen Kutscher fertigmacht.
Sí, sí, sí,	Ja, ja, ja,
que Gaudencio se va a fundir.	daß Gaudencio zugrunde geht.
No, no, no,	Nein, nein, nein,
que Gaudenio ya se fundió.	daß Gaudencio schon fertig ist.
Sí, sí, sí,	Doch, doch, doch,
que esta noche me toca a mí.	und diese Nacht komm ich an die Reihe
No, no, no,	Nein, nein, nein,
que mañana te toca a vos.	und daß morgen Du dran bist.

Die Titel der Tangos der Anfangszeiten weisen unmißverständlich auf das Bordell-Milieu hin, in dem man sie zu spielen pflegte. Hier seien einige Beispiele aufgeführt, die sich manchmal frech, manchmal pornographisch, auf die Geschlechtsorgane, auf körperliche Eigenheiten der Prostituierten eines bestimmten Bordells oder direkt auf den Koitus beziehen: *La clavada, La franela*, *Sacámele el molde*, *Con qué trompieza que no dentra*, *El serrucho*, *Siete pulgadas*, *Cachucha pelada*, *Concha sucia*[2], *La concha de la lora*, den man mit *La c... de la l...* abkürzte und der unter dem anständigen Titel *la C...ara de la L...una*[3] herausgebracht wurde, aber durch die drei Gedankenpunkte unmißverständlich an seine Abstammung erinnerte. Lora war der Name, den man den Prostituierten im Allgemeinen und im Besonderen den gerade angekommenen ausländischen *pupilas* gab.

Weitere Tangos mit unbestreitbarem Bordellcharakter sind *El fierrazo*, *colgate del aeroplano*, *Va Celina en la punta*, *Dos sin sacar*, *Dejálo morir adentro*, *Sacudime la persiana*, *Soy tremendo* oder *¡Qué polvo con tanto viento!*[4],

---

[2] *La clavada* – Der Stoß; *La franela* – Das Gefummel; *Sacámele el molde* – Hol mir die Form heraus (im Sinne von „bring mich aus der Fassung"); *Con qué trompieza que no dentra* – mit was soll er zusammenstoßen, wenn er nicht reinkommt; *El serrucho* – die Säge, *Siete pulgadas* – sieben Daumenbreiten (lang), *Cachucha pelada* – „Muschi" mit Glatze, *Concha sucia* – dreckige „Muschi".

[3] *La concha de la lora* – die „Muschi" von der Lora; *la C...ara de la L...una* – Das Gesicht des Mondes.

[4] *El fierrazo* – Bezeichnung für starken Orgasmus; *colgate del aeroplano* – häng Dich ans Flugzeug („Schwanz"); *Va Celina en la punta* – an der Spitze läuft (=Va...)seline; *Dos sin sacar* – Zwei ohne herausholen; *Dejálo morir adentro* – Laß ihn drinnen sterben; *Sacudíme de la persiana* – schüttel mich von der Jalousie; *Soy tremendo* – ich bin einfach gewaltig; *¡Qué polvo con tanto viento!* – Was für ein Staub (Orgasmus) bei soviel Wind.

dessen ersten Teiles sich Ernesto Ponzio bemächtigte, um seinen berühmten *Don Juan* zu komponieren, und schließlich der Tango *Bartolo*, der sich paradoxerweise mit der Zeit in einen Kinderreigen verwandelte, was zu Beginn die Familienväter ernstlich besorgte, die selbst bestens über den Ursprung dieser kleinen Strophe über die Masturbation Bescheid wußten:

Bartolo tenía una flauta	Bartolo hatte eine Flöte
con un agujerito solo.	mit einer einzigen kleinen Öffnung.
Y la madre le decía:	Und die Mutter sagte ihm:
Tocá la flauta Bartolo.	Spiel auf der Flöte, Bartolo

Der vollständige Text erzählt:

Bartolo quería casarse	Bartolo wollte heiraten
y gozar de mil placeres	und tausend Wonnen frönen
y entre quinientas mujeres	und unter fünfhundert Frauen
ninguna buena encontró.	fand er nicht eine gute.
Pues siendo muy exigente,	Und weil er so anspruchsvoll war,
no halló mujer a su gusto	fand er keine Frau nach seinem Geschmack
y por evitar disgustos	und zum vermeiden von Verdruß
solterito se quedó.	Junggesell er blieb.

Entgegen des verbreiteten Irrtums, daß die primitiven Tangos eines Textes entbehrten, gab es von Anfang an kleine, naive oder pornografische Strophen, je nach dem Milieu, in dem man sie sang. Luis Soler Cañas sammelte folgenden Text von *El Merengue*, ursprünglich erschienen im Februar 1876 im *El Carnaval de Buenos Aries*, einer jährlichen, „der argentinischen Jugend gewidmeten", Publikation:

¡Ay! si Francisca muere	Oh, wenn Franziska stürbe
pobre menguengue	armer Menguengue
que vá á querá	was bleibt ihm
sin tener teta golda	wenn er nicht mehr die dicke Brust hat
de la morena	von der Braunen,
para chupá.	um zu saugen.
Y repué tat viejo	Und danach wird der Alte
también solito	auch so alleine

se vá á querá	bleiben
y yá á su flancisca	und wird nicht mehr seine „Flanziska"
en la amaca	in der Hängematte
no tenguerá.	haben.

In dem Stück *El estado de un país o La nueva vía*, das nichts anderes als eine Parodie der erfolgreichen Revue aus Madrid *La Gran Vía* darstellte, hörte man Verse von Eduardo Rico, gesungen zur Musik des Meisters Eduardo García Lalanne, der extra für diese Revue einige Tangos komponiert hatte. Die Verse von Rico entstammten anonymen Strophen, die man in jenen Tagen anderen Tangos hinzufügte, die von den Mitgliedern der Musikgruppen selber an ihren Aufführungsorten gesungen wurden. An einer bestimmten Stelle treten drei miteinander tanzende *compadres* ins Rampenlicht und beginnen das Lied anzustimmen:

Compadre 1°:	
Yo soy del barrio del alto,	ich bin aus dem hohen Viertel
soy del barrio del Retiro,	ich bin aus dem Viertel Retiro,
soy aquel que nunca miro	ich bin jener, der nie drauf schaut
con quién tengo qu pelear,	mit wem ich kämpfen muß,
y al que en tren de milonguear	und der, dem sich beim „milongieren"
ninguno se puso a tiro.	noch niemand in Schußweite stellte.
compadre 2°:	
Poco a poco compañero,	Schön langsam mein Freund,
no cante pronto victoria,	besing nicht zu früh Deinen Sieg,
que para ganar la gloria	denn um den Ruhm zu gewinnen
aún le faltan memoriales,	fehlen ihm noch Memorialien,
que soy del barrio 'e Corrales.	denn ich bin aus dem Viertel Corrales.
Hoy va a conservar memoria.	heute wird er es sich ins Gedächtnis schreiben.
Compadre 1°:	
No me asustan corraleros	Die aus Corrales schrecken mich nicht
que porque gastan cuchillos,	die, weil sie Messer gebrauchen,
creen que uno es un novillo	glauben, daß einer ein Kälbchen ist
pa' dejarse cuerear,	und sich das Fell abziehen läßt,
mas que suelen disparar	selbst wenn sie jedesmal schießen,
si le muestran el gatillo.	wenn sie einem den Abzug zeigen.

Kurz darauf singen dieselben Charaktere die Verse eines Tangos, auch von García Lalanne, der berühmt werden sollte: *Soy el rubio Pichinango*:

soy el rubio Pichinango	Ich bin der Blonde Pichinango
yo el paraito Zapitría,	ich der Paraito-Baum Zapitría,
yo nunca niego la cría	nie verleugne ich die Brut
soy el negro Pantaleón.	ich bin der Schwarze Pantaleón.
Los tres somos cuchilleros	Wir drei sind Messerhelden
muy nombrados de la gente	von den Leuten hochgerühmt,
que nos limpiamos los dientes	wir putzen uns die Zähne
con la punta del facón.	mit der Spitze des Dolch's.
A más tenemos tres minas	Außerdem haben wir drei Mädchen
que son criollas comodonas	die sind behagliche *criollas*
yo, a Aniceta la llorona;	ich habe die Anizeta, die Heulsuse;
yo a la parda Tongarí;	ich die Braune Tongarí;
yo, a María Cañonazo	ich die María Kanonendonner,
la del cuaterno en la jeta	die mit dem Schnitt im Gesicht,
que es la negra más trompeta	die ist die größte Negerschlampe,
que en mi vida conocí.	die ich in meinem Leben kennenlernte.

Ein anderer kleiner Text, der in den neunziger Jahre des neunzehnten Jahrhunderts sehr verbreitet war, ist der Tango *El Torito* von Rius. Einige Jahre später sollte Ángel Villoldo unter eine andere Melodie mit dem gleichen Titel seinen Namen setzen. Das Besondere am Thema von Ruis ist jedoch, daß sich seine arglosen Verse auf General Bartolomé Mitre beziehen. Unter Nennung beider Autoren war in Europa zu Beginn des Jahrhunderts eine diskographische Version erschienen, die folgendermaßen begann:

Aquí el torito	Hier ist der kleine Stier
el criollo más compadrito	der größte *compadrito* unter den *criollos*,
que ha pissao la Capital.	der je die Hauptstadt betrat.
Donde quiera me hago ver	Wo auch immer zeig ich mich,
cuando llega la ocasión.	wenn die Gelegenheit kommt.

Im Jahr 1897 schrieb der Schriftsteller Enrique García Velloso für das Theaterstück *Gaino el mayoral*, seinem größten, in mehr als tausend Vorstellungen aufgeführten Erfolg, den Text des Tangos *No me vengas con paradas*, ebenfalls mit Musik von García Lalanne:

No me vengas con paradas, te digo,	Komm mir bloß nicht dumm,
que no te llevo el apunte,	damit ich Dich ja nicht beachte
y haré que alguno te unte	und dafür sorgen werde, daß Dir jemand eins überzieht
Con un talero, si estrilo.	mit dem *talero*[5], wenn ich wütend werde.

In der ersten Dekade des zwanzigsten Jahrhunderts waren schon eine ganze Reihe von Figuren auf der Bildfläche aufgetaucht, die sich professionell der Kunst des Singens widmeten und sich nicht scheuten, ein paar Tangos in ihr Repertoire aufzunehmen. Darum weisen zahlreiche Partituren jener Tage Texte auf. Die meisten konnten sowohl von einem Mann als auch von einer Frau gesungen werden, wie dies zum Beispiel auf *Cuidado con los cincuenta* von Ángel Villoldo zutrifft. Villoldo selbst war einer jener ersten Sänger. In seinem speziellen Fall handelte es sich um eigene Kreationen, die er verbreitete – die meisten davon besaßen einen Text. Andere Namen waren das Ehepaar Flora und Alfredo Gobbi, Dorita Miramar, Linda Thelma, Arturo Mathon und nicht zuletzt die ausgesprochen berühmt gewordene Pepita Avellaneda (Josefina Calatti), die als eine der ersten Tangosängerinnen angesehen wird. Für sie schuf Villoldo einige gereimte Verse zur Musik des Tango *El entrerriano* von Rosendo Mendizábal:

A mí me llaman Pepita, jai, jai,	Mich nennen sie Pepita, ei, ei,
de apellido Avellaneda, jai, jai,	mit dem Nachnamen Avellaneda, ei,ei,
famosa por la milonga, jai, jai,	berühmt durch die Milonga, ei, ei,
y conmigo no hay quien pueda.	und mit mir kann es niemand aufnehmen.

Pepita hatte in den pittoresken, kleinen Theatern von Montevideo und Buenos Aires als Sängerin spanischer *tonadas* einen bemerkenswerten Erfolg erzielt und aufgrund ihrer Freundschaft zu einigen Komponisten beging sie die Kühnheit, einige verwegene Tangos in ihre Vorführungen einzuschieben. Aber im allgemeinen fehlten solchen kleinen, auf den Bühnen oder den Volksfesten angestimmten Texten der sexuelle Charakter jener, die man in den Bordellen sang – etwa in diesem Stil:

[5] talero – Reitpeitsche des Gaucho (aus dem Holz des *tala* – Baumes).

Por coger con una mina	Weil ich mit einer Kleinen „fickte"
que era muy dicharachera	die ein sehr lustiges Ding war
me han quedado los cojones	sind meine Eier jetzt
como flor de regadera	wie Blume unter einer Gießkanne[6]

Dessen dezent gemachte Version so lautete:

Por salir con una...chica	Weil ich mit einem Mädchen ausging
que era muy dicharachera	die eine lustiges Plappermaul war
me han quedado las...orejas	sind meine Ohren jetzt
como flor de regadera.	wie eine Blume unter einer Gießkanne

Oder dieser andere Text:

Con tus malas purgaciones	Mit deinem üblen „Tripper"
me llenaste un barril	hast Du mir ein Faß gefüllt
y me tuviste en la cama	und hast mich ins Bett gebracht
febrero, marzo y abril...	Februar, März und April...

Juan Piaggio sammelte vier Verse eines primitiven Tangos auf, in dem die *pupila* eines Bordells ausruft:

Estése quieto	Seien sie ruhig
Sosieguesé.	halten sie still.
No sea cargoso, caramba,	Seien sie nicht lästig, verdammt,
Cómo es usted...	wie sind Sie nur...

Luis Soler Cañas grub auch den Text eines mit *Los canfinfleros* betitelten Tangos von López Franco aus, in dem der Protagonist stolz verkündet:

Soy el mozo cantinflero	Ich bin der Bursche *canfinflero*
que camina con finura	der mit Feinheit dahergeht
y al que miran los otarios	und den die *otarios*[7] anschauen
con una envidia canina	mit einem hündischen Neid,
cuando me ven con la mina	wenn sie mich mit der Kleinen sehen,
que la saco a pasear.	die ich ausführe.

[6] *flor de regadera* – „Blume der Gießkanne" heißt soviel wie aufgeblüht, dickgeworden (durch das Wasser aus der Gießkanne).

[7] *otario* – der „Dumme", der die Dienste einer Frau bezahlt.

Nach den Neunziger Jahren des neunzehnten Jahrhunderts schnellte die Zahl der Tangotexte in die Höhe. Villoldo schreibt die seinen; ebenso ersinnt Contursi in Montevideo seine Verse – auf bisher rein instrumentale Tangos – um sie selber zu singen. Und es fehlte nicht an Autoren, wie Luis Roldán (Autor von *Carne de cabaret*) und Antonio Martínez Viérgol, welche die Tangos für die gerade populärsten Sänger schreiben.

Aber nichtsdestotrotz wird *Mi noche triste* von Pascual Contursi der erste eigentliche Tangotext bleiben. Das, was vorher war, ist „Vorgeschichte".

Die Mut- und Messer-Sekte
(Guapos und *compadritos)*

> Die drei grundlegenden *compadradas*[1] wurden von drei Typen verkörpert, die man auf den ersten Blick unterscheiden konnte. Dem *compadrón*: mit maßlosem Selbstvertrauen, einem verhärteten steifen Hals, und der ererbten Arroganz der Prahlhänse; dem *compadrito*: mit sehr guten Kenntnissen im *candombe* und der Hoffnung, eines Tages das Amt des „Unausstehlichsten des Viertels" inne zu haben; und dem *compadre tout court*, einer karikierten Kombination der beiden anderen.
>
> Héctor Sáenz Quesada

Der *guapo*

Die Stadt war eben, mit weiten Flächen an Brachland und verstreuten Straßen. Eine Reise bis ins Zentrum war ein Straßenbahnabenteuer, das man nur gut vorbereitet in Angriff nahm. Deshalb blieben die Leute, Neuigkeiten nur wenig zugetan, lieber in ihren *barrios* , wenn sie nicht gerade zur Arbeit gehen mußten. Das Leben beschränkte sich auf eine Handvoll Häuserblöcke. Neugierig auf der Straße Florida[2] zu schlendern, war nicht die Sache der Armen. Die *barrios* hatten ihre Grenzen und ihre vertrauten Persönlichkeiten. Eine von diesen war – gefürchtet, beneidet und respektiert – der *guapo*. Als ein solcher zu gelten war die höchste Auszeichnung für Männlichkeit. Man verdiente sie sich weder mit Schrillheiten noch durch Zufälle, sondern aufgrund der Biographie und diese mußte beständig sein. Es handelte sich um eine Stellung die öffentlich anerkannt war, die sich niemals auf Geschrei, sondern immer auf Ausstrahlung gründete und die man allein aufgrund eines würdelosen Vorfalls – etwa, sich einem Kampf nicht zu stellen – wieder verlor. Wenn es dazu kam, war dies eine Schande für das ganze *barrio*. Aber in Wahrheit kam so etwas nicht oft vor. So etwas konnte man sich nicht leisten.

Hatte ihn das Alter besänftigt, wurde der *guapo* zum Patriarchen. Man erwies ihm die Ehrerbietung des „Don" und selbst der neue dörfliche „Herr des Wagemuts" respektierte ihn und sorgte dafür, daß man seinem Vorgänger Respekt zollte. Tauchte der alte *compadre* dann und wann in der Kneipe auf, lauschte man andächtig seinem Ratschlag. Man gestand ihm Erfahrung und

---

[1] *Compadradas* – hier sinngemäß: *compadre*-Eigenschaften.

[2] Die Straße Florida ist eine berühmte Geschäftsstraße und Flaniermeile im Stadtzentrum von Buenos Aires.

Weisheit zu und vor allem seinen – oft nur mit Blicken und dem reinen Ruf zurückgelegten – Weg der Kühnheit. Dennoch ergab sich eine solche Situation selten; die Mehrheit der *guapos* kam noch jung bei irgendeiner Auseinandersetzung wegen einer Unvorsichtigkeit oder wegen zu großen Selbstvertrauens zu Tode oder bei einer verräterischen Messerstecherei, die ihn für immer auf die Steine eines holperigen Pflasters hinstreckte. Dann erinnerte man sich seiner voll Bewunderung und seine Männertaten wurden zu Legenden, ausgeschmückt mit apokryphen Heldentaten und Chroniken, die sich aus dem „Hören–Sagen“ nährten.

„Sein Beruf – erläutert Jorge Luis Borges – war der des Kutschers, des Bereiters oder Schlächters. Seine Erziehung irgendein Stadtwinkel (...) Nicht immer war er ein Rebell: Das Komitee mietete seine Verwegenheit oder seine Fechtkunst und ließ sich seinen Schutz etwas kosten. Die Polizei hatte Übereinkünfte mit ihm: Bei Ausschreitungen ließ sich der *guapo* nicht mitnehmen, aber er gab – und hielt – sein Wort, später zu erscheinen. Die beschützenden Einflüsse des Komitees ließen bei diesem Ritus keine Besorgnis aufkommen. Ganz und gar gefürchtet, dachte er nicht daran seinen Lebensbedingungen abzuschwören; ein Pferd in prächtigem Silbergeschirr, ein paar Pesos für den Hahnenkampfplatz oder das Kartenspiel reichten ihm aus, um Licht in seine Sonntage zu bringen.“

Er pflegte sich in Trauer zu kleiden, vielleicht weil ihn seine Aufgabe dazu zwang, dem Tod ins Auge zu schauen. Das weiße Halstuch, die *lengue*, mit den gestickten Initialen und der Schal aus Lamahaar waren die einzigen Noten, die den Farbton seiner Tracht unterbrachen. Sollte er einmal Pech haben, wäre es eine Schande mit Kleidern anderen Stils an einer Ecke darniederzuliegen; eine Unhöflichkeit gegenüber dem Tod. Zudem war dies bereits die Uniform seiner Vorfahren gewesen und sie paßte ihm gut.

Héctor Sáenz Quesada versuchte, das Aussehen und die Modi des *guapo* als logische Folge seiner historischen Herkunft zu erklären: „Der *compadre porteño* des 19.Jahrhunderts flüchtete sich instinktiv in die Vergangenheit. Seine dunkle oder schwarze Kleidung erinnerte an die Tracht zur Zeit König Phillips. Sein langes Haar, das über das Halstuch fiel, war die nostalgische Erinnerung an den Zopf des achtzehnten Jahrhunderts, sein Messer der Ersatz für den Degen aus Toledo. Seine gezierten Bewegungen, die er jeweils mit großer, dem Ritus eigenen Bedachtsamkeit ausführte (unnachahmlich wird die Asche des Zigarillo mit dem langen Nagel des kleinen Fingers abgestreift), waren die eigensinnige Bewahrung der Würde des Edelmanns, und auf den Bürgersteigen aus Ziegelstein der rauhen *barrios* ließ sein wiegender Gang die Tanzfiguren des Menuetts wiederaufleben. Jenes künstlerische Antlitz (und wie jedes Kunstwerk war es natürlich eine Übertreibung) demonstrierte die reine Abstammung, die sich auch in der Eifersucht eines Calderón verriet; denn, sollte es jemand wagen, bei den *milongas con corte* seine Frau anzuschauen, ging es um Leben oder Tod. Aufgrund seines Ehrgefühls alten Stils verachtete er den eigenhändigen Faustschlag der gemeinen Leute ebenso wie strebsames Arbeiten, das den Adligen, aus Angst davor sich zum Diener eines Herrn oder einer Kundschaft zu machen, erniedrigen würde. Aber es handelte sich um verarmte Adlige und es waren schlechte Zeiten zum Leben und zum Sterben für sie. Im Grunde waren sie, ohne daß es jemand – nicht einmal sie selbst – bemerkt hätte, echte Reaktionäre, die der Heimat und den Vorfahren anhingen; rückständige, mißratene Aristokraten, weil ihnen die einzige Beschäftigung fehlte, die jeder Aristokratie naturgemäß vertraut ist: der Krieg."

Auf halbem Weg zwischen Stadtmensch und Bauer trieb der *guapo*, gleich seinem Vorfahr, dem *gaucho*, seinen Kult des Mutes. In einer schwierigen, feindlichen Umgebung, in einem Beruf, in dem man sich das Recht auf Leben jeden Tag neu verdienen mußte und wo man das Leben so wie den Namen und den Ruf durch Details, Gesten und mit Hilfe eines kontinuierlichen Verhaltens erhielt. Die erreichte Stellung erzeugte sowohl erbitterte Feinde als auch fanatische Anhänger. Der *guapo* war vom Konzept her ein Spiegelbild des *caudillo*, dem er mit blinder Loyalität folgte. Das Musterbeispiel dieser Persönlichkeit erscheint in der argentinischen Dramaturgie in der Verkörperung des Ecuménico López, dem Protagonisten von *Un guapo del 900* (1900) von Samuel Eichbaum, der sich selbst definiert: „Ich bin kein Spielstein, der auf die eine oder die andere Seite fallen kann. Ich falle dahin, wohin die Männer fallen; selbst, wenn mich um die Ecke die Enthauptung erwartet." Aus Treue bringt Ecuménico Jemanden um und geht zur Ehrenrettung des *caudillo*, den er respektiert, und dem er seit Jahren dient, ins Gefängnis. Ecuménico ist der Mann eines Bosses, der sein kurzes Schwert nicht dem Meistbietenden vermietet und auch nicht darauf erpicht ist, daß ihn der Zufall aus der Vorstadt herausholt, weil er im Grunde lieber weiterhin der Herr des *barrio* ist, als sich in der Anonymität der Straßen des Zentrums aufzulösen.

Im Hinblick auf seine Beziehungen zu Frauen, war der *guapo*, abgesehen von der latenten Homosexualität, die man diesen Leibwächtern einmal unterstellt hat, ein überzeugter Einzelgänger, der seinen Prinzipien oft bis zur Selbstaufgabe treu war. Seine Bordellbesuche absolvierte er nahezu gefühllos; er betrachtete sie als pure Hygienemaßnahme oder als Notwendigkeit um vor den Nachbarn des *barrio* weiterhin als Mann zu gelten. Miguel D. Etchebarne sieht hinter dieser offensichtlichen Frauenscheu weniger eine Geringschätzung der Frau als eine Verteidigungshaltung. Ihnen war bewußt, daß sie in jeglichem Gemenge der Tod erwarten konnte und insgeheim fürchteten sie den Fall, daß sie der *caudillo* im Stich lassen könnte um sein öffentliches Ansehen zu wahren, wenn sie sich dazu verpflichtet sehen würden, einen seiner politischen Gegner zu töten. Wenn dies eintrat, konnte der *guapo* im Gefängnis enden und es war nicht seine Sache, Witwe und Kinder hilflos zurückzulassen. Zudem war das Zölibat nach verbreiteter Meinung unter den Leuten der Messerzunft ein Garant für Leistungsfähigkeit. Das Fehlen einer Liebe oder einer Familie verhinderte, daß sie inmitten eines Kampfes zaudern könnten. Eine Situation, der Enrique Santos Discépolo mit scharfem Blick in den Versen von *Malevaje* Gestalt gab:

Ayer de miedo a matar,	Gestern, aus Angst zu töten,
en vez de pelear	anstatt zu kämpfen
me puse a correr...	lief ich davon...
Me vi a la sombra o finao,	Ich sah mich eingelocht oder tot,
pensé en no verte y temblé	dachte daran, Dich nicht mehr zu sehen und zitterte
si yo – que nunca aflojé –	wenn ich – der niemals klein beigab –
de noche angustiao	mich Nachts angstvoll
me encierro a llorar...	einschließe, um zu weinen...
¡Decí por Dios qué me has dao,	Sag, um Gotteswillen, was hast Du mit mir gemacht,
que estoy tan cambiao...	daß ich mich so verändert habe...
no sé más quién soy!	ich weiß nicht mehr, wer ich bin!

Das eine oder andere Mal, wenn sein Leben aufgrund der Untätigkeit monoton zu werden begann, machte sich der *guapo* auf, seinen Ruf in fernen *barrios* geltend zu machen und erschien gegen Morgengrauen in der Festung eines anderen berühmten Messerhelden, um ihn herauszufordern. In solchen, zugegebenermaßen nicht häufigen, Fällen würde einer von beiden auf der Strecke bleiben. Das war Gesetz. Bis auf einige Ausnahmen, so einmal bei einem gewissen Streitkampf zwischen zwei namhaften Persönlichkeiten, *El Maceta*[3] und *El Títere* [4], die sich aus reinem Übermaß an Courage und vielleicht wegen der den Großen eigenen Faulheit dafür entschieden, einmal die Dolche zu ver-

[3] *El Maceta* – der Fäustel, Bezeichnung für einen „schwerfällig" Typen.
[4] *El Títere* – die Marionette.

gessen und den Zweikampf in einer Partie *truco*[5] auszufechten. Dieser Vorfall wurde mit der Zeit – auch durch das Gedicht von Cadícamo – zu einer Legende.

Es war schon gegen Ende der Partie, als El Maceta, der Hausherr in dem schmutzigen, gegenüber dem Abasto–Marktplatz liegenden Café, seinem Gegner aus dem Viertel Villa Crespo ein *„envido"* bot, dem Títere ein kraftvolles *„¡falta envido!"* entgegensetzte, um im gleichen Moment einen Schuß auf den Boden, geradewegs zwischen die Füße seines Rivalen, abzufeuern, was diesen nicht erschüttern konnte. Seine einzige Antwort bestand darin, ihn in einem gleichgültigen Ton zu bitten: „Und? Sag schon deine Punkte, Kumpel!"[6] Dieser Gleichmut angesichts seiner prahlerischen Provokation bewegte den Herausforderer dazu, die Karten fallen zu lassen und den anderen *guapo* zu umarmen, während sich bei den Stammgästen die Spannung in einem Applaus entlud. Die Legende bestätigt, daß man die beiden von dieser Nacht an mehr als einmal zusammen sehen konnte, sogar Rücken an Rücken, um gemeinsam gegen irgendeine Gruppe zu kämpfen, die sie umzingelte.

Der *guapo* wurde auch *compadre* genannt – beide Wörter sind Synonyme – Namen, die er akzeptierte. Wohingegen ihm der Spitzname *compadrito* – also die Verkleinerungsform – nicht gefiel, genauso wie die abschätzige Bezeichnung *compadrón*, die, wenn sie als Anreden benutzt wurde, einen Zwischenfall provozieren konnte.

Das Wort *compadre* , Gevatter, ist eine altertümliche Anrede, gleichbedeutend mit Freund oder Kamerad. Ursprünglich stand *compadre* für den Paten hinsichtlich seiner Beziehung zu den Eltern des Kindes; anfangs wurde es außerdem als Synonym für *gaucho* oder Landsmann und später als allgemeine, freundschaftliche Anrede verwendet. In der gleichen Art und Weise konnte man einen Freund „Schwager" nennen. Mit der Zeit wurde dasselbe Wort je-

---

5 *truco – das* argentinische Kartenspiel.

6 Ein Spieler sagt „envido", um den anderen zum Nennen seiner Punktzahl aufzufordern, der diese Aufforderung akzeptierten kann oder ablehnt (und im letzteren Fall weniger Punkte verliert als wenn er im Vergleich unterliegt). Er kann aber auch unterschiedliche Gegenaufforderungen machen, wodurch sich der Wert der Partie erhöht; eine dieser Aufforderungen heißt z.B. *„falta envido"*. Der Gegenspieler muß eigentlich wieder akzeptieren oder ablehnen. Nachdem er akzeptiert, nennt er dem anderen den Wert seines Kartenblattes. In dem dargestellten Fall verlangt *El Maceta* aber vom Gegner dessen Wert; läßt dieser sich zu der Unvorsichtigkeit verleiten, ihm den Wert seines Kartenblattes zu nennen, kann *El Maceta* ablehnen, wenn er eine niedrige Punktzahl besitzt und dadurch weniger Punkte verlieren. El Maceta besitzt somit trotz des Pistolenschusses die Unverfrorenfeit, zu versuchen seinen Gegner auszutricksen.

doch ausschließlich dazu verwendet, um einen gut abgegrenzten Archetyp des *arrabal* von Buenos Aires zu benennen: Den Ersten auf der „Skala der Courage“. Ein Mann, der für seine Mitmenschen authentische Gerechtigkeit verkörperte, der sogar als Gegenpart zur polizeilichen Willkür aufgefaßt werden konnte; möglicherweise, weil seine ethische Norm nicht von der Kälte der Gesetze oder der reinen Waffenübermacht herrührte, sondern sich auf volkstümliche Prioritäten stützte, von denen an oberster Stelle die Ehre, die Loyalität und das Ehrenwort standen.

Evaristo Carriego, der in einem *barrio* lebte (Palermo) und von daher Umgang mit wirklichen *guapos* hatte, wählte als Blickwinkel für die, in seinen Gedichten enthaltenen Chroniken, den alltäglichen Kontext und hinterließ dieses runde Portrait:

El barrio le admira. Cultor del coraje
conquistó a la larga renombre de osado;
se impuso en cien riñas entre el compadraje
y de las prisiones salió consagrado...
Conoce sus triunfos y ni aun le inquieta
la gloria de otros, de muchos temida,
pues todo Palermo de acción lo respeta
y acata su fama, jamás desmentida....
Le cruzan el rostro, de estigmas violentos,
hondas cicatrices, y quizá le halaga
llevar imborrables adornos sangrientos:
caprichos de hembra que tuvo la daga....
La esquina o el patio, de alegres reuniones,
le oye contar hechos que nadie le niega:
¡con una guitarra de alegres canciones
él es Juan Moreira y él es santos Vega!
(...)
Aunque le ocasione muchos malos ratos,
en las elecciones es un caudillejo
que por el buen nombre de los candidatos
en los peores trances expone el pellejo.

Das *barrio* bewundert ihn. „Kulterer“ des Mutes,
der mit der Zeit den Ruhm des Kühnen eroberte;
er schlug sich in hundert Kämpfen unter der *compadraje*
und aus den Gefängnissen kam er geweiht heraus...
Er kennt seine Triumphe und es kümmert ihn nicht im geringsten
der viel gefürchtete Ruf von anderen,

denn ganz „Palermo der Tat“ hat vor ihm Respekt
und huldigt seinem niemals bestrittenen Ruhm...
Es kreuzen sein Gesicht, gleich gewaltsamen Wundmalen,
tiefe Narben und vielleicht schmeichelt es ihm
unauslöschlichen, blutigen Schmuck zu tragen:
weibliche Launen, die der Dolch hatte.
Die Straßenecke oder der Innenhof der fröhlichen Versammlungen
hört ihn von den Taten erzählen, die ihm niemand leugnet.
Mit einer Gitarre fröhlicher Lieder
ist er Juan Moreira und ist er Santos Vega!
(...)
Auch wenn ihm schlechte Zeiten drohen,
bei den Wahlen ist er ein *caudillejo*[7],
der für den guten Namen der Kandidaten
in den kritischsten Momenten sein Fell hinhält

Das Messer

Ebenso wie die *gauchos* gewöhnlich einen langen, zusätzlich als Machete geeigneten Dolch trugen, griff der „Mann der Tat“ aus den städtischen Randgebieten auch zu den blanken Waffen. Er hielt es mit dem Dolch mit funktionellem Knauf und verkürzter Klinge. „Das Messer der Pampa“ – schreibt Etchebarne – „verkürzt sich in der Vorstadt im gleichen Maß wie das Panorama. Es hört auf, ein Gürtelschmuck zu sein, um sich in eine, zwischen den Kleidern versteckte, Drohung zu verwandeln. Das Messer wurde nicht zur Schau gestellt, es war nur zu erahnen.“ Es handelt sich um das berühmte Messer im Armloch der Weste auf das sich Mario López Osornios bezieht, wenn er in *Esgrima criolla*[8] beschreibt: „Diese Art es zu tragen entsprach eher den städtischen Siedlern als den Leuten vom Land. War die Person geschickt im Umgang mit der Waffe, dann deponierte sie das Messer im linken Armloch der Weste und zwar derart, daß sie es, wenn sie es schnell benötigte, mit Sauberkeit zücken konnte. Die Klinge blieb dabei immer nach vorne gerichtet.“

Die Geschicklichkeit, mit der sich die *orilleros* im Umgang mit der Waffe hervortaten, fing in der Kindheit an, wenn die kleinen Kerle die Spitze eines, im allgemeinen sorgfältig geschälten und geraden, Aststockes ankohlten und mit diesem den *visteo* praktizierten. Was soviel hieß, wie einen Kampf zu simulieren. Im Spiel ging der Verlierer immer mit irgendeinem Kohlestrich im

---

[7] *Caudillejo* – für den politischen Erfolg eines Kandidaten tätiger Führer.
[8] *Esgrima criolla* – criolla-Fechtkunst.

Gesicht nach Hause; eine Ankündigung der schimpflichen Schnitte im Gesicht, die sich der Unvorsichtige als Erwachsener zuziehen konnte, wenn er nicht seine Blicke, seine Schnelligkeit, seine Reflexe oder seinen Stil, den Gegner in Schach zu halten, verbesserte. Schwächling in diesem Spiel zu sein, war auch Warnung vor einer Aktivität, bei der die erste Unachtsamkeit eine Reise ins Krankenhaus oder zum Friedhof bedeuten konnte.

Der *compadrito*

„Diese Persönlichkeit, die man häufig mit dem *guapo* oder dem *compadre* verwechselt" – spezifiziert Blas Raúl Gallo – „war ihrem Wesen nach ein Imitator, ein *guapo* auf halbem Weg, ein unreifer Fötus, ein Siebenmonatskind des *arrabal*, Angeber und Dreikäsehoch, vergleichbar mit dem Madrider *chulo*[9]."

Ihn unterschied die grundlose Provokation, das Zurschaustellen vorgespielten Mutes und die Angeberei über Heldentaten, von denen er weit entfernt war. Dem *guapo* genügten Wörter in leisem Ton, Schweigen und Blicke; er setzte sich durch seine Ausstrahlung und seine Haltung durch; sein Nachahmer dagegen bedurfte des Schreiens, des Eigenlobs und auch der Schmeichler.

Leopoldo Lugones klassifiziert ihn mit seiner Definition ab: „Mischling aus *gaucho*, *gringo* und Neger." Verständnisvoller der Poet Fernando Guibert, der sich in ihn hineinversetzt: „Er kam als ‚Pferdemann' auf die Welt; der Mann blieb als Landmann ohne Gaul zurück und aus diesem Grund hat sich dem *compadrito* auch das Schicksal ‚abgesattelt', er wurde in der kleinen Straße und der Sackgasse eingeschlossen und lernte auf dem Bürgersteig zu gehen."

Der *compadrito* war weder eine geliebte noch eine geachtete Persönlichkeit; höchstenfalls fürchteten ihn die Frauen, die unter seiner Herrschaft standen. Für den *guapo* war er nicht mehr als ein armer Tropf, ein geringschätziges Geschöpf, für den das Heft der Peitsche, der Hieb mit der flachen Klinge oder sogar ein beleidigender Schlag mit der offenen Hand ausreichten, um ihn zum Schweigen zu bringen.

In den Randgebieten von Buenos Aires ging sein Erscheinen der Geburt des Tango voraus. Sarmiento erwähnte ihn 1845 auf den Seiten des *Facundo* und Tomás Gutiérrez in seiner sehr kurzen Novelle *La maldicción* , die zu Beginn des Jahres 1859 gedruckt und genau ein Jahrhundert später von Antonio Pagés Larraya wieder ausgegraben wurde. Gutiérrez definierte die *compadritos,* auf-

[9] der *chulo* ist eine (negativ besetzte) Madrider Volkstype.

grund ihres Akzentes und Auftretens, als degenerierte Söhne des *gaucho* und fügte ausführlich hinzu: „Männer, welche in den Vororten der Stadt aufgewachsen waren und deren einzige Genüsse das Trinken, der von seinem Lieblingsinstrument, der Gitarre, begleitete Gesang, Prügeleien und die Tänze mit Leuten seiner Klasse sind.“ Aus der gleichen Zeit und unter dem Einfluß der, uns von Gutiérrez überlieferten Fakten, erschien ein neues Portrait des Prototyps in der Zeitschrift *La guirnalda,* in den Nummern 19 und 20 vom 20. bzw. 27. März 1859, unterzeichnet mit den Initialien A. de E., die nach der Meinung des Historikers Fermín Chávez (der diese Artikel ans Licht gebracht hat) zu Ángel de Estrada gehörten, dem älteren Bruder der Herausgeber dieses kurzlebigen Blattes: Santiago de Estrada und Juan Manuel de Estrada (Sohn). Die Beschreibung lautete: „Der *compadrito* ist ein zum ‚Dorfmensch‘ degenerierter *gaucho* oder ein ‚Dorfmensch‘, der zum *gaucho* degeneriert ist. Verglichen mit dem Mensch vom Dorf ist er ein *gaucho*, im Vergleich zum *gaucho* ist er ein ‚Dorfmensch‘.“ Der *compadrito* aus der Mitte des Jahrhunderts trug auch, wie es aussieht, eine auffällige Uniform: „...gekleidet in eine spezielle Tracht, der es nicht an Originalität mangelte. Eine glockenförmige Hose, Unterhosen mit Fransen, die man am Hosensaum heraushängen sah; eine etwas zu kurze Weste, ein Hemd mit – an Festtagen in Falten gelegten – Rüschen und irgendeine bunte Blüte in der Brusttasche; enger, oder kein Schlips, ein Strohhut, klein, etwas über die Augen gezogen, Bärtchen mit schwarzer Quaste, die über die Oberlippe fiel; Dolch im Gürtel oder im Stiefel aus Kalbsleder, wenn er ihn vor den Augen der Polizei verstecken will...“ Und er fährt mit der Erläuterung der Sitten und Gebräuche fort: „Er geht etwas gebückt, als wolle er sich kleiner machen. Er hat eine eigentümliche Aversion gegen die jungen Männer aus dem Dorf, die zurechtgemacht dahergehen, wie es sich gehört und die er mit dem Spitzname *cagetillas* [10] beleidigt und sich die Zeit damit vertreibt, mit ihnen Streit zu suchen. Er ist Sänger und *fandanguero*[11]. Seine Vergnügungen enden im allgemeinen mit einer Schlägerei, die damit beginnt, daß er irgendjemandem die Gitarre in die Rippen haut, und weitergeht, indem er das Licht ausmacht und schließlich den kurzen Dolch in der Hand hält.“

„Er ist selbstherrlich und verhöhnt gerne, was gewöhnlich die Ursache für viele seiner Schlägereien ist. Er besteht zum Beispiel darauf, daß ein Freund zu trinken habe, und will dieser nicht, beginnt er ihn zu zwingen: ‚Nun trink, mein Freund! Warum trinkt er denn nicht? Wird es wohl sein, weil ich arm

---

[10] *cagetilla* – eitler Wichtigtuer

[11] *fandanguero* – vom spanischen Volkstanz *Fandango* abgeleitete Bezeichnung für den dem Tanz und dem Vergnügen zugeneigten Menschen.

bin? Aber soll er mich nur so sehen, ich duck‘ mich jedenfalls vor niemandem‘; schon verwickelt er seinen Begleiter in ein Wortgefecht und kaum hat er diesen dazu gebracht, etwas zu sagen, das ihm mißfällt, zückt er das Messer und wenn der andere nicht clever ist, was selten einmal vorkommt, ‚pflanzt er ihm seine Marke‘, was heißen soll, er verpaßt ihm einen Schnitt, möglichst ins Gesicht, der Teil, auf den sie am meisten Wert legen; und alles nur aus Lust am Zählen von Heldentaten und um für einen gewaltigen Kerl gehalten zu werden, was einer ihrer größten Träume ist.“

Einige Jahre später charakterisiert Lisandro Segovia in seinem *Diccionario de argentinismos* aus dem Jahre 1912 den *compadrito* als: „großtuerisches Individuum, falsch, provokativ und hinterhältig, das affektierte Umgangsformen und eine spezielle Sprache gebraucht“, während Tobías Garzón ihn in seinem *Diccionario argentino* mit weiteren „Niedlichkeiten“ ausstattet: „Ein Mensch des unteren Volkes, eitel, eingebildet und aufschneiderisch“ nennt er ihn. Carlos Estrada hatte sich schon gegen Ende des neunzehnten Jahrhunderts, 1898, an ihm ausgelassen: „Er verbringt die Nächte in den hinteren Ladenräumen der Geschäfte, dort, wo man Getränke ausschenkt. Er alkoholisiert sich mit Schnaps, seinem Lieblingsgetränk, und ist in der Lage, dutzende Becher davon zu konsumieren, denn er säuft wie ein trockener Schwamm. In seinem Gürtel trägt er ein verstecktes Streitmesser und es geschieht nicht selten, daß seine nächtlichen Gesellschaften mit rechten und linken Schnitten, mit Marken im Gesicht und mit grausamen Messerhieben in den Bauch enden. Eingebildet und stolz, immer ist er auf dem Sprung und fühlt sich schon von einer Geste oder einem Blick angegriffen.“

Bei dieser Aufzählung, der bei verschiedenen Autoren übereinstimmenden Attribute, wundert es nicht, daß der Terminus *compadrito,* außer eine Verkleinerungsform darzustellen, zusätzlich als eine abschätzige und herabsetzende Qualifikation galt. Jene kümmerten sich gleichwohl nicht allzuviel um die Kritiken und protzten im Gegensatz zu den *guapos* gerne mit ihren Triumphen, ohne sich darüber klar zu werden, daß in dem Milieu, in dem sie sich bewegten, die wichtigen Dinge in knappen Worten mitgeteilt wurden; das Prestige gründete sich auf den Ruhm, der von anderen, niemals von den Protagonisten selbst bestätigt wurde. Nicht immer war die „Extrovertiertheit“ eine gute Werbung.

Die ersten kleinen Tangotexte nahmen diese Frechheiten naiver Pedanterie derjenigen auf, die nicht besonders ernsthaft an ihre erklärte Überlegenheit glaubten. So besingt Ángel Villoldo den Spitznamen des *compadrito* von der sympathischen und lustigen Seite, als er 1903 über eine Partitur seines Freundes Alfredo Gobbi folgenden Text dichtete:

Soy hijo de Buenos Aires,
me llaman el porteñito,
el criollo más compadrito
que en esta tierra nació.

Ich bin ein Kind von Buenos Aires,
man nennt mich den *porteñito*,
den größten *compadrito* unter den *criollos*,
der in diesem Land geboren wurde.

Cuando un tango en la vihuela
hace oír un compañero
no hay nadie en el mundo entero
que baile mejor que yo.

Wenn auf der Gitarre
ein Kumpel einen Tango hören läßt,
gibt es keinen auf der ganzen Welt,
der besser tanzt als ich.

No hay ninguno que me iguale
para enamorar mujeres
puro hablar de pareceres
puro filo y nada más,
y al hacerle la encanada
la ficho de cuerpo entero
asegurando el puchero
con el vento que dará.

Es gibt keinen, der so wie ich
den Frauen den Hof macht
reines Reden über Ansichten
bloße Lügengeschichten[12] und sonst nichts,
und während ich sie zur Gefangenen mache
nehme ich ihren ganzen Körper auf den Kieker
sicher ich den Eintopf
mit dem Zaster, den sie bringen wird.

Soy terror de los franelas
cuando en un baile me meto
porque a ninguno respeto
de los que hay en la reunión.

Ich bin der Schrecken aller „Fummler“,
wenn ich mich in einen Tanz mische,
denn ich respektiere keinen
von denen, die es da in der Versammlung gibt.

Y así alguno se retoba
queriéndose hacer el guapo
yo le encajo un castañazo
y a buscar quién lo engendró.

Und so jemand aufmuckt
und meint er müßte *guapo* spielen
dann verpaß ich ihm einen Schlag
und er such’ sich die, die ihn geboren hat!

Bereits damals war der Terminus *compadrito* nicht allein auf die verächtlichen Attribute beschränkt, mit denen ihn seine Lästerer belegten, sondern es häuften sich Darstellungen, in denen die Vokabel *compadrito* als Bezeichnung für: Einfach fröhlich, gesprächig und eitel, jedoch frei von Übertreibungen

---

12 *puro filo* – ist ein Begriff aus dem Gaunerjargon, der weit mehr bedeutete, als „bloße Lügengeschichten“. Tatsächlich war der *filo* der Betrüger, und gleichzeitig die Bezeichnung für die Geschichte, die er einem potentiellen Betrugsopfer glauben machte.

auftauchte; z. B. präsentierte Alfredo Gobbi in einem anderen Tango von Villoldo einen Typ, ohne sich zu scheuen dessen Charakter anzunehmen:

soy el taita de Barracas	Ich bin der *taita* aus Barracas
de aceitada melenita	mit geöltem Haarschopf
y camisa planchadita	und fein gebügeltem Hemd,
cuando me quiero lucir.	wenn ich mich hervortun will.
si me topan me defiendo	Stößt man mit mir zusammen, wehr' ich mich
con mi larga fariñera	mit meinem langen Dolch
y me le dejo a cualquiera	und ich laß einen jeden
como carne de embutir.	wie Wurstfleisch zurück.
Y si se trata de alguna mina	Und wenn es um ein Mädchen geht
la meneguina	läßt sie für mich die Knete
le hago largar.	springen.
Y si se resiste	und wenn sie sich weigert
en aflojarla	lockerzulassen
con asustarla	dann brauche ich sie nur zu erschrecken
no hay más que hablar.	und mehr muß nicht gesagt werden.
Soy amigo de trifulcas	Ich bin ein Freund der Keilereien,
que se arman en los fondines	die es in den Kneipen,
bailongos y cafetines	Tanzhäusern und Cafés gibt
con los taitas de chipé.	mit den *taitas de chipé*[13].
Soy el taita más ladino	Ich bin der pfiffigste, stolzeste *taita*
altanero y compadrito	und größte *compadrito,*
soy el rubio Francisquito	ich bin der blonde Franziskito
de chamberguito y plastrón.	mit Schlapphut und Plastrón.
Soy cantor y no reculo	Ich bin Sänger, kneife nicht und
no me achico al más pesao	mach mich vor dem Schwersten nicht klein
porque yo siempre he peleao	noch immer habe ich gekämpft
con el tipo más matón.	auch mit dem größten Totschläger .
He sido siempre	Ich war immer
un habitante	ein treuer und stetiger
fiel y constante	Bewohner
de la prisión	vom Gefängnis
pues soy un taita	denn ich bin ein *taita,*
que a la felpeada	der bei einer Abreibung

[13] *de chipé* – super, exzellent.

tira trompadas	die Fäuste nach
a discreción.	Belieben austeilt.

Aus *El Taita*

Die Übertreibung gehörte – wie gesagt – zur Persönlichkeit des *compadrito*, ebensosehr bei seinem bis zur Angeberei reichenden Gebaren, wie bei seiner Kleidung. Unter einem glänzenden, parfümierten Haarschopf sorgte die kunstvolle Pflege seiner – Kraft der Kosmetika – steil aufragenden Schnurrbartspitzen für deren geziertes Aussehen. Für Tallón galt: „Sie ahmten die Mode der Reichen nach und kleideten und putzten sich mit einem übertriebenen, weibischen, offensichtlich sexuellen und zweifelhaften Narzismus heraus, (...).“ Die wiegende Art wie ein *criollo* zu gehen, hatte ihren Grund in den hohen Absätzen. Larraya wählte dieses Bild: „Der kleine *gaucho* verliert, einmal vom Pferd abgesessen, die Hälfte, die ihn mit Größe und Vortrefflichkeit ausgestattet hatte. Jetzt muß er sich anstrengen, damit er allein etwas hermacht. Und in dieser übertriebenen Anstrengung verwandelt er sich zu einem ‚Lackaffen‘. Sich seiner Kleinheit bewußt...“

Es gibt eine bekannte Fotographie von Eduardo Arolas, dem Tiger des *bandoneón*, auf dem dessen Erscheinung jener affektierten, beinahe karikaturistischen Sorgfalt in der Kleidung entspricht: dunkler und weicher *funyi* mit hohem Band, langer Sakko mit Umschlägen an den Enden, offen getragen, wie um damit den Blick auf eine glitzernde Weste mit einem glatten, hellen Saum und auf die Hosentaschen freizugeben, aus denen eine dicke Goldkette mit einem Orden heraushängt; eine Fliege, die von einer Perle im Knoten geziert wird; Hemd aus weißem Pikee sowie schwarze, lange Pluderhose, mit grauen Streifen, die sich über die makellosen Schuhe mit hohem, gedrechselten Birnenabsatz legt. Über den, sicherlich hellgelben, Handschuhen ein Ring mit Stein, sowie einen biegsamen Stock mit silbernem Knauf in der Hand. Andere schmückten sich mit drei, vier Ringen an jeder Hand.

Mit einem solchen oder einem ähnlichen Aussehen stellte sich der *compadrito* auf den Tänzen und *bailongos* zur Schau, kampflustig, mit überschäumendem Blick und als Eroberer. Er neigte zur Provokation und obgleich er, wie der *guapo,* mit einem Messer ausgestattet war, verachtete er keineswegs den Revolver, dessen Gebrauch den *compadre* degradiert hätte, da er für ihn Sache der Feiglinge war, die ohne eigenen Verdienst einen Kampf für sich entscheiden wollten. Bevor man einen Mensch in einem Kampf tötete – hieß es damals – mußte man ihm in die Tiefe seiner Augen blicken, so daß für den anderen das Ende nicht überraschend kam. Dagegen war das Töten aus der Distanz eine Angelegenheit der *gringos* und Memmen. Mit einem Messer spürte man den Tod des anderen am eigenen Leib; durch das Zittern des Rivalen, wenn der Dolch in ihn drang. So waren die Regeln. Für den *guapo* kam der Revolver einem Dolchstoß in den Rücken gleich, gänzlich würdelos. Eben eine Sache für solche Charaktere, die er mit nur einem Handrückenschlag dominierte, ohne sich dabei groß anstrengen zu müssen, ja, dabei nicht einmal in das Gesicht des Subjekt schaute. „Typen wie diesen, die schüttel ich mir mit dem Halstuch ab“ war damals ein geflügeltes Wort.

Tulio Carella schaute mit Sympathie auf den *compadrito*, empfand ihn mit dem fröhlichen und eitlen „gerissenen Hund“ aus den Tangos von Gobbi oder Villoldo verschwägert: „Er ist großtuerisch, sentenziös, mutig, geschickt im Umgang mit kurzen Waffen, ebenso angriffslustig wie nostalgisch“ und er versichert, daß der *compadrito* niemals ein *cafishio* gewesen sei. Was nach simpler Übertreibung klingt, weil es dem *compadrito* oft sehr wohl gefiel, von den Pesos zu leben, die ihm eine Frau (oder zwei, wenn er das Zeug dazu hatte) beiseite legen konnte.

Compadrones* und *malevos

Domingo Casadevall unterschied: „Äußerlich ein Imitator des *guapo* und *compadre* (des *compadrito* wäre präziser), ist der *compadrón* ein Feigling in der Maske des Mutigen. Ein ‚Frühaufsteher‘ und Gauner, der nach Verrat stinkt und der in der Lage ist, aus einer Angriffsbewegung eine defensive, schmeichlerische Rede zu machen (...) Der *compadrón* ist als Leibwächter von *compadres* in Kasinos, als Wächter von Bordellen oder Schnüffler für Polizeistationen tätig.“

Der *malevo* seinerseits steht auf der untersten Stufe der Skala sozialer Mißgunst, ist er doch ein Feigling, ein Vergewaltiger der Schwachen und Frauen, ein Falschspieler, Betrüger, unloyal gegenüber seinen Freunden – und bei der ersten Konfrontation gibt er klein bei. Er tötet verräterisch und läßt dafür Unschuldige büßen. Er ist der ständige Grobian in den *sainetes*. Es gefällt ihm, daß man ihn fürchtet, aber vor einem bedeutenden Rivalen wird er klein. Opportunist und Frühaufsteher, pflegt er der Lautstärkste im *conventillo* zu sein, der Erste, der Angst bekommt, wenn die Polizei auftaucht, obwohl ihn nicht selten selbst eine Uniform kleidet und er dann die, ihm dadurch verliehene, Autorität ausnutzt.

Che, Bandoneón!

Wichtig ist nicht das Wie oder Wann, sondern, daß es überhaupt ankam. An irgendeinem Tag im 19. Jahrhundert brachte jemand das erste Instrument nach Argentinien. Es könnte einfach, was logisch wäre, ein deutscher Matrose gewesen sein, der sich vor einem Hamburger Schaufenster für diese Art Konzertina mit ihren hexagonalen Kästen begeisterte, die Heinrich Band gegen 1840 erfunden hatte und die nur ein paar Knöpfe für jede Hand aufwies. Ein tragbares Instrument, gut geeignet für die ländliche Musik, die jener Seemann gerne auf den endlosen Atlantiküberquerungen spielte. Vielleicht war es auch – wie der Komponist Augusto P. Berto behauptete – ein junger Brasilianer, von dem man nicht mehr als den Namen Bartolo kennt. Sicher ist, daß im Jahre 1864 bereits die Serien-Fabrikation der ELA-Instrumente[1], den Vorgängern des berühmten AA[2], begonnen hatte und es 1865 in Argentinien bereits einen namentlich bekannten Bandoneonspieler gab. Jener Schwarze, José Santa Cruz, der in den Schützengräben des Krieges der Tripelallianz[3] in faden Nächten mit seiner Musik für Unterhaltung sorgte, war der Vater des sagenumwogenen Domingo Santa Cruz. Sein Instrument trug das Markenzeichen Band-Union, abgeleitet vom Nachnamen des Erfinders und der Produktionsgenossenschaft, die sich gewagt hatten, es kommerziell zu produzieren.

Sicher ist, daß gegen Ende des letzten Jahrzehnts des 19. Jahrhundert das *bandoneón* immer häufiger in den Trios aufzutauchte, die in den Cafés und Bordellen die musikalische Untermalung lieferten; bis es schließlich innerhalb kürzester Zeit unentbehrlich für die Interpretationen des Tango wurde.

Das *bandoneón* vertrieb schnell die Flöte aus den ursprünglichen Gruppen. Luis A. Sierra erklärt: „Dieser einfache Austausch des klanglichen Timbres, der scheinbar ein formaler Akt ohne größere Transzendenz war, würde in der musikalischen Physiognomie des Tangos einen nachhaltigen Wandel hervorrufen. Mit dem allmählichen Verschwinden der kecken und spitzen Schnörkel der Flöte, verlor der Tango nach und nach seinen ursprünglich ausgelassenen und lärmigen Charakter. Er verwandelte sich damals in ein strenges, abgemessenes, finsteres und gedämpftes „Wesen“. Und das *bandoneón* war, ohne Zweifel, der Urheber dieser radikalen Seelenwandlung, die ihn, ehe er sich's versah, in einen klagenden und gefühlvollen Tango verändert hatte.“

---

[1] ELA – Ernst-Louis Arnold (Bandonionfabrikant und Vater von Alfred Arnold).

[2] AA – Alfred Arnold, der seine Instrumentenfabrik 1910 gründete.

[3] Krieg der Tripelallianz (1864-1865) – Brasilien gewinnt mit Unterstützung Argentiniens und Uruguays den Krieg gegen Paraguay.

Beschränkte sich die Erklärung des Instrumentes auf dessen technische Definition, zum Beispiel die, die uns Oscar R. Zucchi in seinem umfassenden Essay zum Thema lieferte, so handelt es sich um „ein tragbares Aerophon mit Knöpfen, die bei Betätigung des Balgs von beiden Händen simultan gespielt werden können, wodurch im Innenraum der zwei Harmonikakästen, aufgrund des durch Luft vermittelten Druckes, ein System aus Metallzungen vibriert. Beim chromatischen *bandoneón* ertönt dieselbe Note beim Öffnen und Schließen des Balges. Das Achromatische, dem vorigen an Möglichkeiten überlegen, ist dasjenige Instrument, welches sich die Berufsmusiker des Tango zu eigen machten und es variiert seine Töne, je nach dem ob man es schließend oder öffnend spielt, wodurch Dissonanzen oder Assonanzen hervorgebracht werden.“ Aber wie beim *cante jondo* des Flamenco, beschwören die tiefen Bedeutungen eines *bandoneón*-Klanges, seine unerklärlichen und geheimnisvollen Nuancen eher eine gemeinsam verbrachte, vergangene Zeit, eine stille Verbindung herauf, als irgendeine Form intellektueller Erkenntnis oder gelehrten Wissens. Außer Instrument zu sein, ist das *bandoneón* eine Geschichte oder hunderte von Geschichten, es ist der melancholische Vermittler der Sehnsucht von Buenos Aires, die sich aus der Entwurzelung der ersten Immigranten und der Trauer, angesichts der Unwiederbringlichkeit der Vergangenheit und der Ferne der Kindheitslandschaften, speist.

Die beste Darstellung dieser Akkumulation von Elementen, in denen Armut und Einsamkeit mit den bestgehütetsten Geheimnissen der persönlichen Geschichte verschmelzen und sogar mit dem Schmerz darüber, nur Zeuge und nicht Protagonist der kollektiven Biographie zu sein, findet sich in jener Synthese der verborgenen Geheimnisse des Instruments, die Homero Manzi in den Versen *¡Che bandoneón!* dichtete:

Tu canto es el amor que no se dio	Dein Gesang ist die Liebe, zu der es nicht kam,
y el cielo que soñamos una vez	und der Himmel, den wir einmal träumten,
y el fraternal amigo que se hundió	und der brüderliche Freund, der unterging,
Cinchado en la tormenta de un querer.	gefesselt im Sturm einer Liebe.
Y esas ganas tremendas de llorar	Und diese riesige Lust zu Weinen,
Que a veces nos inundan sin razón	die uns manchmal grundlos überfällt,
y el trago de licor, que obliga a recordar	und der Schluck Likör, der zwingt daran zu denken,
si el alma está en orsai, ¡che bandoneón!	ob die Seele im Abseits steht, *¡che, bandoneón!*

Von Tanzakademien, *peringundines*, heimlichen Bordellen und Zuhältern

Es geschah nicht nur an einem einzigen Ort. Glaubhafter ist die Vermutung, daß die *tanguitos* anfingen, an verschiedenen Orten gleichzeitig, beliebter zu werden. Schließlich hatten jene Trios aus Flöte, Violine und Gitarre, die Leben in die Tanzrunden brachten, keine Exklusivverträge und wanderten so mit ihrer dürftigen Melodiensammlung von einem Ort zum anderen. Jeder Musiker hatte gerade mal vier oder fünf Stücke auswendig gelernt, und den Rest versuchte er so gut es ging zu begleiten. Die Redewendung „wenn wir gleichzeitig zum Ende kommen, umarmen wir uns" war ein geläufiger Witz, in dem sich das musikalisch prekäre Zusammenspiel der Gruppen widerspiegelte. Und selbst wenn diese aus begeisterten Anhängern des Tango bestanden, wagten sie vielleicht erst dann ein Thema einzuwerfen, nachdem die Tänzer schon stundenlang mit Begeisterung andere Rhythmen getanzt und die Kehlen sich schon an ziemlich vielen Schnäpsen und Gins erfreut hatten.

Auf den von Spanien übernommenen Wallfahrtsfesten, die sich im Bezirk um den Recoleta-Friedhof etablierten, war das gelegentliche Spielen eines Tango nach immer wiederkehrenden *muñeiras*[1], nach den *habaneras* und den nostalgischen *jotas*[2] eher eine Keckheit; am Anfang dürften dazu nur ein paar Spaßvögel getanzt haben, um den „Negertanz“ zu karikieren. In den *cuartos de chinas* war der Tango etwas eher akzeptiert worden, aber immer erst nachdem man schon etliche Mazurken gespielt hatte, der konkurrenzlos bevorzugte Rhythmus jener Zeit, was soweit ging, daß deren Takte selbst in den Bordellen mit dem Tango um die Vorherrschaft stritten.

Andere Lokalitäten, in denen es möglich war die Tanzfiguren, die bei jenen ursprünglichen, kleinen Tangos noch improvisiert wurden zu erproben, waren die *academias*, die *peringundines* und die *clandestinos*[3].

Vicente Rossi verlieh den *academias* die uruguayisch-montevideische Staatsbürgerschaft. Er merkte an, daß in Folge der Popularität, die sich die tanzbare *milonga* erobert hatte, in den Vorstädten Montevideos, öffentliche Tanzsalons „mit dem üblichen Anhängsel der Getränke“ eingerichtet wurden. Und er bemerkte, daß es wenigstens einen Tanzsalon in jedem *barrio* gab: im

[1] *muñeira* – galicischer Tanz.

[2] *jota* – über ganz Spanien verbreiteter Volkstanz.

[3] *clandestino* – heimlicher Ort, Ausdruck, der auch als Bezeichnung für illegale Bordell Verwendung fand.

Puerto, im *Bajo*, in der *Aguada*, im *Cordón*, und daß im Ganzen etwa ein halbes Dutzend zusammenkam.

Der Autor von *Cosas de negros* unterstreicht, daß die angestellten „Tänzerinnen Mulatinnen oder Weiße waren. Man forderte von ihnen keine schönen Gesichtszüge, sondern daß sie gute Tänzerinnen waren, und das stellten sie unter Beweis. Die Kleidung: kurzer Rock, über sehr herausgeputzten und aufgeplusterten Unterröcken – es waren die einzigen kurzen Röcke, die man bis zu dieser Zeit kennengelernt hatte. Sie waren für die ‚harte Arbeit' erforderlich, denn es wäre mit einem langen Rock unmöglich gewesen, einen *corte* hinzubekommen. (...) Man tanzte nicht des momentanen Kontakts mit der Frau wegen, sondern um des Tanzes selbst willen. Die Partnerin war ein Teil des Paares und deshalb forderte man von ihr keinen anderen Reiz als ihre tänzerische Gewandtheit." Etchebarne ist hinsichtlich der mäßigen Schönheit der Tänzerinnen der *academias* der gleichen Meinung: „Die Frau war für den Tänzer aus dem *arrabal* nicht mehr als ein Mittel, um den Ritus des Tanzes auszuführen. Aus diesem Grund waren viele der Tänzerinnen aus den *academias* von Montevideo und aus diesen Salons in Buenos Aires häßlich und sogar zerlumpt. Man bat sie nur um eines: perfekt und pausenlos zu tanzen."

Diese Ansichten stimmen nicht mit der von Francisco Vega (zitiert von Gobello) überein, der uns in *Los auxiliares de la delincuencia* von 1910 glauben läßt, daß die Kellnerinnen der *academias,* mit denen die Stammgäste tanzten, gar nicht so unansehnlich gewesen sein dürften: „Hinter der Anwesenheit von Frauen in diesen Etablissements stand keine andere Absicht als die, die größtmögliche Zahl an Kunden durch den fleischlichen Stimulus anzulocken, sie längere Zeit im Haus zu halten und sie dazu zu bringen, mehr zu konsumieren. Die Frauen, die sich dieser Aufgabe annehmen, bieten mehr oder weniger angenehme Reize für die Augen. Nicht immer sind es Frauen des „liederlichen Lebens", aber sie sind immer leicht zu bekommen. Sie zu besitzen, ist eine Frage der Zeit und in den schwierigsten Fällen vielleicht eine des Geldes."

In Buenos Aires eröffneten die ersten *academias* um das Jahr 1870 und breiteten sich schnell innerhalb verschiedener Randviertel aus. Es gab sie bei *Barracas* und *Constitución*; eine sehr Berühmte lag in der Straße *Estados Unidos* und eine andere an der Straßenkreuzung Pozos und Independencia. In diesen Salons war es möglich, einige der berühmtesten Tänzerinnen des *fin du siecle* anzutreffen und zu sehen, wie sie ihr Können zeigten: *La Parda Refuci-*

lo, Pepa la Chata, Lola la Petisa, la Mondonguito[4], *la China*[5] Venicia und María *la Tero*[6].

Nach dem *Diccionario histórico argentino* ist *peringundín* der „Name, den man den Geschäften mit einem Getränkelager gab, in denen Tänze nur unter Männern stattfanden; später bekannt unter dem Namen *bailongos*. Dann, als sich in ähnlichen Läden Paare mit Frauen bildeten, sind sie nach und nach in der Hierarchie gestiegen, bis hin zum heutigen Cabaret."

Der Name *peringundin* oder *piringundin* stammt ab von *périgordine*, dem Tanz aus Périgord, den allem Anschein nach, einige sich im Viertel la Boca angesiedelte Genovesen einführten und ihn untereinander tanzten. Im Jahr 1910 erklärte Tobías Garzón in seinem *Diccionario argentino* die Charakteristika eines *peringundin* als Entsprechung für „gewisse Tänze oder *‚sundines'*, die man donnerstags, sonn- und feiertags für die Leute aus dem Dorf veranstaltete und die von vier Uhr nachmittags bis acht Uhr abends dauerten. Sie kamen in der Stadt *Rosario* in der Provinz *Santa Fé* um das Jahr 1867 in Mode. Der Herr des Ortes, an dem diese öffentlichen *fandangos* stattfanden, kassierte von den Männern einen *Real* für alle 6 Minuten Tanz und zahlte den Frauen für die gesamte Zeit, die das *peringundín* dauerte, 2 oder mehr bolivianische Pesos, eine damals im Umlauf befindliche Währung. Sehr viele ‚Kellnerinnen' halfen dort aus, und man konnte sehen, wie einige der Tänzerinnen in Schweiß gebadet waren. Besonders jene, die, weil sie ‚gute Mädchen' waren und besser als die anderen tanzten, von den Mulatten zum Tanz gebeten wurden, noch bevor die anderen Kumpane sie losgelassen hatten. Dabei war nicht mehr zu verstehen, wann die sechs Minuten von der Aufsicht beendet wurden (was der Tanzmeister mit dem Klopfen seiner Hand wissen ließ), so laut waren die begeisterten Rufe ‚ich bitte', wobei die Galans die Hand nach jenen Mädchen ausstreckten – von denen einige mit ihren Kleidern aus der Wanne gestiegen zu sein schienen, so sehr hatten sie die Wäsche naßgeschwitzt, die an ihren Körpern klebte. Im Haus gab es eine Art Kantine oder Konditorei, wo man zum ‚echten Kennenlernen' Likör, Süßwaren und andere Lebensmittel anbot. Sogar für die Kleidung sorgte der Herr des Hauses bei denjenigen Mädchen, die schlecht angezogen kamen."

---

[4] *la Parda* – die Mulattin; *la Chata* – die Pummelige; *la Petisa* – die Kleine; *Mondonguito* – Bäuchlein.

[5] *la china* – wurde in Lateinamerika ursprünglich als Bezeichnung für die Indiofrauen verwendet, später dehnt sich die Bedeutung allgemein auf die dunkelhäutige, schwarzhaarige Frau aus.

[6] *Tero* – in Argentinien heimischer Vogel mit langstelzigen Beinen.

Aber der für den Tango übliche Platz und von Anbeginn mit der Entstehung des Tanzes und seiner musikalischen Entwicklung verbunden, war das Bordell. In den Innenhöfen der Bordelle, in den weiten Empfangssälen und als Zusatz zur Hauptaktivität des Etablissements, gewöhnten sich die Prostituierten (die, wenn sie imselben Haus beherbergt waren, den Namen *pupilas* bekamen) daran, mit der Kundschaft zu tanzen.

Die Zusammenkünfte, die vom Sonnenuntergang bis zum folgenden Morgengrauen dauerten, wurden mit populären, nach dem Gehör gespielten Themen untermalt. Es waren Duos oder Trios, die anfangs aus Flöte, Violine und Gitarre zusammengesetzt waren. Leicht zu tragende Instrumente, die es den Musikern erlaubten, abwechselnd in dem einen oder anderen Bordell zu spielen, so daß sich die Kundschaft aufgrund des sich daraus ergebenden Repertoirewechsels nicht langweilen mußte.

Mit der Zeit – und für die Musiker ein bedeutender Einkommensverlust – fanden einige Drehorgeln Eintritt in verschiedene vorstädtische Bordelle. Parallel entschieden sich gutgehende Bordelle dazu, Pianos aufzustellen und einen festen Pianisten zu engagieren, wodurch das ursprüngliche Trio an Klangfülle zunahm. Innerhalb kurzer Zeit konnte man kaum noch ein Bordell ohne eigenes Instrument finden: einen Flügel, bei denen, die etwas auf sich hielten, und ein Klavier an der Wand in den Bescheideneren. Die Letzteren zogen es mitunter vor, ein Pianola zu erwerben, denn außer der Tatsache, daß es ein breites Repertoire anbot – es gab eine große Auswahl an Rollen – erforderte es von dem, der es bediente, nicht einmal das elementarste musikalische Wissen, reichte es doch aus, durch Pedale, die über denen des echten Klaviers installiert waren, einen Balg zu treten, durch dessen Luft der Mechanismus in Gang kam, durch den das Klavier begann, die in den Löchern der großen Papierblätter geschriebenen Melodien abzuspielen.

Diese Mischung aus Tanz und Kuppelei förderte auf natürliche Weise die Kreation von Themen, die sich um die Prostitution drehten, von denen bereits einige Titel erwähnt worden sind. Es waren improvisierte Melodien und kleine Strophen mit einer Thematik des Augenblicks, die sich auf Persönlichkeiten bezog, auf körperliche Eigenheiten der *pupilas* oder auf Geschehnisse, die in jenen Tagen stattgefunden hatten.

Enrique Cadícamo beschreibt in den Vierzeilern aus seinem Buch *Viento que lleva y trae* (Wind, der nimmt und bringt) das Bordell auf der Maciel-Insel, *El Farol Colorado* (die rote Laterne):

Se llamaba ese puerto El Farol Colorado.
Y en su atmósfera insana, en su lodo y su intriga,
floreció „la taquera de la lata en la liga",
De camisa de seda y de seno tatuado.

Al entrar, se dejaba, como en un guardarropa,
los taleros, revólver's y los cabos de plata.
La encargada era una criolla guapa, ancha y mulata
que estibaba las grasas en la proa y la popa.

La pianola picaba los rollos de los tangos.
El cine picaresco iba horneando el ambiente.
Y del patio llegaba una copla indecente
en la voz de un cantor de malevo arremango.

Cuando de alguna pieza se oía la jarana
de la hetaira que a veces no se mostraba activa,
una frase en polaco, de la regente, iba
como un chirlo en las nalgas de la más haragana.

El pecado, la riña, el vicio, la bebida,
el rencor y la sombra, el abuso y el celo,
eran las flores malas que producía el suelo
de esa isla del diablo y de la mala vida.

Man nannte diesen Hafen die rote Laterne.
Und in seiner ungesunden Atmosphäre, in seinem Schlamm und seiner Intrige,
blühte „das Geschäft mit dem Blech[7] im Strumpfband",
im Hemd aus Seide und mit tätowierter Brust.

Beim Eintreten hinterließ man, wie an einer Garderobe,
die Peitschen, Revolver und die Messerscheiden aus Silber.
Die damit Betraute war eine hübsche, füllige *criolla* und Mulattin,
die ihr Fett in Bug und Heck verstaute.

Das Pianola hackte die Tangorollen herunter.
Das Gaunerkino war dabei, die Atmosphäre anzuheizen.
Und vom Innenhof drang eine unanständige Strophe
mit der Stimme eines verwegenen *malevo* Sängers herüber.

---

[7] das Blech ist die Blechmarke der Prostituierten – siehe Kapitel „Bartolo hatte eine Flöte..."

Wenn man aus irgendeinem Zimmer den Lärm der Hetäre hörte,
die sich manchmal als nicht aktiv erwies,
ging ein Satz in Polnisch von der Regentin
wie ein Peitschenhieb auf die Hinterbacken der Faulsten hernieder.

Die Sünde, der Zank, das Laster, der Trank,
der Groll und die Faulheit, der Mißbrauch und die Eifersucht,
waren die schlechten Blüten, die der Boden
dieser Insel des Teufels und des unsittlichen Lebens hervorbrachte.

Der *cafishio*

In seinem kurzen und häufig zitierten Band *El tango en su etapa de música prohibida* ruft José Sebastián Tallón das Tanzpaar *El Cívico* und *La Moreira* in Erinnerung, die in dem *conventillo* Sarandí wohnten. Über *El Cívico* schrieb Tallón folgendes, und wegen des Archetypischen darin ist die Schrift es wert zitiert zu werden: „Sein Beruf bestand in der Ausbeutung seiner Frau, *La Moreira*, und im Fischen und Handeln von neuen *pupilas* gegen direkte Bezahlung." In der Tat war es nicht selten, daß der *compadrito* aufgrund seines großspurigen Machismus und um nicht arbeiten zu müssen – da, sich anstrengen ja nicht zu seinem Lebensstil paßte – zum Zuhälter wurde. Aber seine Aktivitäten überstiegen den Besitz von einer, zwei oder im besten Fall drei *pupilas* nicht. Seine Arbeit muß als Handarbeit betrachtet werden, aufgebaut auf der Kraft von Verführung und Aussehen, weit entfernt von der notwendigen Disziplin und Organisation des unternehmerischen *trata de blancas*[8], der um die Jahrhundertwende den Markt beherrschen würde und dessen Hegemonie sich bis zur Verabschiedung des „Gesetzes der sozialen Prophylaxe", das in der Mitte der dreißiger Jahre die Bordelle verbot, hinstreckte.

Die einheimische Prostitution, die in den letzten Jahrzehnten des 19. Jahrhunderts – aufgrund der enormen Überzahl an, mit den Einwanderungswellen hereingetragenen, ledigen Männern – angestiegen war, verlor ihren hausgemachten Charakter vollständig, nachdem sie zwischen 1900 und 1910 zu einem großen Geschäft geworden war. Organisationen, wie der 1906 gegründete Jüdische Bund Zwi Migdal, entwarfen regelrechte Expansionsstrategien und finanzierten Reisen nach Europa, speziell nach Frankreich und Polen, um Kandidatinnen aufzugreifen, die man mit einer vorgegaukelten Heirat täuschte, um sie nach Argentinien zu schiffen, wo sie unter den Bordellbesitzern ver-

[8] *trata de blancas* – „Handel mit den Weißen (Frauen)"; die Hautfarbe versinnbildlicht die europäische Herkunft jener – im Unterschied zu den einheimischen Mulatinnen bzw. Mestizinnen.

steigert wurden. Die finsteren Gesellschaften investierten in großem Stile in die Einrichtung und Unterhaltung von Bordellen, in Bestechungsgelder an korrupte Funktionäre und – natürlich – in Frauen, da diese wegen des natürlichen Kräfteverschleißes, den der Beruf mit sich brachte, und dem Bedürfnis nach Abwechslung bei der Kundschaft ständig ausgewechselt werden mußten. Bei all dem war die Frau selbst völlig zweitrangig; sie war nur ein Objekt, eine reine Ware.

Aber bis zum Erscheinen solcher Unternehmen waren es die einheimischen *cafishios*, die die Bordelle der Stadt mit Frauen versorgten. Sie wußten, daß sie kein großes Vermögen verdienen konnten, aber wenn sie es schafften, eine gute Kandidatin in die Arbeit einzuspannen, dann hatten sie sich für eine Zeitlang einen gewissen Wohlstand gesichert.

Domingo Casadevall machte sich in seinem Buch *El tema de la mala vida en el teatro nacional* an eine Deutung des Verhaltens jener gemäßigten *rufianes*: „(Der einheimische *cafishio*) pflegt seine Geliebte nicht zu verkaufen, noch ist er fähig dazu ‚das Geschäft' im großen Stil zu organisieren. Er begnügt sich mit einem Gewinn, der ihm erlaubt, sich gut zu kleiden und gut zu essen, täglich den Friseur zu besuchen, sich an der Theke des Cafés zu vergnügen und über einige Pesos zu verfügen, um sie auf der Pferderennbahn oder beim Glückspiel zu setzen,.. verglichen mit dem ausländischen Ausbeuter – dem Bordellbesitzer *(caften),* dem französischen Zuhälter *(marquereau)* oder dem Frauenhändler *(tratante de blancas)*, die verächtlich, schlau, habgierig, unfähig zu männlichen Entschlüssen sind und ihren Beruf als Untergebene von großen, internationalen Organisationen ausüben – zeigt der *canfinflero criollo* Großzügigkeit und Aufwallungen romantischen Heldentums. Während der *marquereau* – ohne jeglichen Respekts gegenüber der ‚fremden Ware' – meint *‚l'argent est avant tout'* (das Geld geht vor), agiert der *criollo* irrational, mit der Arroganz des *guapo*. Aus Eitelkeit oder Eigenliebe erkämpft er sich furchtlos seine Position unter den Magnaten des internationalen Handels, wodurch er jegliche, entstehende Kooperation durcheinanderbrachte."

Dem ließe sich hinzufügen, daß, wenn die *mina* sich entschloß, ihn „wegen eines anderen, besseren *bacán*" zu verlassen – wie es dem Protagonist bei Contursis zustößt – die Haltung des lokalen *rufián* von Schmerz gekennzeichnet sein wird. Und er vergießt nicht nur Tränen ob der verletzen Eigenliebe oder wegen des Verlusts eines einträglichen Produktes, sondern er weint um eine Person, die er vermißt und braucht, weil er sie im Grunde – und auf seine Art und Weise – liebt.

Tanzen bis die Späne fliegen

Bei Laura und La Vasca

Zwei Tanzhäuser, die über mehrere Jahre hinweg ein hohes Ansehen genossen und die immer noch von einer legendären Aura umgeben sind, waren das Haus der Laura und das von María *la Vasca*[1]. Das erste lag in der Straße Paraguay, Hausnummer 2512, und das andere, bescheidenere, war die Nr. 2721 in der Straße Europa (heute Carlos Calvo), ein paar Meter zur Straße Catamarca.

Im Haus von María la Vasca tanzte man unter der mürrischen Aufsicht von Carlos *el Inglés*[2] für drei Pesos die Stunde mit Frauen, die dafür vom Haus bereitgestellt wurden; Carlos, der Ehegatte der Hausherrin, war, um es wie Tallón auszudrücken „ein schwerer, nicht zu Scherzen aufgelegter Typ," ein Mann mit Charakter, der keinerlei Übergriffe gestattete.

León Bernarós besuchte das Haus, als man dort schon seit Jahren nicht mehr tanzte. Er beschrieb: „Es war seinerzeit fast wie ein Wohnhaus. Von außen betrachtet erscheint es massiv, hat hohe und einfache Balkone. Das Gattertor ist eisern, anmutig, mit Schmiedearbeiten und Ornamenten, im Hintergrund sieht man ein paar Pflanzen und es gibt dem Eingang einen gewissen Flair jener Epoche. Dann ist da der Saal für die großen Gelegenheiten. Die Zimmer wurden nach der Größe der *patotas*[3] oder der Zahl der Freunde des Neuankömmlings zugeteilt. (...) Irgendein italienischer Maler hat den Saal dekoriert und die hohe Decke kitschig mit Malerpaletten und darin steckenden Pinseln oder ähnlichen, damals üblichen Motiven, verschönt. Die Herrin des Hauses nahm den Besuch im voraus zu Protokoll – denn hier überließ man nichts dem Zufall – und fragte den Interessenten nach der Zahl der Tänzer, die kommen würden. ‚Wieviele *monos*[4]*?*' fragte sie sinnbildlich, um herauszubekommen, welche Anzahl von Tänzerinnen ungefähr notwendig sein würde, damit sie diese rechtzeitig herzitieren konnte."

Es war Sitte, den Tanz mit irgendeiner kleinen Polka zu beginnen; das Ende war erreicht, wenn die Zeiger der Uhr die Zahl der vereinbarten Stunden anzeigten. Beschloß man weiterzumachen, zahlte man wieder, und die gleiche Eröffnungspolka verkündete, daß der Tanz noch ein Weilchen weitergehen

---

[1] *la Vasca* – die Baskin.
[2] *el Inglés* – der Engländer.
[3] *patota* – eine Bezeichnung für eine „Gruppe junger Männer", die es andernorts oft auf Schlägereien abgesehen hatten.
[4] *monos* – Äffchen, Männlein.

würde. Die Musiker kassierten für die Nacht 5 Pesos. Dem einsamen Klavier der ersten Zeiten gesellten sich später Violinisten hinzu – einige vom Schlage des Pibe Ernesto (Ponzio); es fehlten ebensowenig Flöten und mit der Zeit trafen nach und nach die *bandoneones* ein. Im Haus von la Vasca erklangen die Instrumente von Vicente Greco, Tito Rocatagliatta, Alfredo Bevilacqua, Manuel Campoamor und Juan Carlos Bazán, dem Flötisten zu Beginn des 20. Jahrhunderts, dessen Name am längsten im Gedächtnis haften blieb.

Das Haus von Laura war teurer und eleganter als das von María La Vasca. „Die Kundschaft" erinnerte sich Tallón „setzte sich aus ausgewählten Persönlichkeiten zusammen: Lebemänner, Schauspieler, Komödienschreiber, Finanzleute; Herren schließlich, die ihre Abenteuer geheimhalten mußten. Es gab einen Nachmittagsteil für Jugendliche und spezielle Stunden für Ältere. Das Haus von Laura zeichnete sich dadurch aus, auf intelligente Weise alle zufriedenstellen zu können und dadurch, daß es Frauen von höherer Qualität vorzuweisen hatte, die keine Angelegenheit gewöhnlicher *compadritos* waren. Die meisten waren die Geliebten der Kunden, Ausgehaltene oder Freie. Trotzdem machte die *rufianesca porteña*[5] von Rang auch im Haus von Laura einträgliche Geschäfte. ‚Eine *mina* im Haus von Laura zu haben' sagte einer dieser Wichte zu mir, bedeutete, ein Vermögen zu besitzen."

Außer an einen der Stammkunden bei Laura, den Schauspieler Elías Alippi, zu erinnern, der mit Enrique Muiño einige Jahre lang die Gesellschaft anführte und ein hervorragender Tänzer war, beschwört Bernarós die Atmosphäre des Hauses herauf: „Das Haus war luxuriös. Der Saal – die Bühne berühmter Tänze – prangte mit seinen großen Spiegeln, seinen hohen Krügen, seinen Bildern und Dekorationen. Dahinter lag das Schlafzimmer der Herrin, in welchem das große Bett seinen hohen Baldachin aus leichtem Seidenmusselin trug. Französische Möbel, weiße Stücke auf dem gewachsten Boden und eine protzige Decke aus Lamafell über dem ausgedehnten Bett vollendeten soviel Luxus."

Francisco Canaro schwärmte in seinen Memoiren: „*patotas* strömten zusammen, weder *indiadas* noch Radaumacher, sondern sehr feine Leute, die zu Laura kamen, weil sie zu den Liebhabern des verbotenen Tanzes gehörten und sich gerne mal solche, zu allerlei Dingen aufgelegte, Frauen genehmigten."

Die besondere Attraktion ihres Salons war das Klavier von Rosendo Mendizábal, der den Tango *El entrerriano* dort uraufführte. Ebenso gingen hier Namen unter Vertrag wie Vicente Greco und das Duo Gardel-Razzano, das die Zusammenkünfte mit ländlichen Liedern untermalte.

---

[5] *rufianesca porteña* – Zuhälterschaft von Buenos Aires.

In den Höfen des *conventillos* und im Familienkreis

Der Tango benötigte einige Jahre, bis er Eintritt in die Höfe der *conventillos* bekam. In dieser buntscheckigen Welt, in der üblicherweise eine Wohnung von einer Familie bewohnt wurde – obwohl die Hausverwalter manchmal die Gelegenheiten nutzten, eine Gruppe alleinstehender Männer in den Zimmern unterzubringen – herrschte allgemein ein Ton der Arbeit und Schicklichkeit, auch wenn es nie an irgendeinem Charakter mit zwielichtiger Vergangenheit – oder Gegenwart – fehlte, den die, in diesen Mietshäusern wohnenden Familienväter, nicht leiden konnten.

Logisch, daß in diesem Umfeld die „Bordellmusik" nicht gern gesehen war. Das hätte geheißen, die Untiefen und das schlechte Leben in die Nähe des Familienkerns zu bringen; der Mann, der mit seiner ganzen Kraft versuchte, den ihn umgebenden „Schmutz" zu überwinden, hielt lieber alles fern, was ihn an die Welt erinnerte, die seinen Angehörigen, insbesondere den Frauen, auflauerte, vor allem wenn sie davon träumten, einmal die Enge der *conventillos* zu verlassen.

Deshalb kann es nicht verwundern, daß in den frühen Zeiten der Tango, selbst in den bescheidendsten Kreisen, einen schlechten Ruf hatte. Wie José Sebastián Tallón aufzeigte, wurde „vor allem der vom *compadrito* verkörperte moralische Verfall von den Arbeiter- und Mittelklassefamilien der zentrumsnahen Stadtvierteln gehaßt und gefürchtet. Die nächtliche ‚Choreografie' der Bordelle war meilenweit davon entfernt, eine Sache für sich zu bleiben, reine Kunst zu sein; und außerdem waren die intimen Details der perversen Sphäre und derer, die sich in ihr suhlten, für niemanden ein Geheimnis. Daß sie kein Geheimnis waren, machte genaugenommen das Furchtbare daran aus. In ihren Söhnen, die gegen Morgengrauen zurückkamen und denen man ansehen konnte, daß sie mit schamlosen Erfahrungen beladen waren, auf die sie auch noch stolz waren, erkannte die Familie unmißverständlich die Vorboten einer Invasion. Und so kam es, daß schließlich eine totale Abwehr errichtet wurde: ein *corte*, eine *quebrada*, eine *sentada*, ein *ocho*, eine *corrida* hatten an sich nichts Tadelnswertes, aber sie wurden rigoros tabuisiert, weil sie das direkte Symbol der Bedrohung durch den Stadtrand darstellten."

Nichtsdestoweniger drang der Tanz nach und nach, trotz seiner Konnotationen, zuerst in die Höfe der *conventillos* und danach in die Wohnzimmer der Mittelklassefamilien ein. Benarós gab eine genaue Beschreibung jener primitiven Mietshäuser ab: „Einige zählten mehr als 40 oder 50 Zimmer; diese kärglichen Kubikmeter lagen entlang eines riesigen Innenhofes. Sie waren für gewöhnlich aus Holz, niedrig und dunkel. Zu jedem Zimmer gehörte normalerweise eine kleine Küche, klein wie ein karges und unbequemes Wächterhäuschen, oder der offene Kohleherd, schwarz vor Ruß, der mit dem der anderen zusammen den klaren Himmel, den man in jener Hölle immer noch hatte sehen können, mit Rauch füllte. Man sah auch dreifüßige, winzige und runde Kohlepfannen mit zwei metallenen Ringen wie schwarze Ohrringe; in vielen Wintern brachten sie einen süßen Tod, wenn sich durch Fahrlässigkeit Kohlenmonoxid entwickelte, weil die Kälte so zusetzte, daß man, ohne sich der Gefahr bewußt zu sein, alle Türen geschlossen hielt. Auch der Papagei, Unglücksbegleiter in jener grausamen und bunten Welt, fehlte nicht." Und fährt dann fort: „Gewiß ist, daß im *conventillo*, im Brodeln der Nationalitäten, unter denen die italienische überwiegt und sich das Gallizische, das *Criollo* und sogar das Arabische abwechseln, eine Nachbarschaft zwischen neapolitanischen *canzonetas*, gallizischen Liedern und einigen *milongas orilleras* entsteht. Gespielt auf der Gitarre, unter dem melodiösen und dominanten Geschrei des Akkordeons, das sich der *criollo* von Anfang an – noch vor der Ankunft des *bandoneón* – anzueignen vermochte. In dieser bunten Hölle der Armut vermischen sich Spielarten und Themen, die dem Tango einen Stempel aufdrücken und die Wendungen einiger Kompositionen, ihre Stimmung, ihren Grundton noch inspirieren werden."

Trotz der Verbote fehlte bei gemeinsamen Festen, wie den Hochzeiten, nie irgendein Wagemutiger, der die Musiker um einen *tanguito* bat. Und ohne die für die Bordelle typischen *cortes* und *quebradas* auszuführen, wurden leichte Figuren erprobt. Anfangs lehnten die Mädchen es ab, vor den Augen ihrer Eltern Tango zu tanzen, die sich über die Schande empörten, daß eine Bordellmusik in die Familie gebracht wurde, aber mit der Zeit – und nachdem man die als am sündhaftesten angesehenen Bewegungen wegließ – wurde der Tango als etwas Normales angesehen, als ein unvermeidlicher Begleiter der improvisierten, sonntäglichen Nachmittags-Tänze.

Länger dauerte es, bis der Tango in den Wohnzimmern der Mittelklassefamilien akzeptiert wurde. Zieht man aber in Betracht, daß Saborido es schaffte, etwa einhunderttausend Partituren von *La morocha* zu verkaufen, ein Titel, der in den ersten Monaten des Jahres 1906 durch Luis Rivarola herausgegeben wurde, kann man sicher sein, daß bereits damals dessen Takte – selbst von den Mädchen aus gutem Hause – zwischen der Treuherzigkeit des Walzers „An der schönen blauen Donau" und der Arglosigkeit des „Für Elise", aufgeführt wurden.

Wenige Zeit später brachte die Sängerin Flora Rodríguez de Gobbi *La morocha* zuerst auf Zylinder (Vorläufer der Schallplatte) und dann auf Schallplatte heraus – ließen sich doch gegen diese naiven und ländlichen Verse von Ángel Villoldo keine Einwände erheben. Es fehlte auch nicht die perforierte Rolle für das Pianola, die in der länglichen Kiste aus granatrotem Karton zusammen mit irgendeinem unschuldigen Modelied, wie „Alfred, mein geliebter Alfred..." *(Alfredo, mi querido Alfredo...)* verkauft wurde.

Und so nahmen die Takte von diesem *tanguito*, der beinahe eine *habanera* darstellt, trotz des Verbotes durch die Familien, anfangs klammheimlich und kurze Zeit später als einfache *criolla*-Musik ohne allzu sündhafte Bedeutungen anerkannt, ihren Platz zwischen anderen im Familienzimmer akzeptierten Melodien ein; mit ihnen die arglosen Verse, die Villoldo der Naivität von 1905 angepaßt hatte:

Yo soy la morocha...	Ich bin die Braune..
la más agraciada,	die Anmutigste,
la más renombrada	die Berühmteste
de esta población.	von dieser Bevölkerung.
Soy la que al paisano	Ich bin die, die dem Landmann
muy de madrugada	früh am Morgen
brinda un cimarrón.	einen *cimarrón*[6] darreicht.

Bei Hansen

Obwohl wenig glaubwürdige, kinematographische Rekonstruktionen ein luxuriöses Restaurant mit einer von Tischen umstellten, kreisförmigen Tanzfläche zeigen, weisen vertrauenswürdigere Forschungen darauf hin, daß im Lokal von Hansen in Palermo nicht immer getanzt wurde.

Das legendäre Restaurant hieß zuerst *tres de Febrero* (dritter Februar) und dann *Palermo.* Der Name Hansen stammte vom Nachnamen seines ersten Konzessionärs, dem Deutschen Johann Hansen, der es im Jahre 1875 eingerichtet hatte. Nach Vicente Cútolo, „strömten am Tage für gewöhnlich Familien hinein, die sich auf einem Spaziergang durch den Park befanden, die kamen, um zu Mittag zu speisen oder einfach nur eine Kleinigkeit zu essen oder ein Bier zu trinken. Nachts dagegen, wenn der Betrieb am stärksten war, war es so verschwenderisch beleuchtet, daß seine Lage durch die Reihe der Kutschenlaternen und durch die farbigen Laternchen, die die kleinen Lauben

[6] *cimarrón* – ohne Zucker getrunkener Mate. Nebenbedeutung: Wildpferde.

beleuchteten, schon aus einigen Straßen Entfernung sichtbar war. Darin saßen die Gäste und nahmen unter Gelächter und Geschwätz ihre Abendmahlzeit ein, dieweil im großen Hof die Stammgäste unter einem dichtbelaubten Dach aus duftenden Glyzinien und Geißblatt tranken. Die Gesellschaft wurde musikalisch von ausgesuchten Musikgruppen untermalt, die *milongas*, Polkas und Walzer spielten. Bis um elf Uhr nachts war es ein friedliches Restaurant, ab dieser Stunde trafen die nächtlichen Spaziergänger ein; gerne wurde das Lokal von *guapos* und rauflustigen *patotas* besucht, die ihm eine große Popularität verliehen. Hansen starb in Buenos Aires am 3. April 1892."

In seiner Ausgabe vom 5. Dezember 1903, veröffentlichte die Zeitschrift *Caras y Caretas* unter dem Titel „Ein beispielhafter Immigrant" eine Lobrede auf den neuen Konzessionsinhaber, den Lombarden Anselmo R. Tarana, der anscheinend einiges Vermögen an der Börse verloren hatte. Die Notiz ließ vernehmen, daß Tarana „ohne die Kosten zu scheuen, für 80.000 Pesos das Restaurant Palermo für fünf Jahre von der städtischen Verwaltung gepachtet und mit einer außerordentlichen Geschäftigkeit aus diesem ein Kultur- und Vergnügungszentrum gemacht hat, wie man ein ähnliches, sogar in den europäischen Hauptstädten selbst, nur schwerlich finden kann. Es ist im Moment ohne Zweifel der malerischste Ort von Buenos Aires. Der ganze Service ist im wesentlichen nordamerikanisch, ebenso wie der Komfort und die geschickte Verteilung der reservierten Salons."

„Ein vorzügliches, eigens aus Mailand hergeholtes Orchester, erfreut mit ausgesuchten, musikalischen Stücken die kultivierte und zahlreiche Kundschaft des Restaurants."

„Und so als wäre es nicht genug, besitzt Herr Tarana fünf Automobile, die die Kunden, die dies bestellen, umsonst herchauffieren oder zu ihren Domizilen bringen. Es reicht, per Telefon, unter der Nummer 135 Palermo, ein Automobil zu erbitten, um sofort bedient zu werden. Das Restaurant Palermo ist in diesen Sommernächten bereits der bevorzugte Platz unserer Hautevolee."

Ein Bild von Anselmo Tarana und ein Foto von einer Ecke des Hofes von Hansen, auf dem etwa zehn Tische zu sehen sind, vervollständigen die Notiz. An einem der Tische sieht man drei Frauen zusammen mit nur einem Mann und einem Kind von etwa sechs oder sieben Jahren mit Strohhut in der Hand.

Doch immer stand die Frage, ob man bei Hansen tanzte oder ob es nur ein Ort zum Trinken, Essen und Musikhören war, im Mittelpunkt der Diskussion. Felipe Amadeo Lastra sagt in dem 1965 herausgegebenen Bändchen *Recuerdos del 900,* als er bereits über 80 Jahre alt war: „Es lag an einem Eingang, der in die *Avenida de las Palmeras* überging, heute *Sarmiento*, an den Eisenbahngleisen vorbei, angrenzend an die heutige *Figueroa Alcorta*. Es bestand aus einem unbedeckten Hof mit einem gefliesten Boden. (...) Wenn es regnete, fiel Hansen aus. In diesem Hof gab es eine Unmenge von rechteckigen Marmortischen mit einem Untergestell aus Eisen, die ziemlich schwer und deshalb schwierig zu bewegen waren. Im Kreis um den Hof herum gab es Lauben aus einem grünbemalten Geflecht. In einem Viereck lag im Hintergrund rechts, eckförmig das massive Haus, in dem die Angestellten waren: Küche, Gerätschaften, etc. In der Mitte, zur Straße hin, erhob sich ein rundes Podium mit ringsumlaufendem Geländer, auf dem sich die Musiker aufhielten. Zu der schon erwähnten Stunde begannen die Stammkunden in gemieteten Kutschen einzutreffen und zwischen uniformierter Polizei und einer großen Zahl von Geheimpolizisten auszusteigen; wenn es nicht in jeder Nacht so organisiert gewesen wäre, dann hätte es ein ‚Schlachtfeld von Agramante' gegeben. Die Konkurrenz setzte sich aus *compadritos* und *gaviones* zusammen. Wenn die zweiten von einer gewissen Wichtigkeit waren, titulierte man sie mit *bacanes*. Auch wurde es häufig von *indios bien** besucht; seltener kamen ein paar

---

* Luis María Jordán erinnert sich in *Cartas a un extranjero* (Briefe an einen Fremden), 1924, zitiert von Domingo Casadevall in *El tema de la mala vida en el teatro nacional* (Das Thema des schlechten Lebens im nationalen Theater): „In Übereinstimmung mit dem Prinzip, wonach man in der Gruppe stark ist, übte die goldene Jugend im Stadtzentrum die Lektionen aus der Vorstadt, die sie besuchte, um Tango und Schneid zu lernen. Ein Kommentator erinnert daran, daß die Teilnehmer der *indiadas* von 1890, mit schwarzem Schopf und provozierenden Schnurrbärten, mit einem dicken Stock und einem Revolver ausgestattet, den sie nicht einmal zum Schlafen ablegten, in der Mehrheit Söhne, Neffen, Cousins, Schwager, nahe Verwandte oder einfach Freunde irgendeines Mitgliedes der Exekutivmacht oder des Gerichtshofes oder eines nationalen Abgeordneten waren. So kam es, daß sie in ihren Beziehungen zum Rest der, nicht-priviligierten, Bevölkerung eine Freiheit und grenzenlose Freizügigkeit genossen. nachmittags machten sie – herausgeputzt aber männlich – den Frauen in der Straße Florida den Hof, Nachts ab zehn Uhr traten sie, in mehr oder weniger großen, streitsüchtigen, gewalttätigen und aufwieglerischen Gruppen zusammengeschlossen, in die Theatersäle der zweiten Klasse oder in die Konzertcafés oder in irgendeinen anderen Ort ein und verursachten einige gehörige Skandale. Die Show endete mit Faustschlägen, Stockhieben und zerbrochenen Stühlen. Die Polizei beschränkte ihre Eingriffen darauf, die Ordnung sobald es möglich war wiederherzustellen und die Unruhestifter in die sofortige Freiheit zu entlassen... Mit den Jahren verwandelte sich dieses Element allmählich. Es waren nicht mehr alle Väter Minister, Senatoren oder Kammermitglieder mit einem alten *criollo*-Namen. Die *jóvenes bien* – sogar die Bezeichnung für sie war eine andere geworden – gehörten zur Klasse der Begüterten und der reichen Kaufleute...und die *indiada* der 90er Jahre verwandelte sich in die *patota* von 1900... Deren Mitglieder besaßen eine viel größere, geistige Kultur, manchmal handelte es sich um Universitätsstudenten, die Europa bereist hatten, förmliches Französisch sprachen, ausländische Freunde hatten und exotische alkoholische Getränke tranken und Whisky oder Champagner bevorzugten. An Mut standen sie dem ‚*indio*' nicht nach. Sie verursachten große Skandale, schlugen mit dicken Stöcken, schossen mit

Kaufleute mit Hang zum nächtlichen Vergnügen, oder Viehzüchter, die sich kurze Ferien nahmen." Und später merkt er an: „In diesem Lokal wurde nicht getanzt. Es war verboten, so wie an allen öffentlichen Stellen. Dazu mußte man besondere Orte aufsuchen."

In einem 1961 León Benarós gegebenen Interview hielt Amadeo Lastra daran fest: „Bei Hansen tanzte man nicht. Wo sollte man tanzen? Zwischen den Bäumen?" und fuhr an anderer Stelle fort: „Wir gingen nach 12 Uhr nachts hin. Die Mücken störten sehr. Frauen gab es dort keine. Man mußte sie mitbringen."

Einige andere Zeugnisse, wie das Interview von Roberto Firpo, – ebenfalls durch Benarós – sprechen davon, daß man vielleicht in den Lauben ein paar kleine Runden gedreht hätte. Firpo erzählt, daß er bei Hansen im Jahre 1908 spielte und bestätigt: „Es wurde von feinen Leuten besucht. Leuten in Positionen. Einige sagen, daß getanzt wurde. Das ist eine Lüge. Es wurde zum Zuhören gespielt." Und er fügt hinzu: „Jede Frau kam mit ihrem Begleiter. Einige kamen sogar mit drei Frauen an."

In einem im Februar 1939 veröffentlichten Artikel, der später in seinem Buch *Buenos Aires antes de 1949* wiederaufgegriffen wurde, meinte Manuel Castro, nach der Feststellung, daß „der ‚Hansen' wie ein andalusisches Ausflugslokal und ein deutscher Biergarten aussah", daß man „zum Klang von diesen Orchestern tanzte, die so *compadrón* waren, wie man sie nur finden konnte – eines von ihnen war das von Ernesto Ponzio, dem Pibe Ernesto. Und niemals sahen wir Tänze mit einer bunteren und ungleicheren Teilnehmerschaft: Herausgeputzte *chinitas* aus der Umgebung und blonde Französinnen vom *Royal* oder *Petit Salon*, Milizen und Kosaken aus den benachbarten Kasernen in eigentümlichen Kleidern, aufdringliche *arrabaleros* und Söhne aus

---

dem Revolver und setzten ihren Willen durch – gegen wen auch immer. Die Polizei war mit ihnen weniger wohlwollend als mit ihren Vorgängern und belegte die Ausschreitungen mit leicht zu begleichenden Geldstrafen..."

José Gobello nimmt in seinem *Diccionario lunfardo* eine Definition von *indiada* auf, die am 4. Januar 1914 in der *Crítica* unter dem Titel *Novísimo diccionario lunfardo* erschienen war: „Ansammlung von jungen Männern, welche sich, zusammen mit weiblichen Anhängern und einigen Likörchen im Leib, einer Reihe von, ob ihrer Willkür und Wildheit verwerflichen, Ausschreitungen hingeben. Jetzt hat der *patota*-Geist nachgelassen, und die *patotas* von heute sind nicht zu vergleichen mit jenen berüchtigten, bei denen ‚der Tölpel' gemeinsam mit ein paar *bacanes*, die heute Doktoren sind und hochgestellte Verwaltungsposten einnehmen, die Aktion begann."

gutem Hause. Diese kamen auf der Suche nach Streit her, begierig darauf, ihre Kenntnisse im Boxen zu demonstrieren.“

Gobello nimmt Bezug auf das – durch Florencio Parravicini im Jahre 1913 uraufgeführte – Theaterstück *El tango en París* (der Tango in Paris) sowie den Tango *Noche de garufa* von Panchito Aranaz aus demselben Jahr und kommt zu dem eklektischen Schluß, daß man niemals im Hof, sondern in den reservierten Abschnitten tanzte, wo augenfälliger Weise die Teilnehmerzahl nicht sehr groß gewesen sein kann.

Vielleicht hat es ja Epochen gegeben, in denen getanzt wurde, und andere, in denen die Leute sich nur zum Zuhören einfanden; von daher finden sich möglicherweise beide „tatsächlichen“ Versionen vom mythischen Restaurant Palermos.

Das Etablissement schloß im August des Jahres 1912 endgültig seine Pforten; zu diesem Zeitpunkt sah es aus wie eine, für Buenos Aires, typische Landsitzruine. Die *belle époque* ging auch in Buenos Aires ihrem Ende zu.

Die Alte Tangogarde – *La Guardia Vieja*

Ángel Villoldo

Er ist die überragende Figur der *Guardia Vieja*, ein Prototyp des mit der Welt des Tango verbundenen *porteño*. Geboren im Jahre 1869 und tätig als *payador* und *guitarrero*, war er ebenso befähigt im *barrio* Barracas als *cuarteador* zu arbeiten. Einige Steigungen innerhalb der städtischen Topographie erforderten für die beladenen Karren und die besetzten Straßenbahnen eine zusätzliche Kraftanstrengung, die die Zugpferde, die auf dem Pflaster ausrutschten, nicht immer in der Lage waren aufzubringen. In einem solchen Fall bat man um *cuarta*. Der *cuarteador* kam dann auf seinem schweren Exemplar mit hohem Stockmaß, häufig einem Brauereipferd, das ein dickes, handbesticktes, an einem Gurt befestigtes Riemenband schmückte. Von diesem hing ein anderer Riemen herunter, der stark genug war, um ein Fahrzeug in Eile einzuhängen und ihm bei der Überwindung des Steilhanges zu helfen oder um es aus dem Morast zu ziehen, wenn es sich um eine ungepflasterte Straße handelte.

Cuarteador zu werden war nicht jedermanns Sache. Es bedurfte großer Pferdekenntnis, Zähigkeit und Kraft. Deshalb der Erfolg – bemerkt Juan Manuel Pintos – den die *cuarteadores* als unwiderstehliche Don Juans „unter den schönen Dienstmägden und der Mädchenschaft aus Barracas ernteten." Sie standen im Ruf heiter zu sein; verwandelten sich aber, wenn nötig, in tapfere Messerhelden.

Villoldo erinnerte sich später in einigen seiner Tangos oder in den Dialogen, die er als Milieuschilderungen zwischen 1903 und 1913 in Zeitschriften wie *P.B.T.*, *Fray Mocho* oder *Papel y Tinta* verstreute, an seine Zeiten als *cuarteador* zurück. In den freien Momenten ihrer Beschäftigung, zwischen dem wiederholten Anlegen der Gurte, versammelten sich die Männer, um Mate zu trinken und sich zu unterhalten. In solchen Momenten, die aufgrund des spärlichen Verkehrs häufig vorkamen, begleitete Villoldo sie mit seiner Gitarre oder holte aus seiner Hosentasche eine Harmonika heraus und spielte mit unglaublicher Mühelosigkeit populäre Themen nach oder die Lieder, die seine Kollegen pfiffen (es gab *cuarteadores* für Fuhrwagen und andere für Straßenbahnen, die sich in ihren Verantwortungsbereichen nicht in die Quere kamen).

Oscar del Priore, sein ausführlicher Biograph, präzisiert, daß Villoldo zwischen seinem achtzehnten und fünfundzwanzigsten Lebensjahr als Schreiber der Zeitung *La Nación*, Chorleiter des Karnevalchores *Los Nenes de Mamá*

Viuda, wo er mit großer Sicherheit die Gesangsstücke schrieb, als Librettist von Chören, Viehtreiber auf den Schlachthöfen und auch als Clown beim Zirkus Rafette arbeitete, der an der Straßenkreuzung *San Juan* und *Sarandí* aufgebaut war.

Aber Villoldos Berühmtheit als *payador*, Komponist und Sänger begann gegen 1900, als er sich entschloß seine Fähigkeiten in den Cafés von la Boca, los Corrales, San Telmo und in den Zelten von Recoleta zur Schau zu stellen; an den Orten erlangte er Berühmtheit mit seiner Gitarre, an der er mit einem Stab eine Harmonika befestigt hatte – die Instrumente, mit denen er seine eigenen Tangos interpretierte. Francisco García Giménez versichert, daß die Stammkunden dieser Kneipen „verrückt danach waren, ihn mit den Füßen auf dem Boden oder den Fäusten auf dem Tisch zu begleiten, während die Kellnerinnen auf den Tabletts mit ihren Fingerknöcheln trommelten, um mit seinem Rhythmus mitzugehen.“

Eine andere seiner Tätigkeiten bestand darin, kleine Texte für Coupletsängerinnen mit solch großen Namen wie Pepita Avellaneda, Linda Thelma, La Pamperito oder La Viviana zu verfassen. Zu jener Zeit hatte er bereits seine ersten Tangos kreiert, denen er immer einige Verse, im Stil eines Couplets, hinzufügte. Sie stellten eine Persönlichkeit vor oder umrissen kleine volkstümliche Szenen, die er mit viel Humor in wenigen Worten beschreiben konnte.

In den Texten von Villoldo steckt Fröhlichkeit und sie haben sich immer etwas vom Charakter eines leichten Landlieds bewahrt. Auch wenn die Figuren mitunter mit Anwandlungen von Eitelkeit auftreten, bleibt alles in einem sympathischen und verspielten Rahmen. Mit einem zwinkernden Auge spielt der Prahler sein Überlegenheitsgehabe vor und die angeberischen Drohungen beinhalten keine Provokation:

A bailar no me ha ganao *ningún compadre chimango* *porque soy pierna p'al tango* *y terrible pa'l guindao.*	Im Tanzen hat mich noch kein elender *compadre* besiegt, weil ich ein Schlaubein für'n Tango bin und fürchterlich für'n Schnaps.

Aus *El Terrible*

Aquí tienen a Calandria *que es un mozo de renombre,* *el que para tango criollo* *no le teme a ningún hombre;*	Hier habt ihr Calandria vor Euch, das ist ein Kerl mit großem Namen, der beim Tango *criollo* keinen einzigen Mann fürchtet;

el que siempre está dispuesto	der immer bereit ist,
si se trata de farrear:	wenn es darum geht, einen drauf zu machen,
el que cantando milongas	der sich, wenn er Milongas singt,
siempre se hace respetar.	immer Respekt verschafft.

Aus *Calandria*

Yo también soy medio pierna	Ich bin auch ein halbes Schlaubein
pa'l baile de corte criollo	für den *criollo*-Tanz mit *corte*
y si largo todo el rollo	und wenn ich alles abspule
con ella, me sé lucir.	mit ihr, weiß ich zu glänzen.
En Chile y Rodríguez Peña	An der Kreuzung Chile und Rodríguez Peña
de bailarín tengo fama:	bin ich als Tänzer berühmt:
Cuerpo de alambre me llama	Körper aus Draht nennt mich
la muchachada gilí.	die dämliche Schar.

Aus *Cuerpo de Alambre*

Wie Villoldo schon in seinen Dialogen (gesammelt in einem 1965 erschienenen Buch von José Gobello und Eduardo Stilman) bewiesen hatte, war er ein guter Beobachter der Wirklichkeit, insbesondere alltäglicher Begebenheiten. So brachte er 1906 auf der Stelle den Tango *Cuidado con los cincuenta* heraus, als die Polizei ein Edikt vom 10. Juli 1889 neu aufzulegen beschloß, in dem angeordnet wurde, diejenigen, die es wagten, den Frauen auf der Straße *piropos* hinterher zu rufen, mit einer Strafe von fünfzig Pesos zu belegen. Auf dem Titelblatt der Originalpartitur ist eine Frau dargestellt, die den Galan warnt:

Caballero, le suplico	Mein Herr, ich bitte Sie,
tenga más moderación,	mäßigen Sie sich,
porque a Usted puede costarle	denn das kann Sie kosten
cincuenta de la nación.	fünfzig der Nation.

Im Hintergrund des Bildes kann man einen aufmerksamen Polizisten sehen, der darauf wartet, daß der Satz ausgesprochen wird, um dem Frechen seine Geldstrafe aufzuerlegen. Villoldos Text erzählt:

Una ordenanza sobre la moral	Eine Verordnung über die Moral
Decretó la dirección policial	erließ die polizeiliche Direktion
y por la que el hombre se debe abstener	ob der sich der Mann zurückhalten muß
decir palabras dulces a una mujer.	süße Worte zu einer Frau zu sagen.

Cuando a una hermosa veamos venir	Wenn wir eine Schöne kommen sehen
ni un piropo le podremos decir	werden wir ihr nicht mal einen *piropo* sagen dürfen,
y no habrá más que mirarla y callar	und es wird nicht mehr geben als sie anzuschauen und still zu sein,
si apreciamos la libertad.	wenn uns die Freiheit etwas wert ist.
Yo cuando vea cualquier mujer	Ich werde, wenn ich irgendeine Frau sehe,
una guiñada tan sólo le haré	ihr nur allein ein Augenzwinkern machen
y con cuidado, que si se da cuenta,	und das mit Vorsicht, denn, wenn sie es merkt,
¡ay! de los cincuenta no me salvaré...	Ai! werde ich mich vor den Fünfzig nicht retten...

Auf der gleichen Linie der Gegenwartszeugnisse findet sich eine *milonga*, die als Vorgänger von Enrique Santos Discépolos *Cambalache* und von Enrique Cadícamos *Al mundo le falta un tornillo* angesehen werden kann. Sie trägt den Titel *Matufias* oder *El arte de vivir*:

Es el siglo en que vivimos	Es ist das Jahrhundert, in dem wir leben
de lo más original	eines der originellsten
el progreso nos ha dado	der Fortschritt gab uns
una vida artificial.	ein künstliches Leben.
Muchos caminan a máquina	Viele fahren Auto
porque es viejo andar a pie	weil's veraltet ist, zu Fuß zu gehen;
hay extractos de alimentos	es gibt Lebensmittelextrakte
...y hay quien pasa sin comer...	...und es gibt den, der kein Essen hat...
Siempre hablamos del progreso	Immer sprechen wir vom Fortschritt
buscando la perfección	und sind auf der Suche nach Perfektion
y reine el arte moderno	und es regiert die moderne Kunst
en todita su extensión.	in ihrer ganzen Extention.
La chanchuya y la matufia	Der Schwindel und der Betrug
hoy forman la sociedad	bilden heute die Sozietät
y nuestra vida moderna	und unser modernes Leben
es una calamidad.	ist eine einzige Kalamität.
De unas drogas hacen vino	Von einigen Drogen machen sie Wein
y de porotos, café	und aus Gartenbohnen den Kaffee,
de maní es el chocolate	aus Erdnüssen ist die Schokolade
y de yerba se hace el té.	und aus Unkraut macht man den Tee.
La medicinas, veneno	Die Medikamente, Gift
que quitan fuerza y salud	die einem Kraft und Gesundheit wegnehmen,
los licores, vomitivos	die Liköre, Brechmittel,
que llevan al ataúd.	die einem zum Sarg tragen.

Cuando sirven algún plato	Wenn sie irgendeine Speise servieren
en algún lujoso hotel	in irgendeinem luxuriösen Hotel
por liebre nos dan un gato	geben sie uns eine Katze statt einen Hasen
y una torta por pastel.	und einen Fladen als Kuchen.
El aceite de la oliva,	Das Olivenöl
hoy no se puede encontrar	kann man heute nicht finden,
pues el aceite de potro	denn das Pferdefohlenöl
lo ha venido a desbancar.	ist gekommen, es zu verdrängen.
El tabaco que fumamos	Der Tabak, den wir rauchen,
es habano por reclame	ist aus Havanna laut Reklame
pues así lo bautizaron	denn so tauften sie ihn
cuando nació en Tucumán.	als er in Tucumán zur Welt kam.
La leche se pastoriza	Die Milch wird pasteurisiert
con el agaua y almidón	mit Wasser und Stärke
y con carne de ratones	und mit Mäusefleisch
se fabrica el salchichón.	fabriziert man die Wurst.
Los curas las bendiciones	Die Pfaffen verkaufen die Segnungen
las venden, y hasta el misal	und sogar das Meßbuch
y sin que nunca proteste	und ohne daß jemals
la gran corte celestial.	die himmlischen Heerscharen protestieren.
Siempre suceden desfalcos	Immerzu gibt' s Unterschlagungen
en muchas reparticiones	bei vielen Verteilungen,
pero nunca a los rateros	aber niemals stecken sie die Diebe
los meten en las prisiones.	in die Gefängnisse.
Hoy la matufia está en boga	Heute steht der Betrug hoch im Kurs
y siempre crecerá más	und er wird immer weiter wachsen,
mientras el pobre trabaja	während der Arme arbeitet
y no hace más que pagar.	und immer nur bezahlt.
Señores, abrir el ojo	Meine Herrn: die Augen auf
y no acostarse a dormir	und sich nicht Schlafen legen
hay que estudiar con provecho	man muß studieren mit Nutzen
el gran arte de vivir...	die große Kunst zu leben...

Villoldo besaß eine natürliche Begabung für das Verseschreiben, durch die er zum Begründer seines Berufes wurde – Jahre bevor Pascual Contursi den Text *Mi noche triste* schreiben würde, den Ausgangspunkt für das Tangolied. Es besteht kein Zweifel, daß sich seine Geschicklichkeit für den Reim in seinen Zeiten als *payador* herausgebildet haben muß. Eine Betätigung, die er so glänzend beherrschte, daß er im Jahre 1898 in der Arena des Zirkus Anselmi keinem Geringeren als Arturo de Navas, einer wahren Legende unter den *payadores* am Ende des Jahrhunderts, gegenüberstand. Er „payarierte“ auch mit anderen Berühmtheiten: so mit Higinio Cazón und José Madariaga; mit Letzteren hatte er um 1899 zusammen eine Gruppe, die guten Anklang fand.

Aber die Tangogeschichte verdankt Villoldo nicht nur jene kleinen, von ihm selbst mit viel Witz vorgetragenen Texte. In erster Linie ist Villoldo der Komponist einiger unsterblicher Melodien, wie *El choclo*, *El porteñito* und *El esquinazo* neben anderen, weniger wichtigen Stücken, wie *Gath y Chaves* und *Pineral*, deren offensichtlichen Reklame-Charakter man schon an den Titeln sieht. Zu Gath und Chaves, einem Handelskomplex, einer Art Luxus-Supermarkt *avant la lettre* zu Beginn des Jahrhunderts, läßt sich noch anfügen, daß er im Rahmen einer kommerziellen Expansion zu Beginn des Jahrhunderts seine Firmenaktivitäten mit einer Schallplattenproduktionsfirma erweiterte. Daher schickte er Villoldo im Jahre 1907, in Begleitung des Ehepaares Alfredo Gobbi (Vater) und Flora Rodríguez de Gobbi in französische Studios, um einige ländliche Kompositionen, humoristische Dialoge und auch einige Tangos aufzunehmen. Auch eine Tatsache, wie die einhunderttausend gedruckten Exemplare der Partitur von *La Morocha* mit Musik von Saborido, die bereits wenige Monate nach ihrer Entstehung herausgegeben wurden, weist auf die große Popularität von Villoldo hin.

Als er am 14. Oktober 1919 im Alter von fünfzig Jahren an Krebs starb, hinterließ dieser Archetyp der *Guardia Vieja* ein reiches Werk und hatte die schwierige Aufgabe des Pioniers als Sänger, Komponist und Texter mit Bravour gemeistert.

Rosendo Mendizábal

Es war gegen vier Uhr morgens, als der Pianist des Tanzhauses von María la Vasca, ein fleckig Dunkelhäutiger, der für seine einzigartige Benutzung der linken Hand berühmt war, und Anselmo Rosendo Cayetano Mendizábal genannt wurde, es riskierte, sein Glück mit einem am selben Abend komponierten Tango zu versuchen. Die Anwesenden gehörten zum Z-Club, einer Freundesgruppe, die sich monatlich in dem Lokal traf, das sie dabei exklusiv nutzen durften. An solchen Tagen waren die Türen des Hauses für jedenFremden verschlossen, ausgenommen den Kommissar Enrique Otamendi, der jede Nacht auf ein Weilchen vorbeikam, um ein paar Tangos zu tanzen und *tête à tête* mit einer speziellen, jungen *pupila* zu schwatzen, die er für sein Privateigentum hielt.

Rosendos Bedürfnis sein neues Werk bekannt zu machen, entsprang nicht nur künstlerischen Motiven. Er war gerade ohne einen Peso, und da es zu seiner Zeit noch keine Autorenrechte gab, galt die Gepflogenheit, daß diejenige Persönlichkeit, der ein zum erstenmal aufgeführtes Werk gewidmet wurde, dem Autor einen Einhundert-Pesoschein aushändigte. Von daher sind beinahe alle Tangos aus jenen Zeiten mit Widmungen an heute in der Regel Unbekannte versehen.

Als Mendizábal versuchte, einen Paten für seine neue Melodie zu finden, wiesen ihn einige gute Freunde, nachdem er sich bereits vergebens bei anderen Kandidaten vorgetastet hatte, auf Ricardo Segovia hin, ein Mitglied des Z-Club, der in Entreríos geboren war und, weil er in seiner Heimatprovinz lebte, nur unregelmäßig auf den Zusammenkünften bei María la Vasca erschien. Um sich die monetäre Dankbarkeit zu sichern, übertrieb Mendizábal seine Gefälligkeit sogar noch und nannte den neuen Tango *El entrerriano*. Dies geschah im Jahr 1897. Seit diesem Datum erlangte die Melodie eine bemerkenswerte Popularität, was Mendizábal dazu veranlaßte, eine Wiederholung des Erfolgs zu versuchen. Den Nachfolgetango widmete er seinem Verleger Luciano Prélat und betitelte ihn – vielleicht, um ihn damit magisch zu beschwören – *La entrerriana*. Aber das Thema reichte bei weitem nicht an die Popularität seines Vorgängers heran.

Rosendos Vater war Sohn aus einer Ehe ehemaliger Sklaven, lebte aber nichtsdestotrotz – infolge einer Erbschaft von der Familie, für die seine Eltern gearbeitet hatten – in einer wirtschaftlich relativ bequemen Situation. Zudem hatte Rosendos Großmutter ihrem Enkel bei ihrem Tod einige Besitztümer vermacht, die es ihm erlaubt hätten, ein sorgenfreies Leben zu führen. Jedoch vergeudete Mendizábal die Erbschaft und sollte den größten Teil seines Lebens damit verbringen, in Bordellen und *clandestinos* Klavier zu spielen, um schließlich seine Tage im Zimmer eines *conventillo* unterster Kategorie blind, gelähmt und bettelarm zu beenden. Nach den Zeugnissen derer, die ihn hören konnten, war er ein bemerkenswerter Klavierspieler gewesen; für viele war er der beste Pianist der Guardia Vieja, der nicht nur erfolgreich komponierte, sondern gegenüber seinen Kollegen den enormen Vorteil besaß, das Konservatorium besucht zu haben, das er sogar mit dem Diplom des Lehrers für Klavier und Notenkunde verlassen hatte, ein Beruf, den er einige Jahre lang mit dem des Klavierspielers abwechselte.

Wenngleich kein einziges seiner Themen die Berühmtheit und Unsterblichkeit des Tangos *El entrerriano* erlangte, der später in das Repertoire unzähliger Orchester aufgenommen wurde, schrieb Rosendo einige ebenfalls viele Jahre lang gespielte Tangos. Unter anderem *A la larga*, dessen Melodie einen mit dem zweiten Teil des bekannten Tangos *El llorón* identischen Part aufweist, einen Titel, den Ambrosio Radrizzani Jahre später registrieren ließ; der sich auch den Tango der Bordellherkunft *Las siete palabras* von Prudencio Aragón aneignete, der zuerst unter dem Namen *Las siete pulgadas* aufgeführt worden war. Ebenso komponierte Rosendo den, einer berühmten und in einigen wichtigen Läufen siegreichen Rennpferdestute gewidmeten Tango *La reina de Saba* sowie *Don Horacio*, *Don Santiago, Alberto, Tigre Hotel* und *Don Enrique*, der dem erwähnten Kommissar Otamendi gewidmet ist.

Ernesto Ponzio *(El Pibe Ernesto)*

So wie der Dichter Gutierre de Cetina nur durch ein einziges Madrigal zu Ruhm gelangte, während der Rest seines Werkes praktisch in Vergessenheit geriet, ist Ernesto Ponzio durch nur ein Thema in die Geschichte des Tango eingegangen: *Don Juan*. Daneben setzten ihm einige Zeitgenossen mit der Bewunderung, die sie seiner Beherrschung der Geige zollten, ein Denkmal. So bemerkte Francisco Canaro mit blumigen Worten in seinen Memoiren, daß Ponzio als Spieler hervorstach, „wenn er mit dem Bogen Großtaten vollbrachte.“

Er war das Mitglied einer neapoletanischen Musikerfamilie, die in den Bordellen von San Fernando auftrat. Die ersten musikalischen Versuche von Ponzio beschränkten sich auf die häusliche Umgebung, bis er, zur Perfektionierung seiner Kenntnisse in das Konservatorium von Alberto Williams eintrat. Durch den Tod seines Vaters konnte er jedoch seine Studien nicht beenden. Der augenblickliche, ökonomische Notstand zwang ihn, sich das Leben mit seinem Instrument in Spelunken und Kantinen zu verdienen, wo er die Nichtbeachtung durch die Stammgäste und die Lacher hinnehmen mußte, die sein junges Alter (14 Jahre alt) hervorrief. Nach seinen Auftritten ließ er für das Trinkgeld ein Tellerchen herumgehen. Seit jenen Tagen trug er den Beinamen *Pibe*[1], der in Tangokreisen bekannter als sein richtiger Name werden würde.

Immer noch ein Heranwachsender, konnte man Ponzio später im Trio mit dem Violinisten Genaro Vázquez und dem Flötisten Luis Teissaire (Schöpfer von *Entrada prohibida*) hören. Die Gruppe trat bei Hansen auf, im *El Tambito*[2] und auch in den Häusern von Laura und María la Vasca.

Spitze Zungen merkten an, daß Ponzio nie seinen Revolver ablegte, die Waffe beinahe an seinen Körper angewachsen schien und obligatorischer Teil

[1] *Pibe* – Junge

[2] *Tambito* – Name eines kleinen Bordells.

seiner Tracht war. Zwar herrschten gewiß rauhe Zeiten, aber es scheint sich bei dem Geiger tatsächlich um einen halben *matón* gehandelt zu haben oder wenigsten um einen Mann, der nicht zum Scherzen aufgelegt war. Es mangelt nicht an Hinweisen, die davon sprechen, daß er tagsüber als Leibwächter tätig war. Zudem sollte man bald sehen, daß er die Waffe nicht zur Zierde trug: 1908 erhielt er seine erste, zweijährige Gefängnisstrafe wegen einiger Schüsse, mit denen er versuchte, eine Keilerei zu beenden. In den Folgejahren stattete er den Zellen zahlreiche Besuche ab. „Der letzte“, legte José Gobello dar „datiert auf 1924: Des Totschlags überführt, wurde er in Rosario zu zwanzig Jahren Zuchthaus bestraft, plus Nebenklauseln über eine Verbannung auf unbestimmte Zeit. Am 8. Juli 1925 wandelte die Exekutivmacht die Strafe auf nur mehr 14 Jahre Gefängnis um.“ 1928, lange vor Verbüßung der ursprünglichen Strafe, erlangte er jedoch bereits die Freiheit. Zur Feier dichtete der Dichter Dante Linyera die Verse für einen Tango von Cirilo Allende, betitelt *El Pibe Ernesto*, in denen er Ponzio huldigt:

Su alma 'e macho sin vueltas, ancha 'e coraje	Seine Seele, *macho* ohne wenn und aber, weit vor Mut
se machacó en el yunque del entrevero,	zermalmte sich auf dem Amboß des Handgemenges,
su luz fue de inteligencia pa'l malevaje	sein Licht[3] war von Verstand für die Unterwelt
¡pa'l corazón fayuto: puño de acero!	für das falsche Herz: Faust aus Stahl!

Vor Ponzio mußte man sich nicht nur mit der Waffe in der Hand fürchten. Er gehörte – um es mit Enrique González Tuñón zu sagen – „zu diesem Gaunertum, mit einem gewissen Mangel an Skrupeln.“ Und möglicherweise hat ihn diese wenig rühmliche Tendenz dazu getrieben, einige volkstümliche und andere gänzlich fremde Tangos, als Eigene zu registrieren. Aber es ist auch wahr, daß eins der zur Debatte stehenden Themen, das von Roberto Firpo als eigenes verzeichnete *Ataniche*, nachdem es von Ponzio beansprucht wurde, von Firpo selbst noch einmal aufgenommen wurde, und diesmal auf dem Etikett der Name des Pibe Ernesto als Autor des Stückes erschien.

Wie bereits gesagt, ist *Don Juan* sein langlebigstes Thema; es wurde wahrscheinlich im „Bordell von Mamita“ gegen 1905 uraufgeführt und ist später in den Nächten bei Hansen populär geworden. Sein ursprünglicher Titel, *El panzudo*, wurde abgewandelt, weil Ponzio entschied, den Tango einem Stammgast

3 *luz* – Licht, im Sinne von Talent.

des Restaurants in Palermo mit dem Namen Juan Cabello zu widmen. Der Text von Ricardo J. Podestá unterstrich die Widmung noch:

Me yamo don Juan Cabeyo	Ich heiße Don Juan Cabeyo
anóteselo en el cueyo	schreiben sie sich das auf den Kragen
Díos le dé vida y salú.	Gott gebe Ihnen Leben und Gesundheit.

Der Tango begann auf eine verheißungsvolle, ausgelassene Weise, im Stile der alten anonymen Verse:

En el tango soy tan taura	Beim Tango bin ich so ein *taura*[4],
Que cuando hago un doble corte	daß man, mach ich einen doppelten *corte,*
Corre la voz en el norte	im Norden davon spricht,
Aunque me encuentre en el sur...	auch wenn ich im Süden steck'...

Aus Ponzios Produktion ging auch – für die Kunden der Bordelle – der Tango *¡Quiero papita!* hervor, ein anscheinend unschuldiger Ausdruck aus dem Milieu der Prostitution. Auf die Spur zu dessen wirklicher Bedeutung bringt uns ein anderer Ausdruck: *Papita pa'l loro*[5], dessen erotische Komponente man besser versteht, wenn man sich daran erinnert, daß die *loras*[6] die *pupilas* der Bordelle waren und *cotorra*[7] eine der Metaphern für das weibliche Geschlechtsorgan war. Seine anderen Tangos waren: *El azulejo*, *Don Natalio, La milonga, culpas ajenas* („fremde Schuld", was eine Beziehung zu seinen Gefängnisstrafen haben dürfte) und *Avellaneda*, komponiert in Andenken an den konservativen *caudillo* Alberto Barceló, den Bürgermeister des Dorfes, das dem Thema den Titel gab).

Nachdem Ponzio Ende der Zwanziger Jahre das Gefängnis verließ, gründete er eine neue Gruppe, deren Leitung er sich mit dem Klarinettisten Juan Carlos Bazán teilte und die sich aus einigen Berühmtheiten zusammensetzte: José Luis Padula, Autor von *Nueve de Julio*, dem Geiger Alcides Palavecino und Eusebio Aspiazú, der wesentlicher Part eines der ältesten Trios war, über das Quellen vorliegen: Jene Formation des selbigen Azpiazú, dem El Pardo Cane-

---

[4] *taura* – kühner Mann, *guapo.*

[5] *papita para el loro* – „Kartöffelchen für den Papagei" (Hier im Sinne von wohlgesättigt, befriedigt durch die *lora*) ist außerdem eine stehende Redewendung zur Bezeichnung einer unerwarteten, guten Gelegenheit.

[6] *loro, lora* – der Papagei, die Papageienfrau .

[7] *cotorra* – Wellensittich

vari an der Gitarre und Franco Ramos an der Geige zur Seite standen. Als gesichert gilt, daß die Gruppierung bereits um 1883 auftrat.

Es läßt sich die fast anekdotische Information hinzufügen, daß dieser Mann, der auf entscheidende Weise einen Beitrag zur Entwicklung des Tango der ersten Stunde leistete, auch, wenngleich nur flüchtig, in einem der ersten argentinischen Tonfilme mitspielte, der passenderweise den Titel „Tango" erhielt. Regie führte Luis Moglia Barth; der Film wurde am 27 April 1933 im *cine Real de la ciudad de Buenos Aires* uraufgeführt, ein Jahr und ein paar Monate vor Ponzios Tod im Oktober des Jahres 1934.

Vicente Greco

Wie die meisten Immigrantenkinder, verbrachte Greco seine Kindheit im *conventillo.* In seinem Fall war es das literarisch berühmt gewordene El Sarandí, das in der gleichnamigen Straße zwischen Constitución und Cochabamba lag. Es war dasselbe *conventillo*, in dem José Sebastián Tallón in seinem Buch *El tango en su etapa de música prohibida* das Paar *El Cívico* und *La Moreira* ausfindig macht.

Vom Vater erbte er die Begeisterung und das Talent für die Musik. Ohne ein Virtuose zu sein, hatte Don Genaro die Gewohnheit, den „Nachmittagen" im gemeinsamen Hof mit einer alten Mandoline beizuwohnen, die ihn von Italien begleitet hatte, und auf der er anmutig alte Lieder seiner Heimat spielte. Unter seiner Nachkommenschaft hatte Don Genaro, bis auf einen Sohn, der Fleischer wurde und der wegen seines Körperbaus den Beinamen *garrote*[8] bekam – ein Beiname, der ansteckend war und später an seinen Bruder Vicente überging – drei weitere Musiker: Domingo war Gitarrist, bis er seine Wahl für das Tango-Klavier traf (er setzte seinen Namen unter Themen wie *La tanita* und *Bulín de la alegría*), Ángel stach als Sänger und Gitarrist hervor und schrieb einen Tango mit langanhaltendem Erfolg, *Naipe marcado*, und zuletzt Elena, die, wie Domingo, das Klavier gewählt hatte.

Die Legende erzählt, daß der Zufall das erste *bandoneón* in die Hände von Vicente Greco legte, als er noch ein Kind war. Ein Nachtmusiker, der anscheinend einige Rechnungen mit der Justiz offen hatte, ließ sein Instrument im Hofe des *conventillo* liegen, nachdem er mitten beim Spiel von der Polizei erkannt und verfolgt wurde und kehrte nie wieder zurück, um es abzuholen. Vielleicht hatten sie ihn ja festgenommen oder er fürchtete ein unangenehme

[8] *garrote* – Knüppel

Zusammentreffen bei seiner Rückkehr. Es war ein *bandoneón* mit wenigen Stimmen, aber ausreichend für die ersten Lektionen des Jungen, die ihm *el Pardo*[9] Sebastián Ramos Mejía gab. Greco debütierte im Jahr 1906 mit einem Trio aus *bandoneón*, Geige und Gitarre in einem Salon nahe seines elterlichen Hauses. Er war achtzehn Jahre alt. Kurze Zeit darauf erlitt er auf einer Tournee einen schweren Unfall (die Tribüne, auf der er sich beim Spielen befunden hatte, stürzte herab), der ihn für das Rest des Lebens hinken ließ. Nachdem er sich von diesem Schlag erholt hatte, spielte er in Cafés von la Boca. Über diese Zeit gibt uns Tallón Auskunft: „Notgedrungen mußte er in schmutzigen Stätten spielen, aber er pflegte keine Gaunerfreundschaften. Er war ein Mann der Redlichkeit und ein Musiker der volkstümlichen und durchschaubaren Art. Er genoß das immense Glück, ein intimer Freund von Evaristo Carriego zu sein. Er wohnte nah bei Florencio Sánchez und Carlos Mauricio Pacheco (erinnern Sie sich nur an seinen Tango *Pachequito*). Greco komponierte einen Tango mit einem Text von Carriego, der nie zur Veröffentlichung kam, aber anscheinend einmal aufgeführt wurde." Von den Lokalitäten in La Boca kam Greco ans Café *El Estribo* und nahm dort einen Pianisten in seine Gruppe auf. Als sie „seßhaft" wurden und nicht mehr von der einen in die andere Kneipe wandern mußten, konnten die neuen Musikgruppen die Aufnahme dieses nicht transportablen Instrumentes akzeptieren. Das Quartett setzte sich damals aus Vicente Greco am *bandoneón*, Francisco Canaro an der Violine, Prudencio Aragón am Klavier und Vicente Pecci an der Flöte zusammen.

El Estribo, gelegen in der *Avenida Entre Ríos* 763 bis 767, füllte sich Nacht für Nacht bis an die Grenze seiner Kapazität. Oft war das durch die Tür drängende Publikum so zahlreich, daß die Polizei eingreifen mußte, um größere Zwischenfälle unter denen zu vermeiden, die nicht hineinkommen konnten und die versuchten, sich an die Scheiben zu drücken, um den Melodien des Quartetts zu lauschen.

Zwei bekannte Tänzer, *el Pardo* Sebastián und *el Vasco*[10] Casimiro Aín, nahmen das Quarttett von dort mit, damit sie bei ihren Tänzen spielten, die sie im Salon La Argentina organisierten, den alle Welt als Rodríguez Peña kannte, weil er in dieser Straße lag. „Die Lokalität", erinnert sich Francisco García Giménez „war wie ein Grenzgebiet zwischen dem entlegenen, mit Kerosin erleuchteten *peringundín* von La Tucumana am Bach Maldonado und dem koketten Haus im Norden von Madame Jeane in der Straße Maipú, mit Möbeln à la Ludwig dem XIV und Vorhängen aus Seide (...). Am Büfett wurden ver-

---

[9] *el Pardo* – der Mulatte
[10] *el Vasco* – der Baske

schwenderisch Gin und Anisschnaps ausgeschenkt. Im Salon, wenn beim sich gegenseitig Überbieten mit *ochos* und *medias lunas*[11] alle Möglichkeiten ausgeschöpft waren, bemächtigte sich der lässigste Tänzer der Lorbeeren, indem er seinen Namen auf den Boden schrieb, mit einem unantastbaren Schriftzug, mit der Spitze des Stiefels und *firuletes,* mit wunderschönen Rechtschreibfehlern und allem, was dazu gehört."

Greco entging auch nicht der Versuchung, Verse für seine Melodien zu schreiben. Bei einer Gelegenheit paraphrasierte er mit offenem Spott über die modernistische Schule, die damals in Mode war, und zwar über folgende Zeilen:

La princesa está triste, que tendrá la princesa,	Die Prinzessin ist traurig, was hat wohl die Prinzessin,
los suspiros escapan de su boca de fresa...	die Seufzer entweichen aus ihrem Erdbeermund...

Greco ironisch:

La percanta está triste, qué tendrá la percanta	Die *percanta* ist traurig, was hat die *percanta* wohl,
que a sus ojos hinchados asoma una lágrima,	daß an ihren geschwollenen Augen eine Träne zum Vorschein kommt,
rueda y se pianta.	rollt und verschwindet.

Zu seinen größten Kompositionen zählen die Tangos *Racing Club*, *La viruta*, *El flete*, *Ojos negros* und *Rodríguez Peña*, eine offensichtliche Hommage an das Lokal, in dem er einige seiner größten Erfolge erntete. Als er im Jahre 1924 starb, hatte er kaum sechsunddreißig Jahre vollendet.

Domingo Santa Cruz

In jenen Tagen füllte es die Schlagzeilen der Zeitungen. In einer Julinacht 1931 versammelten sich die Orchester von Francisco Canaro, Francisco Lomuto, Julio de Caro, Ricardo Brignolo, Edgardo Donato, Ernesto de la Cruz und Juan Maglio Pacho, um in einem Radiosender von Buenos Aires an einer Wohltätigkeitsveranstaltung für eine Tangolegende aufzutreten, die sich in größter Bedürftigkeit im Hospital Tornú von Buenos Aires befand. Die Per-

[11] *ochos, medialunas* – Bezeichnungen für bestimmte Tangotanzfiguren.

sönlichkeit hieß Domingo Santa Cruz, Sohn von José, einem schwarzen Akkordeonisten, der an den Fronten von Paraguay während des Krieges der Dreier-Allianz (1865 – 1879) mit den Polkas und Mazurkas, die in Mode waren, die Soldaten jener von Mitre befehligten Armee unterhielt. Er spielte auf einem der ersten, im Land angekommenen, *bandoneónes*, vielleicht dem ersten überhaupt; diese Instrumente bewahrten noch etwas von der Konzertina und besaßen bei weitem nicht die Stimmenanzahl ihrer Nachfolger. Mit einem gutem Gehör ausgestattet, erfüllte Santa Cruz (Senior) die Wünsche der Soldaten, die aus unterschiedlichen Regionen des Landes stammten und die ihm, um sich an ihren Heimatboden zu erinnern, einige Melodien aus ihrer Gegend vorpfiffen. Selbstverständlich keine Tangos, aber doch, vielleicht, ein, zwei *habaneras*, die in ihrem Schoß den Samen der zukünftigen Musik aus Buenos Aires trugen.

Jener Mann war einer der vielen Sklavennachkommen, die die Regierung von Buenos Aires zur Vorbeugung jeglicher zukünftiger Rassenkonflikte mit Hilfe von Zwangsandrohungen an die Front gegen die *guaraní* geschickt hatte. Man meinte, sie könnten ebenso wie ihre Väter und Großväter in den Feldzügen für die Unabhängigkeit dienen, und würden sie nicht zurückkehrten, müßte sich keine Behörde in Buenos Aires große Gedanken machen. José kehrte zurück, und sein im Stadtviert el Once 1884 geborener Sohn Domingo würde sich von klein auf an den Klang jenes exotischen Instrumentes gewöhnen, dessen Tasten er bereits, zum Stolz seines Vaters, mit viel Freude und Geschick bedienen konnte. Mit 18 Jahren widerfuhr ihm bei seiner Arbeit als Eisenbahner (bei der schon in englischem Besitz befindlichen Bahngesellschaft) ein schwerer Unfall, bei dem er nur durch Zufall mit dem Leben davon kam und von dem ihm für den Rest seines Lebens ein auffälliges Hinken und der Spitzname „der Lahme" *(El Rengo)* zurückblieb. In jener Zeit wurden bei Arbeitsunfällen keine Entschädigungen bezahlt, so daß Domingo gezwungen war, seine Arbeit zu wechseln. Er wählte – wie sein Vater – den Weg der Musik und ebenso dessen Instrument, das er schon als kleines Kind zu liebkosen gelernt hatte. Ein deutscher Matrose brachte ihn mit einem anderen *bandoneón* zusammen, das mehr Stimmen besaß als jenes, das der Vater an den Flußmündungen Paraguays gespielt hatte, und Domingo begann berufsmäßig dieses Instrument zu spielen, das ihm seinen Ruhm als Virtuose und als Lehrer einbringen würde.

Sein unsterblicher Tango *Unión Civica*, den sich die politische Bewegung der *Radicales* mit den Jahren einverleibte, entstand in Wirklichkeit als Hommage für Manuel J. Aparicio, ein *caudillo* der *Unión Civica Nacional*, wie sich die konservativen Fraktion der politischen Koalition, die 1889 als Opposition gegen die Regierung von Miguel Juárez Celman gegründet wurde, nannte. Nach der Revolution vom Juli 1890 und nach dem Rücktritt des Präsidenten, trennten sich die Konservativen schnell vom Radikalenführer Leandro N. Alem und besannen sich wieder auf Mitre. In den Zeiten unter Yrigoyen wurden die Bedingungen der Entstehung dieses Tangos außer acht gelassen, so daß die Anhänger des Radikalismus die Melodie von Santa Cruz als eine Art Hymne vereinnahmten. Schließlich und endlich hatten sie die einzige „Unión Cívica".

Santa Cruz trat häufig in den kleinen Cafés von la Boca und Barracas auf; später konnte man ihn mit Gitarrenbegleitung in den Salons des Zentrums und bei den konservativen Komitees der Provinz Buenos Aires hören. Er leitete eine Tanzakademie, bis die Tuberkulose ihm, fast ein Jahrzehnt vor seinem Tod, das berufsmäßige Spielen des Instrumentes unmöglich machte.

In den ersten Jahren des Jahrhunderts brachte er Stücke wie *El viejo, Mi compadre*, *Recuerdos* und *Hernani* zur Uraufführung; letzteres ist dem Flötisten Carlos Hernani Macchi gewidmet. Auf dem Umschlag der alten Partitur sieht man die Karikatur dieser berühmten Persönlichkeit, wie sie auf einer geflügelten Flöte sitzt, einem Flugzeug-Urtyp ähnlich. Ein Satz erklärt vollmundig: „Tango ohne Konkurrenz".

Einen Monat nach der Hommage, die seine Freunde und Schüler ihm veranstaltet hatten, starb Domingo Santa Cruz, ohne sich vom Bett erheben zu können, um den Organisatoren für die Überbringung des Schecks mit den Einnahmen des Festivals zu danken.

Juan Maglio Pacho

In den Musikgeschäften baten die Leute einfach um einen „Pacho". Eine solche Bitte bedeutete: „Eine Schallplatte zum Tanzen." Sein Rhythmus wurde von den Tänzern bevorzugt und dabei konnten sie auf jeglichen seiner musikalischen Vorträge vertrauen. Das Pseudonym auf den Etiketten garantierte die Qualität der Scheibe. Dieser Beiname war entstanden, als er noch sehr klein war, und ihm sein Vater aufgrund seines Charakters und seiner Streiche den Spitznamen *pazzo* gab, was auf Italienisch „verrückt" bedeutet. Angesichts der Schwierigkeiten bei der Aussprache, entschieden sich seine Spielkameraden für das leichtere Pacho, das im Laufe der Zeit zu einem untrennbaren Zusatz seines Namens wurde.

Er erlernte das *bandoneón*-Spiel dadurch, daß er seinem Vater zuschaute und die Momente nutzte, wenn dieser nicht aufpaßte, um die ersten Positionen zu üben, bis sein Erzeuger sich entschied, ihm direkt seine Kenntnisse auf jenem ersten Instrument, das nur dreizehn Knöpfe aufwies, zu vermitteln.

Seine ersten Auftritte hatte er im Jahre 1899 mit einem Trio, das von Julián Urdapilleta an der Violine und Luciano Ríos an der Gitarre vervollständigt wurde. Wie viele andere zogen sie von Kneipe zu Kneipe, bis sie schließlich – mittlerweile durch das Hinzukommen einer Flöte in ein Quartett umgewandelt – im *La Paloma* aufkreuzten, das an der heutigen Kreuzung *Santa Fe* mit *Juan B. Justo* lag (zu Zeiten, als der Bach *Maldonado*, der unterhalb der, an den sozialistischen Führer erinnernden Avenida fließt, noch nicht unterirdisch kanalisiert war).

Sein Orchester befand sich unter den allerersten, die Aufnahmen von Grammophon-Schallplatten vorzuweisen hatten und der breite Anklang, den diese fanden, veranlaßte die Produktionsfirma Columbia dazu, für die Scheiben von Pacho spezielle Etiketten zu fertigen, auf denen sein Bild und seine Unterschrift zu sehen waren. Maglio trug damals glänzendes Haar und einen Schnurrbart, dessen Enden kraft der Kosmetika und nächtlicher Schnurrbartbinden steil nach oben ragten.

Tallón vermutete, daß die Popularität dieser Schallplatten für den Tango ein hilfreicher Schritt in die Häuser der Mittelklasse war, die diese Musik mit der Bordellherkunft immer noch mit Argwohn betrachtete. „Es muß unterstrichen werden, daß für den Siegeszug des Tangos das Grammophon und die Platten von Pacho, für welche sich unverzüglich die heimischen Türen des Volkes öffneten, eine ungewöhnliche Hilfe darstellten (...) Für jeden Tanz, den man in den obszönen Orten veranstaltete, gab es dank der Columbia Schallplatten hunderte im Schoße der Arbeiterfamilien." Aber die Akzeptanz von Pacho war auch eine Frage des Rhythmus: In den Cafés von la Boca war *canyengue* nicht üblich. „Der Tango seines Orchesters", so Tallón „war immer ein Tango der ehrwürdigen und mäßigen Freuden des Volkes", was sicher die schnelle Aufnahme in den Familienkreis beeinflußte.

Als Komponist führte sich Pacho 1908 mit *El zurdo* ein, dem Themen wie *Royal Pigalle, Sábado inglés*, *Armenonville*, *Ando Pato* und *Tacuarí* folgten, deren Popularität bis in die heutige Zeit reicht. Wert, in die Sammlung der Anekdoten aufgenommen zu werden ist noch die Tatsache, daß in seinem Sextett eines Nachts 1929 das Debüt eines pummeligen Bandoneonisten stattfand, dessen pomadisiertes Haar nicht über sein jugendliches Alter hinwegtäuschen konnte. Es war der vierzehnjährige Aníbal Troilo.

Eduardo Arolas

Die Geschichte des Tangos verzeichnet viele bemerkenswerte Namen; Berühmtheiten, die ihren Anteil am Ruhm haben – und die mit zu seinen Erfindern gehören. Persönlichkeiten, deren Leben voll von, häufig unvollständigen, Anekdoten waren, die im Gedächtnis des Volkes, wo die Legende einen viel profunderen Wert als die fast immer mittelmäßige Wirklichkeit erlangt, haften blieben, sich verwandelten und neu entstanden. Nichtsdestotrotz wurden nur sehr wenige zum Mythos. Zu dieser Handvoll Auserwählter zählt Eduardo Arolas, *El Tigre del Bandoneón*, ein Virtuose in der Ausübung seines Instrumentes, ein äußerst produktiver Komponist von Tangos, die alle „Prüfungen" durch die unterschiedlichsten, selbst die modernsten Orchester bestanden haben, und ein Mythos, zu dessen Glorifizierung auch sein früher Tod beitrug. Er starb mit zweiunddreißig Jahren, nachdem er den geheimen – oder offensichtlichen – argentinischen Traum erfüllt hatte, in Paris zu triumphieren.

Auf den Jugendfotos entpuppt er sich als ausgesprochen elegant, nach Geschmack des *orillero*, mit einem gewissen affektierten, femininen Einschlag. Aber in kurzer Zeit lernte Arolas, seinen Putz zu mäßigen, indem er nur das Unerläßliche beibehielt, um mit Erfolg die Gestalt eines lässigen, sympathischen Kerls herauszustellen. Ebenso vergaß er die Exzesse und Zierereien; jedoch verhalf ihm sein Ruf als Zuhälter zu einem gewissen Hauch von siegreichem Machismo, der unumgänglich für einen Argentinier jener Jahre war. Um das mythische Bild zu vervollständigen, dichtete man ihm einen gewaltsamen Tod an; ein Finale, dessen sich Enrique Cadícamo annahm und geschickt verfaßte:

En esta cayeja sola	In dieser einsamen Gasse
y amasijo por sorpresa,	und als unbarmherzige Strafe aus dem Hinterhalt
fue que cayó Eduardo Arolas	geschah es, daß Eduardo Arolas fiel,
por robarse una francesa.	weil er sich eine Französin stahl.

León Benarós widmete ihm das berühmte Gedicht *Milonga para Arolas*, das ihn nicht nur beschreibt, sondern auch die allgemeine Bewunderung unter den Menschen des Tango, gegenüber seiner mythischen Persönlichkeit, interpretiert:

Si algún organito añejo	Wenn eine alterschwache Drehorgel
Pasa por el arrabal	durch die Vorstadt kommt
o alguien silba, bien o mal,	oder jemand pfeift, gut oder schlecht,

el tango Derecho viejo,	den Tango „Altes Recht“,
nos estremece el pellejo	es erschaudert uns das Fell
su responso milonguero	sein *milonguero* Nachgesang
y un réquien arrabalero	und ein Vorstadt-Requiem
tirita en las calles solas:	fröstelt in den einsamen Straßen:
es que rezan por Arolas	sie beten nämlich für Arolas
y hay que sacarse el sombrero.	und man hat sich den Hut abzunehmen.

Eduardo Arolas, dessen wirklicher Name weniger klangvoll Lorenzo Arola lautete, erschien auf der Plattform des Tango als das *bandoneón* bereits endgültig die Flöte der Anfangsjahre vertrieben hatte und sich als unumgängliches Instrument festsetzte, um der Musik seine Tiefe, seine Melancholie und seine Sehnsucht zu geben. Er war Sohn französischer Einwanderer, und kam in Barracas, in der Straße *Vieytes*, zur Welt. Anfangs brachte er sich nach dem Gehör die Konzertina bei, um später zur Gitarre zu wechseln, auf der er zusammen mit Serenaden-Straßenmusikern und in unbeständigen Gruppen spielte, die nur zusammenkamen, um für ein paar Tage in den Cafés des Viertels oder im benachbarten Reduit von la Boca zu spielen. 1906 lernte er – ebenfalls nach Gehör – das *bandoneón* und drei Jahre später hatte er schon erfolgreich *Una noche de garufa* uraufgeführt, die erste aus einer Reihe von Kompositionen, die dauerhaft ins Tangorepertoire einzogen, wie *El Marne* und *La Cachila*. Nach kurzer Zeit hatte die Auflage von *Una noche de garufa*, mit den von Francisco Canaro verfaßten Notensätzen, achtundzwanzigtausend Exemplare erreicht, was die enorme Verbreitung sichtbar macht, die das „Opus I“ des ersten mythischen *bandoneón* des Tango erreichte.

Mitunter kann man in seinen Kompositionen – wie es Horacio Ferrer hervorhob – ländliche Reminiszenzen ausmachen, wie in *Alice* und *La guitarrita*; bei anderen Gelegenheiten zog er es vor, nur einen rein rhythmischen (*Catamarca, Comme il faut)* oder einen ausschließlich melodischen Inhalt zur Geltung zu bringen.

Über seine Vorzüge als vortragender Künstler herrscht keine einheitliche Meinung. Für einige soll er ein Schöpfer neuer Spieltechniken gewesen sein. Luis Adolfo Sierra erkannte ihm den ersten Gebrauch von oktavierten Phrasierungen in der rechten Hand zu, ebenso wie die um eine Terz versetzten, beidhändigen Passagen. Der Pianist Enrique Delfino faßte es in seinem vielzitierten Satz folgendermaßen zusammen: „In der damaligen Zeit bestand der Tango aus vier weinerlichen Tönen, die galt es jedoch zu weinen“, um mit folgender Übertreibung zu schließen: „In seinen wildesten Momenten, wenn der Tango von ihm den höchsten Ausdruck forderte und er einen noch stärkeren erzwingen wollte, zerriß das *bandoneón*: Die Falten des Balgs blieben zurück, wie ein von einem Windstoß umgedrehter Regenschirm." Außer daß Arolas der Schöpfer des *rezongo* und der Phrasierung des *bandoneón* war, behauptete Julio de Caro, daß dessen rechte Hand das Publikum, seine Begleiter und sogar seine Kollegen, die zusammenströmten, um ihn zu hören, in Bewunderung versetzte. „Ich bin Zeuge solcher Wahrheit gewesen, denn ich machte zu Beginn des Jahres 1918 meine ersten Schritte in seinem Orchester", notierte er in seinen Memoiren.

Andere dagegen glauben nicht an seine Tugenden als Instrumentalist und vermuten, daß er eher ein bescheidener Interpret gewesen sei. Auf jeden Fall mußte Arolas irgendetwas an sich gehabt haben, da ihn seine Kollegen bewunderten und das Publikum seinen Beinamen „Bandoneontiger" *(Tigre del Bandoneón)* akzeptierte.

Die letzten drei Jahre seines Lebens verbrachte er, mit Ausnahme einer nur vorübergehenden Rückkehr nach Argentinien, in Frankreich. In Paris spielte er mit einer Gruppe aus französischen Musikern in verschiedenen Cabarets und komponierte die zwei Themen *Alice* und *Place Pigalle*. Schließlich vollendeten der Alkohol und die Tuberkulose ihr Werk; denn zur Enttäuschung derer, die ihm einen verräterischen Tod aus den Händen eines zornigen *macró* andichteten, starb Eduardo Arolas am 24. September 1924, dem Totenschein nach, im Pariser Hospital Bichat an Schwindsucht, der häufigsten Todesursache jener Tage.

Francisco Canaro

Wie viele andere berühmte Tangopersönlichkeiten, wurde auch Francisco Canaro in Uruguay geboren; im November 1888 in dem Dorfe San José de Mayo. Er war der Sohn eines italienischen Immigranten, der sich, verarmt und ohne feste Arbeit entschloß, mit der vielköpfigen Familie sein Glück in Buenos Aires zu versuchen. Nachdem Francisco einige Arbeiten als Anstreicher beendet hatte, gelang es ihm – immer noch ein Jugendlicher – in einer Öldosenmanufaktur aufgenommen zu werden. Seine musikalische Besessenheit brachte ihn dazu, sich eine rudimentäre Violine aus einem der dort hergestellten Behältnisse, einem Stil aus Holz als Griffbrett und einem improvisierten Bogen, zusammenzubasteln. An diesem prekären Instrument lernte er soweit es ging und bis er soviel gespart hatte, daß er sich seine erste Geige kaufen konnte. Mit dieser ausgestattet, durchwanderte er die Bordelle der entlegenen, kleinen Dörfer der Provinz von Buenos Aires. Dort mangelte es nicht an Tumulten, Pistolenschüssen und irgendwem, der mit aufgeschlitztem Bauch auf der Tanzfläche liegenblieb. Zusammen mit zwei legendären Figuren, Samuel Castriota und Vicente Loduca, debütierte er an der Ecke von Suárez und Necochea im Stadtviertel la Boca. In den Tagen der Hundertjahrfeier war er Mitglied einer von Vicente Greco geleiteten Musikgruppe. Von dieser getrennt, bildete er ein Ensemble mit dem Pianisten José Martínez, bei dem zum ersten Mal sein Name ganz vorne erschien: eingebildet nannte sich das Trio *Orquesta Martínez-Canaro*. Im folgenden Jahr, 1916, wurde das „Orchester", umgewandelt in ein Quintett, bereits von Francisco Canaro allein angeführt. Damit zog er durch die berühmten Cabarets: 1917 war er im Royal Pigalle und im Armenonville. Er gründete zu jener Zeit drei verschiedene Orchester: jedes von ihnen wurde von einem der Gebrüder Canaro geleitet, jedoch unterstanden alle seinen direkten Anweisungen. Es war das erste Tango-Unternehmen.

Im Jahr 1925 zeigte er seine Prinzipienlosigkeit, indem er bei seiner Ankunft in Paris akzeptierte, daß sich sein Orchester für das Debüt in Wolken von falschem Lokalkolorit einhüllen sollte. Seine Musiker verpflichteten sich, sich in angebliche Gauchotrachten zu kleiden, in denen sie sogar durch die Straßen spazierten. Wichtig war das Spektakel, nicht die Musik. Unterdessen hieß es in Buenos Aires, daß der größte Teil seiner berühmtesten Melodien von Komponisten gekauft war, die die Rolle des Ghostwriters erfüllten. Was bedeutet, daß sie ihre Werke fabrizierten, damit sie ein anderer – in diesem Fall Canaro – später mit seinem Namen unterschreiben konnte.

Unter diesen Kompositionen zweifelhafter Autorenschaft, – wenn wir der Weisheit des Volks trauen wollen – erlangten einige große Bekanntheit: *Sentimiento gaucho* war in den zwanziger Jahren ein echter Erfolg (so sehr, daß Canaro in seiner Fantasie glaubte, er könnte *La Cumparsita* verdrängen), *Pájaro azul*, *El halcón negro*, *La tablada*, *Charamusca*, *Nueve puntos*, *El pollito* und *El chamuyo*.

Horacio Ferrer sagte über den Musikstil bei Canaro, – der in den achtundvierzig Jahren, die er vor seinem Orchester stand, nicht viel veränderte – daß dieser, auf die „gleichförmig akzentuierte Betonung der vier Taktschläge eines jeden Taktes aufgebaut war. Die Harmonik war äußerst einfach und drückte sich überwiegend unisono aus. Trotz dieser Tatsache bewahrte sein Orchester in allen Instanzen einen unverwechselbaren Klangcharakter. Typisch waren auch die häufig eingefügten, dunklen Passagen im *canyengue* Tempo." Canaro war ein Kritiker der von De Caro angeführten Avantgarde. Als jener sein *orquesta* kreiert hatte, klammerte sich Canaro an den alten Stil, von dem er sich nie entfernen sollte. Er starb im Dezember 1964 in Buenos Aires.

Agustín Bardi

Im Gegensatz zu anderen bekannten Persönlichkeiten des Tango, dirigierte Bardi nie ein Orchester. Von seinen interpretatorischen Talenten weiß man nur vom Hörensagen, denn es existieren keine Platten, auf denen seine Vorträge, anfänglich auf der Violine und dann auf dem später bevorzugten Klavier, identifizierbar aufgenommen worden sind. Dennoch sorgten der melodische Reichtum seiner Kompositionen und die rhythmische und harmonische Handhabung seiner Partituren dafür, daß er ein Autor mit beständiger Gültigkeit unter den Orchestern wurde, die Wert auf ein musikalisch hochwertiges Repertoire legten: Von Julio de Caro, der den Weg der gelungen Interpretationen seiner Tangos, z.B. mit *Gallo ciego*, *El baqueano*, *¡Qué noche!*, *Lorenzo* und *La última cita* vorzeichnete, bis hin zu Aníbal Troilo, Osvaldo Pugliese, Horacio Salgán, José Basso oder Alfredo Gobbi. Pugliese und Salgán widmeten ihm jeweils einen Tango: *Adiós Bardi* bzw. *Don Agustín Bardi.* De Caro widmet ihm in seinen Memoiren einen preisenden Absatz, in welchem er dafür plädiert, den nationalen Akzent der Schöpfungen Bardis einem tiefergehenden Studium zu unterziehen.

Luis Adolfo Sierra führte ein Gespräch mit dem Komponisten über den *criollismo* und den Einfluß der folkloristischen Elemente der Pampa-Region in vielen seiner Tangos. Er erinnerte sich, daß Bardi ihm gestand, daß er „im Tango eine ‚ländliche Essenz‘ empfand, etwa so, wie ein Transplantat der traditionellen *criolla*-Sensibilität in die Musik des Tango." Diese Linie kann man auch in einigen Titeln seiner Werke wahrnehmen: *El abrojo, El chimango*, *El rodeo, El buey solo*[12]. Seine Biographie besagt, daß er am 13. August 1884 im Dorf Las Flores, Provinz Buenos Aires geboren wurde. Nach dem Eintritt in die Grundschule, schickten ihn seine Eltern zu engen Verwandten, die in der Hauptstadt, im Viertel Barracas, wohnten. Dort ließ sich häufig der Hausherr auf der Gitarre hören, wenn er ein paar *milongas*, ländliche Lieder oder einen primitiven *tanguito* begleitete. Dieser Onkel brachte Bardi die einfachsten Töne bei – als es die Finger gerade schafften, die Positionen zu greifen – er mußte es sogar vermeiden, sich in bestimmte Melodien vorzuwagen, weil er noch nicht in der Lage war mit der nötigen Kraft den Barrégriff des „F" zu drücken.

---

[12] *abrojo* – argentinische Pflanze, ähnlich unserer Klette; *chimango* – weiß-bräunlicher Raubvogel, der in ganz Argentinien verbreitet ist; *rodeo* – Platz, an dem das Großvieh zusammengetrieben wird; *El buey solo* – Der einsame Ochse.

Aber schon bald hatte er durch seine Übungen die geringen, musikalischen Kenntnisse seines Onkels übertroffen und fing sogar an, seine ersten Melodien zu spielen. Mit dreizehn Jahren trat er eine Stelle bei der Eisenbahn an, was damals als sicherer Arbeitsplatz angesehen wurde, jedoch dauerte seine Arbeit nur solange, bis er den Armeedienst antreten mußte. Hiernach begann er im Kaufmannsunternehmen *La Cargadora* und blieb dort bis zu seiner Pensionierung 1935. Diese Tatsache wäre gewiß nicht von großer Bedeutung für uns, wäre die Arbeit Bardis nicht der Grund dafür gewesen, sich systematisch der Gründung eines eigenen Orchesters zu verweigern. Er zog es vor, zu studieren und sich seine künstlerische Aktivität parallel zu seiner kaufmännischen Stelle zu erhalten. Zuerst bildete er sich an der Geige aus, mit der er in einem Trio in einer Bar in la Boca debütierte. Von dort gelangte er mit einem Quartett, in dem auch *el Tano* Genaro Spósito spielte, in das Etablissement *Del Griego*, ein Café mit „Kellnerinnen", gegenüber dem Riachuelo. In einer jener Nächte bekam er Lust, sich ans Klavier zu setzen. Sein gutes Gehör vermochte den Rest: Er wurde Pianist. Zu Beginn des Jahres 1911 war er Mitglied eines Quartettes, neben so berühmten Kollegen wie Carlos „Hernani" Macci, Flöte, Tito Rocatagliatta, Geige und Graciano De Leone, *bandoneón*. Kurz darauf wurde er von Vicente Greco unter Vertrag genommen, um im *El Estribo* aufzutreten. Einige Monate danach schrieb er seinen ersten Tango, eine Hommage für den Leiter dieser Gruppe: *Vicentito*.

1914 trat Bardí an der Seite von Eduardo Arolas auf, von dem er sich dann absetzte, um zusammen mit dem Violinisten Edgardo Monelos neben Graciano De Leone zu spielen. Dieses Trio brachte *Gallo ciego* und *Lorenzo* zur Uraufführung. Bei seinen letzten Auftritten als Pianist folgte er dem Ruf von Francisco Canaro, der ihn in sein riesiges, anläßlich der Karnevalsfeiern von 1921 gegründetes Orchester aufnahm. Von diesem Zeitpunkt an widmete er sich ausschließlich dem Komponieren unsterblicher Melodien, wie *Nunca tuvo novio*, *Independiente Club* oder *La guiñada*.

Er machte sich davon nach Europa und kam als Señor zurück

Zwar wurde besonders in den 80er Jahren des 19. Jahrhunderts, nach dem Beginn der Liberalisierung, die Orientierung der argentinischen Kultur an Frankreich auf die Spitze getrieben, die Hinwendung zum Französischen besaß jedoch ältere Wurzeln: Sogar einige Vorkämpfer der Unabhängigkeit hatten sich offenkundig durch Paris bezaubern lassen, von woher Regeln und Ideologien stammten. Paris war der unbestrittene, kulturelle Mittelpunkt der Welt. Von daher war eine Reise in die französische Hauptstadt bei den herrschenden Schichten Lateinamerikas ein gängiges Mittel zur Vervollständigung der Erziehung oder zur Bereicherung jeglicher intellektueller Ausbildung.

Aber Paris setzte nicht nur kulturelle Normen, sondern diktierte auch die Moden, angefangen von den allertrivialsten bis hin zu künstlerischen oder philosophischen. Das Zivilisationskonzept des neunzehnten Jahrhunderts hatte seinen geographischen Sitz am Ufer der Seine.

Viele argentinische Schriftsteller – Miguel Cané und Lucio V. Mansilla sind in dieser Beziehung typisch für diese Zeit – glaubten sich verpflichtet, ihre Texte mit Gallizismen, wenn nicht gar mit französischen Wörtern und Redewendungen, zu durchsetzen. Die Maler versuchten die, mutmaßlich in Mode befindlichen Strömungen, mit einer logischen Verspätung zu imitieren, während die obere Klasse, die es sich leisten konnte, lange Zeitspannen in der französischen Hauptstadt verbrachte. Gegen Ende des Jahrhundert bemerkte Lucio V. Mansilla, der Autor von *Una excursión a los indios ranqueles*[1] ironisch: „Paris, Paris in Frankreich, wie man zu sagen pflegt, damit kein Platz für Zweifel besteht, ist für mich unzweifelhaft das Ideal. Und deshalb, wenn mir jemand sagt, daß ihm Paris nicht gefällt, sage ich mir innerlich: es liegt wohl daran, daß du es dir nicht leisten kannst, dort zu leben“. Diese Schlußfolgerung war nicht völlig aus der Luft gegriffen. Victoria Ocampo erklärte in ihren *Testimonios*: „Meine Lehrerin war Französin. Ich bin auf französisch bestraft worden. Ich spielte auf französisch. Ich habe französisch zu lesen begonnen, auf französisch zu weinen und zu lachen. Und später waren die schönen Verse französisch, und die Romane, in denen ich zum ersten mal Worte der Liebe las, auch... kurz gesagt, alle Worte waren für mich französische Worte. (...) In meiner Schicht und in meiner Generation lasen die Frauen ausschließlich in Französisch, während meine Muttersprache, mein Spanisch, als

[1] *Una excursión a los indios ranqueles* – ein Ausflug zu den Indianern.

primitiv und roh angesehen wurde. (...) Das Spanische war eine Sprache, die ungeeignet war all das auszudrücken, was nicht zur rein materiellen, praktischen Seite des Lebens gehörte. (...) Das Französische war für uns die Sprache, in der wir alles ausdrücken konnten, ohne als Emporkömmlinge angesehen zu werden." Es sei angemerkt, daß ihre ersten Bücher auf Französisch geschrieben waren und für die spätere Veröffentlichung übersetzt wurden.

Deshalb ist es nicht verwunderlich, daß der Tango erst dann von den „anständigen Leuten" akzeptiert wurde, als er als mitreißende Mode aus Europa zurückkam. Aber bis es soweit war, gab es eine Reihe von mehr oder weniger glücklichen Versuchen dieser neuen Musik, in die französische Gesellschaft augenommen zu werden.

* * *

Über den ersten in Frankreich gehörten Tango spekulierte Francisco Canaro in seinen Memoiren mit zwei möglichen Versionen. Nach der einen ist das erste gespielte Stück *La Morocha* von Enrique Saborido, dessen Partitur von den Offizieren der Fregatte Sarmiento bei einer Ausbildungsfahrt für neue Marinesoldaten in verschiedenen Häfen verteilt worden sei. Es kursiert eine Variante davon, laut der der erste nach Frankreich exportierte Tango *El choclo* gewesen sei, der jedoch nicht von Offizieren, sondern von der Besatzung und ohne Erlaubnis herübergebracht worden war. Die andere, von Canaro skizzierte Hypothese besagt, daß ein französischer Industrieller auf Besuch in Buenos Aires in einem *clandestinos* eingeladen worden war (eventuell bei Maria la Vasca oder bei Laura), dort *El choclo,* der damals sehr in Mode war, hörte und voller Begeisterung einen Stapel Partituren gekauft habe, die er auf die Rückreise in sein Heimatland mitnahm.

Aber es gibt einen anderen Beleg, der zeigt, daß sich der Tango möglicherweise schon früher als gedacht in Frankreich gezeigt hat. Der Uruguayer Alfredo Gobbi, einer der Pioniere aus der „heroischen Epoche des Tango", ein Sänger und Komponist, der 1895 im Zirkus Anselmi debütierte, nachdem er bei den Gebrüdern Podestá gearbeitet hatte, reiste 1900 als Mitglied der Truppe Petray nach Europa, um als *Juan Moreira* aufzutreten. In Madrid schaffte es das Stück eine Zeit lang auf den Bühnen zu bestehen, aber nach der Ankunft in Paris wurden die Schauspieler von dem Unternehmen aufgegeben und Gobbi sah sich gezwungen, seinen Lebensunterhalt mit unterschiedlichen Arbeiten zu verdienen; dazu zählten einige Auftritte in den Varietés. Es ist durchaus nicht abwegig anzunehmen, daß er, um über ein größeres Repertoire zu verfügen, einige kleine Tangos aufführte.

Derselbe Gobbi, jedoch schon im Duo mit seiner Frau, der chilenischen Sängerin Flora Rodríguez, mit der er sich 1905 verheiratet hatte, reiste imselben Jahr zuerst nach Philadelphia und später nach London, um einige Zylinder für die Firma Victor aufzunehmen. Zwei Jahre später wurde das Ehepaar vom Unternehmen Gath & Chaves zusammen mit Ángel Villoldo nach Paris geschickt, um Schallplatten, die Neuheit jener Tage, aufzunehmen. Die Gobbis blieben sieben Jahre in der französischen Hauptstadt und traten nebenbei auch in anderen europäischen Hauptstädten auf. Sie unterrichteten Tangotanz, produzierten und verlegten eine beträchtliche Anzahl von Musikstücken und machten einige Aufnahmen für die französische Firma Pathé. Das Repertoire umfaßte ländliche Stücke, humoristische Dialoge, *rancheras* und auch Tangos.

Man kann hinzufügen, daß Sergio Leonardo in einer, in der Zeitung *La prensa* am 05.03.1953 erschienenen Notiz, von einem Gespräch berichtet, das er mit Georgette Leroy, der Witwe des Pianisten Alberto López Buchardo (Bruder von Carlos, dem berühmten Komponisten anspruchsvoller Musik) geführt hatte, die darauf beharrte, daß ihr Mann zusammen mit Ricardo Güiraldes der erste gewesen sei, der einen Tango in Paris gespielt und getanzt habe und zwar im Juli 1903. Aber das Gespräch läßt in gewisser Weise vermuten, daß sich die Dame um ein Jahrzehnt geirrt haben könnte.

Gegen 1912 reiste der Komponist Enrique Saborido, der auch ein geschickter Tänzer war und eine Tanzakademie mitten im Barrio Norte von Buenos Aires besaß, begeistert von der Idee, eine weitere Schule einzurichten, wo die Franzosen Tango tanzen lernen sollten, in Begleitung des Pianisten Carlos C.V. Flores (Autor von *La cautiva, Melenita de oro, Sólo se quiere una vez*) nach Paris. Er beschränkte sich nicht auf seine Pariser Schüler: Er überquerte den Ärmelkanal und öffnete mit mäßigem Erfolg einen weiteren Tanzsalon in London. Durch den Ausbruch des Krieges musste er jedoch im August 1914 seine Lehrtätigkeit beenden.

Zu Beginn desselben Jahres waren weitere, neue Argentinier in Paris aufgetaucht: Celestino Ferrer (Pianist und Autor von *Don Severo*), Edgardo Monelos (Geiger), Vicente Loduca (Bandoneonist, Autor von *Sacudime la persiana*) sowie der Tänzer Casimiro Aín, eine wahre Legende des „rioplatensischen Tanzes", vergleichbar allenfalls mit *el Cachafaz*[2]. Sie alle hatten nicht

[2] *El Cachafaz* war der Spitzname des berühmten Tangotänzers Ovidio José Bianquet (1885-1942)

viel Glück und die meisten von ihnen mußten nach New York umziehen, wo El Vasco Aín seine eigene Tanzakademie eröffnete.

Trotz Hindernissen und Rückschlägen begann der, aufgrund seiner Bordellherkunft in einen Hauch von Verruchtheit eingehüllte, exotische Tanz nach und nach immer höhere Schichten der französischen Gesellschaft für sich einzunehmen. Der Tango provozierte jene Erregung, die denjenigen befällt, der sich dem Verbotenen, und sei es auch nur am Rande, nähert – insbesondere wenn das Tabu erotische Elemente einschließt. Gleichwohl hatten die in Paris unterrichtenden, argentinischen Lehrer schlauerweise versucht, seine sinnliche Temperatur abzukühlen. Deswegen schrieb die Zeitung *P.B.T.* am 22.09.1913: „... der Tango, den wir exportiert haben und der in Frankreich *le tangó* genannt wird, erscheint jetzt nicht mehr sehr klassisch. Einige der penibelsten Tänzer haben in diesem argentinischen Tanz etwas gesehen, das ihn für die Sitten der feinen Leute, die ihn während der Tango-Tees, während der Tango-Abendessen oder den Tango-Frühstücken in Paris tanzen, ungeeignet machte. Das führte dazu, daß sich selbst wenn die Tänzer ihren Zuschauern ankündigen, sie würden einen Tango zeigen ‚wie man ihn in den aristokratischen Salons Argentiniens tanzt', herausstellt, daß sie ihm etwas hinzugefügt und ihm seinen ganzen ‚Geschmack' genommen haben. Man kann sogar sagen, daß sich jeder unserer angesehendsten *orilleros* schämen würde, ihn auf diese Art zu tanzen. Vor diesem allerneuesten Tango mutet der Tango unserer *peringundines* – mit *corte* und *quebrada* der rassigsten Tänzerinnen – antiquiert an gegenüber den graziösen Schritten, den *filigranas* und den *revoloteos*[3] der Pariser *tangueras*, die ihn zum Chantilly tanzen, dem Ersatz für den klassischen Branntwein der *bailongos criollos*."

Das Wochenmagazin *El Hogar* aus Buenos Aires wiederholte in seiner Nummer vom 20.12.1911 einen Bericht der in Paris verlegten Zeitung *Fémina*, die wie ihre argentinische Kollegin für die oberen Klassen und ihre Imitatoren gedacht war. „Der Boston, der doppelte Boston, der dreifache Boston, waren zu anderen Zeiten die Modetänze in den ausgewählten Pariser Salons; aber in diesem Jahr ist der argentinische Tango der Modetanz, der mittlerweile genauso oft wie der Walzer getanzt wird. Wie man sieht" – fährt der Chronist von *El Hogar* fort – „hat die aristokratische Gesellschaft der großen Hauptstadt einen Tanz mit Begeisterung aufgenommen, der bei uns wegen seiner allerschlechtesten Herkunft in den Salons nicht einmal erwähnt wird, ebensowenig wie andere nationale Tänze Zustimmung in diesen Salons fanden. ...Paris diktiert

[3] *filigranas* – hier: filigrane Figuren; *revoloteos* – Geflatter

alles – wird es schließlich auch den Tango in unserer guten Gesellschaft etablieren? Das ist nicht zu erwarten, obwohl das in seinen Moden so launenhafte Paris alles nur Mögliche dazu tun wird. Und tatsächlich wäre diese ‚Akklimatisierung‘ des Tangos in seiner Heimat nicht ohne Reiz.“

Die Verbreitung des Tango überraschte vor allem die Argentinier selbst. Juan Pablo Echagüe schrieb imselben Jahr voller Erstaunen: „Man kann kaum eine Zeitung oder Zeitschrift aus Paris, London, Berlin oder selbst New York aufschlagen, ohne auf Hinweise zum argentinischen Tango zu stoßen. Grafische Darstellungen seiner Schritte und Figuren, Diskussionen über seine wahre Herkunft (der Salon oder die Vorstadt?), Verdammungen und Lobpreisungen, Willkommensgrüße und Warnungen vor seine Invasion.“

Das Mitglied der französischen Akademie Jean Richepin begeisterte sich für den Tanz und pries ihn in einem feierlichen öffentlichen Treffen der „Unsterblichen“. Der Kritiker André Fouquières unterstrich auf einer Konferenz: „Der Tango ist ein subtiler und sinnlicher Tanz. Er ist in der Vorstadt geboren und hat sich in den Salons verfeinert. Der Tango ist traurig, mit einem zärtlichen und verführerischen Rhythmus. ...Durch den Tango“, fuhr er fort „werden klassische Erinnerungen wach. In einigen Myrrhe-Vasen, in der Gestik einiger Bacchanten, deren blaue Schleier im Wind wehen, läßt sich sein Rhythmus wiederfinden.“

Inzwischen schaltete sich der argentinische Botschafter in Paris, Enrique Rodríguez Larreta, indigniert ein: „In Buenos Aires ist der Tango nur ein Tanz in Häusern mit schlechtem Ruf und in Kneipen der übelsten Art. Er wird weder in Salons des guten Benehmens noch von distinguierten Personen getanzt. In argentinischen Ohren weckt die Musik des Tango wahrhaft unangenehme Vorstellungen.“

Nach Überquerung der Alpen löste der Tango eine wahre Epidemie von Tanzakademien aus. Die italienischen Damen wollten gegenüber den Französinnen nicht zurückstehen. Aber im Italien von 1913 bedurfte es des Einverständnisses der Ehemänner für solche Kurse. Man hielt es für möglich, daß eine Dame ihre Ehrbarkeit, allein schon mit dem Erlernen der lasziven Bewegungen des argentinischen Tanzes, beschmutzen könnte.

Diskussionspunkt war die notwendige Kleidung zum Erlernen der Tanzschritte. Weniger liberal als die Französinnen, bestanden die Italienerinnen darauf, daß anstatt eines Kleides mit einem Schlitz an der Seite – um die Beinbewegungen zu erlauben – nur eine kleine Öffnung im Vorderteil des Rockes akzeptabel sei.

In einigen Teilen der italienischen Gesellschaft erschien der Tango infolge des ihm vorauseilenden Rufes dermaßen gefährlich, – es wurden einige, durch diesen diabolischen Tanz verursachte Familiendramen zitiert – daß der Historiker Guillermo Ferrero, als er von einem Reporter des „Figaro“ über die Ursache des Krieges von 1914 gefragt wurde , ironisch bemerkte: „Die Schuld daran hat der Tango.“

Die Polemik über den Tango erreichte auch Großbritannien. Die Times begann im Juni 1913 eine Debatte über das Unpassende und über die Gefahren von importierten Tänzen, unter denen der Tango an erster Stelle stand. Queen Mary von England war nicht ganz so entschieden in ihrer Haltung: Sie selbst hätte niemals an einem Abend teilgenommen, an dem Tangos getanzt wurde, aber ihren Damen erlaubte sie, ihn zu tanzen. Königin Alexandra hingegen fand diesen Tanz, nachdem sie ein Tanzpaar gesehen hatte, sehr anmutig und meinte, sie hätte nichts dagegen, ihn in der Zukunft nochmals zu sehen.

Es mangelte natürlich auch nicht an schlagkräftigen Gegenmeinungen: Die Herzogin von Norfolk zum Beispiel behauptete, der Tango sei dem englischen Charakter und den englischen Idealen entgegengesetzt. Dennoch entschieden sich der frivolere Teil des britischen Adels und einige Botschafter in London für seine Verteidigung – sie wollten nicht nicht als unmodern gelten.

Schließlich fand im Theater der Königin eine Aufführung speziell für die weibliche Aristokratie statt. Nach dem Tanzteil sollten die adeligen Damen abstimmen. Das Ergebnis war eindeutig für den Tango, erinnert sich Vicente Rossi. Es gab 731 Stimmen für und nur 21 gegen ihn. Darauf begann man sehr schnell Tango-Abende zu organisieren, an denen die betuchtesten und fortschrittlichsten Aristokraten teilnahmen. Ihr französisches Pendant tat desgleichen in den Anfangsmonaten von 1914.

Überall begann man Tango-Tees zu veranstalten, die „Farbe *tangó*“ und Tango-Kleider (die es der Frau erlaubten, die Beine beim Tanzen freier zu bewegen) kamen in Mode, jede Zeitung hatte ihre Tango-Spalte und selbst die französische Akademie entzweite sich in Gegner und Befürworter des argentinischen Tanzes.

Kaiser Wilhelm II. verbot seinen Offizieren den Tango, weil nach seinem Urteil die preußischen Soldaten bei den Tanzfiguren die für sie notwendige, statthafte Haltung aufgaben. Dennoch liest man in einem von Rossi aufgelesenen Artikel einer Berliner Zeitung: „Ausgerechnet zur Hochzeit der Tochter von Friedlander-Fuld, dem äußerst wohlhabenden Freund des Kaisers, die letzte Woche gefeiert wurde (Februar 1914), wurde der Tango mit großem Gefallen getanzt. Diese Hochzeit war wegen des enormen Reichtums der Braut und der Position des Bräutigams, dem Sohn des englischen Lords Redesdale, das soziale Ereignis des Monats. Viele wichtige Persönlichkeiten, darunter die Gräfin Schlieffen, Hauptzofe der deutschen Kaiserin, verschiedene Kabinettsmitglieder und Botschafter der preußischen Provinzen, der Chef des Generalstabs, General Moltke und ein halbes Dutzend Botschafter nahmen an der großen Feier teil. Aber selbst der berüchtigte Berliner Polizeichef Jagow ließ keinen Protest gegen den Tango verlauten."

Ludwig von Bayern wollte nicht hinter dem Kaiser zurückstehen und ordnete voller Besorgnis an, den Tango auf solchen Festen zu verbieten, die von Uniformierten besucht würden: „Dieser Tanz", so eine vertrauliche Mitteilung „ist ein Unsinn und außerdem erzürnt er jene, die um die Ehre der militärischen Uniform besorgt sind." Dennoch schlich sich der Tango, eingeführt durch adelige Reisende, die ihn in Paris, London oder in den italienischen Städten gesehen hatten, in die Feiern der Provinzstädte ein. Innerhalb eines Jahres hatten die Deutschen andere, existentiellere Sorgen: Ihre Heere wurden an den französischen Schützengräben gestoppt, es gelang ihnen nicht wie geplant in das Zarenreich vorzudringen und sie verloren sämtliche afrikanischen Kolonien.

Wie zu erwarten war, konnte auch die Kirche, angesichts seines Aufschwunges, diesen neuartigen Tanz, der so dunkle und sündige Vorfahren in sich trug, nicht ignorieren. Rossi hielt fest, daß die Erzbischöfe von Paris, Cambray und Sens und der Bischof von Poitiers den Tanz in langen Predigten von der Kanzel aus verdammten. Er versichert, – ohne konkrete Daten zu nennen – daß der *Santa Congregación de la Disciplina de los Sacramentos* eine Analyse des Problems angeraten wurde. Anfang 1914 nahm sich Papst Pius X persönlich der Aufgabe an, die Gefahren des Tangos zu beurteilen. Grund hierfür war, wie die Zeitung *P.B.T.* in ihrer Ausgabe vom 07.03.1914 schreibt, daß mehrere junge Leute des kirchlichen Adels sich über die Ungerechtigkeit beschwerten, daß sie wegen eines kürzlichen Erlasses des italienischen Kriegsministeriums nicht am Tanz der bevorstehenden Karnevalsfeier teilnehmen durften. So wurden auf Eingabe von Kardinal Merry del Val – laut *P.B.T.*– der Prinz A.M. und seine Schwester durch den Papst in einer Privataudienz empfangen. Um ihrer Verteidigung des Tangos mehr Nachdruck zu verleihen, baten sie darum, ihn in seiner Anwesenheit tanzen zu dürfen. „Der Papst gab daraufhin seinem ausgeprägten venezianischen Humor nach und amüsierte sich über eine Mode, die ihre Sklaven dazu zwingt, einen so wenig unterhaltsamen Tanz zu tanzen". Dagegen pries er den venezianischen Tanz *la furlana*, der Anfang 1800 in Mode gewesen war. „Die *furlana*, ein ländlicher Tanz", erklärt der Chronist „war damals für die Salons abgewandelt worden und wurde auf großen venezianischen Festen getanzt. Später kam er aus der Mode, jedoch ist es sehr wahrscheinlich, daß er heute durch die hochrangige Unterstützung, die ihm zuteil wird, dazu bestimmt ist, dem Tango den Gnadenstoß zu versetzen." Anscheinend blieb es bei dieser Anekdote, und obwohl das Verbot für die Offiziere bestehen blieb, schloß sich der Papst in der Tat nicht ausdrücklich der italienischen, militärischen Zensur an, was als stillschweigende Zustimmung gewertet wurde. Dennoch behauptet ein kleine Zeile jener Zeit aus Buenos Aires:

Dicen que el tango es una gran languidez	Es heißt, daß der Tango ein einziges Schmachten ist
y que por eso la prohibió Pío Diez.	und deshalb hat es Pius X verboten.

Als der Krieg beendet war, hatte sich der Tango auf dem europäischen Kontinent behauptet und es begannen die Zeiten, in denen Orchester- und Sängertourneen üblich wurden, aber seinen „Ritterschlag" hatte er – entgegen aller Voraussagen – noch vor Beginn des Krieges erhalten.

Kritiken, Ungereimtheiten und gesellschaftliche Befürchtungen

Es geschah tatsächlich, ohne daß es von den „anständigen" Leuten bemerkt wurde. Vielleicht war ihnen bekannt, daß sich das niedere Volk in den Vorstädten mit einem Tanz vergnügte, der dem Gerücht nach etwas vom schwarzen und vom andalusischen Tanz hatte, sowie Ähnlichkeiten zu den mit Schiffen aus der Karibik hergebrachten *habaneras* und den *milongas*, die die Herren noch immer an irgendeinem Lagerfeuer hören konnten, wenn sie ihre Ländereien bereisten und sich unters Volk mischten. Aber sie maßen dem keine Bedeutung bei. Es war etwas Fernes. Und deshalb wurde dieses Mischprodukt ohne Stammbaum, geboren in den unteren Schichten, wo Gesetzesübertretungen normal waren und zur Lebensart gehörten, abgelehnt und abgewiesen, als es sich gefährlich nahe an die anständigen Leute heranwagte. Die konservative Oberschicht, Erbin der strengen spanischen Moral und angesteckt vom Viktorianismus, der sich – einhergehend mit der kolonialen Expansion des Britischen Reiches – über die ganze Welt verbreitete, konnte diesen lasziven Tanz, dessen Tanzfiguren alle an seine Bordell-Herkunft erinnerten, nicht mit wohlwollenden Blicken betrachten. Diese „Ausgeburt" als typische Schöpfung eines Argentiniens zu zeigen, das gerade im Begriff stand sich unter die großen europäischen Mächte zu mischen, war ein gefährlicher *fauxpas*. Das peinlichst genau abgestimmte Benehmen, das akzentfreie Französisch, die detaillierte Kenntnis der wichtigsten europäischen Geschlechter ebenso wie der gute Geschmack bei der Möblierung der durch europäische Architekten (vorzugsweise italienische) entworfenen Herrenhäuser konnten beschmutzt und sogar zur überflüssigen Maskerade werden, wenn dieser barbarische – zur Ausübung an anständigen Orten ungeeignete – Tanz sich in die für dieses Land repräsentative Musik verwandeln würde.

Die Zukunftsentwürfe der 80er Jahre des 19. Jahrhunderts stellten sich ein, an der Landwirtschaft orientiertes Land vor, das in der Lage sein sollte, die britischen Inseln mit Rohstoffen zu versorgen. Es sollte von einer vorausblickenden Schicht der Gesellschaft gelenkt werden, die genügend Macht hätte, um jede einzelne Äußerung, die natürlich mit dem zukünftigen Land in Übereinstimmung zu stehen hatte, kontrollieren zu können. Auf dem Papier paßte diese Planung vorzüglich in ein Weltbild, in dem Technik und Wissenschaft die Avantgarde des Fortschritts darstellten. Einer Welt, die – abgesehen von kolonialen Expansionen – seit dem französisch-preußischen Krieg von

1870 in Frieden lebte, und in der es die europäischen Monarchien geschafft hatten, einen bis zum Juli 1914 andauernden Status quo aufrechtzuerhalten. Aber in dieser schematischen Theorie wurden bestimmte Unwägbarkeiten, die den Rahmen des Modells sprengten, auf dem sie eine moderne Nation zu gründen träumten, vergessen. Man bedachte zum Beispiel nicht, daß die Einwanderungswelle ein solches Gewicht hatte, daß sie sogar die sozialen Grundsätze dieses utopischen Argentiniens verändern würde. Man hatte auch nicht in Betracht gezogen, daß die heimatlosen *gauchos* sich am Rande der Städte ansiedelten und dort einen neuen, deklassierten, städtischen Charaktertypus herausbilden würden. Und noch viel weniger sah man voraus, daß die Mischung zwischen diesen beiden Randgruppen – dem Immigranten und dem landflüchtigen Stadtrandbewohner – die sterilen Grenzen des Zukunftsplanes aus den 80er Jahren übertreten würde.

Das Land befand sich inmitten eines dynamischen Prozesses und die selbsternannten „anständigen Leute" wurden fortlaufend von Neuigkeiten erschüttert. Der Argentinier der damaligen Zeit, der kaum erst in der Zivilisation angelangt war, nachdem er gerade die Bürgerkriege und Grenzstreitigkeiten mit den *indios* (für europäische Augen der Inbegriff der Barbarei) hinter sich hatte, wollte in den europäischen Salons nicht als *parvenu* gelten. Nicht zuletzt deshalb war er froh, einheimische Schöpfungen zeigen zu können, die wegen ihrer absoluten Neuheit selbst noch diejenigen beunruhigten, die mit ihnen lebten. Das „Nicht-Einzuordnende", das allen Phänomenen eigen ist, die noch in voller Entwicklung sind, führte zu der, logischerweise unsicheren, Meinung über deren zukünftige Entfaltung, insbesondere bei jenen in der europäischen Aristokratie verkehrenden Argentiniern, die ständig Angst davor hatten, als neureiche Hochstapler angesehen zu werden.

Im besonderen Fall des Tango handelte es sich sogar noch um einen in den Bordellen entstandenen Tanz. Bordelle waren zwar unter den Herren der anständigen Leute zum Vergnügen der Männer akzeptiert, aber deren Erwähnung rief allein schon eine Reihe von sexuellen Assoziationen hervor, die nach den Sitten der Zeit auf keinen Fall innerhalb der Familie oder irgendeinem respektablen Kreis akzeptiert werden konnten. Bestenfalls konnte man ihren Besuch gutwillig als Jungenstreich Heranwachsender dulden die, auf dem Weg zum Mann, in verrufenen Lokalen verkehrten, aber nicht mehr.

Deshalb darf es nicht verwundern, daß die den herrschenden Klassen nahestehenden Argentinier selbst die Ersten waren, die feurige Schmähschriften gegen den Tango herausbrachten und die die später sinnlos werdende Forderung stellten, ihm keine Bedeutung als nationalem Phänomen zuzugestehen. In

Übereinstimmung damit ging ein führender Konservativer wie Carlos Ibarguren (Präsidentschaftskandidat 1916 gegen Hipólito Yrigoyen und späterer Ideologe der Rechts-Nationalisten) so weit, dem Tango jegliche „Argentinität“ abzusprechen und ihn herabsetzend als „illegitimes Produkt, das weder den Duft nach Wildnis noch die natürliche Schönheit unseres Landes besitzt, sondern den lüsternen *corte* der Vorstädte“ bezeichnete. Ibarguren fügte hinzu, daß der Tango nicht eigentlich argentinisch sondern ein Hybrid- oder Mischprodukt sei, das in den Vorstädten zur Welt kam und eine Mischung aus tropischer *habanera* und verfälschter *milonga* darstellte. Daraus kann man schließen, daß die Vorstadt nicht zu Argentinien gehörte und daß jegliche Vermischung den nationalen Charakter in Mißkredit bringen konnte. Seine Schlußfolgerungen waren einleuchtend. Die feinen Leute zogen es vor, sich nicht zu mischen und glaubten, daß jede Vermischung mit den Einwanderern ihre gesellschaftliche Vormachtstellung gefährden könnte. Diese Angst war durchaus berechtigt. Dank der Einführung des allgemeinen, geheimen Wahlrechtes einige Monate zuvor (der Text von Ibarguren ist von 1917), begann der Aufstieg von Hipólito Yrigoyen zur Präsidentschaft. Durch demokratische Mittel bestimmte die Mehrheit – mit dem Ergebnis, daß die Mittelschicht den Radikalismus als die sie repräsentierende Bewegung bestätigte. Die Voreingenommenheit gegen die Immigranten erwies sich als begründet: In kurzer, allzu kurzer Zeit waren deren Söhne an die Macht gelangt. Dies war das „Hybrid- oder Mischprodukt“, das Ibarguren beklagte. Der Tango war nicht mehr als eine Metapher für den eigentlichen Adressaten dieser Geringschätzung.

Ein Jahr zuvor, 1916, hatte Leopoldo Lugones auf den Seiten von *El payador* einen ursprünglich in französisch veröffentlichten, früheren Text wieder aufgenommen, in dem er den Tango als „Bordellreptil“ *(reptil de lupanar)* definiert, der zu unrecht in den Zeiten einer schamlosen Mode als argentinisch bezeichnet werde. Für ihn war Tangomusik „nur dazu bestimmt, provokatives Gewackel und irrige Anzüglichkeiten durch Umarmungen zu untermalen.“ Einige Jahre später, verkündete der, gegen die wenig aristokratische Art der machthabendenden Mittelschicht aufgebrachte und durch den faschistischen Autoritarismus geblendete Lugones: „die Stunde des Schwertes“ sei gekommen. Und obwohl er in seiner Jugend an den ersten Demonstrationen des einheimischen Sozialismus teilgenommen hatte, wurde er nun zum Ideologen derjenigen Teile des Militärs, die – angeführt von General José Felix Uriburu – am 06.09.1930 die Ära der Militärputsche im Land eröffneten.

Paradoxerweise schrieb – etliche Jahre nach den Texten von Ibarguren und Lugones – der aus dem anderen ideologischen Lager stammende, linke

Schriftsteller Leónidas Barletta, vom stalinistisch-puristischen Standpunkt aus, ebenfalls gegen den Tango: „Der Tango ist ein Klagelied der Verweichlichten, das späte Erwachen einer sich ihrer Weiblichkeit nicht bewußten Frau. Er ist die Musik von einigen Degenerierten, die sich weigern, proletarische Kleidung zu tragen, und deren Frauen mit fettigen Haaren die Fabriken gegen die Bordelle eintauschten. Der Tango ist ungesund. Die Sinnlichkeit, die in ihm herrscht, geht einher mit Verbot, Schüchternheit und Angst. Die Musik anderer Länder ist offen sinnlich, natürlich sexuell. Im Tango ist die Sinnlichkeit nachträglich, künstlich geschaffen".

Vom moralischen Blickwinkel beschrieb gegen 1923 der katholische Schriftsteller Manuel Gálvez in seinem Roman *Historia de arrabal* sein Konzept über den Tango als „eine sinnliche, gaunerhafte Musik des *arrabal*, eine Mischung aus Unverschämtheit und Niedertracht, aus Steifheit und Wollust, aus weltlicher Trauer und der derben Fröhlichkeit des Bordells, eine Musik, die in einer Sprache der Gauner und der Leidenschaften sprach, und die einen an Szenen des lasterhaften Lebens der Unterschicht, umschattet von Verbrechen, denken ließ."

Während er aus dem rechten und linken Lager vernichtende Kritiken erhielt, er angeklagt wurde ein Mischlingsprodukt fern unserer Nationalität zu sein, im Kreis der Familie gefürchtet war, weil er die Nähe zum schlechten Leben repräsentierte und während man ihn als Metapher ungezügelter Sinnlichkeit tadelte, setzte der Tango seinen Siegesmarsch fort. Immer mehr Argentinier identifizierten sich mit seiner Musik.

Roberto Firpo, das Armenonville

Nachdem der Tango einmal aus Paris zurückgekehrt und bereits dabei war, endgültig akzeptiert zu werden, war er zu einem Produkt geworden, das auch die „anständigen Leute“ konsumieren durften. Deshalb wurde es notwendig, ein neues Ambiente zu schaffen, in dem man den Tanz genießen konnte, ohne heimlich solche Orte aufsuchen zu müssen, an denen man sich mit dem Volk drängeln – und sogar auseinandersetzen – mußte. Die Aristokratie war es müde, sich mit dem Stadtrand-Publikum um Prostituierte zu schlagen. Es begann die Zeit, in der Mätressen zu einer unausbleiblichen Zierde der höheren Schichten wurden, ein Teil um seine Lebensart zu zeigen. Die kommenden Zeiten kündigten soziale Vermischung an; um Verwechslungen zu vermeiden, war es notwendig, Verhaltensnormen festzulegen. Die Keilereien in den Vorstädten, die eine Abwechslung für die kapriziösen Jugendlichen gewesen waren, konnten von dem Moment an gefährlich werden, ab dem die Nähe zur Macht verlorenging. Das ländliche Leben verschwand langsam und es erschien schier unumgänglich, Grenzen und Rahmen festzusetzen, in denen die Oligarchie – und nur sie – unter sich sein konnte.

Bis zu jenem Zeitpunkt war es nicht nötig gewesen solche Unterschiede aufzuzeigen, weil diese Exklusivität auf anderen Gebieten bestand: Die hohen Ministerposten, die freien Berufe, die Direktionen der Zeitungen, die Offiziere der bewaffneten Streitkräfte, die Leiter der hauptsächlichen Unternehmen des Landes, die sich zu etablieren begannen; auch die landwirtschaftliche Gesellschaft, die Handelsbörse, der Fortschrittsklub und der Jockey Club waren geschlossene Gesellschaften. Jedoch fanden genau im Jahr 1912 – fast wie eine Art Probe – die ersten allgemeinen und geheimen Wahlen unter dem Gesetz von Sáenz Peña statt, was dazu führte, daß die ersten Radikalen in die Abgeordnetenkammer einzogen. Bis dahin war die Anwesenheit des einen oder anderen Sozialisten – wie die von Alfredo Palacios, der im Jahr 1904 gewählt worden war – in den Augen der Regierung eher eine pittoreske Anekdote als ein politisches Problem. Mehr noch – ihre Präsenz in der Kammer sollte als ein Beweis von Flexibilität und Offenheit des Systems bewertet werden. Aber beim Radikalismus handelte es sich um eine gänzlich andere Angelegenheit, dessen war sich die herrschende Klasse auch sofort bewußt. Jener Mann mit dem abschätzigen Spitznamen *El Peludo*[1], Hipólito Yrigoyen, war ein Lenker der Massen, ein wahrer Volksführer. Das System, das seit 1853 regiert hatte,

[1] *El Peludo* – das Gürteltier

lag in seinen letzten Zügen. Jetzt galt es für die Elite, die Unterschiede zwischen den Schichten klar herauszustellen, denn sehr bald könnte jedermann ein Minister, Senator oder Abgeordneter werden, die Universitäten sollten ihre Türen öffnen und möglicherweise könnten selbst die Streitkräfte demokratisiert werden, die Privatklubs würden der hypnotischen Kraft des Geldes erliegen und neureiche Immigranten sich in Unternehmer, Viehzüchter und Finanziers verwandeln. Jetzt ging es darum, die eigenen Räume zu bewahren.

Und so entstanden, als in der Welt die *belle époque* zu Ende ging und als Argentiniens konservatives Regime im Todeskampf lag, die Cabarets, als Markenzeichen der höheren Schichten. Und von daher wurden sie auch – wie konnte es anders sein – in ihrer Aufmachung den Pariser Vorbildern nachempfunden.

Für Matamoro „ist das Cabaret die förmliche und öffentliche Version des früheren Bordells. Die Tanzfläche hat sich in einen überwölbten, luxuriösen, beleuchteten und nach europäischer Mode dekorierten Salon verwandelt. Die früheren *gringos*, die jetzt Verwalter sind, tragen Smoking und sprechen Französisch. Was Pernod und Wein waren ist jetzt der Champagner. Die *china* oder die *lora* sind französisiert worden. Der rückwärtige Raum für den Koitus ist in die Garçonnière verlegt worden. Der einstige Vorraum für ‚Fummeleien' hat sich in einen, den oberen Klassen reservierten Ort, verwandelt."

Das erste Cabaret, das auf dem heutigen Platz Grand Bourg stand, lag in einem weitläufigen Garten, in dem Pavillons in Form von Ständen und umzäunten Lauben verstreut waren. Man konnte im Freien essen, da das Cabaret ja nur im Sommer in Betrieb war. Die Pavillons konnte man reservieren. Im Hintergrund erhob sich ein Schlößchen europäischen Stils mit großen Fenstern. Dort präsentierte sich eines Nachts ein Sänger-Duo, das sich aus einem lächelnden Dickerchen und einem Uruguayer zusammensetzte; sie hießen Carlos Gardel und José Razzano. Aus vollem Herzen trugen sie ihre ländlichen Weisen beim ersten Auftritt vor. Der Legende nach waren es die Lieder *El pangaré, La pastora* und *El moro* (der Schecke, die Hirtin, der Schwarzgraue). Wenn man heute diese alten, akustischen Versionen hört, wird einem trotz der Nebengeräusche klar, daß sie mit diesen Stimmen nicht fehlschlagen konnten – und so war es!

Die Besitzer des Armenonville beschlossen im Jahr 1913 einen Wettbewerb zu veranstalten, um mit einer Wahl das neue Tango-Orchester von ihren Stammgästen bestimmen zu lassen. Unter den Angetretenen waren keine Geringeren als Juan Maglio und der Tano Genaro neben verschiedenen anderen Duos, Trios und Quartetten. Der Gewinner war dennoch eine Überraschung.

der Sieg ging an den Pianisten von Genaro, unabhängig von seiner Gruppe. Roberto Firpo, ein junger Mann, geboren 1884 in dem Dorf Las Flores bei Buenos Aires. Das Ergebnis verärgerte einige Interpreten sehr. Ausgerechnet einer von Genaros Gitarristen verpasste dem Sieger zum Glückwunsch einen derartigen Faustschlag, daß dessen Folgen in einem nahegelegenen Hospital behandelt werden mußten.

Jene Wahl, die ursprünglich wohl kaum zu mehr erdacht worden war, als dazu, die Kundschaft abwechslungsreich zu unterhalten, erlangte durch das unerwartete Ergebnis der Stimmen eine historische Bedeutung. Sie zeigte, daß das Klavier begonnen hatte, als führendes Instrument in den *orquestas* anerkannt zu werden. Sie eröffnete die Ära des Cabaret und markierte den Anfangspunkt für das *orquesta típica*.

Dieser außergewöhnliche Wettbewerb führte dazu, daß Firpo einige Tage später seine eigene Gruppe gründete: ein Trio, das sich durch die Namen Tito Rocatagliatta an der Violine, und Eduardo Arolas am *bandoneón* vervollständigte.

Die Auftritte des Trios im Armenonville – mit der Neuheit eines endgültig etablierten Pianos in leitender Position – waren so erfolgreich, daß die Gruppe durch die Firma Max Glucksmann unter Vertrag genommen wurde, um Schallplatten für Odeón-Nacional aufzunehmen.

Firpo war weder ein Emporkömmling noch war er ein Neuling in der Welt des Tango. In seiner außermusikalischen Laufbahn hatte er die unterschiedlichsten Tätigkeiten durchlaufen, angefangen vom Arbeiter bei der Gießerei Vasena (die Jahre später, durch die Ereignisse der *semana trágica* im Januar 1919, eine traurige Berühmtheit erlangte), über Ladendiener, Maurer, Zollangestellter – im Dorf Ingeniero White im Süden der Provinz Buenos Aires – bis hin zum Lehrling in einer Schuhfabrik. Ein Arbeitskollege, „Bachicha" Deambroggio, der eines Tages als Orchesterleiter in Paris brillieren würde, lud ihn zu den Klavierstunden ein, die ihm Alfredo Bevilacqua, der Komponist des Tangos *Independencia*, erteilte. Kurze Zeit darauf war Bevilacqua auch zu Firpos Lehrer geworden und nach nur 2 Jahren spielte dieser bereits in Bordellen und Cafes des Stadtrands. Eine Zeit lang war er bei María la Vasca und Laura zu hören, ebenso spielte er für die Kunden bei Hansen.

Nachdem er sich einmal im Armenonville etabliert hatte, war es Firpo erlaubt, seinen höchst persönlichen Stil zu zeigen. Enrique Cadícamo notierte in einer Analyse über dessen Technik, daß Firpo „die Melodie der rechten Hand mit einer selbsterfundenen Begleitung der linken Hand schmückte, die von den tiefsten Tönen der Tastatur eine oktavierte chromatische Tonleiter – bis hinauf zum Sopran – spielte und damit den charakteristischen Klang der Baßseite einer Gitarre imitierte."

Im Jahr 1914, zu einem Zeitpunkt, als sein Erfolg als Pianist und Gruppenleiter bereits etabliert war, nahm er eine zweite Violine hinzu und griff auf die fast vergessene Flöte zurück, die es ihm erlaubte zeitweilig den schweren Klang des Klaviers in dem Ensemble auszugleichen, wenn er einige alte *tanguitos* interpretierte, die einen naturgemäß gestocheneren Charakter hatten. Wenig später sollte Firpo einen Kontrabaß hinzufügen, „geschlagen" von Leopoldo Thompson, bis dahin Gitarrist, der nach Sierros Beobachtungen „eine Reihe von Spielweisen erfand, die den *orquestas típicas* sehr interessante Möglichkeiten eröffneten. Etwa den sogenannten *canyengue** Effekt, der darin besteht, daß Bogen und flache Hand auf die Saite des Instruments geschlagen werden, und der später von allen Musikern dieses Genres übernommen wurde."

Im Armenonville („Armenón", wie es seine Stammgäste nannten) fanden die Uraufführungen von Firpos *Alma de bohemio* statt, seinem berühmtesten Tango, den er für ein Theaterstück von Florencio Parravicini desselben Namens geschrieben hat. Im Theaterstück wird der Schauspieler zum Dramaturgen, der vorgibt sein eigenes Leben zu erzählen, wobei er sich über seine Abenteuer als Lebemann, Spieler und verwöhntes „Kind" aus gutem Haus lustig macht. In der Geschichte verschleuderte er in kürzester Zeit mehrere Vermögen und sah sich schließlich gezwungen, auf einer seiner Europareisen, bei

---

* *Canyengue* ist ein polysemer Ausdruck, mit einer komplizierten Etymologie, der für Gobello aus einer Kreuzung zwischen den Afrikanismen *candombe* und „zongo" hervorging. Eduardo Stilman behauptete, daß die Vokabel in einer der afrikanischen Sprachen, die mit den schwarzen Sklaven an den *Río de la Plata* gelangten, „heruntergekommen" oder „übermüdet" bedeutete. Er vermutet, daß ihre Anwendung auf den Tangorhythmus vielleicht aus dem Charakter der Choreographie der ersten Zeit herrührt: „Der *compadre*-Tänzer stellte seine Fertigkeiten zur Schau und erregte damit oft Teilnahmslosigkeit und Unlust."

Zum Verständnis trägt auch eine Anmerkung von Rolando Laguarda Trías bei, nach der das Wort aus dem Quimbungo stammt und auf „ngenge" und den Partikel „ka" zurückgeht und „unnütz" bedeutet. Wenn man dies in Zusammenhang mit der Tatsache betrachtet, daß das Wort zu Anfang des Jahrhunderts in seiner gebräuchlichsten Verwendung einen „*arrabalero* aus niedrigen sozialen Umständen" bezeichnete, stehen wir wieder vor dem Vorurteil, daß aus der untersten Gesellschaftsschicht übermüdete, unnütze Persönlichkeiten hervorgehen. Die Tatsache, daß die Protagonisten schließlich selbst den Terminus an- und übernehmen, nimmt diesem Beiwort seinen vorurteilsvollen Charakter nicht.

Die Bezeichnung wurde außerdem für eine eigentümliche Art, den Tango zu tanzen, verwendet, für einen in den Bordellen praktizierten Stil. Die „anständigen" Leute nahmen dem Tango seine Verbindung zur Prostitution, indem sie ihn vereinfachten – man durfte höchstens als Pikanterie und wenn keine Damen zugegen waren, Fertigkeiten von solcher „Frechheit" zeigen.

der er eine beträchtliche, kurz zuvor erhaltene Erbschaft vergeudete, von der argentinischen Botschaft die Wiederaufnahme in sein Vaterland zu erbitten.

Berühmt wurde auch, daß Firpo in einer Nacht gleich drei Tangos uraufführte: *Sentimiento criollo*, *La marejada* und *De pura cepa*, Themen, in denen man seinen Hang zum Sentimentalen spüren kann, der später zum vorherrschenden Merkmal seiner Kompositionen werden sollte, aus denen außerdem *El apronte*, *El amanecer*, *El solitario* und *Fuegos artificiales* (geschrieben zusammen mit Arolas) herausragen.

Es läßt sich noch die Anekdote anfügen, daß ihm während eines Konzertaufenthaltes in Montevideo ein schüchterner Junge die Partitur eines Tangos überreichte, der ihm – wie er sagte – nicht besonders gut erschien, den er aber dennoch aufführte, um dem jungen Komponisten eine Freude zu machen. Dessen Name: Gerardo Matos Rodríguez; das Thema: *La cumparsita*. Die Aufführung des neuen Stückes mußte in jener Nacht seiner Uraufführung mehrmals wiederholt werden. Ebenso konnte sich Firpo bei der Auswahl seiner Musiker auf seine Intuition verlassen: unter vielen anderen hatten in seinem Orchester Musiker eines Schlages von Eduardo Arolas, Osvaldo Fresedo, Pedro Maffia und Cayetano Puglisi angefangen.

Im Rahmen des „brandneuen“ Cabarets verwandelte sich Roberto Firpo in den Musiker schlechthin und trat sowohl im Palais de Glace als auch im Royal Pigalle auf. Jener Teil der Gesellschaft, von der er zum Musiker des Hauses gewählt worden war, hatte mit ihm auch das bürgerliche Instrument *par excellence* gewählt: das Klavier. Es war somit auch eine Art und Weise, dem Tango den Aufstieg in die „schicklichen Kreise“ zu gestatten. Der Musiker entsprach den Erwartungen: er würde aus den alten Tangos den *canyengue* entfernen und Stücke mit einem eher gefühlvollen Inhalt komponieren – ganz nach dem Geschmack des neuen Publikums, das an das Zuhören gewöhnt war und deshalb anspruchsvoller als das der alten Bordelle war. Ein Publikum, das sich mit dem hohen Eintrittsgeld auch das Recht auf hohe Ansprüche erkauft hatte, die dazu führten, daß neue Musiker in die ursprüngliche Gruppierung aufgenommen wurden, bis schließlich ein Sextett entstand, womit das *orquesta típica* begründet war – eine Bezeichnung, die ihm Francisco Canaro während der Tänze zum Karneval 1917 in Rosario geben würde. Von diesem Moment an sollte das Sextett die „naturgemäße“ Konstellation zur Aufführung des Tango der Folgejahre darstellen, bis zum Erscheinen des Orchesters der 40er Jahre das für gewöhnlich elf Musiker hatte.

In den Cabarets trugen die Musiker nun auch zum erstenmal ihre neue, untadelige, gut geschnittene Tracht, in der man die Gruppen von Firpo, Canaro,

Fresedo oder De Caro auf jedem Foto sehen kann. Der Musiker hatte aufgehört zu den Randgruppen der Gesellschaft zu gehören, er hat sich in ein gebildetes „Subjekt“ verwandelt, dem man erlaubte, mit der herrschenden Klasse zu verkehren. „Die Verbesserung in der Kleidung – ein nüchterner Smoking, ein Hemd mit hartem Brusteinsatz und steifem Kragen – und das tadellose Benehmen der Musiker festigte das Ansehen des Tangos in den distinguierten Gesellschaftskreisen, in denen noch immer einige berechtigte Vorbehalte existierten“, schrieb Luis A. Sierra voller Stolz zu diesem Thema. Julio De Caro ging sogar so weit, sich in seinen Memoiren daran zu erinnern, daß seine Familie sowohl väter- als auch mütterlicherseits einem neapolitanischen Adelsgeschlecht angehörte. Er wollte nicht wahrhaben, daß sowohl seine Einwandererherkunft als auch sein Beruf es ihm in jedem Fall unmöglich machten, denen ebenbürtig zu werden, die ihn zur Erheiterung ihrer Feste engagierten.

Als Folgeprodukte einer historischen Notwendigkeit, zumindest jener Klasse, die sich an die Macht klammerte, multiplizierten sich die Cabarets sehr schnell. Dem Armenonville folgte sehr bald das in der Avenida Figueroa Alcorta gelegene Les Ambassadeurs. Sofort öffneten weitere Salons im Zentrum, die das ganze Jahr über besucht werden konnten und nicht nur im Sommer, wie dies bei den ersten beiden der Fall war. So entstanden das Royal Pigalle; L`Abbaye, Maxim, Moulin Rouge, Chanteclair, Julien und der Abdulla Club (wie sich Julio De Caro erinnert, befand sich dieses Lokal im unteren Geschoß der Güemes Galerien und war einem Theater nachempfunden „...mit hohen Rängen, prächtigen Vorhängen, einem Rang für das Orchester und einem geräumigen Salon als Ruheraum für die Musiker“).

Mit der Verlagerung seines Mittelpunkts vom Bordell ins Cabaret und der Expansion des Tango traten auch thematische Wechsel zutage, die schon an den Titeln der Werke deutlich werden. Man nahm Abstand von den Persönlichkeiten und Themen des Bordells und ging über – eine Folge der Einstellung des neuen Tango Publikums – zu direkten Ehrerbietungen, zu einer ordentlich zurechtgemachten Problematik, die sogar dem Geschmack der höheren Schichten angepaßt wurde. „Die Persönlichkeiten des oberen Bürgertums“, zeigt Matamoro auf „empfangen die Opfergaben der ihnen gewidmeten Stücke: *De pura cepa* für Jorge Newbery; *Pido la palabra*[2] für Horacio Oyhanarte, *Argañaráz, El ingeniero, Don Esteban, La indiada* (eine Huldigung an die *patotas*, die in die Tanzstätten einfielen, um für Skandale zu sorgen),

[2] *De pura cepa* – Aus reiner Rebe; *Pido la palabra* – Ich bitte um das Wort

Pirovano, Maderito, Urquiza, Pueyrredón, Wilson, Los Guevara, Pachequito. Andere Titel aus dieser Epoche offenbaren, daß man endgültig den obszönen Tonfall der Anfangszeit aufgegeben hat und zum Gefühlsbetonten und Harmlosen übergegangen ist: *Por el buen camino, Marrón Glacé, Muchas gracias, Lágrimas*[3]*, La trilla, La última cita, La biblioteca, El periodista, Honda tristeza, Los creadores, Ave sin rumbo.“*

Derselbe Matamoro fügte an, daß zum Beispiel von Agustín Bardí einige Partituren geschrieben wurden, deren Thematik Bezug zu ländlichen Szenen hat, „ohne Zweifel im Hinblick auf ein Publikum, das hauptsächlich aus Viehzüchtern und Farmern bestand“ und nennt als Beispiele *Se han sentado las carretas, El baqueano, El cuatrero.*

Hatte die Melodie einen Text, beschrieben die ländlichen Tangos üblicherweise Hirtenszenen und Bilder aus dem Leben in der *pampa humeda*, denn nur sehr selten bezieht sich der Text auf Gegenden außerhalb dieser geographischen Zone, in der sich die Rinderfarmen der Viehzüchter-Oligarchie befinden. So schreibt González Castillo, stark beeinflußt von dem Gedicht *Salmo pluvial* (Regenpsalm) von Leopoldo Lugones, seinen Tango *El aguacero* :

Como si fuera renegando del destino	Als würde er der Bestimmung abschwören
de trenzar leguas y leguas sobre la	zu flechten Meilen und Meilen über die
triste extensión,	traurige Weite
va la carreta rechinando en el camino	fährt der Wagen knarrend über den Weg,
que parece abrirse al paso de	der sich zu öffnen scheint bei der Durchfahrt
su blanco cascarón.	seiner weißen Schale.
¡Cuando chilla la osamenta	Da kreischt das Skelett
señal que viene tormenta!	Zeichen, daß Gewitter kommt!
Un soplo fresco va rizando los	Ein frischer Hauch kräuselt über die Koppeln
potreros	
y hacen bulla los horneros	und laut schlagen die *horneros*[4] an
anunciando el chaparrón.	den Regenguß bekannt zu geben.
Se ha desatado de repente la tormenta	Plötzlich hat sich der Sturm entfesselt
y es la lluvia una cortina	und der Regen ist ein Vorhang
tendida en la inmensidad	aufgespannt in der Unermeßlichkeit
mientras los bueyes en la senda	währenddess' die Ochsen auf dem
polvorienta	staubigen Pfad
dan soplidos de contento,	zufrieden schnaufen,
¡como con ganas de andar!	wie voller Lust zu laufen.

[3] *Por el buen camino* – auf dem richtigen Weg; *Marrón Glacé* – Eiskaffee; *Muchas gracias* – Vielen Dank; *Lágrimas* – Tränen. (weitere Übersetzungen der Titel siehe S. 393).

¡Bienhaiga el canto del tero	Gut tu er, der Gesang des *tero*[4],
que saluda al aguacero!	der den Regenguß begrüßt!
Ya no es tan triste la tristeza del camino	Schon ist sie nicht so traurig, die Traurigkeit Des Wegs
y en el pértigo el boyero	und auf der Deichsel bekommt der
tiene ganas de cantar.	Ochsentreiber Lust zu singen.

Oder das Thema *Por el camino* mit Musik von José Bohr:

A los chirridos del rodar del carretón	Beim quietschenden Rollen des Karrens
y que despiertan al guardián chajá	das den Wächter *chajá*[4] weckt
el alma en pena del boyero va	nimmt die kummervolle Seele des Ochsentreibers
rumbo a los pagos por el cañadón.	Kurs auf die Zahlungen des Weidegelds.
Y al sonsonete dormilón de su silbar	Und beim einschläfernden Singsang seines Pfeifens,
con que él pretende reanimar al buey,	mit dem er meint den Ochsen wiederzubeleben,
leguas y leguas traga en su rumiar	schluckt es Wiederkäuen Meilem um Meilen
la yunta yaguaré.	das bunte Gespann[5].

---

[4] *hornero, tero, chajá* – argentinische Vogelarten.

[5] *yaguaré* steht für eine bestimmte Fellfärbung mir einem weißen Streifen auf dem Rücken des Tieres. Im Sinne des Textflusses wurde hier vereinfacht das Attribut „bunt“ gewählt.

Das Cabaret im Buenos Aires der zwanziger Jahre: De Caro und Fresedo

In seinem Roman *Nacha Regules* entwirft uns Manuel Gálvez ein prägnantes Bild: „In den Cabarets drängelten sich die lärmige Zügellosigkeit und die Neugierde. Das Cabaret *porteño* ist eine öffentliche Tanzveranstaltung; ein Saal, Tische, an denen man trinkt, und ein Orchester. Junge Leute aus den höheren Schichten, ihre Geliebten, Neugierige und einige ‚leichte' Mädchen, die alleine kommen, sind die Kunden des Cabaret. Zwischen Champagner und Smokings sorgen der Tango, fast alleinige Musik dort, und das *orquesta típica* dafür, daß man hier die Seele des *arrabal* vorfindet."

Die zweite Etappe des Cabarets fällt mit der Entwicklung einer auch aus soziologischer Sicht neuen Stadtbevölkerung zusammen. Die mit Hipólito Yrigoyen an die Macht gekommene Klasse hat ihre Position verstärkt und einen wichtigen Kern von neuen hohen Funktionären und Justizbeamten gebildet, die versuchen ihren Vorgängern so ähnlich wie möglich zu werden. Einige verabscheuen sogar den Populismus des Präsidenten und werden sich viel wohler fühlen, wenn dessen Nachfolger Marcelo Torcuato de Alvear in das Regierungshaus einzieht. Als ein typisches Mitglied der argentinischen Aristokratie, Neffe eines Vorkämpfers der Unabhängigkeit, Sohn eines bekannten Bürgermeisters von Buenos Aires und Führer der sogenannten antipersonalistischen Fraktion des Radikalismus, erweist sich dieser sowohl in den Formen als auch in den Inhalten seiner Regierung als ein konservativer Präsident. Die Nachkriegssituation und die internationalen Preise der argentinischen Agrarprodukte erlauben es ihm, ein blühendes Land ohne tiefgehende soziale Konflikte zu verwalten. Die *Semana Trágica* von Januar 1919 und die Massaker in Patagonien 1922 wiederholen sich unter seinem Mandat nicht. Mit de Alvear fühlt sich die Oligarchie behaglich; seine Eleganz ruft weder die Anfeindungen hervor, die gegen Hipólito Yrigoyen in der höheren Gesellschaft aufgekommen sind, noch besitzt er eine große, begeisterte Anhängerschaft im Volk, wie sie der alte radikale Führer hatte. De Alvear ist keine Gefahr für die Oberschicht, er ist ein Gleichgesinnter.

Diese neu entstandene Gesellschaftsschicht, die während der Präsidentschaft von de Alvear kaum eine Stufe unter der Aristokratie regiert, aber deren Sitten und Gebräuche sklavisch nachahmt, wird zum Hauptkonsumenten des Tango und zum Stammkunden der Cabarets. Durch sie wenden sich die Cabarets der 20er Jahre Musikern einer neuen Generation zu, die meistens nicht in Bordellen musiziert haben und bis in die Kleidung hinein versuchen, sich der Klasse anzugleichen, für die sie ihre Musik spielen. Sie haben studiert, kennen die Konservatorien und sind daher in der Lage, der Musik einen größeren melodischen und klanglichen Reichtum zu geben.

Die beiden wichtigsten Namen dieser Tangoepoche sind Julio De Caro und Osvaldo Fresedo. Ersterer wird zum anhaltenden Gesprächsthema der 20er Jahre zwischen den Straßen Florida und Boedo – neben der literarischen Polemik, den Besuchen der italienischen und britischen Thronfolger Umberto di Savoia und Edward vom Haus Windsor, der Ankunft der „Plus Ultra“, die zum ersten Mal eine Luftbrücke zwischen der iberischen Halbinsel und dem Rio de la Plata schuf, dem Box-Weltmeisterschaftskampf Firpo-Dempsey sowie der ersten Europatournee einer argentinischen Fußballmannschaft: den Boca Juniors im Jahr 1925.

Es ist die Zeit von Jorge Luis Borges' erstem Buch *Fervor de Buenos Aires,* der Bestürzung über den italienischen Faschismus und der Filme von Charles Chaplin, Rodolfo Valentino und Theda Bara. Beim Tango steht Julio de Caro – ebenso wie Gardel – für Neuheit und Wechsel. Befreit von Anspielungen auf das Bordell, ist der Tango De Caros auch zur Ausübung in Familienkreisen geeignet. Rhythmisch etwas ruhiger, so daß er beinahe „gehend“ getanzt werden kann, steht er am Anfang einer Reihe, die über Troilo, Pugliese und Salgán bis in die heutige Zeit fortgesetzt wird und der die Historiker den Namen „neue Garde“ *(Guardia Nueva)* gegeben haben.

Das Sextett De Caros von 1924 – zusammengesetzt aus Julio und seinem Bruder Emilio (Geigen), Pedro Maffia und Luis Petrucelli an den *bandoneones*, Francisco De Caro am Klavier und Leopoldo Thompson am Kontrabaß – debütierte im Café Colón an der Straßenkreuzung Avenida de Mayo und Bernardo de Yrigoyen, von wo es sehr schnell in den Vogue´s Club des Palais de Glace wechselte und dort schließlich zur Hauptnummer wurde. Luis Alberto Sierra beschrieb, daß man in der Anfangsphase dieses Ensembles „am langsamen Tempo klar den Einfluß des *bandoneón* Pedro Maffias auf dessen Temperament wahrnimmt, mit seinem Hang zu feinen Nuancen und pianistischen Effekten, ebenso wie die ausgeprägte Tendenz zum Legato, die er in seiner späteren bewundernswerten beruflichen Arbeit beibehalten wird.“ Sierra fügt hinzu: „ Das Orchester von Julio De Caro erwies sich als eine echte Revolution für die Aufführungspraxis des Tango. Es handelte sich darum, die Ressourcen der musikalischen Technik – insbesondere aus dem Bereich der Harmonie und des Kontrapunktes – aufzunehmen, ohne dabei die typischen rhythmischen und melodischen Charakteristika aufzugeben. (...) Die harmonische Be-

gleitung des Klaviers, die Phrasierungen und Variationen der *bandoneones*, die Gegenstimmen der Violine, welche Melodien mit einem angenehmen Kontrast zum Hauptthema einwob, und die Soli von Klavier und *bandoneón*, die sich in einem bis dahin unbekannten harmonischen und klanglichen Reichtum ausdrückten – dies waren einige der wertvollsten Beiträge, die diese Erneuerer in den Tangovortrag einführten. Dem könnte man noch das rhythmische Spiel hinzufügen, bei welchem die ungleichen Betonungen jeder einzelnen Instrumentengruppe als anziehender Hintergrund wahrnehmbar waren, während im Vordergrund die Violinen oder *bandoneones* sangen".
Matamoro seinerseits ist noch detaillierter in seinen Erklärungen der spezifischen musikalischen Eigenarten dieses wahrhaften Erfinders, der Richtlinien für den zukünftigen Tango festgelegt hat, so daß sogar bei Überschreitung dieser „decarensischen Normen" deren eigene Urheber von „Musik aus Buenos Aires" sprechen, in klarer Anerkennung der Tatsache, damit die Grenze zwischen dem Tango und anderen Musikstilen überschritten zu haben. So sagt der Autor von *Ciudad de tango*: „In Bezug auf die Struktur ist De Caro im Wesen polyphon, im Gegensatz zu Fresedo, architektonisch und singbar. Außer in den Bearbeitungen der Romanzen, also bei den nicht tanzbaren und wenig rhythmischen Stücke, haben seine Sätze eine dialektische Stütze im rhythmischen Bereich, so daß dieser dadurch nicht Rhythmus an sich, sondern Rhythmus für den Satz ist. Normalerweise handhabt er beide polyphonen Methoden mit Meisterschaft: die Polyphonie im eigentlichen Sinne, das ist die Parallellität der Stimmen, und den Kontrapunkt, ist das Wechselspiel der Stimmen. Obwohl er sich nicht auf dem Gebiet der Fuge versucht (aus dem offensichtlichen Grund, daß diese inkompatibel ist mit einer Musik mit festem Grundrhythmus wie der Tango) kann man seinen Stil als im wesentlichen polyphon definieren und ihm seine Verwandtschaft mit der Schule der reichsten musikalischen westlichen Tradition nachweisen. Die Polyphonie wird im *orquesta típica* dadurch erreicht, daß jedes Instrument unabhängig und gleichrangig an der Ausführung der Partitur mitwirkt. So wird der Tango auf dem Gebiet der musikalischen Technik zu einem Genrestück, einer schriftlich niedergelegten musikalischen Komposition. Die polyphone Distanz zwischen den Stimmen wird erreicht, indem den *bandoneones* die melodischen Soli überlassen werden, während die Violinen im Hintergrund bleiben oder umgekehrt die Violinen die Melodie anstimmen, währenddessen die *bandoneones* mit rhythmischen Variationen eine Stütze bieten. Der Baß unterstützt das Grundthema. Das Klavier wird solistisch behandelt: ihm obliegen neben den das Orchester unterstützenden Passagen Überleitungen und Overtüren. Mitunter bildet sich eine Biphonie

zwischen der Solovioline und dem Klavier heraus (z.B. *Olimpia* und *Sueño azul*). Eine sekundäre Polyphonie zwischen den Geigen ergibt sich dadurch, daß eine sattere, tiefere Violine den melodischen Teil spielt und die höhere Geige den harmonischen Kontrapunkt übernimmt. Etwas Ähnliches geschieht bei den Soloparts der *bandoneones*, bei denen eines die Melodie spielt und das andere dieses mit angedeuteten Akkorden oder Schlägen auf das Holzteil des Instrumentes unterstützt. Nebenklänge bereichern den Gesamtklang. Außer den schon genannten, sind dies das Reiben der Bogenrückseite über die Saiten der Violine oder des Basses, zwei- oder dreistimmige Pfeiftöne, gesungene Töne, Schreie, Chorrefrains, Techniken wie das *Gran bonete*, das Firpo benutzte, Passagen *a bocca chiusa pizzicati* oder das schon von Ferrazzano und Rocatagliatta verwendete gitarrenähnliche Spiel der Violine sowie das Anbringen eines Verstärker-Horns an der Violine, um die Lautstärke zu erhöhen: die *violín corneta*, die schon von José Bonnano in Maglios Orchester gespielt wurde. Der Klang des Instrumentes ähnelt hierbei durch seine nasale Nuance noch mehr einer menschlichen Stimme. Der Kontrapunkt wird in strikter Weise gehandhabt. Die Unabhängigkeit jedes einzelnen Instruments wird nicht allein durch die geschriebene Partitur erhalten, sondern potenziert sich auch durch das persönliche Timbre eines jeden. Die Timbres kommunizieren ebenso wie die Stimmen. Zwischen ihnen entsteht der polyphone Raum, der den Höreindruck von einem großen, durch viele Instrumente geschaffenen Klangvolumen hervorruft. Wollte man die Instrumente nach dem Timbre anordnen, ergäbe sich folgende Einteilung: Der Baß, die *bandoneones* und die linke Hand des Klaviers sind scharf und harmonisch; die rechte Hand des Klaviers und die Geigen sind melodisch und gebunden."

„Die Variationspassagen sind vom polyphonen Gesichtspunkt her am komplexesten. Besonders charakteristisch sind die der *bandoneones*, welche in Achtel- und Sechzehntelnoten die variierte Melodie auslegen. Die Variationen der Violine bestehen in einem *contracanto*, d.h. einer Melodie nach Art der zweiten Strophe, die die Schlüsselstellen der ersten Strophe nachzeichnet."

Julio de Caro wurde im Dezember 1899 in Buenos Aires geboren. Er war der Sohn von José, einem Lehrer des Konservatoriums von Mailand, der nach seiner Auswanderung in Argentinien eine eigene Akademie gründete. Schon sehr jung lernte Julio Violine. Wie er in seinem Buch *El tango en mis recuerdos* schrieb, verdiente er mit 13 Jahren bereits sein erstes Geld als Lehrer für Musiktheorie, Notenlesen und Violine. Trotz der väterlichen Opposition fühlte er sich ebenso wie sein Bruder Francisco schon sehr früh zum Tango hingezogen, für den er sogar den Rausschmiß aus dem elterlichen Haus in Kauf nahm, was geschah, als er seinem Vater mitteilte, daß er im Orchester von Eduardo Arolas einspringen würde. Arolas hatte Julio de Caro gehört, als dieser – noch heimlich – in der Gruppe von Firpo spielte. Später trat er in einem Quartett zusammen mit Maffia, Rosito und Rizzutti auf, von wo er zum Orchester von Osvaldo Fresedo wechselte. Danach ging er zum Orchester von Minotto-De Cicco nach Montevideo. Nach seiner Rückkehr entschied er sich für Juan Carlos Cobiáns Formation, und aufgrund einer Meinungsverschiedenheit mit ihm, dem Autor von *Los mareados*, beschloß er schließlich, seine eigene Gruppe zu gründen.

Als Komponist hinterließ er ein umfangreiches Werk, das sich musikalisch zwischen die Themen von Eduardo Arolas und die von Juan Carlos Cobían einordnen läßt. Der melodische Reichtum war von einem tanzbaren Rhythmus eingerahmt, der, zwar *de salon* war, aber seine Vergangenheit nicht vergaß: jenes „*compadre*-Wesen" des Tango.
Ein Blick auf sein Werk, auf seine Kompositionen wie auch auf die Themen seines Aufführungsrepertoires, offenbart die geringe Bedeutung, die De Caro dem Gesang beimaß. Und obwohl der größte Teil seines Werkes mit Texten ausgestattet ist, sind die berühmtesten Versionen seiner Stücke rein instrumental. *Mala junta* zum Beispiel hat einen Text von Juan Velich, *Boedo* von Dante Linyera, *El monito* und *Buen amigo* von Carlos Marambio Catán, *Tierra querida* von Luis Díaz, *El arranque* und *El mareo* von Mario César Gomila – gesungen wurden diese Texte jedoch nur sehr selten. Von den rein instrumentalen Stücken sind besonders hervorzuheben: *Chiclana, La Rayuela, Orgullo criollo* (in Zusammenarbeit mit Pedro Láurenz) sowie *Mala pinta* (mit seinem Bruder Francisco geschrieben).

Francisco De Caro verdient einen eigenen Abschnitt. Sein Klavierspiel setzte den Maßstab für den Tango der Cabarets der 20er Jahre. Als Komponist hinterließ er einige der besten Melodien in Geschichte des Tango, darunter *Flores negras,* aber auch Titel wie *Sueño azul, Páginas muertas*, *Dos lunares* und *Latidos*.

Das andere archetypische Orchester des Cabaret-Tangos zu Zeiten de Alvears ist das Orchester unter Leitung von Osvaldo Fresedo. Er wurde im Mai 1897 in Buenos Aires als Sohn einer Klavierlehrerin geboren, von der er die musikalischen Grundbegriffe lernte. Später besuchte er bescheidene Musikschulen und bereits 1912 trat er zum erstenmal öffentlich mit einem jugendlichen Trio auf. Drei Jahre später, im Juli 1916, präsentierte er sich offiziell im Cabaret Montmartre, wenige Tage vor dem Machtantritt Hipólito Yrigoyens (was kein Zufall zu sein scheint, wenn man bedenkt, daß Fresedo einer der

Protagonisten jener zweiten Tangogeneration wurde, deren Aufstieg mit den Regierungsjahren des *radicalismo* zusammenfällt). Bei seinem Debüt begleiteten ihn José Martínez und Francisco Canaro. 1918 gründete er seine erste eigene Gruppe (nach einem Intermezzo im Duo mit dem Bandoneonisten Vicente Loduca), zusammengesetzt aus Julio De Caro und Rafael Rinaldi an den Violinen, José María Rizzutti am Klavier und Hugo Baralis am Baß. Ein Jahr später löste er die Gruppe auf, um nach Nordamerika zu reisen, wo er mehrere Platten mit dem Pianisten Enrique Delfino und dem Violinisten Tito Rocatagliatta aufnahm und nachhaltig von den Jazzbands beeinflußt wurde, die sich damals explosionsartig verbreiteten. Dort schrieb er auch eine seiner ersten Kompositionen, den Tango *Nueva York*. Sein Gesamtwerk umfaßt eine lange Liste, in der sich Titel mit solcher Popularität wie *Vida mía*, *Pampero*, *El once, El espiante, Pimienta* und *De academia* befinden.

Sierra wies darauf hin, daß Fresedo „so interessante Effekte eingeführt hat wie die ganz leisen *staccati* oder die gebundenen *crescendi*, stets in einem Tonbereich mit sehr abwechslungsreichem Kolorit. Er gewährte den Instrumentalisten längere Stellen zum Brillieren, indem er die acht-taktigen pianistischen Soli einführte und den *contracanti* der Violinen (die man unberechtigterweise *armonías* nennt) eine größere Ausdrucksfreiheit gestattete. Gleichzeitig waren seine typischen Phrasierungen der linken Hand auf dem Bandoneon Neuheiten – all dies innerhalb eines perfekt balancierten, orchestralen Konzeptes von sehr feinem Geschmack."

Eine weitere Erfindung Fresedos bestand darin, daß er den traditionellen Instrumenten des *orquesta típica* die Harfe, das Vibraphon (das seinen Werken ab 1940 eine sehr persönliche Note gibt) und Perkussionsinstrumente (speziell die Trommel mit Besen und das Becken) hinzugesellte. Dadurch übertrug er die rhythmische Rolle des Klaviers dem Schlagzeug, wodurch es dem Klavier möglich wurde, andere Funktionen innerhalb des Orchesters zu übernehmen.

Fresedo ist vielleicht der einzige gewesen, der sich an der Spitze der Avantgarde zu halten wußte, indem er sich gleichzeitig zum Tango weiterentwikkelte. In den 20ern von der Aristokratie gehätschelt, setzte Fresedo seinen Erfolg in den 30ern fort, und wurde in den 40er Jahren zu einem Star - immer in der Lage sich der neuen Situation anzupassen. Er verstand es, gute Sänger auszuwählen: Bis zu jenen Tagen hatte er mit Teófilo Ibáñez, Agustín Magaldi und Ernesto Famá zusammengearbeitet. Nach seinem Entschluß, sich im Einklang mit dem Wandel der Zeit zu modernisieren, nahm er Roberto Ray unter Vertrag, der ein Timbre und eine persönliche Nuance einbrachte, die sich sehr gut mit den Merkmalen des Stiles von Fresedo verbanden, was später für Ricardo Ruiz, Oscar Serpa, Carlos Mayel, Osvaldo Cordó und schließlich Héctor Pacheco (mit seiner etwas gezierten, aufschneiderischen Manier) galt. Ihr hauptsächlich aus melodischen Stücken bestehendes Repertoire weist Texte mit besonderen Merkmalen auf: In einem ausgesprochen romantischen Tonrahmen erzählen sie Liebesgeschichten, ohne dabei übertrieben *Lunfardo*-Ausdrücke zu verwenden. Dadurch konnten sie mit den Boleros in Wettstreit treten – einem Genre, das sich in den 40er Jahren wachsender Beliebtheit erfreute. Von den neueren Tangos nahm Fresedo nur die in sein Repertoire auf, die sich durch die Qualität der Melodie und der dichterischen Texte auszeichneten, wie *Ronda de ases*, *Cafetín de Buenos Aires, Discepolín, Sosteniendo recuerdos, Cuando cuentes la historia de tu vida, Malena.* Die neuen Tangos gestellte er den anderen aus den 20ern stammenden Liedern bei, die – musikalisch modernisiert – dem neuen Orchesterton angepaßt waren. Hinsichtlich der Instrumentalstücke zählt Fresedo zu den ersten, die avantgardistische Stücke, zum Beispiel von Astor Piazzolla, in ihr Repertoire aufnahmen – und das in Zeiten, als seine Kollegen die Zähne fletschten, wenn sie nur den Namen des Autors von *Adiós Nonino* hörten. Der alte *Pibe de la Paternal*[1] ,wie Fresedo noch genannt wurde, trat bis 1981 auf, dem Jahr, in dem er sich endgültig vom Orchesterpult verabschiedete. Er starb im November 1984 in Buenos Aires.

[1] *El Pibe de La Paternal* – Der Junge aus (dem Viertel) Paternal.

Tangofrauen: *Grisetas* und *milonguitas*

Als die Oberschicht nicht mehr in den Bordellen verkehrte, so wie es noch gegen Ende des 19. und in den Anfängen des 20. Jahrhunderts bis zu den Tagen der Hundertjahrfeier typisch gewesen war, sondern es vorzog, eine „Ausgehaltene" zu besitzen, der man eine Wohnung zur Verfügung stellte, änderte sich das Gesicht der Prostitution. Die neue, herrschende Klasse formte sich unter dem Druck der Macht und imitierte ihre Vorgänger. Damals erscheinen neue Namen auf der Bildfläche, solche, die bis dahin selten in den Zirkeln der Aristokratie zu sehen waren. Und wenn auch über sie gespottet wurde und man ihnen wegen ihrer radikalen[1] Militanz Argwohn entgegenbrachte, gesellten sie sich doch nach und nach zu jener Elite, die das Land ein Jahrhundert lang geleitet hatte. Eine Französin als Bewohnerin der *garçonnière* zu besitzen (der kleinen Wohnung, die Maple als Vorbild für seinen Tango *A media luz* nahm), gehörte zum gutem Ton, aber natürlich gab es hierfür ebenso einheimische, junge Frauen. So wie die bei Carriego erwähnte Näherin, die den falschen Schritt machte, und von der uns Nicolás Olivari die zynische Kehrseite lieferte:

La costurerita que dio aquel mal paso
y lo peor de todo sin necesidad.
Bueno, lo cierto del caso,
es que no se la pasa del todo mal.
Tiene un pisito en un barrio apartado,
un collar de perlas y un cucurucho
de bombones; la saluda el encargado,
y ese viejo, por cierto, no la molesta mucho.
¡Pobre si no lo daba, que aún estaría
si no tísica del todo, poco le faltaría!
Ríete de los sermones de las solteras viejas;
en la vida, muchacha, no sirven esas consejas,
porque... ¡piensa!... ¡si te hubieras quedado!

Die kleine Näherin, die jenen falschen Schritt machte,
und das Schlimmste an allem, ohne Not.
Gut, gewiss in diesem Falle ist,
es ergeht ihr gar nicht mal so schlecht.

[1] „Radikal" bezieht sich auf die Anhänger der politischen Bewegung Yirigoyens (los *Radicales*).

Sie hat eine kleine Wohnung in einem abgelegenen Viertel,
eine Perlenhalskette und eine Tüte
Pralinen; es grüßt sie der Verwalter,
und dieser Alte belästigt sie, übrigens, nicht sehr.
Die Arme, wenn sie es nicht gemacht hätte, wär' sie,
wenn nicht gänzlich schwindsüchtig, so fehlte ihr nicht viel dazu!
Lach über die Predigten der ledigen Alten;
im Leben, Mädchen, dienen solche Ratschläge nicht,
denn...denk nur !...Wenn Du dageblieben wärst!

Die „Ausgehaltene" der zwanziger Jahre mit einem festen Appartement mochte durch ein Cabaret gegangen sein oder nicht, vielleicht verkehrte sie dort nur in Begleitung mit ihrem Liebhaber, jedenfalls ist sie nicht notwendigerweise die Frau des Cabaret, die in den Texten jener Jahre wiederholt erwähnt wird. In solchen Fällen handelte es sich um eine Angestellte des Etablissements. Eine *copera* oder *alternadora*, d.h. eine Frau, die auf der Basis einer prozentualen Beteiligung am Preis der Getränke arbeitete, zu deren Konsum sie den Kunden animierte. In der Regel waren es junge Mädchen, die im Tango als „geblendet durch die Lichter des Stadtzentrums" bezeichnet werden: gute Tänzerinnen, leichtfertige Mädchen, im allgemeinen Prostituierte.

Die kleinbürgerliche Moral, die sich nicht mit den Ursachen der sozialen Phänomene sondern mit ihrer reinen Oberfläche beschäftigt, drückt sich in unzähligen der Tangotexten aus, die sich kritisch mit dieser Situation des Betrugs und der Unterwerfung der Frau auseinandersetzen. Die in den meisten Fällen im Elend und „Pferch" der *conventillos* zur Welt gekommenen Mädchen waren geblendet von der Möglichkeit, ihr Dasein gegen ein „besseres Leben" einzutauschen und landeten völlig naiv in der Welt des Cabaret, aus der wieder freizukommen nur sehr wenigen gelang. Der größte Teil endete im Laufe der Jahre als Prostituierte billiger Bordelle oder als Dirnen, sogenannte *yirantas* auf den Straßen. Einige – wie Horacio Ferrer in *La última grela* aufzeigt – endeten damit, an der Damengarderobe derselben Cabarets zu arbeiten.

Texte, in denen Persönlichkeiten des Cabaret vorkommen, können in drei Gruppen eingeteilt werden: Solche, die von argentinischen Mädchen sprechen, die Verse, die den Französinnen gewidmet sind und die, die sich auf den Mann im Cabaret beziehen. Der berühmteste Text unter denen aus der ersten Gruppe ist ohne jeden Zweifel *Milonguita*. Der Tango von Samuel Linning mit Musik von Enrique Delfino wurde 1920 uraufgeführt. Die Verse werden mit einem Bezug zur idyllischen Vergangenheit im *barrio* eingeleitet und schließen mit dem Vergleich zu ihrem aktuellen Leben. Sie sagen:

¿Te acordás, Milonguita? vos eras	Erinnerst Du Dich, Milonguita? Du warst
la pebeta más linda 'e Chiclana;	das schönste Mädchen von der Chiclana,
la pollera cortona y las trenzas	der kurze Rock und die Zöpfe
y en las trenzas un beso de sol...	und in den Zöpfen ein sonniger Kuß...

...und vergleichen:

Estercita,	Kleine Ester,
Hoy te llaman Milonguita,	heute nennen sie Dich *Milonguita*,
Flor de noche y de placer,	Blüte der Nacht und des Vergnügens
Flor de lujo y cabaret.	Blüte des Luxus und des Cabaret.
Milonguita,	*Milonguita*,
los hombres te han hecho mal	die Männer haben dich schlecht behandelt,
y hoy darías toda tu alma	und heute gäbst Du Deine ganze Seele,
por vestirte de percal.	um Dich in Perkal[2] zu kleiden.
Cuando sales a la madrugada,	Wenn Du im Morgengrauen heraustrittst,
Milonguita de aquel cabaret,	*Milonguita*, aus jenem Cabaret,
toda tu alma temblando de frío,	Spricht Deine ganze Seele zitternd vor Kälte:
dice: ¡Ay si pudiera querer!...	Ach, wenn ich lieben könnte!
y entre el vino y el último tango	und beim Wein und dem letzten Tango
p'al cotorro te saca un bacán...	holt Dich auf seine Bude ein *bacán*...
¡Ay qué sola Estercita te sientes!...	Ach, wie allein, kleine Ester, Du Dich fühlst!
¡Si llorás...dicen que es el champán!	Wenn Du weinst...sagen sie, es ist der Champagner!

Milonguita war der gängige Ausdruck, mit dem man die jungen Prostituierten bezeichnete, der Diminuitiv von *milonguera*, der Bezeichnung für eine Frau, die angestellt war, um in den Tanzlokalen zu tanzen.

In der Mitteilung 114 vom 8. Juni 1966 der *Academia Porteña del Lunfardo*, stellte das ordentliche Mitglied Ricardo M. Llanes fest, daß es sich bei *Milonguita* um eine reale Persönlichkeit von Buenos Aires gehandelt hat. Sie hieß María Ester Dalto und starb am 10. Dezember 1920 an Meningitis, in ihrem Haus in der Straße Chiclana 3148. Als sie starb, war sie erst fünfzehn Jahre jung. Das bestätigt das Eintrittsalter der Cabaret-Mächen, welches Pascual Contursi schon in *Flor de fango* herausgestellt hatte:

Justo a los catorce abriles	Genau mit vierzehn Lenzen,
te entregaste a la farra,	gabst Du Dich dem Vergnügen hin

[2] Perkal – feinfädiger, billiger Baumwollstoff.

las delicias de un gotán.	den Wonnen eines *gotán*[3]
Te gustaban las alhajas,	Dir gefielen die Juwelen,
los vestidos, la moda	die Kleider, die Mode
y las farras del champán.	und die fröhlichen Champagnernächte

Dies ist nicht die Meinung von Gobellos, der behauptet, daß nichts für die Vermutung spricht, daß Linning jenes verstorbene Mädchen gekannt habe, die „wie frühreif sie auch gewesen sein mag keine Karriere in einem Cabaret gemacht haben kann. Aber die Legende gewinnt gewöhnlich am Ende gegen die Geschichte." In jedem Fall dienten die bescheidenen Verse von Linning als Synopse über eine Hauptfigur in der Geschichte des Tango: Dem Mädchen aus dem *barrio,* das – in seiner Verblendung – in das Cabaret eintritt.

In *Cocot de lujo* greift Manuel Romero das Thema auf:

Nació por ahí, cerca 'e la quema,	Sie kam irgendwo dort zur Welt, nah den Müllfeuern,
y desde chica ya demostró	und von klein auf schon bewies sie,
no haber nacido pa'ser decente	daß sie nicht geboren war, um dezent zu sein.
¡con la carita que Dios le dió!	Bei dem süßen Gesicht, das Gott ihr gab!
Sentó con fama de motinera,	Sie bekam den Ruf einer Rebellin,
en los bailongos se prodigó	in den Tänzen stach sie hervor
y en cuanto tuvo catorce abriles	und sobald sie vierzehn Lenze hatte,
la limousine de un bacán la remolcó	schleppte sie die Limousine eines *bacán* mit.

Derselbe Romero hielt – ebenso wie Cadícamo – in weiteren Tangos an der Thematik des Cabaret fest: *El rey del cabaret*, *Aquel tapado de armiño*, *¡Pobre Milonguita!*. In *La reina del tango* notiert Cadícamo:

Flor de noche, que al sordo fragor	Nachtblüte, die Du bei Korkenknallen und
del champán descorchado triunfás,	dumpfer Champagnerbegeisterung triumphierst,
...Tu compás es el ritmo sensual	...Dein Takt ist der sinnliche Rhythmus,
que en la alfombra retuerce el gotán	den *gotán* auf dem Teppich windet,
...la música rea es la melopea	
que a tu corazón	...die verwegene Musik ist das Geleier,
muy a la sordina	das Deinem Herzen
le hace un contracanto	ganz sachte
que aumenta el quebranto de tu	den *contracanto* spielt,
perdición.	der den Schmerz über Dein Verderbens mehrt.

[3] *gotán* – Tango

Auch an den Theaterautoren ging der Höhepunkt des Cabaret nicht vorüber und sie schrieben etliche Stücke, die in dieser Welt spielen: *El cabaret*, von Carlos M. Pacheco (1914); *La sala del diablo* von Carlos R. de Paoli (1919), *Armenonville* von Enrique García Vellosos (1920), *Tu cuna fue un conventillo* von Alberto Vacarezza (1920); *La maleva* von Roberto L. Cayol (1920), *Milonguita* von Samuel Linning (1922) sowie *El rey del cabaret* von Manuel Romero (1923). In diesem Stück erscheint der Tango *Patotero sentimental* mit einem Text vom Autor des Luststückes und mit Musik von Manuel Jovés, der von Ignacio Corsini zum ersten Mal aufgeführt und zu einem der populärsten Themen seines Jahrzehnts wurde.

Domingo F. Casadevall wies darauf hin, daß sich José González Castillo und Alberto Weisbach, „als sie in das mit Beifall aufgenommene Stück *los dientes del perro* (1918) ein vollfunktionierendes Cabaret mit dem Auftritt des *orquesta típica* von Juan Maglio Pacho einfügten, zu Protagonisten solcher Etablissements der vergnügten Nächte machten – in der Realität und in der Theater-Fiktion. Die sogenannten *obras de cabaret* wurden in Buenos Aires inbrünstig vom Publikum aufgenommen. Die Familien befriedigten auf diese Weise die pikante Neugierde, solchen „verbotenen Plätzen" mit dem Vortrag von Tangos und den gepflegten Auftritten von *femmes fatales*, lasterhaften, unzüchtigen *milonguitas und patoteros* beizuwohnen."

Die andere Sorte von Cabaret-Frauen, auf die der Tango verweist, ist die verliebte Französin, die ihr Heimatland verläßt, um dem Mann zu folgen, der sie mit falschen Versprechungen nach Argentinien holt, wo sie eines der bestbezahltesten Produkte auf dem Markt der *trata de blancas*[4] darstellt. Im Jahre 1923 nahm Gardel den Tango *Francesita* von Vacarezza und Delfino auf, der von einem Mädchen handelte, das „drüben, in einem Viertel, nah von Lyon" *(allá en un barrio cerca de Lyon)* lebte und – einer Täuschung erlegen – an den Río de la Plata reist, wo sie verlassen wird und...

perdió el rumbo y ancló su vida	sie verlor das Ziel und verankerte ihr Leben
bajo las noches de este país.	unter den Nächten dieses Landes.

Ein Jahr später erzählte José González Castillo die Geschichte einer anderen dieser Frauen in einem Tango, der wie die vorigen seine Musik von Enrique Delfino bekam, *Griseta:*

[4] *trata de blancas* – Handel mit (weißen) Frauen, siehe Kapitel: „Tanzen, bis die Späne fliegen".

Mezcla rara de Museta y de Mimí
con caricias de Rodolfo y de Schaunard,
era la flor de París
que un sueño de novela trajo al arrabal...

Seltsame Mischung aus Museta und Mimí
mit Liebkosungen von Rodolfo und Schaunard,
war sie die Blüte von Paris,
die ein Traum aus einem Roman in die Vorstadt brachte...

Y en el loco divagar del cabaret,
al arrullo de algún tango compadrón,
alentaba una ilusión:
soñaba con Des Grieux,
quería ser Manón.

Und im verrückten Faseln des Cabaret,
zum Gurren irgendeines *tango compadrón*,
gab sie Nachdruck ihrer Illusion:
Träumte von Des Grieux,
wollte sein Manón.

Im Jahr 1933 schrieb Enrique Cadícamo *Madame Ivonne*, die Folgegeschichte der vorhergehenden Themen; aus der Perspektive dessen, der mit zehn Jahren Abstand beobachtet, was den Französinnen, die zu Beginn der Nachkriegsjahre ins Land kamen, zustieß, als in Argentinien die guten Hoffnungen der Trostlosigkeit der *Década Infame* Platz machten. Cadícamo beschwor:

Mamuasel Ivonne era una pebeta
que en el barrio posta del viejo Montmatre,
con su pinta brava de alegre griseta
animó las fiestas de Les Quatre Arts.
Era la papusa del Barrio Latino
que supo a los puntos del verso inspirar
...hasta que una noche llegó un argentino
y la francesita la hizo suspirar (...)
Han pasao diez años que zarpó de Francia...
Mamuasel Ivonne hoy sólo es Madam;
la que al ver que todo quedó en la distancia
con ojos muy tristes bebe su champán.
Ya no es la papusa del Barrio Latino.
Ya no es la mistonga florcita de lis.
Ya nada le queda...ni aquel argentino
que entre tango y mate la alzó de París.

„Mamuasel“ Ivonne war ein Mädchen
die im Postviertel vom alten Montmatre,
mit ihrer wilden Erscheinung einer heiteren *griseta*
die Feste von Les Quatre Arts beseelte.
Sie war die Hübsche vom *barrio latino*,

die die Verseschreiber zu inspirieren vermochte
...bis eines nachts ein Argentinier ankam
und die kleine Französin zum Seufzen brachte (...)
Vergangen sind zehn Jahre seit ihr Schiff aus Frankreich fuhr...
„Mamuasel“ Ivonne ist heute nur Madame;
die, als sie sieht, daß alles in weiter Ferne blieb,
ihren Champagner mit sehr traurigen Augen trinkt.
Sie ist nicht mehr die Hübsche vom *barrio latino*.
Sie ist nicht mehr das arme Lilienblümchen.
Jetzt bleibt ihr nichts mehr... nicht einmal jener Argentinier,
der sie zwischen Tango und Mate mit fortnahm aus Paris.

Es scheint unumgänglich, darauf hinzuweisen, daß „Madame“ die Anrede war, welche den Verwalterinnen der Bordelle zuteil wurde.

Der erhobene Zeigefinger vermochte ebensowenig andere Nationalitäten vor dem Unheil zu bewahren, und so kam die Reihe an die Gallizierin in *Galleguita*:

la divina,	die Göttliche,
la que a la tierra argentina	die auf argentinischer Erde ankam
llegó una tarde de abril,	eines Abends im April,
sin más prendas ni tesoros,	ohne weitere Pfänder oder Schätze
que sus negros ojos moros	als ihre schwarzen Morenaugen
y su cuerpito gentil.	und ihren anmutigen, kleinen Körper.
Siendo buena eras honrada,	Gut wie Du bist, warst Du ehrbar,
pero no te valió nada,	aber es nützte Dir nicht,
otras cayeron igual.	andere sind genauso gefallen.
Y la pobre Galleguita	Und die arme, kleine Gallizierin
tras de la primera cita,	nach der ersten Verabredung,
fuiste a parar al Pigall.	gingst und bliebst Du im Pigall.
Sola y en tierras extrañas,	Allein und in fremden Landen,
tu caída fue tan breve,	Dein Fall war so kurz,
que como bola de nieve,	daß, wie ein Schneeball,
tu virtud se disipó,	Deine Tugend zerschmolz.

Nichtsdestotrotz rechtfertigt sie der Autor:

tu ambición era la idea,	Dein Bestreben war die Idee
de juntar mucha platita,	viel schönes Geld zusammenzubringen
para la pobre viejita,	für das arme, alte Mütterchen,
que allá en la aldea quedó.	das im fernen Dorf zurückblieb.

Dennoch setzt die kleinbürgerliche Moral ihre Gesetze und Strafen durch:

un paisano malvado,	Ein verruchter Landsmann
loco por no haber logrado,	verrückt, weil er es nicht geschafft hatte,
tus caricias y tu amor,	Deine Liebkosungen und Deine Liebe zu erlangen,

...als jener zurück nach Gallizien geht, erzählt er der Mutter über den Beruf ihrer Tochter, worauf diese vor Kummer stirbt.

Die Jahre des „radikalen" Cabarets sind die Jahre der Verschwendung – auch die der Argentinier, die „Butter auf das Pariser Dach schmieren". Die Weltwirtschaft, die im Oktober 1929 zusammenbrechen sollte und damit die erste, große Krise des Jahrhunderts einleitete, führte dazu, daß am Ende des Mandats von Alvear, im Jahr 1928, die Regierung stolz darauf sein durfte, daß sich das Volkseinkommen auf fast 100 Millionen Goldpesos erhöht hatte, daß der internationale Handelsaustausch drei Jahre lang einen positiven Saldo abgeworfen hat und daß das Erwerbsniveau der Löhne für eine Beschwichtigung der sozialen Spannungen sorgte.

Das Cabaret spiegelte diese günstige Situation wider; der Magnat verschwendete ein Vermögen, das sich in jedem Fall auch ohne seinerseitige Anstrengungen weiter vermehrte. Carlos Marambio Catán entwarf mit seinem Tango *Acquaforte* ein Bild dieser Situation:

Es medianoche, el cabaret despierta,
muchas mujeres, música y champán
va a comenzar la eterna y triste fiesta
de los que viven al ritmo del gotán.
Un viejo verde que gasta su dinero
emborrachando a Lulú con su champán
hoy le negó el aumento a un pobre obrero
que le pidió un pedazo más de pan.
Y que aquella pobre mujer que vende flores
y fue en sus tiempos la reina de Montmatre,
me ofrece con dolor unas violetas
para alegrar tal vez mi soledad.
Y pienso
en la vida...
las madres que sufren
los hijos que vagan sin techo y sin pan
vendiendo „La Prensa", ganando dos guitas
¡Qué triste es todo esto! ¡Quisiera llorar!

Es ist Mitternacht, das Cabaret erwacht,
viele Frauen, Musik und Champagner
es wird beginnen das ewige und triste Fest
derer, die leben zum Rhythmus des *gotán*.
Ein alter Lüstling der sein Geld ausgibt,
um Lulu mit seinem Champagner betrunken zu machen,
heute versagte er die Erhöhung einem armen Arbeiter,
der von ihm ein Stück Brot mehr erbat.
Und daß jene arme Frau, die Blumen verkauft,
und sie war zu ihren Zeiten die Königin von Montmatre,
mir mit Schmerz einige Veilchen anbietet,
um, vielleicht, meine Einsamkeit zu erheitern.
Und ich denke,
im Leben...
die Mütter, die leiden,
die Kinder, die umherirren ohne Dach und ohne Brot
„die Presse" verkaufen und damit zwei Geldstücke verdienen
Wie traurig ist das alles! Ich möchte weinen!

Acquaforte wurde 1930 in Italien gedruckt, wo es Probleme mit der strengen Zensur der Faschisten bekam, die darauf bestand, daß auf die Partitur der Zusatz *tango argentino* kam, um mögliche Mißverständnisse zu vermeiden, denn in Mussolinis Italien waren die Klassenkonflikte ausgerottet worden – so jedenfalls sah es die Propaganda des Regimes. Die Zensoren waren sich der kritischen Kraft der Verse bewußt und wiesen sie weit von sich.

Der Tango dieser Jahre stellt das Cabaret in Frage, er wirft ihm seine Amoralität vor, der er die Ethik des *barrio* entgegenhält und nebenbei, aus denselben Logenplätzen, in denen er sich einrichtet, um die zu unterhalten, die ihr Geld verschwenden, ohne an das Volk zu denken, zeigt er ihnen ihre offenen Wunden, was auch eine Art und Weise ist sich mit dem eigenen Schicksal abzufinden. Die Moral soll einem weismachen: Die Reichen sind nicht glücklich, es fehlt ihnen an Liebe, sie müssen dafür zahlen. Die Armen dagegen müssen durch Not und Hunger leiden, aber sie sind gut und ihre Liebschaften gratis und somit unverfälscht. Die Kunden des Cabaret hörten dieses Gewäsch an und genossen das Bild dieser Perversion, das man ihnen auftischte. Schließlich war gewiß, daß das Cabaret ein Klassenmerkmal implizierte, ein Privileg. Und warum sollte man nicht damit prahlen?

Das Cabaret des Tango hatte eine neue Blütezeit zu Beginn der vierziger Jahre. Zehn Jahre später jedoch war sie vorbei und nur wenige Nachzügler überdauerten, bereits ohne große Orchester, die ihre Nächte beseelten. Das

Land hatte sich auch verwandelt und mit ihm seine Bedürfnisse. Die obere Klasse ihrerseits suchte sich auf anderen Wegen zu unterhalten, wo sie sich nicht bedrängen lassen mußte vom Pöbel, der in ihre alten Plätze eingefallen war. Auch der Tango hatte sich in der Farbe des Peronismus gefärbt.

Contursi, der Begründer

Es heißt, daß die Aufführung im Vorfeld mit Einwänden zu kämpfen hatte und einige seiner Freunde nicht von der Gelegenheit – einen Tango, noch dazu voll mit *Lunfardo*-Ausdrücken in einem Theater des Stadtzentrums zu singen – überzeugt waren. Dies könnte zuviel des Guten sein, einen Verlust des guten Rufs bedeuten. Sein Duopartner, José Razzano, entschied sich vorläufig für einen Rückzieher, und so mußte er das Risiko alleine eingehen. Das genaue Datum ist auch nicht bekannt, obwohl es dank der jüngsten Nachforschungen von Ricardo Ostuni genügend Hinweise dafür gibt, daß es sich zwischen dem 3. und 5. Januar des Jahres 1917 auf der Bühne des Empire in Buenos Aires ereignete. Klar ist jedoch, daß in dem Moment, als der fast als dick zu bezeichnende Sänger ländlicher Weisen namens Carlos Gardel sich entschloß, die von Pascual Contursi in Montevideo geschriebenen Verse *Mi noche triste* vor seinem Publikum anzustimmen, sich der historische Verlauf des Tango veränderte. Von dieser Nacht an wurde er trübsinnig, melancholisch und verwandelte sich in *das* Instrument der Bewohner am Río de la Plata, mit dem sie ihre Schmerzen, ihren Zorn und ihre Sehnsüchte ebenso wie ihr moralisches Empfinden ausdrücken können.

Der Tangotext, der bis dahin nur aus einigen Knüttelversen oder einer Unmenge lebenslustiger Reime bestand, bekam eine Handlung. Er verfiel in Übertreibungen, versumpfte in Themen des Verlassenseins, jedoch einmal die Ansammlungen der Häßlichkeiten und Fehlversuche abgegossen, finden sich im Sieb, neben einer reichhaltigen Chronik des städtischen Lebens, zu deren Schöpfung die Buchdichtkunst unfähig gewesen ist, ungewöhnliche, gelungene Gedichte. Borges ging (gegen 1930) – trotz der schlechten Laune, die bei ihm gesungene Tangos hervorriefen – soweit, zu unterstellen, daß diese Texte mit „einer zusammenhanglosen und umfassenden *comedie humaine* des Lebens von Buenos Aires" übereinstimmten.

Der „Schuldige" für diese Verwandlung wurde 1888 in Chivilcoy, Provinz Buenos Aires, geboren. Er hieß Pascual Contursi und, er *Mi noche triste* schrieb als Puppenspieler, Schuhverkäufer und Sänger – man sagt, sogar mit einer sehr guten Stimme – und hatte sein Glück als Texter bereits an einer ganzen Reihe von Tangos versucht. So hatte er dem Tango *El flete* von Vicente Greco Verse gesetzt:

Ya se acabaron los pesaos,	Es ist schon zu Ende mit den Aufdringlichen,
patoteros y mentaos	den *patoteros* und den Berühmten
de coraje y decisión.	des Schneids und der Entschlossenheit

Ebenso schuf er Texte für *La biblioteca* und *Don Esteban*, beide von Agusto P. Berto, für *Vea...vea...* von Roberto Firpo, *Matasanos* von Canaro und *El Cachafaz*[1] von Aróstegui. In einem anderen Tango dieses Komponisten, *Champagne tangó*, beobachtete Contursi:

Se acabaron esas minas	Es ist vorbei mit diesen Mädchen,
que siempre se conformaban	die immer mit dem zufrieden waren,
con lo que el bacán les daba	was ihnen der *bacán* gab,
si era bacán de verdad.	wenn er ein wirklicher *bacán* war.
Hoy sólo quieren vestido	Heute wollen sie nur Kleider
y riquísimas alhajas,	und die prächtigsten Juwelen
coche de capota baja	ein Auto mit niedrigem Verdeck,
pa' pasear por la ciudad.	um damit durch die Stadt zu fahren.
Nadie quiere conventillo,	Keine mag *conventillos*,
ni ser pobre costurera,	mag weder arme Näherin sein,
ni tampoco andar fulera,	noch häßlich herumlaufen,
sólo quiere aparentar;	will nur so tun als ob,
ser amiga de fulano	Freundin vom Soundso sein
y que tenga mucho vento,	und viel Zaster soll er haben,
que alquile departamento	ein Appartement soll er mieten
y que la lleve al Pigalle.	und ausführen soll er sie ins Pigalle.

Dennoch haben diese zum Großteil während seines Aufenthaltes in Montevideo nach 1914 geschriebenen Texte keine große Beachtung gefunden. Der große Treffer gelang Contursi, als er dem Tango *Lita* von Samuel Castriota die Verse mit dem Titel *Mi noche triste* hinzufügte. Die Verbindung des Namens Carlos Gardel mit der anfänglichen Verbreitung des Themas fügte das Quentchen Mythos hinzu, das bei keiner Entstehung fehlen darf. Noch imselben Jahr, 1917, kurz nach der Uraufführung im Theater Empire, nahm dieser das Thema auf Schallplatte auf. Außerdem war es Gardel selbst, der als enger Freund von Elías Alippi, dessen Name gemeinsam mit Enrique Muiño eine berühmte Theaterankündigung zierte, kurz nach seinem Debüt mit Contursis Versen der Theatergruppe vorschlug, die Interpretation von *Mi noche triste* in

[1] *El Cachafaz* war der Spitzname des berühmten Tangotänzers Ovidio José Bianquet (1885-1942)

eine Szene des Stückes *Los dientes del perro* (Die Zähne des Hundes) von José González Castillo und Alberto T. Weisbach aufzunehmen.

Es war die Schauspielerin Manolita Poli die *Mi noche triste*, begleitet von Roberto Firpos Orchester, in der Nacht des 20. April 1918, auf einer ein Cabaret darstellenden Bühne, zum ersten Mal intonierte. Im September hatte das Stück seine vierhundertste Aufführung. Die Gelehrten streiten zwar, ob *Mi noche triste* oder *Flor de fango*, auch mit einem Text von Contursi, der erste Tango war, der von Gardel aufgenommen wurde, doch die Genauigkeit des Datums ist weniger entscheidend; gewiß ist, daß *Mi noche triste* der große Erfolg war und daß mit jenen Versen eine neue Form des Tango begann. Der Tango, der Geschichten erzählt, der Gefühle in Worte faßt. Ein neuer Blickwinkel, unter dem die Verse genauso wichtig sind wie die Musik. „Wo die Poesie", um es mit dem Sänger Alberto Marino zu sagen „die Melodie festlich beleuchtet."

Zweifellos finden sich im Text von Contursi gleich mehrere gelungene Stellen, angefangen bei dem Anfang (*Percanta que me amuraste...*) bis zu den präzisen Beschreibungen des Gemütszustandes, der sich durch das Verlassenwordensein eingestellt hat:

Y si vieras la catrera	Und wenn Du das Bett sehen würdest,
como se pone cabrera	wie zickig es sich benimmt,
cuando no nos ve a los dos.	wenn es nicht uns beide sieht.

Es mangelte auch nicht an Kritikern von *Mi noche triste*. Tallón, zum Beispiel, erbitterte sich: „Ich weise darauf hin, daß Contursi mit seinem Text das abstoßende Thema des Zuhälters einführte, der um seine geliebte Prostituierte weint, von der er verlassen wurde."

Contursis Text sagt:

Percanta que me amuraste	Mädchen, das Du mich im Stich ließest,
en lo mejor de mi vida,	in der besten Zeit meines Lebens,
dejándome el alma herida	läßt meine Seele verletzt zurück
y espinas en el corazón,	und Dornen in meinem Herzen.
sabiendo que te quería,	Dabei wußtest Du, daß ich Dich liebte,
que vos eras mi alegría	daß Du meine Freude warst
y mi sueño abrasador,	und mein verzehrender Traum,
para mí ya no hay consuelo	für mich gibt es keinen Trost mehr
y por eso me encurdelo	und deshalb betrink ich mich
pa' olvidarme de tu amor.	um Deine Liebe zu vergessen.
Cuando voy a mi cotorro	Wenn ich in meine Bude komm'

y lo veo desarreglado,	und sie unordentlich seh',
todo triste, abandonado,	alles trist und verlassen,
me dan ganas de llorar;	bekomme ich Lust zu weinen.
me detengo largo rato	Ich bleibe lange stehen
campaneando tu retrato	und betrachte dein Bild,
pa' poderme consolar.	um mich trösten zu können.
De noche, cuando me acuesto,	Nachts, wenn ich mich hinlege,
no puedo cerrar la puerta,	kann ich die Tür nicht schließen,
porque dejándola abierta	denn, wenn ich sie auflasse,
me hago ilusión que volvés.	geb ich mich der Illusion hin, daß Du zurückkehrst.
Siempre llevo bizcochitos	Immer bring' ich Zwiebackstückchen mit,
pa' tomar con matecitos	um sie zu den *Matecitos* zu essen
como si estuvieras vos,	so als würdest Du da sein.
y si vieras la catrera	Und wenn Du das Bett sehen würdest,
cómo se pone cabrera	wie zickig es sich benimmt,
cuando no nos ve a los dos.	wenn es nicht uns beide sieht.

Gobello weist darauf hin, daß „die Diebe zu ihrer Frau, ihrer Konkubine, *mina* sagten, ein Wort, das aus dem italienischen Jargon entlehnt ist. Die Zuhälter sagten entweder *mina* oder *percanta*" und er fährt fort „darin täuscht sich Tallón, wenn er behauptet, daß der Dieb niemals, außer wenn es sich um bestimmte, unechte Subtypen aus dem verruchten Milieu handelte, *mina*, *percanta* oder *chirola* sagen würde. *Mina* ist ein Wort der Diebe, das der Zuhälter aber keineswegs verschmähte. Jedoch ist für die Zuhälter der Terminus *percanta* und ebenso *tarasca*[2], einschließlich *barrilete*[3] charakteristischer – und die Tatsache, daß der Text von *Mi noche triste* mit einer Vokabel der Zuhälterzunft beginnt, macht seine Verbindung zu diesem Mileu deutlich." Auf der anderen Seite läßt schon die einfache Bemerkung, daß der Protagonist nachts die Tür in der Hoffnung auf die Rückkehr seines Mädchens offen läßt, darauf schließen, daß ihre Rückkehr in den Morgenstunden möglicherweise normal war. Was, betrachtet man die Zeit, zu der das Thema geschrieben wurde (1916), nur mit einer Frau in Zusammenhang gebracht werden kann, die man mit der sonderbaren, euphemistischen Metapher jener Zeit als „Frau des liederlichen Lebens" *(mujer de vida airada)* bezeichnete, in anderen Worten, mit einer Prostituierten.

Der Erfolg von *Mi noche triste* war für Contursi ein Ansporn, die gleiche Thematik fortzusetzen. Das Verlassenwordensein wurde zu einer Konstanten.

[2] *tarasca* – Drachen
[3] *barrilete* – Winddrachen

Und wie zu erwarten war, vermehrte sich die Zahl der Nachahmer. In einigen Fällen war die erzählte Geschichte einfach die Wiederholung der Thematik jenes Tangos. So zum Beispiel beim Tango *De vuelta al bulín,* der den Schlag beschreibt, den die Trennung dem Protagonisten versetzt. Die Person geht in das Zimmer zurück, findet den Kleiderschrank leer vor und weint untröstlich. Beim Auffinden des Abschiedsbriefes erzählt er naiv:

La repasé varias veces,	Ich ging ihn mehrmals durch,
no podía conformarme	ich konnte mich nicht damit abfinden,
de que fueras a amurarme	daß Du mich verlassen hättest
por otro bacán mejor.	wegen eines andern, besseren *bacán*

In *Ivette* hält Contursi weiterhin an der Thematik fest:

Bulín que ya no te veo,	Bude, die ich nicht mehr seh',
catre que ya no apolillo,	Bett, in dem ich nicht mehr schlaf',
mina que de puro esquiyo	Mädchen, das aus purer Wut
con otro bacán se fue;	mit einem anderen *bacán* verschwand;
prenda que fuiste el encanto	Schatz, der Du warst das Entzücken
de toda la muchachada	der ganzen Schar
y que por una pavada	und wegen einer Nichtigkeit
te acoplaste a un mishé...,	hingst Du Dich an einen *mishé*

Im Text klingt „das Entzücken der ganzen Schar" nach etwas anderem als nach einem ausschließlichen Besitz, den man mit dem Machotum des *guapo* in Verbindung bringen würde, die Wortwahl paßt eher zu einer Prostituierten. Auch im Text von *La he visto con otro* klagte Contursi:

Hay noches que solo	Es gibt Nächte, wo ich allein
me quedo en el cuarto	im Zimmer bleibe
rogando a la virgen	und zur Jungfrau bete,
me la haga olvidar,	daß sie mich sie vergessen läßt,
y al verla con otro	und wenn ich sie mit einem anderen
pasar por mi lado	an mir vorübergehen sehe,
en vez de matarla	anstatt sie zu töten,
me pongo a llorar.	beginne ich zu weinen.

Auch in *Pobre corazón mío* brachte er keine Neuerung in seine Thematik:

Cotorro que alegrabas	Zimmer, das Du erfreutest
las horas de mi vida,	Die Stunden meines Lebens,
hoy siento que me muero	Heute spüre ich, daß ich sterbe
de angustia y de dolor,	Vor Betrübnis und vor Schmerz

und er fügt dann eine Strophe hinzu:

¡Si aún conserva el piso la marca de las huellas	Wenn sogar der Boden noch die Spuren der Abdrücke bewahrt,
que en noches no lejanas	die sie in nicht fernen Nächten
dejaba al taconear!...	beim *taconeo*[4] hinterließ!...

Im Text, den er mit dem Titel *Si supieras* auf die Musik von *La Cumparsita* von Matos Rodríguez schrieb, setzt er seine tränenreiche Kantilene fort:

Al cotorro abandonado	Dem verlassenen Zimmer
ya ni el sol de la mañana	Zeigt sich nicht einmal die Morgensonne
asoma por la ventana	Durch das Fenster
como cuando estabas vos,	so wie damals, als Du da warst,
y aquel perrito compañero,	und jener Freund, der kleine Hund,
que por tu ausencia no comía,	der wegen Deiner Abwesenheit nicht fraß,
al verme solo el otro día	als er mich anderntags alleine sah,
también me dejó...	hat mich auch er verlassen...

Es fehlt auch nicht das weibliche Bild des Verlassenwordenseins. In *Ventanita de arrabal* wartet das Mädchen auf die Rückkehr von jenem...

Aquel que solito	Jener, der allein
entró al conventillo,	ins *conventillo* kam,
echao a los ojos	über die Augen gezogen
el funghi marrón;	den braunen *funghi*;
botín enterizo,	Stiefel aus einem Stück,
el cuello con brillo,	den Hals geschmückt,
pidió una guitarra	erbat er eine Gitarre
y pa' ella cantó,	und sang für sie.

Und der, nachdem er ihre kleine Seele durch den Schlamm geschleift hatte (*arrastrar su almita por el fango*)... nie wieder zurückkehrte. In *El motivo*

[4] *taconear, taconeo* – Stampfen mit dem Absatz um einen Ton zu erzeugen (wie beim Flamencotanz)

wird eine *mina* beklagt, die zu anderen Zeiten die Leute verrückt *(rechiflada)* werden ließ, nun aber ihren Liebreiz verloren hat. Die Klage gilt nicht einer verlorenen Liebe sondern der Einsamkeit, in die sie ihr Verfall führt:

Está enferma, sufre y llora	Sie ist krank, leidet und weint
y manya con sentimiento	und versteht mit Bedauern,
de que así enferma y sin vento,	daß so krank und ohne Zaster,
más nadie la va a querer.	keiner sie mehr mögen wird.

In einem anderen Tango, *Caferata*, sagt die ausgebeutete Prostituierte, zu dem, der sie verließ:

Sólo quiero que recuerdes	Ich will nur, daß Du Dich daran erinnerst,
que conmigo has pelechado,	daß Du Dich mit mir gemausert hast,
que por mí te has hecho gente	und durch mich bist Du „wer" geworden
y has llegado a ser ranún.	und hast es geschafft *ranún*[5] zu werden.
Yo te di vida bacana	Ich gab Dir das lockere Leben
vos en cambio me dejaste	Du dagegen hast mich verlassen
por un loro desplumado	wegen eines gerupften Papageien[6]
como ésta que aquí ves.	wie diese, die Du hier siehst.

Humoristisch erscheint dagegen die Klage des Protagonisten von *Amores viejos*, der sich über den Mangel an Opferbereitschaft der Frauen beklagt, die seiner Meinung zu anmaßend geworden sind. Deshalb rühmt er:

Esas minas veteranas	Diese altgedienten Mädchen
que nunca la protestaban,	die nie wogegen protestierten,
sin morfar se conformaban	ohne Essen begnügten sie sich,
aunque picara el buyón;	auch wenn die Suppe reizte;
viviendo así en un cotorro,	und so in einem Zimmer hausend,
pasando vida fulera,	ein elendes Leben verbringen
con una pobre catrera	mit einer armseligen Pritsche,
que le faltaba el colchón.	dem die Matratze fehlte.
Cuántas veces el mate amargo	Wie oft hat der bittere Mate
al estómago engrupía	den Magen betrogen
y pasaban muchos días	und sie verbrachten viele Tage

[5] *ranún* – die Steigerungsform des Ausdrucks *rana*, im Hochspanisch: Frosch, und im übertragenen Sinn „dumm", bekommt im Lunfardo die Bedeutung von „gerissener Mann".
[6] gerupfter Papagei – hier in der Bedeutung von „unansehnlich, häßlich".

sin que hubiera pa' morfar;	ohne daß es was zu Essen gab;
la catrera era el consuelo	das Bett war der Trost
de esos ratos de amargura,	für diese Zeiten der Bitterkeit,
que a causa 'e la mishiadura	die sie aufgrund der Not
se tenían que pasar.	verbringen mußten

Trotz seiner schriftstellerischen Mangelhaftigkeit und den daraus resultierenden, schockierenden Mißbräuchen der dichterischen Freiheit, der Naivität und der Armut seiner Metaphern sowie der sich immer wiederholenden Thematik, kann Contursi für sich zu Recht den Titel des Erfinders in Anspruch nehmen. *Mi noche triste* markiert die Entstehung des *tango canción*. Er war es, der die Verwandlung eines simplen Tanzes in eine Chronik, eine Beschreibung, ein Abbild, ermöglichte, so daß aus einem Rhythmus eine literarische Richtung wurde, in der die, die sonst keine Stimme hatten, ihre Schmerzen, ihre Frustrationen und Beklemmungen auf schlichte Weise manifestieren konnten. Indem Contursi Gefühle mit einbezog, gestattete, daß der Protagonist seine Verluste beweint, hat er den Tango sensibilisiert, ihn seiner Maskerade beraubt und ihn humanisiert.

Als der Tango einen Text bekam, der die reine Keckheit bzw. den naiven Vers überwand, verlor er gleichzeitig seinen witzigen Charakter, wurde introvertiert. In der Krise der dreißiger Jahre verschärfte er seinen tiefgründigen, fatalistischen, metaphysischen Tonfall. Enrique Santos Discépolo ging so weit auszurufen:

¡Aullando entre relámpagos,	Heulend zwischen Gewitterblitzen,
perdido en la tormenta	verloren im Unwetter
de mi noche interminable, Dios!	meiner nicht endenden Nacht, Herr!
busco tu nombre...	Such' ich Deinen Namen...
No quiero que tu rayo	Ich will nicht, daß Dein Lichtstrahl
me enceguezca entre el horror,	mich inmitten des Schreckens erblinden läßt,
porque preciso tu luz	denn ich bedarf Deines Lichts,
para seguir...	um weiterzumachen...
¿Lo que aprendí de tu mano	Was ich aus Deiner Hand lernte,
no sirve para vivir?	taugt es nicht, um zu leben?
Yo siento que mi fe se tambalea,	Ich fühle, daß mein Glaube taumelt,
que la gente mala vive ¡Dios!	daß die schlechten Leute, Herr!,
mejor que yo...	besser leben als ich...

Auf der anderen Seite wird der Tango in seinen dramatischen Akzenten die Mischherkunft, die dem entwurzelten Immigranten eigen ist, darstellen. Es werden die Argentinier der ersten Generation sein, die ihn singen. Ihre Väter hätten es nicht gekonnt, die *criollos* hätten ihnen wegen ihres Akzentes, ihres *cocoliche,* ins Gesicht gelacht. Sie mußten warten. Ihren Söhne kam die Aufgabe zu, der Trauer die Worte derer zu geben, die mit der Hoffnung gekommen waren „Amerika zu machen" (wie ein geflügeltes Wort sagte: *hacer la América*) und sich mit dem reinen Überlebenskampf in einem fernen Land begnügen mußten.

Bevor Contursi umnachtet im *Hospicio de las Mercedes* am 29. Mai 1932 starb, hatte er außer seinen Tangos etwa fünfzehn Theaterstücke geschrieben, von denen einige trotz ihres spärlichen, literarischen Höhenflugs erfolgreich waren; er hatte die Genugtuung gehabt, daß Carlos Gardel beinahe alle seiner Themen aufnahm und seine Tango-Diskographie mit seinen Tangos eröffnet hatte. Darunter befindet sich auch *Flor de fango*, ein gelungener Text, der beschreibt:

Mina, que te manyo de hace rato,	*Mina*, die ich Dich seit einer Weile anschau'
perdoname si te bato	verzeih' mir, wenn ich Dir gesteh',
de que yo te vi nacer...	daß ich Dich auf die Welt kommen sah..
Tu cuna fue un conventillo	Deine Wiege war ein *conventillo*
alumbrao a querosén.	beleuchtet mit Kerosin.
Justo a los catorce abriles	Genau mit vierzehn Lenzen,
te entregaste a la farra,	gabst Du Dich dem Vergnügen hin,
las delicias del gotán.	den Wonnen des *gotán* (Tango).
Te gustaban las alhajas,	Dir gefielen die Juwelen,
los vestidos a la moda	die Kleider nach der neusten Mode
y las farras de champán.	und die fröhlichen Champagnernächte.
Después fuiste la amiguita	Danach warst Du die kleine Freundin
de un jovato boticario	von einem Apotheker, der auf jung gemacht hat,
y el hijo de un comisario	und der Sohn eines Kommissars
todo el vento te sacó...	hat Dir Deinen ganzen Zaster abgenommen...
Y empezó tu decadencia,	Und es begann Dein Niedergang,
las alhajas amuraste	die Juwelen gabst Du auf
y un bulincito alquilaste	und hast Dir ein Zimmerchen gemietet
en una casa 'e pensión:	im Pensionsheim.
Te hiciste tonadillera,	Du wurdest Chansonsängerin,
pasaste ratos extraños,	verbrachtest sonderbare Momente
y a fuerza de desengaños	und durch die vielen Enttäuschungen
quedaste sin corazón.	bliebst Du zurück ohne Herz.

Leopoldo Lugones, der wie schon gesagt dem Tango gänzlich abgeneigt war, sah sich verpflichtet einige Verse seines *Romancero* von 1924 zum Echo von Contursis Popularität zu machen:

Chicas que arrastran en el tango,	Mädchen, die im Tango kriechen,
con languidez un tanto cursi,	Mit Schmachten einen solchen Kitsch,
la desdicha de Flor de fango	Das Unglück von der Sumpfblume
Trovada en letra de Contursi.	„troubadiert" in Worte von Contursi.

Ein Jahr nach Contursis Tod, taucht der Name des Autors von *Mi noche triste* nochmals in fremden Versen auf, dieses Mal in denen des sehr berühmten Tango von Celedonio Flores *Corrientes y Esmeralda*:

Te glosa en poemas Carlos de la Púa
y el pobre Contursi fue tu amigo fiel...
en tu esquina criolla cualquier cacatúa
sueña con la pinta de Carlos Gardel.

Es verdreht Deine Worte in Gedichten Carlos de la Púa
und der arme Contursi war Dein treuer Freund...
An Deiner verwegenen Ecke träumt jeder Kakadu
vom Antlitz des Carlos Gardel.

Contursi hatte noch zu Lebzeiten den Ruhm kennengelernt und war durch seine Texte reich geworden. In seinen letzten Jahren konnte er es sich leisten, sich den Traum eines jeden Argentiniers von damals erfüllen: In Europa zu leben. In Paris schrieb er mit Bautista „Bachicha" Deambroggio eine seiner bekanntesten Schöpfungen: *Bandoneón arrabalero*. Dennoch ahnte er wohl niemals, daß ihm hinter dem Erfolg und der Popularität ein viel größerer Verdienst zukam, der darin bestand, eine Form kreiert zu haben, um selbst die geheimsten Gefühle auszudrücken.

Heute bilden die Tangos von Contursi einen Teil des „archäologischen Schatzes" und ihre immer sporadischer werdenden Aufführungen weisen nur die gleichen Merkmale auf, die auch einer Ausstellung prähistorischer Keramik anhaften. Seinen Sätzen, die sich vor Zeiten in geflügelte Worte verwandelten, wie z.B. „die Gitarre im Kleiderschrank"*(la guitarra en el ropero)* fehlt es heute an dem semantischen Zusammenhang, den sie in anderen Epochen besaßen. Ebenso haben seine Texte durch den Lauf der Jahre und durch ihre ständige Wiederholung ihre Assoziationen zum Zuhältertum verloren. Zu erzählen, daß man immer noch die Damen-Flakons mit Schleifchen, alle in derselben Farbe *(...con moñitos todos del mismo color)* aufbewahrt, ist nur Getue. Und zuzugeben, daß man darauf hofft, auf einmal die Frau anzutreffen, die einen verlassen hatte... „versteckt, um mir eine ‚Riesenfreude' zu machen" *(...escondida para darme un alegrón)* kann als Beispiel für Kitsch dienen. Deshalb verschwinden Contursis Themen mehr und mehr aus den Repertoires. Ohne ihren Kontext erscheinen seine Texte abgedroschen und vergilbt – reine Vergangenheit. Aber ihnen kommt der nicht zu verachtende Verdienst zu, der Ausgangspunkt gewesen zu sein.

Carlos Gardel, er singt mit jedem Tag besser...

> Das Land, das keine Legenden mehr hat – sagt der Dichter – ist dazu verdammt zu erfrieren – sehr wahrscheinlich. Das Volk jedoch, das keine Mythen hätte, wäre schon tot.
>
> George Dumesnil

Er ist weitaus mehr als eine „Stimme". Mehr als eine stattliche Erscheinung und selbstverständlich sehr viel mehr als ein mittelmäßiger Schauspieler aus den Anfängen des Tonkinos. Carlos Gardel ist der Mythos, der es vermochte zur Identifikationsfigur des Durchschnittsargentiniers, des kleinbürgerlichen Immigrantenkindes, zu werden. Er ist der Mann, der ankommt. Der Archetypus mit einer im Dunkeln liegenden Herkunft und einer unbekannten Abstammung. Ein kosmischer Nebel, der im Verborgenen beginnt, so wie dies bei der Genese mythologischer Wesen geschieht.

Es erscheint natürlich, daß die zweite Einwanderungsgeneration sich mit einer Figur identifizieren kann, die selbst Einwanderer ist, die ihre Kindheit in einem *conventillo* verbrachte, die die Armut, die soziale Ausgrenzung und die Schutzlosigkeit kennengelernt hat, die jener erfährt, der von unten, ganz unten, anfangen muß – vaterlos in einer fremden Umgebung.

Aufgewachsen in einem Vorort der Stadt, versucht Gardel sich den Nachbarn anzugleichen. Er akzeptiert seine Rolle als Ausländer – man nennt ihn den „kleinen Franzosen" *(El Francesito)* – ist jedoch zur gleichen Zeit einer von ihnen, so daß er, als er sich entschließt öffentlich zu singen, *criollo*-Lieder auswählt – ein eher ländliches Repertoire, unabhängig davon, daß viele dieser Lieder in der Stadt erdacht wurden. Der Gesang wird es ihm ermöglichen, den engen Horizont der Vorstadt zu erweitern, um schließlich von dem Moment an, in dem er an der Entstehung des *tango canción* teilhat, zu einem Idol zu werden. Dank seines Timbres und seines Akzentes verwandelt er sich in das Modell, den authentischen und beneideten Repräsentanten, zuerst der gesellschaftlichen Randgruppen und später des Kleinbürgertums, das ehrfurchtsvoll auf seinen persönlichen Erfolg schaut, den Mann bewundert, der in der Lage ist, Kraft seines Talentes und seiner Arbeit und sogar einfach aufgrund von Glück über seinesgleichen zu triumphieren. Denn zum Triumphieren benötigt man einen guten Stern, und ein Mann wie Gardel hat ihn. Die andere Zutat, das Geheimnis, nährt und kultiviert er selbst.

Wer sich in ein anderes Land begibt, verliert die Möglichkeit, seiner Vergangenheit nachzuforschen, er durchtrennt Ankertaue, er wird praktisch neu geboren. Er kann sich eine neue Abstammung erfinden und seine eigentliche verheimlichen, aber es wird ihm schwerfallen einer Probe standzuhalten. In solchen Fällen treten unvermeidlich Zweifel auf. Und in einem aus Wogen von Immigranten geschmiedeten Land scheint es gerechtfertigt zu sein, daß auch den Archetypen die Eigenschaften ihrer eigenen Anhänger und Bewunderer anhaften. Und es wäre sogar möglich, noch weiter zu den Ursprüngen des eigenen Landes, ganz Lateinamerikas, zurückzugehen. In Mexiko verweisen die Anfänge auf die durch den *conquistador* vergewaltigte Frau, die *chingada*. In einem Anbeginn, wo der Vater immer unbekannt ist, sind jene, die den mythischen Beginn des Landes bilden, Söhne der *chingada (hijos de la chingada)*, eine Bezeichnung, die heutzutage – wie Octavio Paz aufzeigte – gleichermaßen eine Beleidigung und eine Realität ist. In ähnlicher Form sind die nationalen Ursprünge am *Río de la Plata* noch schattenhafter zu erkennen. Es mußte sich jedoch keine Zivilisation gegen die andere, keine Kultur gegen die andere durchsetzen. Das Wesen eines, auf einem sehr primitiven Entwicklungsstadium befindlichen Nomadentums, das die Ureinwohner am *Río de la Plata* kennzeichnete, ließ nach der Ankunft der *conquistadores* keine Unterjochung einer fremden, reichen, entwickelten Kultur zu, was unvermeidlich zur Assimilation einiger ihrer Gewohnheiten geführt hätte. Hier trafen auch die Frauen in ihrer großen Mehrzahl von der anderen Seite des Atlantiks ein. Um auf das Bild von der *chingada* zurückzukommen, könnte man die Behauptung riskieren, daß es hier keine Vergewaltigungen gab, sondern Versuche, die Einsamkeit zu überwinden. Die Einsamkeit begünstigt den „Betrug“, dieser führt zum Verlassen und das Verlassen erzeugt das Mysterium des Ursprungs. Dies mag soweit gehen, daß, auch wenn dieses Mysterium in der Wirklichkeit nicht existieren sollte, jene Prototypen es hartnäckig bestärken und kultivieren. Sie lassen zu, daß man ihnen aberwitzige Vaterschaften zuerkennt, die gestatten, sie mit anderen Mythen in Verbindung zu bringen. So fehlte es nicht an denen, die in irgendeinem Moment behaupteten, daß Hipólito Yrigoyen der natürliche Sohn von Juan Manuel de Rosas oder daß der äußerst berühmte Jockey Ireneo Leguisamo der Sohn von Gardel wäre. Einige Jahre später führte vielleicht die Tatsache, daß Eva Perón ein uneheliches Kind war, zu einer leichteren Identifikation mit der Volksmasse.

Die Bedingungen und der Kontext, die zur Unsicherheit über ihre Ursprünge hinzukommen, ermutigen die „Mythen“ ihr Geburtsdatum ins Ungewisse zu legen. Eva Perón läßt das ihrige ändern. Ihre neuen Papiere verzeichnen 1922 anstatt des wahren Jahres 1919; und Gardel bietet in seinem Leben verschiedene Versionen des Jahres seiner „Ankunft in der Welt“ an. Dabei spielt es keine Rolle, daß die vorhandenen Urkunden die Zweifel bereits zerstreut haben. Der Sache haftet auf jeden Fall, ein für alle mal, das Mysterium an. Zu dem ungewissen Datum gesellen sich biographische Lücken, die zum Schmieden eines Archetyps unerläßlich sind. Die ohne großartige Ereignisse verblichenen Jahre treten in die Ebene reiner Mutmaßungen ein, denn ein Mythos kann keine harmlosen Epochen mit geringer Bedeutung gehabt haben. Diese Abschnitte werden also mit einem Mysterium bedeckt, das der Magie Nahrung gibt: Das Mysterium, das heilig spricht. Das Heilige nährt sich – in allen Religionen – zu einem Teil aus einem Wissen, das in den monotheistischen Religionen nur Gott, in den polytheistischen den Göttern und im allgemeinen – in dessen oder deren Stellvertretung – den Priestern vorbehalten ist. Nur Gott ist zur Weisheit fähig; für den Rest der Sterblichen ist Erkenntnis unmöglich oder wird durch Offenbarung nur einigen wenigen Auserwählten zuteil. Und solange das Mysterium heiligt, müssen die Mythen dafür sorgen, daß einige Aspekte ihrer Biographie auf der Ebene der bloßen Mutmaßungen, der reinen Vorstellungskraft bleiben. Auf diese Weise kann die „kollektive Weisheit“ neue, den Kult abstützende Elemente hinzufügen. Manuel Gálvez zögerte nicht, Hipólito Yrigoyen, den ersten großen Volksmassenführer in der argentinischen Geschichte, als „Mann des Mysteriums“ zu bezeichnen. Seine Stimme kannten nur sehr wenige seiner Anhänger, was ihn zum ungewöhnlichen Fall eines politischen Führer macht, dessen Charisma nicht auf seiner Redekunst beruht.

Gardel treibt die Verheimlichung bestimmter Aspekte seines Lebens auf die Spitze. Es treten außerdem Faktoren hinzu, die nach seinem Tod für neue Verwirrungen sorgen – zum Beispiel betreffs seines Geburtsortes und -datums: Wenngleich es wahr ist, daß man ihn im Viertel Abasto *El Francesito* nannte, stimmt auch, daß in sämtlichen Ausweisen stand, und er selbst unter seinen Freunden sagte, daß er Uruguayer wäre. Als solcher erscheint er in seinem argentinischen Personalausweis mit der Identifikationsnummer 236.001, wo geschrieben steht, daß er aus Tacuarembó stammt. Was das Geburtsdatum angeht, wird der 11. Dezember 1887 angegeben. Diese Angaben tauchen auch in anderen Dokumenten wieder auf. Das letzte von diesen ist ein Schriftstück über den Kauf einiger Grundstücke in Montevideo und stammt vom Oktober 1933. An jenem Tag trat Armando Delfino, sein späterer Testamentsvollstrekker, als Zeuge in Erscheinung. Und ausgerechnet er sollte der entschiedenste Verfechter der französischen Nationalität Gardels werden und nach dessen

Tod ein handschriftliches Testament entdecken, das viele für gefälscht halten. Darin tritt Gardel als geboren am 11. Dezember des Jahres 1890 in der französischen Stadt Toulouse auf. Nichtsdestotrotz versichern einige Freunde des Sängers, daß er sich in privaten Kreisen zum Jahrgang 83 bekannte.

Zu dem Mysterium der Geburt* kommt das seines Todes hinzu. Nach seinem tötlichen Unfall in Medellín wurden viele Stimmen laut, die behaupteten, daß Gardel durch den Unfall entstellt wäre und sich deshalb vor der Öffentlichkeit versteckt hielte. Diese irrwitzige Behauptung, die in den fogenden Jahren reichlich oft wiederholt wurde, war in Anbetracht der zweifelsfreien Identifizierung des Leichnams unhaltbar. Aber der Mythos stirbt nie. Was die populäre Redewendung rechtfertigt, die da sagt: „Gardel singt mit jedem Tag besser.“ Allein jener kann sich übertreffen, der nicht gestorben ist, weder alt wird, noch sich verschlechtert und Gardel bleibt kristallisiert in den Bildern seiner Filme, in den beleuchteten Portraits, in den Abziehbildern, die sein Lä-

---

* Während der Drucklegung der ersten argentinischen Auflage dieses Buches (1986) brachte mir Gustavo C. J. Cirigliano seine noch unveröffentlichte Arbeit mit dem Titel *Gardel simbólico*, in der er Angaben über die mythische Tradition von Toulouse sammelt. Dort erklärt er: „Die Geschichte von Toulouse, eine Stadt keltischen Ursprungs, Hauptstadt des Landes der Volgscos und Languedoc, beginnt im siebten Jahrhundert vor Christus. Toulouse ist heiliges und magisches Land, ein Land der Mythen und Legenden. Das Land, das immer Urspung für Mythen sein kann (kann Gardel wohl eine davon sein?). Es ist auch das Land der Katharer und Albigenser, genannt ‚die Vollkommenen‘ die, 20 tausend an der Zahl, am 22. Julil 1209 in der Schlacht von Béziers niedergemetzelt wurden. Und es ist das Land der Troubadoure.

Borges sagt (1972): ‚Eine Sprache ist eine Tradition, eine Art die Wirklichkeit zu empfinden, kein willkürliches Repertoire aus Symbolen.‘ Gardel wird das Repertoire der Symbole ändern können (vom Französischen zum Spanischen), aber vielleicht wird er nicht seine angeborene Sprache, seine Tradition, seine Art die Wirklichkeit zu empfinden verändern können. Kurz, er wird sie wie ein Toulousaner, wie ein Katharer, wie ein Troubadour wahrnehmen müssen.“

Toulouse ist das Land der Legende vom Gold, das man, wie erzählt wird, bis ins entfernte Delfi (ebenfalls eine geheiligte Stadt) suchte, und das heute in geheimen Verstecken, auf dem Grunde eines Sees, verborgen liegt. Es ist das Land der Troubadoure, die die gleiche Figur immer auf ähnliche Weise mit verschiedenen und geheimen Bedeutungen und Symbolen sangen. Toulouse ist Initiationsland und Land des Mysteriums. In welchem Maß werden sich die Charakteristika auf einen Toulousaner auswirken?

In den dunklen Legenden, die sich in den Anfängen der Zeit verlieren, liegt eine Vorwegnahme der Geschichte, die ein Volk leben will, oder die es sich vornimmt, zu Ende zu führen. Wenn Legenden sich erhalten, dann deshalb, weil sie für ein Volk wie eine Partitur sind, wie eine Handlung, die ihm aufzeigt, was es zu tun hat und ihm bestimmte Verhaltensweisen vorzeichnet.

Aus einem Boden der Legenden und Mythen wird Gardel hervortreten, er selbst ein Mythos, er selbst eine Legende.“

cheln und sein vor Brillantine glänzendes Haar zwischen himmelblauen und weißen Wolken zeigen. Gott ist unabänderlich, er war zu Beginn und er wird am Ende sein. Der Mythos läßt es nicht zu, sich ein Argentinien ohne Gardel vorzustellen.

Es gibt noch einen Punkt, dem gegenüber Gardel sich paradigmatisch verhält: Die Art und Weise wie er das Problem seines Liebeslebens löst – zumindest was sein öffentliches Bild anbelangt. In Übereinstimmung mit den Regeln der Epoche durfte Gardel, um die „geliebte Figur" werden zu können, die man mit keinem anderen, als mit dem Rest der Menge teilen mußte, – also mit einem amorphen und undifferenziertem Magma – sich nicht verheiraten. Als ewiger und in der Tat geheimer Bräutigam (von Isabel del Valle) ist Gardel mit dem Gesang verheiratet, so wie die Priester mit ihrer Religion. Auf diese Weise wird das Ideal mit niemand „Körperlichem", sondern nur mit der Gesamtheit geteilt. Er kann von allen Frauen geliebt werden; nicht nur von einer. Bis auf wenige Auserwählte besitzen die Frauen, die von Gardel träumen, das gleiche Charakteristikum: Für sie ist die geheiligte Figur unerreichbar. Hätte Gardel eine feste und bekannte Partnerin, würde der Mythos darunter leiden. Es herrschen noch die Zeiten, in denen Hollywood Klauseln in seinen Verträgen aufführt, die festlegen, daß sich gewisse Stars nicht verheiraten dürfen. Das Zölibat erleichtert die kollektive Fantasie, daß das Idol im Leben jeder einzelnen, die sich das männliche Modell erträumt, eines Tages als Märchenprinz erscheint. Mit den Jahren und mit der Verbreitung sowie der gesellschaftlichen Akzeptanz der Ehescheidung wurde die Bedeutung der Ehe zweitrangig. Der Geliebte und die Geliebte könnten ihren Partner in jedwedem Moment verlassen. Vom Moment an, in dem es keine unlösbaren Beziehungen mehr gibt, können sich die, die von der Liebe mit dem Star träumen, weiterhin ihrer Fantasie hingeben: Deren Partner wird nur ein temporäres Hindernis sein, und wer von seiner Liebe träumt, muß nur auf die Gelegenheit hoffen, seine Bekanntschaft zu erlangen – denn die Bande haben aufgehört unauflöslich zu sein. Im Gegenteil – das Bild von den multiplen Partnern wird eher noch gefördert, und nicht alle diese Partnerinnen stammen aus der Welt des Showgeschäftes, da das die Träume der Massen beflügelt, diesen symbolischen Altar zu erklimmen, den das Zusammenleben mit dem Mythos darstellt.

Aus diesem Grund wird – wie eine Vorwegnahme – akzeptiert, daß Gardel von vielen Frauen geliebt wird. Das Image des Sängers, der von Betty, July, Mary und Peggy, den „Blonden aus New York" *(Las Rubias de New York)*, angehimmelt wird, zu denen er in einer Szene des anderen Films *El tango en Broadway* aus dem Jahr 1934 singt, ist die ausgefeilteste Darstellung dieser freizügigen Einstellung. Alles soll glauben machen, daß der Supermacho Gardel, einen Harem aus dummen, stummen und immer lächelnden Frauen besitzt und seine Qualitäten unter dem blonden Quartett auf eine undifferenzierte und gerechte Weise, ohne zu ermüden aufteilt.

Von den vier argentinischen Mythen des zwanzigsten Jahrhunderts, Hipólito Yrigoyen, Juan Domingo Perón und Eva Perón sowie Carlos Gardel, fand allein der Sänger in allen sozialen Schichten Anerkennung. Die anderen drei erlitten die natürlichen Angriffe politischen Hasses der Parteigegner, wurden in Frage gestellt und diffamiert. Für ihre Fehler gab es kein Pardon. Nur Gardel wird alles verziehen, wie dies auch bei Symbolen der Fall ist: Niemand mit gesundem Menschenverstand würde die Farbgebung der Flagge oder die literarischen Schwächen der Nationalhymne kritisieren – dies sind Gegebenheiten. Der Kult um Gardel hat ihn auf diese gleiche Ebene gehoben. Von daher beschränken sich die meisten Texte über seine Person auf eine mehr oder weniger große Zahl von Daten, auf die Anhäufung von Anekdoten, der genauen Festlegung von bestimmten Begebenheiten seines öffentlichen Lebens mit einem sentimentalen *Touch*, der von Freunden des Idols oder von Zeugen seiner Erfolge beigesteuert wird. Weniges oder gar nichts erforscht die biographischen Lücken oder dunklen Aspekten seiner Laufbahn. Im besten der Fälle handelt es sich um reine Hagiographie.

Diese Verfahrensweise erlaubt, daß man sich weiter einen unveränderlichen Gardel vorstellt, mit ewiglich eingegeeltem Haar, festgehalten in mitten eines Lächelns, währenddessen er wie ein ungewöhnlicher Messias singt: „Zurückkommen, mit welker Stirn..." *(Volver, con la frente marchita...)* – auch wenn man weiß, daß er mit dem gleichen frischen Gesicht zurückkehren wird, geschminkt für das Schwarz-weiß-Kino und ohne eine Spur von Falten. Gott.

Dem kommt der überraschende Tod auf der Spitze seines Erfolgs hinzu, bei einem Unfall, bei dem das Feuer – mysthisches Element – eine fundamentale Rolle spielte, gerade so, als wollte es die Bestimmung dieses kollektiven Traumes besiegeln.

Die Übereinstimmung bei der Figur von Gardel mit praktisch allen, einem Mythos eigenen Charakteristika haben unvermeidlich zu einem Gardelianischen Kult geführt, der über den engen Rahmen der künstlerischen Bewunderung hinausgeht und das Paradigma bis in die Gefilde des Übernatürlichen emporhebt. Seit vielen Jahren pilgern dutzende ergebener Anhänger zu seinem Grab in Buenos Aires, die die Sage von den wunderwirkenden Eigenschaften des Sängers verbreiten. Gardel hat wie ein Heiliger Jünger, die zu ihm beten und um seine Gunst bitten, und es existiert eine, obgleich nicht besonders große Gruppe von Leuten, die seine Grabstätte in der Überzeugung besucht, daß seine Fürsprache zur Heilung einer Krankheit oder zum Erhalt einer Arbeitsstelle geführt hat. Und auch wenn für viele diese Ergebenheit ausschließlich ein Zeichen von Ignoranz darstellt, gibt es genug, die vom „San Gardel" sprechen, wie es Vicente Zito Lema in der Zeitschrift *Crisis* in seinem Artikel dokumentiert hat.

Damit sich sogar noch die äußersten Randschichten in die Identifikation einreihen können, wird die Möglichkeit unterstrichen, er wäre häufiger Besucher bei der Polizei gewesen und es werden die genauen Gründe dafür angegeben: Zuhälterei und Diebstahl. Konkrete Angaben dazu werden aber nicht geliefert. Unwahrscheinlich ist es nicht, daß er einmal die Zellen des Abschnittes um den Abasto-Markt in seinen jugendlichen Geschicken kennengelernt hat, was jedoch nicht automatisch auf das Vorliegen einer zuvor begangenen Straftat hindeuten muß. Zu jenem Zeitpunkt und im damaligen Kontext war es nichts Besonderes, wenn ein junger Mann auf dem Kommissariat bleiben mußte. Dafür konnte es verschiedenartige Gründe geben: angefangen bei Beschwerden der Nachbarn über Ruhestörungen nach sieben Uhr bis hin zu einem kleinen Diebstahl an einem Marktstand. Dies führte lediglich zu einem Verweis durch die Obrigkeiten, ohne daß es auch nur zu einer Bearbeitung des Verstoßes kam. Blas Matamoro erinnert in der Biographie des Sängers an ein Interview, das er gegen 1956 mit Domingo Tiola, dem damals neunzigjährigen Expolizisten des Abschnittes vom Abasto führte, in dem dieser ihm anvertraute, daß er „Gardel fast täglich festgenommen hat, weil er aus den Karren und Marktständen geklaut und stibitzt hat." Matamoro vermutet: „Aus jenen Jahren, als sich schon verschiedene Urteile wegen kleiner Delikte angehäuft hatten, wird wohl seine Haftstrafe herrühren, die er im Gefängnis von Ushuaia absitzen mußte. Das genaue Datum ist unbekannt, aber sicher liegt es nach 1905." Und der Biograph fährt fort: „Die Daten, die sich dazu erhalten haben, sind folgende: 1905 bricht eine Revolte der Radikalen gegen den Präsidenten Quintana aus. Der Sturz mißlingt und verschiedene darin verwickelte Militärs werden in den Süden geschickt. Zu den Verurteilten gehören Rodríguez Varela, Virgilio Avellaneda, Horacio Thor, Juan Ledesma, José Avalos und Eduardo Villanova. Im Mai 1906 unterschreibt der neue Präsident José Figueroa Alcorta den Amnestieerlaß. So kommt es, daß im Februar 1907 die Häftlinge auf dem Weg nach Buenos Aires sind. Die damals lange Überfahrt des Dampfers *Chaco* wird durch die von Villanova angestimmten *criollo*-Lieder verkürzt. Dieser Gesang lockt einen anderen Mann an, der ebenfalls, nach Verbüßung einer Haftstrafe in Ushuaia, auf der Reise nach Buenos Aires ist. Er singt an der

Seite von Villanova, auch wenn er kein politischer Häftling wie die anderen ist – und er singt besser. Er war in Haft wegen Rückfalls bei kleineren Delikten, gemäß der Zusatzstrafe, die das Gesetz 3.335 für solche Fälle vorsieht. Als sie im Hafen eintreffen, geht es Villanova nicht gut; zweifellos aufgrund der Wirkungen der Reise. Seine Kumpanen kaufen eine Postkarte, auf der der Hafen des Flusses Paraná, *Puerto de la Bajada Grande*, abgebildet ist und schreiben ihm: ‚Dem Señor Villanova, dem unerschrockenen Seefahrer der *Costa del sud*, der das Kap Horn umschifft hat und im *Río de la Plata* seekrank wurde.' Und sie unterschreiben. Eine der Unterschriften ist genau die von Carlos Gardel" wagt Matamoro zu behaupten.

Das Mysterium ermuntert zu Vermutungen. Mit den Jahren, die vergehen, verschwinden die Zeugen und die Zeugnisse – es sei denn, es tauchen neue Beweismittel auf – und es wächst die Wahrscheinlichkeit, daß die Begebenheiten in den Sphären des Mysteriums verbleiben. Auf der anderen Seite gehört das Leben der Mythen nicht so sehr der rigorosen geschichtlichen Forschung, sondern vielmehr der kollektiven Projektion, dem gemeinsamen Traum.

Gardel verkörpert die Bestrebungen des Durchschnittsargentiniers, die Tugenden, die den Prototyp ausmachen: Ruhm, Aussehen, Erfolg bei den Frauen, Geld, Großzügigkeit. Außerdem – und das ist sicher nicht das Unwichtigste – erweist sich Gardel als ein treuer Freund, an den man sich in jeder Situation wenden kann. Die anderen Eigenschaften: den Ruhm und den Erfolg bei den Frauen, erlangt er durch die bestaunten Berichte derer, die die Beweise für den internationalen Applaus liefern. Ökonomischer Erfolg ist unumgänglich – ein prunkvolles Leben, Luxusautomobile, Anzüge mit tadellosem Schnitt. Ein Tango, aus der Zeit nach Gardel wird es klar verdeutlichen:

Pá' las pilchas soy de clase	Für die Kleidung hab' ich Klasse
siempre cuido mi figura.	immer acht' ich auf meine Figur.
Para conquistar ternura	Um Zärtlichkeit zu erobern,
hay que fingir posición.	muß man Position vorspielen

Aus *Pa' que sepan como soy*

Gardel hat es nicht nötig, etwas vorzuspielen. Er zeigt einfach, was ist, und deshalb lächelt er. Das ewige, unzerstörbare Lächeln hat symbolischen Charakter gewonnen und außer, daß es ihn wie ein stereotyper Tick auf allen Fotografien begleitet, ist es auf seinem Denkmal zugegen, das sich über seinem Grab auf dem Chacarita Friedhof erhebt. Als es von einem seiner leidenschftlichen Anhänger „Die lächelende Bronze" *(el bronce que sonríe)* getauft wird, ist dies abgesehen vom Kitsch der Metapher auch Realität: Gardel ist aus Bronze.

Alles, was über ihn geschrieben wird, steht im Dienste der Untermauerung des Charakters der Kultfigur. Objektivität, Dokumentation und Analyse bleiben außerhalb des Schemas.

„Auf seine Weise" sagte Carlos García Gual in *Mitos, viajes, héroes* „bietet der Mythos eine Erklärung für die Welt und die Gesellschaft." Vielleicht bedurfte die argentinische Gesellschaft, Produkt der Einwanderung, eines Gardels, um ihre eigene Entstehung und Entwicklung besser zu verstehen.

* * *

Wie schon gesagt wurde: obschon zu Lebzeiten seine Papiere und seine eigenen Erklärungen ihn als Uruguayer auswiesen, erklärte der Sänger in einem, einige Monate nach seinem Tod aufgetauchten, handschriftlichen Testament, daß er aus dem französischen Toulouse gebürtig sei. Für einige Autoren war er der Sohn der Büglerin Bertha Gardès, die mit dem Jungen an den Río de la Plata reiste, als dieser erst drei Jahre alt war. Für andere (zum Beispiel Erasmo Silva Cabrera) ist Gardel das Resultat einer Gelegenheitsbeziehung zwischen dem uruguayischen Oberst Carlos Escayola und Manuela Bentos da Mora, die in einer bei den *estancias* Santa Blanca und Las Crucecitas in der Gegend von Tacuarembó gelegenen, bäuerlichen Behausung wohnte. Gemäß dieser, sich auf verschiedene Zeugen stützenden Version, übergab Manuela Bentos den Jungen mit zwei Jahren der Obhut von Bertha Gardès. Matamoro fügt hinzu, daß nach einer anderen Vermutung nicht die Gardès, sondern Anais Beaux, sein erster Vormund war – die spätere Ehefrau von Fortunato Muñiz. Für dieses Ehepaar empfand Gardel eine Dankbarkeit, die soweit ging, – wie aus einem seiner Briefe hervorgeht – daß er sie wie seine wirklichen Eltern behandelte. Für Edmundo Eichelbaums Biographie in Romanform liegt der Grund für diese Zuneigung einfach darin, daß der Sänger mit seiner Mutter in den ersten Jahren in Buenos Aires in dem Haus des Ehepaares Muñiz lebte. Gewiß ist, daß sich Bertha Gardès ihr ganzes Leben lang wie seine wirkliche Mutter verhielt.

In seinen ersten Lebensjahren so die offizielle Biographie, aus der sämtliche Zweifel gestrichen sind, geht er im *barrio* von Balvanera in die Schule, wo er ein Schulfreund von Ceferino Namuncurá ist, dem kleinen, heiligen *indio*, der heute im Prozeß der Seligsprechung ist. Über die Berufung ihres Sohnes behauptete Bertha Gardès in einem Interview aus dem Jahre 1936: „Er sagte immer, daß er Sänger werden wolle. Und das bereitete mir zu jener Zeit Furcht...Da wir gegenüber dem Theater Politeama wohnten und ich für einige namhafte Persönlichkeiten arbeitete, begab er sich oft in die Künstlergarderoben, wo er von allen sehr gemocht wurde. Er hatte einige Opern gehört und da er ein gutes Gehör hatte, sang er sie später nach und spielte dabei sämtliche Rollen alleine." In den darauffolgenden Zeiten sang er für ein paar Münzen – und oft umsonst – in Cafés und Restaurants in unmittelbarer Nähe des Marktes von Abasto.

Es waren Zeiten, in denen die Namen der drei *payadores* Gabino Ezeiza, José Betinoti und Arturo de Nava erstrahlten. Andere erfolgreiche Liedsänger waren Ángel Villoldo und Alfredo Gobbi. Gardels Idol muß – wie Gobello anmerkt – Arturo de Nava gewesen sein, der vorwiegend ländliche Themen sang, die damals von Gardel bevorzugt wurden. Nur hatte Gardel ein Defizit: Er war unfähig, wie sein Vorbild zu improvisieren. Er mußte sich damit begnügen zu wiederholen was andere kreierten. Aber er hörte mit Inbrunst den bedeutendsten *payadores* zu, von denen er die Grundlagen seines späteren Gesanges lernte. Rubén Pesce legte es im einzelnen dar: „Ezeiza konnte ihm das echte *criollo*-Vibrato zeigen; Betinoti den gefühlvollen Modus, den er in bestimmten Liedern benutzte, Nava die Bedeutung einer guten Klangfarbe in der Stimme." Es ist auch bekannt, daß er noch von weiteren Sängern lernte: Pedro Garay, einer der Schöpfer des zweistimmigen, ländlichen Gesanges und Saúl Salinas, der ihm beibrachte mit einer zweiten Stimme zusammen zu singen. Sicher ist jedenfalls, daß Gardel 1912 schon sein eigenes Duo mit Francisco Marino hatte; ein Jahr später verwandelt sich das Paar durch die Aufnahme von Saúl Salinas und dem Uruguayer José Razzano in ein Quartett. Zuerst setzt sich Salinas und kurz darauf Martino ab, womit sich das ursprüngliche Quartett 1913 auf das Duo Gardel-Razzano reduziert hatte, das bis 1925 zusammenbleiben würde; wenngleich Gardel alle seine Tangos allein aufnahm; vielleicht, weil beide einsahen, daß sich der *tango canción* nicht fürs Duett eignete. Vielleicht kam es für Razzano auch nicht in Frage etwas anderes als ländliche Lieder zu singen. Der deutliche Verfall von Razzanos Stimme war ein guter Vorwand, das Duo aufzulösen, und so reiste Gardel im Oktober 1925 alleine nach Paris, bereits fast ein reiner Tangosänger. Obwohl Razzano es nicht einsehen wollte, gehörte der *canto criollo* der Vergangenheit an, er würde erst – neubelebt und mit neuem Impetus – in den Stimmen der Folkloristen wiederkehren, die ihren Höhepunkt in den fünfziger Jahren erreichten. Zu diesem Zeitpunkt sollte die Folklore, angesichts der aus der Provinz nach Buenos Aires strömenden Massen, die am industriellen Aufschwung, die der Peronismus mit sich brachte, teilhaben wollten, dem Tango seinen Rang unter den musikalischen Vorlieben der Argentinier, selbst am Río de la Plata, ablaufen. Aber zu jener Zeit war nichts davon auch nur vorstellbar, und die ländliche Musik siechte auf unverzeihliche Weise dahin.

In *la vida de Carlos Gardel*, das dem Autor Francisco García Giménez von José Razzano erzählt wurde, malt der uruguayische Sänger seine erste Begegnung mit seinem späteren Duopartner in einem legendenhaften Ton aus. Er behauptet, daß verschiedene Cliquen der Cafés über längere Zeit die fantastische Idee von einer Kampfprobe zwischen beiden Sängern im Stil der alten *payadas* hatten, bis sie sich schließlich, eines nachts 1911, in der Straße Guardia Vieja (heute Jean Jaurès), im Haus des Pianisten Gigena Razzano trafen. Weiter behauptet er, daß der Wettstreit mit einem Unentschieden endete, möglicherweise um seine eigene Bedeutung herauszukehren. Möglich wäre es, wenn auch die Wahrheit in diesem Punkt nicht wichtig ist; denn, wie schon gesagt, traten sie wenig später bereits gemeinsam auf; zuerst im Quartett, das sich, als es zerbrach, in ein Trio und später in ein Duo verwandelte. All diese Wechsel fanden mitten in einer Tournee statt, die ein so großer Mißerfolg war, daß sie sich für einige Zeit trennten. In dieser Zeit wurden beide für Soloaufnahmen unter Vertrag genommen: Gardel von der Firma Columbia und Razzano von Víctor. Auf den Etiketten der Scheiben von Gardel steht erläuternd: „Tenor mit Gitarre" und in der Tat hört man ihn von sich selbst dürftig begleitet. „Man kann dort" zeigt Rubén Pesce auf „einen ungeschulten Tenor wahrnehmen, der sich mit einer bemerkenswerten Sicherheit an hohen Tönen und Fermaten versucht. Er protzt bei den hohen Tönen, und all das bescheinigt ihm eine bis *dato* unbekannte Musikalität und Emotivität. Seine Stimme ist die eines lyrischen Tenors aus dem *barrio*, denn sie ist nicht sehr gewaltig, er weiß sie jedoch durch eine gemessene Atmung gut einzusetzen. Seine Schule ist eine Kombination aus Volksbarden mit einer eigentümlichen Färbung und Bühnensängern, die er nachzuahmen pflegte."

Am 9. Januar 1914 debütierte das Sängerpaar in einem Theater der Straße Corrientes, dem *Teatro Nacional*, zusammen mit einer Kompanie (*de Pochades y Vaudeville,* wie das Plakat kundtat), die von Francisco Ducasse und Elías Alippi angeführt wurde und in der der später berühmte Enrique Muiño in einer kleineren Rolle auftrat. Die Ankündigung teilte mit, daß das Duo Gardel-Razzano die Zwischenakte untermalen würde. Wochen darauf debütierten sie im Armenonville, im März des gleichen Jahres präsentierten sie sich mit der Kompanie von Arsenio Perdiguero und Roberto Casaux und im Oktober arbeiteten sie mit Orfilia Rico zusammen. Die Direktoren dieser Gruppen gehören zu den führenden Künstlern der damaligen Zeit und weisen ohne jeden Zweifel auf die gute Aufnahme des Duos hin.

1915 nahm das Duo den Gitarristen José Ricardo auf, der die Begleitung bereichern sollte und zwei Jahre später begannen sie mit den ersten Aufnahmen. Auf der ersten Scheibe, der Nummer 18000 bei Nacional Odeón, erklingt im Gesangsduett *Cantar eterno* von Villoldo und Razzanos *Entre colores*, das vom Autor alleine gesungen wird.

1921, als Gardel bereits einige Tangos in sein Repertoire aufgenommen hatte (seit den Anfängen mit *Mi noche triste* und *Flor de fango*, von denen im Kapitel über Contursi gesprochen wurde), nahm das Duo einen zweiten Gitarristen, Guillermo Barbieri, auf. Er sollte den Sänger bis zu seinem Unfall von Medellín begleiten, dem auch er zum Opfer fiel.

1923 reisten Gardel und Razzano nach Spanien, wo sie in der Kompanie von Enrique de Rosas und Matilde Rivera im Theater Apolo von Madrid in einer Schlußnummer ihr Debüt gaben (man spielte *Barranca abajo* von Florencio Sánchez, mit einem zusätzlichen von der ganzen Kompanie getanzten *pericón*[1]). Nach der Rückkehr nach Buenos Aires sang das Duo beim Radiosender *Gran Splendid*, der in den oberen Stockwerken des gleichnamigen Theaters residierte. Doch Gardel wurde immer unabhängiger, und immer öfter verlangte die Aufnahmefirma von ihm solistisch vorgetragene Tangos. Im September 1925, nach einem gemeinsamen Auftritt der beiden in Rafaela, beschlossen sie das Duo aufzulösen. Gardel gab die *canciones criollas,* die niemanden mehr interessierten, fast gänzlich auf. Er wurde ein *cantor de tango*.

Von diesem Datum an wurde das Reisen für Gardel zur Gewohnheit. Im Oktober 1925 trifft er in Spanien ein, wo die diskographischen Zahlen alles über seine neue Einstellung sagen: Unter zweiundzwanzig eingespielten Themen sind nicht weniger als zwanzig Tangos.

Im Jahre 1928 ist Gardel bereits eine andere Persönlichkeit. Er hat sich mit hunderten Schallplatten durchgesetzt, mit einem sehr gut ausgewählten Repertoire, mit Themen, die ganze Geschichten erzählen. Gardel wählt seine Tangos zum Teil aufgrund der Melodie aus, die sich besser an seinen Gesangsstil, an sein Timbre und seine Phrasierung anpaßt, aber auch, und vor allem aufgrund ihrer Verse. Die Leute singen, was Gardel singt, und identifizieren sich mit ihm. Was er anstimmt, gehört zur täglichen Realität. Er ist einer von ihnen, einer der vielen, die von der Reise nach Frankreich träumen – ein Wunschtraum aller Argentinier in jenen Jahren. Deshalb bemerkte Pedro Or-

---

[1] *pericón* – argentinischer Volkstanz.

gambide: „Als Gardel nach Paris reist, läßt er damit symbolisch unsere Träume in Erfüllung gehen. Am 12. September 1928 verläßt er auf der ‚Conte Verde' Buenos Aires wie ein großer Lebemann. Es begleiten ihn sein Repräsentant Luis Gaspar Pierotti und seine Gitarristen Ricardo Barbieri und Aguilar (...) Gardel reist mit Chauffeur und mit seinem Auto, natürlich ein luxuriöser Graham Peige. Was heißen soll, er reist so, wie ein Argentinier aus dieser Epoche gerne reisen würde, ein *porteño* ‚der alle Wege und Kniffe kennt'. Er reist für uns."

Nach einer Aufführung im Theater Fémina, einem Benefiz-Festival, bei dem er zusammen mit Josephine Baker damals eine der allergrößten Pariser Stars, singt, steht er für drei Monate im Cabaret Florida auf der Bühne. Er nimmt mehrere Schallplatten auf und pflegt trauten Umgang mit der Aristokratie. In Termini der nationalen Fantasie: Er triumphiert. Gleichwohl – bei der ersten Präsentation, die er nach seiner Ankunft in Buenos Aires gibt, debütiert er in einem Saal, dessen Publikumsplätze nicht vierzehn oder fünfzehn Reihen übersteigen und am darauffolgenden Tag erhält er eine wilde Beschimpfung in der Zeitung *Crítica*. Er hatte sich erdreistet eine *canzoneta* zu singen, was ihm der Chronist nicht verzieh: „Also, stell Dir vor, mein Guter, wenn mir in einer meiner Reisen um die Welt der alten Vizcacha aus dem Martín Fierro, eine Camel rauchend, begegnet wäre, hätte mich das nicht so überrascht." Der Artikel trägt die Unterschrift von Carlos De la Púa, dem Autor des Buches *La crencha engrasada*, dessen Seiten ein lobpreisendes, Gardel gewidmetes Gedicht enthalten.

Aber dieser hat seinen Blick auf fernere Ziele gerichtet. Er begnügt sich nicht damit, der Sänger aus Buenos Aires zu sein. Er strebt danach, ein internationaler Sänger zu werden und dazu muß er sich zuerst in einen „Kino-Galan" verwandeln. Der Tonfilm ist gerade erst in Erscheinung getreten und die Sänger sind dessen unbestrittenen Stars. Schon der erste Film dieses Genres, *The jazz singer* mit Al Jolson, der populärsten Stimme der Vereinigten Staaten in den Zwanziger Jahren, als Hauptdarsteller, wird zu einem Kassenschlager.

Als Gardel von seiner Reise zurückkehrt, präsentiert er sich in einem Theater von Buenos Aires als Interpret des französischen Chansons. Er steht im Begriff, sich aufs Geratewohl einen internationalen Weg zu suchen und es wäre sogar denkbar gewesen, daß er unter Umständen den Tango aufgegeben hätte.

Filmkameras waren für Gardel keine neue Erfahrung, obgleich sich seine „Berufung" als nicht sehr vielversprechend erwies. In Filmen des Dramaturgen

Francisco Defilippis Novoa hatte er zwei kurze Auftritte. In einem davon, *Flor de durazno*, gedreht 1916 auf der Grundlage des bekannten Romans von Hugo Wast, erschien er als lächerlicher Galan, der es bereute, ein Bauernmädchen (Ilde Pirovano) mit List und Tücke verführt zu haben. Dick, schwammig und gestikulierend, in eine groteske Seemannsuniform gesteckt, die die weit über hundert Kilos, die er auf die Waage brachte, noch hervorhob, war seine Darstellung keine vorteilhafte, frühe Probe, die ihm den Weg zum erfolgreichen Schauspieler gewiesen hätte. Zwei Jahre später hatte er, beim Film *La loba* auch unter Defilippis Novoa, mitgespielt, von dem heute keine Kopien erhalten geblieben sind, und der auf ein Theaterstück desselben Regisseurs zurückgeht. Nichts läßt die Vermutung zu, daß sich Gardel in diesem Film sehr viel besser angestellt hätte, da er in einer Reihe von kurzen, im Jahr 1930 entstandenen Tonfilmen immer noch emphatisch und so übertrieben wie in seinem ersten Kinoversuch wirkt.

In seinen neuen, diesmal im französischen Joinville gedrehten Filmen tritt er schon wesentlich sicherer auf. In einer Reihe von Kurzfilmen, *Espérame* (1932) und in einem von der Gesellschaft Imperio Argentina betreuten 25-minütigen Kurzfilm, *La casa es seria* von 1933, beginnt er allmählich ein Schauspieler zu werden.

Ab dem Film *Espérame* sind alle Drehbücher der „gardelianischen" Filme von demjenigen geschrieben, der zu Gardels engstem Mitarbeiter in seinen letzten, fünf Lebensjahre werden sollte: Alfredo Le Pera.

Die verschiedenen Biographen sind sich über das genaue Geburtsjahr des Texters von Gardel nicht einig. Es wird im Jahre 1900, 1902 oder 1904 angesiedelt. Sicher ist, daß Le Pera in San Pablo, Brasilien, im Schoß einer Familie italienischer Immigranten zur Welt kam, jedoch seit frühster Kindheit in Buenos Aires lebte, wo er bis vier Jahre lang Medizin studierte und als Journalist für die Zeitungen *El Mundo* und *Última Hora* tätig war. Er schrieb die Sketche zahlreicher Theaterrevuen. Seinen einzigen Erfolg als Komödienschreiber hatte er mit dem Werk *La plata del Bebe Torres*. Er befand sich in Paris und war gerade mit den Drehbüchern einiger französischer Filme beschäftigt, als Paramount den Entschluß faßte, ihn mit Gardel zusammenzubringen, der bei den Filmen in Joinville mitwirkte.

Le Pera trug dazu bei das neue, internationale Image von Gardel abzustützen. Er schrieb für ihn Texte ohne Lunfardismen, die sich auf präzise Art und Weise an die vom Sänger geschaffenen Melodien anlehnten. Es galt, ein von Lokalkolorit befreites Spanisch zu erarbeiten, das in allen spanischsprachigen Ländern verstanden werden konnte, in einem Text mit einem gefühlvollen Inhalt, in dem Buenos Aires nur als ferne Referenz erscheinen würde, wie der Ort, aus dem er einmal weggegangen war. Die Idee zu diesen neuen Liedern fußte auf der Annahme, daß ein internationaler Künstler nicht seßhaft sein und nur für seine Nachbarn arbeiten kann; er muß seinen Blick in die Ferne richten, und seine Perspektive muß die immergültigen Probleme des Menschen umfassen und nicht nur die Gelegenheitskonflikte oder die Anekdote aus dem *barrio*. Le Pera verstand die Herausforderung, vor die ihn diese Position stellte und war ihr gewachsen.

Sein Hauptverdienst besteht darin, den Auftrag, den ihm Paramount gestellt hatte, in dem Sinne zu erfüllen, daß er den „gardelianischen" Text allgemeinverständlich machte. Der Erfolg der Auftritte in Lateinamerika und die anhaltende Beliebtheit, die seine Themen über die Jahre hinweg erzielten, sind ein guter Beweis dafür. Trotzdem fehlte seinen Texten nie ein argentinischer Beigeschmack. Viele Jahre später, 1970, bezog sich der Bandoneonist Aníbal Troilo in einem Dialog mit Jorge Miguel Couselo auf diese Eigentümlichkeit von Le Peras Texten: „Mach Dir klar, daß Gardel allein war, zuerst von Franzosen, dann von Nordamerikanern umgeben. (...) Er hatte seine Stimme (Na was meinst Du?), diese Kraft seiner Persönlichkeit und seine musikalischen Ideen. Aber er war kein Texter. Da tritt Le Pera in Erscheinung, über den mir gesagt wurde, daß er kein guter Typ war, aber, was macht das schon. Die beiden bringen ein beeindruckendes Kunststück fertig: Sie bewahren das unsrige in einer vollständig andersartigen Umgebung! Ich schreibe nicht und lese wenig, aber das von der Sprache, um sich den Leuten mitzuteilen, das versteh' ich richtig. Le Pera hat unsere Worte beigesteuert, solche, die nur wir, die *porteños*, verstehen und hat nicht aufgehört ein *porteño* zu sein. Oder Argentinier. Das ist nicht leicht. Das ist richtiggehend eine Feuerprobe. Le Pera schrieb und Gardel sang. Die Stimme von Gardel kannte keine Grenzen. Was Le Pera angeht, war es sein Verdienst, denen, die uns nicht kannten, das unsere zu ‚stecken'. Was hälst Du von *Melodía de arrabal* oder *Volver*? Und: *Mi Buenos Aires querido*? Denk daran, daß sie nicht in der Straße Corrientes uraufgeführt worden sind, sondern in Paris oder in Nordamerika. Kurz und gut, aus allen diesen Gründen, denke ich immer, wenn wir von Tangotextern sprechen, daß Alfredo Le Pera nicht weit von Discepolín steht oder von meinem geliebten ‚Bärtchen' Manzi."

Obgleich er im Film *La casa es seria* für den er *Volvió una noche* und *Recuerdo malevo* schrieb, ebenso wie in *Espérame* die Tangos *Me da pena confesarlo, Estudiante, Criollita de mis amores, Por tus ojos negros,* noch Lunfardismen wie: *pebeta, malevo, taita, remanyao*, *canero* verwendet, erwirbt er in den folgenden Filmen nach und nach eine gereinigte Sprache. Gleichzeitig bestätigt er sich als Dichter. So schreibt er Themen wie *Soledad*:

En la doliente sombra de mi cuarto	Im schmerzlichen Schatten meines Zimmers
al esperar	beim Warten
sus pasos que quizá no volverán;	auf ihre Schritte, die vielleicht nicht wieder
	kehren werden;
a veces me parece que ellos detienen	scheint mir manchmal, daß sie ihr Gehen ver
su andar	langsamen,
sin atreverse luego a entrar.	ohne dann zu wagen einzutreten.
Pero no hay nadie y ella no viene	Aber da ist niemand und sie kommt nicht
es un fantasma que crea mi ilusión,	es ist ein Gespenst, das meine Illusion
y que al desvanecerse va dejando su	eschafft,
visión	und löst es sich auf, läßt seine Erscheinung
cenizas en mi corazón.	Asche in meinem Herzen zurück.

Oder *Volver*:

Tengo miedo del encuentro	Ich habe Angst vor dem Zusammentreffen
con el pasado que vuelve	mit der Vergangenheit, die sich
a enfrentarse con mi vida.	meinem Leben wieder gegenüberstellt.
Tengo miedo de las noches	Ich habe Angst vor den Nächten,
que pobladas de recuerdos	die voller Erinnerungen
encadenen mi soñar.	mein Träumen in Ketten legen.
Pero el viajero que huye	Aber der Reisende, der flieht,
tarde o temprano detiene su andar,	hält früher oder später sein Laufen an,
y aunque el olvido que todo destruye	und auch wenn das Vergessen, das alles
	zerstört,
haya matado mi vieja ilusión,.	meine alte Illusion getötet hat,
guardo escondida una esperanza	bewahr ich versteckt eine bescheidene
humilde	Hoffnung,
que es toda la fortuna de mi corazón	die der ganze Reichtum meines Herzens ist.

Die Texte von Le Pera zeichnen sich durch das Erzählen dramatischer, abgeschlossener Geschichten aus. So zum Beispiel beschreibt er in *Volvió una noche* die Rückkehr einer alten Liebe und spricht über die Unmöglichkeit wieder neu zu beginnen:

Las horas que pasan ya no vuelven más.	Die Stunden, die vergehn, kommen nicht mehr zurück.
Y así mi cariño al tuyo elazado	Und so ist meine Zärtlichkeit, mit der Deinen fest verbunden,
es sólo un fantasma del viejo pasado	nur ein Gespenst aus der alten Vergangenheit,
que ya no se puede resucitar	die man nicht mehr erwecken kann.

Volver handelt von der Rückkehr des Protagonisten in sein Heimatland oder in das alte Stadtviertel, als ihm schon die „Jahre die Schläfen versilbert haben“, denn man „ kehrt immer zur ersten Liebe zurück“. Es ist ein Mann, der, nachdem er seine Wurzeln verlassen hatte, merkt, daß die einzige Hoffnung in der Rückkehr zu den Ursprüngen liegt, jenseits aller Angst oder Skepsis.

Das Thema der Ferne und des Wunsches heimzukehren (der jeden in der Fremde überkommt) taucht bei dem Binonym Gardel-Le Pera häufig wieder auf. Dies überrascht nicht, da es sich bei ihnen um Argentinier handelt, die – unabhängig von ihrem ökonomischen Erfolg und dem erlangten Ruhm – den Menschen representieren, der fern seines Vaterlandes Sehnsucht nach dem Heimatboden verspürt; und auch wenn in keinem der beiden Fälle Argentinien strenggenommen das Land ihrer Geburt ist, bleibt ihre Rolle doch gültig.

Diese Entfremdung hatte Gardel schon mit Versen von Enrique Cadícamo in *Anclao en París* besungen, einer der gelungensten Arbeiten des Dichters, sowohl in Anbetracht der Tiefe als auch aufgrund ihres Aufbaus und dichten Inhalts. Die Musik stammt von einem der Gitarristen Gardels, Guillermo Barbieri und gehört zu dessen bekanntesten Erfolgen:

Tirao por la vida de errante bohemio
estoy, Buenos Aires, anclao en París.
Cubierto de males, bandeado de apremio,
te evoco desde este lejano país.
Contemplo la nieve que cae blandamente
desde mi ventana que da al bulevar:
las luces rojizas, con tono muriente
parecen pupilas de extraño mirar.

Lejano Buenos Aires, ¡qué lindo que has de estar!
Ya van para diez años que me viste zarpar...
Aquí, en este Montmartre, faubourg sentimental,
yo siento que el recuerdo me clava su puñal.
¡Cómo habrá cambiado tu calle Corrientes...!

¡Suipacha, Esmeralda, tu mismo arrabal...!
Alguien me ha contao que estás floreciente
y un juego de calles se da en diagonal...
¡No sabés las ganas que tengo de verte!
Aquí estoy varado, sin plata y sin fe...
¡Quien sabe una noche me encane la muerte
y chau, Buenos Aires, no te vuelvo a ver!

Hingeschmissen vom Leben als herumirrender Bohemien,
bin ich, Buenos Aires, in Paris verankert.
Bedeckt von Übel, von Zeitdruck verfolgt,
Gedenke ich Dir aus diesem fernen Land.
Ich betrachte den Schnee, der weich fällt,
Von meinem Fenster, das auf den Boulevard zeigt:
Die rötlichen Lichter, mit dem schmutzigen Ton
Scheinen die Pupillen eines seltsamen Blicks zu sein.

Fernes Buenos Aires, wie schön mußt Du sein!
Es geht schon auf die zehn Jahre, daß Du mich fortschiffen sahst...
Hier, auf diesem Montmarte, sentimentaler Faubourg,
spür' ich, daß mir die Erinnerung ihren Dolchstoß versetzt.

Wie wird sich Deine Straße Corrientes verändert haben...!
Suipacha, Esmeralda, Dein eigenes *arrabal*...!
Jemand hat mir erzählt, daß Du florierst
und ein Spiel Straßen gibt sich diagonal[2]...
Du kannst Dir nicht vorstellen, wieviel Lust ich habe, Dich zu sehn!
Hier bin ich ohne festen Job, ohne Geld und ohne Glaube...
Wer weiß, eines Nacht führt mich der Tod ab
und *chau*, Buenos Aires, seh´ ich Dich nicht wieder!

Wie bereits gesagt wurde, bildet die Reise nach Paris einen Teil der Fantasie eines jeden Argentiniers, und der geringste intellektuelle oder gesellschaftliche in Frankreich erlangte Erfolg ist der rechtsgültige Ausgangspunkt für die „Weihe". Aber die Verpflichtung zur Reise schließt die Notwendigkeit zurückzukehren mit ein. Die Sehnsucht wirkt erdrückend; Zurückkehren ist Ziel und Versprechen. Gardel-Le Pera übertragen dies in einem ihrer Themen, in *Golondrinas*. Einer schreibt, und der andere singt:

---

[2] ...gibt sich diagonal – das Straßenmuster der Stadt Buenos ist rechteckig angelegt. Diagonalverlaufende Straßen somit eine Besonderheit dar.

Golondrinas de un solo verano	Schwalben eines einzigen Sommers
con ansias constantes de cielos lejanos,	mit ewigen Ängsten der entfernten Himmel;
alma criolla errante y viajera,	umherirrende und reisestetige *criollo*-Seele,
querer detenerla es una quimera.	sie anhalten wollen ist eine Chimäre.

Dennoch bleibt das latente Versprechen:

Con las alas plegadas	Mit den Flügeln gefaltet
también yo he de volver.	muß auch ich zurück.

In *Mi Buenos Aires querido* erklärt Le Pera:

Cuando yo te vuelva a ver	Wenn ich Dich wiedersehe
no habrá más penas ni olvido.	wird es keinen Kummer und kein Vergessen mehr geben.

Aus diesem Grund gibt es kein anderes Mittel als zurückzukehren, auch wenn er in *Volver* bekennt:

Tengo miedo del encuentro	Ich habe Angst vor dem Zusammentreffen
Con el pasado que vuelve	mit der Vergangenheit, die sich
A enfrentarse con mi vida,	meinem Leben wieder gegenüberstellt.

denn, wie er in *Lejana tierra mía* sagt:

No sé si al contemplarte al regresar	Ich weiß nicht ob, betracht' ich Dich bei der Rückkehr,
sabré reír o llorar.	ich werde lachen oder weinen können.

In jenen Tagen hatte Gardel seine ganze Kraft als Sänger erreicht. Matamoro faßt zusammen: „Gewiß hat sich seine Stimme mit den Jahren ‚verschleiert', wie dies natürlich ist bei einem Mann, der die Fünfzig erreicht hat und dessen Gewebe – vor allem die Muskeln, die für das Stimmorgan wichtig sind – verknöchert und Zeichen der dem Alter eigenen Sklerose aufweist. Mit der Zeit und durch den Gebrauch wird jede Stimme härter und dunkler und nimmt dabei ein stark nasales Timbre an, das alles sind Merkmale dieses Phänomens. Auch wenn es im Fall von Gardel bedeutete, den Glanz und den Tonumfang zu den hohen Tönen aus seinen jungen Jahren zu verlieren, bekommt die verdunkelte und dichtere Stimme einen viel interessanteren Charakter, außerdem ist er als Interpret gereift ist und hat sich verfeinert. Es sind die Jahre, in denen er mit bewundernswertem Ernst seine eigenen Lieder und Tangos singt, die von Alberto Castellanos oder Terig Tucci begleitet werden."

Sein Erfolg ist im Ausland größer als in Argentinien. In den spanischsprachigen Ländern werden seine Filme ständig gezeigt und er wird zu einem Idol; gleichwohl erwecken seine Präsentationen im eigenen Land keine allzu große Neugierde. Er lebt prunkvoll in New York; zuerst im Hotel Woldorf Astoria, einem der teuersten der Welt, und später in einem luxuriösen Penthouse im Hotel Beaux Arts. Trotz seines internationalen Erfolges wird die Revue *De Gabino a Gardel*, die im März 1933 im *Teatro Nacional* von Buenos Aires uraufgeführt wird, und für deren Aufführungsdauer ein Monat vorgesehen war, nach zwei Wochen wegen Publikumsmangel abgesetzt. Und sowohl die Zeitungen von Buenos Aires, als auch die von Montevideo behaupten, daß seine Stimme ohne Hilfe der in seinen Filmen benutzten Mikrophone schon nicht mehr zu hören sei. Am *Río de la Plata* wird ihm auch nicht verziehen, daß er ein immer gleiches Repertoire besitzt, das sich nicht erneuert.

Es erscheint auch nicht übertrieben anzunehmen, daß ihm seine eilige Aufnahme des Tangos *¡Viva la patria!* von Aieta und García Giménez wenige Tage nach dem Militärputsch vom 6. September 1930 nicht wenig Antipathie unter den Anhängern von Hipólito Yrigoyen eingebracht hat, die nach wie vor die Mehrheit im Lande ausmachten. Die Unión Cívica Radical hatte ihre Kontrahenten bei den Präsidentschaftswahlen 1928 mit der doppelten Stimmzahl besiegt. Auch nach dem Putsch des General José Félix Uriburu behielt sie die Mehrheit der Stimmen, wie es die Wahlen der Provinz Buenos Aires vom 5. April 1931 zeigten. Wahlen, die durch die Regierung, die naiv von einer vernichtenden Niederlage jener Partei träumte, die sie sieben Monate zuvor aus der Macht vertrieben hatte, annulliert werden mußten. Gardel konnte man die Kokettiere verzeihen, die ihn dazu bewegte in Sitzungen von verschiedenen, konservativen Führern zu singen, bevor er zu einem Star wurde. Man konnte sogar seine Freundschaft mit Juan Ruggero, genannt Ruggerito, übersehen, der ein „besserer" Leibwächter des *caudillo* von Avellaneda, Alberto Barceló, war; aber sich den Feinden von *El Peludo*, wie man Yrigoyen aufgrund seiner „Häuslichkeit" im Regierungsgebäude und geringen Reiselust nannte, angeschlossen zu haben, war zuviel.

Der willfährige Text von García Giménez, aufgenommen noch bevor ein Monat nach dem Militärputsch vergangen war, sagte:

La niebla gris rasgó veloz el vuelo de un avión
y fue el triunfal amanecer de la revolución.
Y como ayer el inmortal 1810,
salió a la calle el pueblo radiante de altivez.
No era el mismo pabellón que quiso arrebatar.
Y al resguardar la libertad del trágico malón,
la voz eterna y pura por las calles resonó:
¡Viva la Patria! y la gloria de ser libres.
¡Viva la Patria! que quisieron mancillar.
¡Orgullosos de ser argentinos al trazar
nuestros nuevos destinos!
¡Viva la Patria! de rodillas en su altar.
Y la legión que construyó la nacionalidad
nos alentó, nos dirigió desde la eternidad.
Entrelazados vio avanzar la capital del Sur
soldados y tribunos, linaje y multitud.
Amanecer primaveral de la revolución,
de tu vergel cada mujer fue una fragante flor,
y hasta tiñó tu pabellón la sangre juvenil
haciendo más glorioso nuestro grito varonil.

Der graue Nebel schlitzte flink den Flug von einem Flugzeugs auf
und wurde zum siegreichen Morgengrau der Revolution.
Und so wie gestern im unsterblichen 1810,
ging das Volk auf die Straße, strahlend vor Stolz.
Nicht war es derselbe Pavillon, den es zertrümmern wollte.
Und als es die Freiheit vor dem tragischen Überfall schützte,
hallte durch die Straßen wider der ewige und reine Ruf:
Es lebe das Vaterland! und der Ruhm frei zu sein.
Es lebe das Vaterland!, das sie beflecken wollten.
Stolz Argentinier zu sein, beim Gestalten
unserer neuen Schicksale!
Es lebe das Vaterland! kniend vor seinem Altar.
Und die Legion, welche die Nationalität erschuf,
ermutigte uns, leitete uns aus der Ewigkeit.
Miteinander verflochten sah die Hauptstadt des Südens
Soldaten und Tribune, Adel und Masse vorwärtsschreiten.
Frühlingsmorgen der Revolution,
jede Frau war eine wohlriechende Blume Deines Gartens,
und jugendliches Blut färbte gar Deinen Pavillon,
mehrte unserem Mannesschrei den Ruhm.

Aus *¡Viva la Patria!*

Der Unfall vom 24. Juni 1935 im Flughafen von Medellín läßt Bedenken und Kritiken vergessen. Der Zusammenstoß des Flugzeuges, das ihn von Bogotá nach Cali bringen sollte, mit einem anderen, das in der Startbahn des Flughafens Olaya Herrera stand, bewirkte einen fürchterlichen und schnellen Brand. Der Sänger und seine Begleiter, Alfredo Le Pera und die Gitarristen Guillermo Barbieri und Domingo Riverol, sterben an den Folgen des Aufpralls und des Feuers. Der dritte Gitarrist, José María Aguilar, überlebt mit schwersten Verbrennungen; ebenso zwei weitere Passagiere. Den Rest der Fluggäste, achtzehn Personen, ereilt das gleiche Los wie Gardel.

Der unvorhergesehene Tod und das „reinigende" Feuer lassen jegliche Kritik verstummen. Niemand erinnert sich mehr an das immer gleiche Repertoire oder den Verfall seines stimmlichen Timbre. Niemanden kümmern seine politischen Anschauungen oder die Winzigkeit der Zuschauerzahlen, die seinen letzten Auftritten beiwohnten. Die Nachricht erschüttert Buenos Aires wie ein Erdbeben, das anhält und sich steigert, als der Leichnam einige Monate später eintrifft. Die große Menschenmenge, die an der Totenwache und am Begräbnis teilnimmt, kann nur verglichen werden mit der, die zwei Jahre zuvor dem Sarg von Hipólito Yrigoyen bis zum Friedhof von Recoleta gefolgt war.

Von diesem Moment an verwandelten sich die Anhänger von Gardel in Jünger und die Bewunderer in Fanaten, und selbst der Lauf der Zeit hat den Enthusiasmus nicht mildern können. Man hat ihn „den Stummen" *(El Mudo)* getauft und es entsteht die Sentenz: „Jeden Tag singt er besser". Viele Jahre später läßt Humberto Costantini in einem Gedicht die Ursachen hierfür erahnen:

Para mí, lo inventamos.	Für mich, haben wir ihn erfunden.
seguramente fue una tarde de domingo,	Bestimmt war es ein Sonntagnachmittag,
con mate,	mit Mate,
con recuerdo,	mit Erinnerung,
con tristeza,	mit Traurigkeit,
con bailables bajitos en la radio,	mit leiser Tanzmusik im Radio,
después de los partidos	nach den Fußballspielen
Entonces qué sé yo,	Dann, was weiß ich,
nos pasó algo rarísimo.	passierte uns etwas ganz seltsames.
Nos vino como ángel desde adentro,	Es überkam uns wie ein Engel aus dem Innern,
nos pusimos proféticos,	wir wurden prophetisch,
nos despertamos bíblicos.	wir erwachten biblisch.

Miramos hacia las telarañas del techo,
nos dijimos:

„Hagamos pues un Dios a semejanza
de lo que quisimos ser y no pudimos.

Wir schauten auf die Spinnweben an der Decke,
sagten uns:
„Machen wir also einen Gott nach dem
Bilde, dessen was wir sein wollen und nicht können.

Démosle lo mejor,
lo más sueño y más pájaro
de nosotros mismos.

Geben wir ihm das Beste,
am meisten Traum, am meisten Vogel
von uns selbst.

Inventémosle un nombre, una sonrisa,
una voz que perdure por los siglos,
un plantarse en el mundo, lindo, fácil
como pasándole ases al destino."

Erfinden wir ihm einen Namen, ein Lächeln,
eine Stimme, die die Jahrhunderte überdauert,
ein schönes, leichtes auf der Welt sein
so als teilte man dem Schicksal Asseaus."

Y claro, lo deseamos
y vino.
Y nos salió morocho, glorioso, engominado,
eterno como un Dios o como un disco.

Und klar, wir sehnten ihn herbei
und er kam.
Und er war uns dunkelhäutig gelungen,
glorreich, mit elegant pomadiertem Haar,
ewig wie ein Herrgott oder eine Schallplatte.

Se entreabrieron los cielos de costado
y su voz nos cantaba:
mi Buenos Aires querido...
Eran como las seis,
esas horas en que empiezan los bailables
y ya acabaron todos los partidos.

An den Seiten öffneten sich unmerklich die Himmel
und seine Stimme sang zu uns:
mein geliebtes Buenos Aires...
Es war etwa sechs Uhr,
jene Stunden, in denen die Tanzmusik beginnt
und schon alle Fußballspiele zu Ende sind.

Und deshalb klingt es nicht übertrieben, Federico García Lorca mit *seinem Llanto por Ignacio Sánchez Mejías* (Klage um Igancio Sánchez Mejías) zu paraphrasieren, als dieser angesichts seines am 11. August 1934 von einem Stier in der Arena von Manzanares aufgespießten Freundes schrieb:

Tardará mucho tiempo en nacer,
si es que nace...

Es wird lange dauern bis er geboren wird,
wenn er denn geboren wird...

Ein anderer Dichter, Raúl González Tuñón, der sich Gardels annahm:

Y nadie ha superado la voz inconmovible
En la luna del disco y en la rosa del aire.
Quizá cuando otra vez vuelva a caer la nieve
– sobre nuestra ciudad – otra voz se le iguale.

Und übertroffen hat niemand die unerschütterliche Stimme auf
dem Mond der Schallplatte und auf der Rose des Äthers.
Vielleicht wenn noch einmal Schnee fällt[3]
– auf unsere Stadt – tut es ihm eine andere Stimme gleich.

[3] Es sind nur zwei Schneefälle in Buenos Aires bekannt: Einer im Jahr 1918 und der andere am 6. Juli 1955.

Das *Lunfardo*: Geheimnisvolles Geflüster

Wie jede technische Zunft oder Gruppe, die etwas auf sich hält, bedurften auch die Diebe – Ende des 19. und Anfang des 20. Jahrhunderts – einer kryptischen Sprache, die, außer zur gegenseitigen Verständigung auch dazu diente, die Polizei oder die Leichtgläubigen, die sie ausrauben wollten, irrezuführen. Ebenso benötigten sie einen Jargon, um sich im Gefängnis zu verständigen, ohne von den Wächtern verstanden zu werden. Dadurch enstanden spezifische Wendungen und Termini, die den Ursprung für die sogenannte Knastsprache *(idioma canero)* bildeten, also für die Sprache der Häftlinge, den verbalen Code der *lunfardos* – einer damals gebräuchlichen Bezeichnung für „Diebe", die diese verwendeten, wenn sie von sich selbst sprachen.

So etwa wurde eine Uhr *bobo*[1] genannt – aufgrund der Einfachheit, mit der man sie stehlen konnte, sagen die einen oder weil sie den ganzen Tag ohne Pause arbeitet, sagen die anderen. *Vaivén*[2] sagte man zum Messer, wegen der Hin- und Herbewegung, die man damit ausführte, *otario* war das naive Opfer eines Betruges; die für einen Einbruch notwendigen Instrumente bezeichneten sie als *ferramentusa* und denjenigen, der ins Gefängnis gewandert war, nannten sie *encanastado*[3]. Und so ließe sich sagen, wie es einmal Felipe Fernández darstellte: „*Se armó una bronca debute y me encanó la perrera*" (Es kam zu einem „Debüt[4]-Krach" und die Hundefänger knasteten mich).Übersetzt in eine normale Sprache hieße es: „Nach einem Riesenskandal wurde ich von der Polizei verhaftet."

Die ersten Manifestationen dieser einzigartigen Sprache begannen sich in Buenos Aires zwanzig Jahre vor dem Ende des 19. Jahrhunderts – dank beobachtender Journalisten und Polizisten mit Anwandlungen linguistischen Sammlertums – zu verbreiten. Im März und April 1879 veröffentlichte Benigno B. Lugones auf den Seiten der Zeitung *La Nación* zwei Artikel, in denen er einige „lunfardische" Bezeichnungen erklärte, die bis dahin für den Rest der Bevölkerung unbekannt gewesen sein dürften. Dadurch verbreiteten sich, Ausdrücke und Redewendungen, die eigentlich nur in der Unterwelt von Bue-

---

[1] *bobo* – heißt im „normalen", spanischen Sprachgebrauch „Dummkopf"

[2] *vaivén* – „geh und komm", was soviel wie „hin und her" heißt.

[3] *encanastado* – „eingeknastet".

[4] *debute* – von „Debüt" wird im Lunfarde im Sinne von „exzellent" gebraucht.

nos Aires gebräuchlich waren, auch in anderen Kreisen: *hacerse humo*[5], *cotorro*[6], *embrocar*[7], *espiantar*[8], *bacán*[9] und *curda*[10].

Laut einer Anmerkung von Luis S. Cañas in *Orígenes de la literatura lunfarda* steht in einer Notiz in der Zeitschrift *La Broma* vom Januar 1882: „Das *Lunfardo* ist nichts anderes als ein Mischmasch aus italienischen Dialekten gewöhnlicher Geistesnatur und wird, ausgeschmückt mit weiteren pittoresken Ausdrücken von den Ganoven des Landes benutzt; dies beweisen – unter vielen anderen – Wörter wie *ancoun, estrilar*, *shacamento*[11] "

Obwohl dieser Jargon, wie es Borges ausdrückte, als Sprache „der *furca*[12] und der *ganzúa*[13]" entstanden war, drang das *Lunfardo* langsam in die Alltagssprache der *conventillo*-Bewohner ein, um schließlich eine verbreitete Sprache unter Männern zu werden. Sie wurde durch den täglichen Gebrauch reichhaltiger und so zu einem Identitätsmerkmal des „Argentinischen".

Wenn gewiß ist, daß Heimat gleichbedeutend mit Sprache ist und daß in dieser entlegenen Gegend des Planeten das Spanisch auf eine eigentümliche Art und Weise gesprochen wird, muß man zu recht an den großen Anteil des *Lunfardo* bei der Herausbildung der, das Rückgrat bildenden Wesensmerkmale, der Volkssprache von Buenos Aire erinnern.

In Argentinien sind „Lunfardismen" anfangs durch ihren Gebrauch innerhalb des *conventillo* und dessen szenischer Darstellung, dem *sainete*, später durch die Tangotexte zu einem allgemeinen Volksgut geworden. Den Samen dieser Entwicklung brachten die Immigranten mit ihren Dialekten ins Land:

---

[5] *hacerse humo* – zu Rauch werden= verschwinden.

[6] *cotorro* – Sittich (Vogelart); hier im *Lunfardo* steht die männliche Form für: Zimmer / Bude.

[7] *embrocar* – während das *Gran diccionario de la lengua española* sinngemäß erklärt: 1. Etwas von einem Gefäß ins andere kippen, 2. Technische Bezeichnung beim Besticken von Textilien (*broca* – die Spule), 3. techn. Bezeichnung bei der Schuhherstellung (*broca* – Schusterzwecke), gibt man dem hier aus dem Italienischen entlehnten Wort (*imbroccare* – erraten) im *Lunfardo* die Bedeutung von „beobachten/ jemanden betrachten, um seine Gedanken zu erraten".

[8] espiantar – 1. abhauen, 2. klauen. Das Partizip espiantado bzw. piantado (– abgehauen) wird auch mit der Bedeutung von „verrückt" verwendet, z.B. in der *Balada para un loco* von Horacio Ferrer.

[9] *bacán* – (möglicherweise ist dessen Ursprung im Wort „Bacchant" zu sehen). Bacán spezifiziert im Lunfardo einen erfolgreichen Lebemann.

[10] *curda* – die Kurdin, bedeutet im neuen Zusammenhang „(Alkohol-) Rausch"

[11] *ancoun* – Achtung!; *estrilar* – wüten, vom italienischen strillare – schreien; *shacamento* – Betrug, Raub.

[12] *furca* – Wort mit italienischem Ursprung, zur Bezeichnung eines von hinten ausgeführten Würgegriffes, mit dem man das Opfer überwältigte, das bis dahin von einem Komplizen abgelenkt worden war.

[13] *ganzúa* – Schlüssel-Dietrich.

Schwierigkeiten bei der Aussprache, linguistische und syntaktische Unterschiede zur spanischen Sprache und ein Wortschatz, bei dem es durch Gedächtnislücken und Kontextschwierigkeiten zu Vermischung und zu Verwechslungen kam. Das verbreitete Analphabetentum und die Bequemlichkeit, die Dinge weiterhin bei den in der Kindheit benutzten Namen zu nennen, trugen den Rest dazu bei. Es war sowieso illusorisch in einem zusammengewürfelten Land, in dem es zu bestimmen Zeiten mehr Ausländer als Einheimische gab, eine kristalline und makellose Sprache haben zu wollen. Deshalb täuschten sich jene, die wie Miguel Cané den Untergang dieser Volkssprache vorhersahen. Zu Beginn des zwanzigsten Jahrhunderts schrieb der Autor von *Juvenilia* in *La Nación*: „An dem Tag, an dem die Grundschule bei uns wirklich zur Pflicht geworden ist, an dem Tag, an dem wir ausreichend Schulen besitzen, um die Tausende von Kindern, die von früh bis spät in den tausend Straßenjobs unserer Hauptstadt herumgammeln, zu betreuen, werden das *Lunfardo*, das *Cocoliche* und andere ‚Nationalsprachen' mangels Pflege eingehen." Was Cané in seiner Prophezeiung nicht bedachte, war, daß die Sprache ein Eigenleben hat, daß sie sich trotz der Regeln verändert und verwandelt, ohne auf akademische Normen zu warten.

Das *sainete* brachte – besonders dank der Werke von Alberto Vacarezza (*Tu cuna fue un conventillo*, *El conventillo de la paloma*) José González Castillo (*Entre bueyes no hay cornadas*, *Acqueforte*) und Juan Francisco Palermo (*El amansador*, *El amuro*, *La promesa de la paica*) – neue Glanzlichter in die Alltagssprache. Im November 1908 stellte José González Castillo, der in späteren Jahren so berühmte Tangos wie *Sobre el pucho* und *Organito de la tarde* schreiben würde, in *El retrato del pibe* die Charaktere des Stückes mit ungewöhnlichen „arrabaleren" Versen vor:

Bulín bastante mistongo	Ziemlich bescheidene Bude
aunque de aspecto sencillo,	obschon von einfachem Aussehen,
de un modesto conventillo	eines bescheidenen *conventillo*
en el barrio del Mondongo.	im Viertel von Mondongo.
Una catrera otomana,	Eine Ottomane-Pritsche,
una mesa, una culera,	ein Tisch, eine Windel,
un balde, una escupidera	ein Eimer, ein Spucknapf
y cualquier otra macana,	und jedwed anderes Zeugs,
que me pongan el salón	solln sie mir den Salon richten,
sin cara de cambalache	ohne Aussehen nach Trödelladen
y uno que otro cachivache	und dem einen und anderen Krimskrams
en uno que otro rincón.	in der einen und anderen Ecke.

Zu der anhaltenden Kraft des *Lunfardo* trug auch das Erscheinen von Dichtern eines Formates wie Felipe Fernández (Yacaré) bei, der 1915 seine *Versos rantifusos* (Herumstreuner-Verse) veröffentlichte; ein Werk ohne gleichen hinsichtlich seiner Menge an Vokabeln mit *Lunfardo*- oder Alltags-Herkunft, was mitunter so stark ausgeprägt ist, daß einige seiner Gedichte im wesentlichen geschickte Aufzählungen darstellen – wie zum Beispiel diese Ansammlung der verschiedensten Bezeichnungen für „Frau“:

Yo a la mina le bato[14] paica, feba, catriela,	Ich sag zur *Mine*[15] *paica, feba, catriela,*
percanta, cosa, piba, budín o percantina:	*percanta*[16], Ding, *piba,* Pudding oder Perkantine:
chata, bestia, garaba, peor es nada o fémina,	Pummelchen, Tier, *garaba*, besser als „Nichts“ oder *fémina,*
cusifai, adorada, chirusa, nami o grela.	*cusifai*, Angebetete, *chirusa*[17], *nami*[18] oder *grela.*

Und in derselben Arbeit notiert er die *Lunfardo*-Synonyme für Geld:

A la guita la llamo sport o ventolina,	Die *guita*[19] nenn‘ ich *sport* oder *Ventolina,*
Menega, mosca, duros, shosha, morlacos, vento,	*menega*, Fliege, *duros*, *shosha, morlacos,* Wind[20],
nales o bataraces, gomanes o elemento,	*nales* oder *bataraces, gomanes* oder Element,
mangagás o guitarra, es decir meneguina.	*mangagás* oder Gitarre, sozusagen *meneguina.*

Ein Jahr später, 1928, veröffentliche Carlos Raúl Muñoz y Pérez, genannt Malevo Muñoz, oder einfacher Carlos De la Púa, wie er es selbst vorgezogen hatte sich auf dem Buchdeckel zu taufen, *La crencha engrasada* (Der eingefettete Scheitel), das größte Werk des *Lunfardo.* Auf seinen Seiten ist das

[14] *batir* – Lunfardoausdruck für „sagen / sprechen“

[15] *mina* – im Hochspanischen entspricht die Bedeutung dem deutschen Wort Mine (z.B. Bleistift-, Goldmine). Im Lunfardo wandelt sich die Bedeutung zu Mädchen, was gewisse Assoziationen nahelegt: das Mädchen als feine, dünne Mine bzw. als Goldmine (z.B. als Prostituierte).

[16] Über den Kontext von percanta siehe auch das Kapitel: Contursi, der Erfinder.

[17] *chirusa* – negativ besetzt, etwa „Schlampe“

[18] *nami* – geänderte Reihenfolge der Silben von mina.

[19] *guita* – hier in der Bedeutung von Geld, ist eine Abkürzung für *guitarra* (Gitarre)

[20] *vento* – italienisch, Wind.

„Dialektale“ nur eine wohlüberlegte Klippe, die sich der Autor selbst in den Weg gelegt hat. Carlos De la Púa zeigte auf diesen Seiten, daß sich mit Talent die Grenzen eines Genres oder eines Wortschatzes überwinden lassen – und an Talent mangelte es Malevo Muñoz nicht; er war sogar in der Lage Wörter zu erfinden, die in die perfekte Form seiner Verse hineinpaßten und so treffend waren, daß sie aus dem Text in die Alltagssprache übernommen wurden.

La crencha engrasada war mehr als eine linguistische Keckheit oder die gereimte Übertragung eines Geheimjargons – es war ein tiefgründiges Bild der Ethik, der profundesten Weltanschauung und der Metaphysik der Randschichten von Buenos Aires. So konnte er zum Beispiel solch bedeutende Gedichte wie *Hermano chorro* schreiben:

Hermano chorro, yo también	Bruder Lump, ich weiß auch
sé del escruche y de la lanza...	über's Einsteigen und über's Taschenziehen Bescheid...
La vida es dura, amarga y cansa	Das Leben ist hart, bitter und macht müde
Sin tovén...	ohne Knete...
Yo también tengo un laburo	Ich hab auch eine Arbeit
De ganzúa y palanqueta.	mit Dietrich und Brechstange.
El amor es un balurdo	Die Liebe ist ein vorgetäuschtes Bündel Scheine[21],
En puerta.	ein Schwindel, der in der Tür steht.
Con tal que no sea al pobre	Wenn es nicht gerade bei den Armen ist, dann
Robá, hermano, sin medida...	stiehl, Bruder, ohne Zurückhaltung...
Yo sé que tu vida de orre	Ich weiß, daß Dein Ganovenleben
es muy jodida.	sehr beschissen ist.
Tomá caña, pitá fuerte,	Trink Schnaps, pfeif laut,
jugá tu cashimba al truco	spiel Deine Börse beim *truco*
y emborracháte,	und besauf Dich,
el mañana es un grupo.	das „Morgen“ ist ein Betrug.
Tras cartón está la muerte.	Hinter dem Karton[22] steht der Tod.

Aber den größten Beitrag zur massenhaften Verbreitung des *Lunfardo* lieferten nicht Dichtung oder Literatur, sondern die Texte der Tangos. Bereits in den ersten Jahren des 20. Jahrhunderts hatte Ángel Villoldo das *Lunfardo* in seinen kleinen Texten verwendet, aber nach den Gepflogenheiten der Milieu-

[21] *balurdo* – Ausdruck für eine bestimmte Form von Betrug (siehe Textübersetzung), bei dem einige Geldnoten über einem Päckchen wertlosem Papier lagen.

[22] *tras cartón* – „Hinter dem Karton“ steht für: „unverzüglich“, sowie „und noch dazu“ im Gedicht hieße es sinngemäß: „und unversehens/ noch dazu ist da der Tod“

schilderer aus jener Epoche, zu denen er gehörte, in einem umgangssprachlichen Tonfall, dessen Modell die Dialoge von Fray Mocho waren.

Contursis Erfolg der mit Lunfardismen gespickten Texte war für kleinere Texter ein Ansporn, dem Weg zu folgen. Sie glaubten, daß sich mit dem Wiederholen der Formel auch der Erfolg wiederholen könnte und versuchten fehlendes Talent durch ein Übermaß an *Lunfardo*-Ausdrücken zu ersetzen. Sie bauten sie auf eine erzwungen wirkende Weise ein und halfen sich oft genug mit nicht mehr gebräuchlichen, schon vergessenen Termini. Aber unter dieser Vielzahl von Texten gab es auch einige Bemerkenswerte; sie wurden von den Leuten auf der Straße gesungen und sind dadurch Allgemeingut geworden; ihre Schöpfungen drangen tief in die Umgangssprache ein und bereicherten sie.

Neben den unzähligen Kreationen der großen Dichter, dürfen bei den *Lunfardo*-Tangos Themen wie *Viejo rincón* von Roberto Cayol, *Amurado* von José de Grandis und *Como abrazao a un rencor* von Antonio Podestá nicht vergessen werden:

Esta noche, para siempre	Diese Nacht gehen für immer
terminaron mis hazañas;	meine „Heldentaten" zu Ende.
un chamuyo misterioso	Ein geheimnisvolles Geflüster
me acorrala el corazón.	schüchtert mein Herz ein.
Alguien chaira en los rincones	Jemand wetzt in den Ecken
el rigor de la guadaña	die Schärfe der Sense
y anda un algo cerca el catre	und ein jemand geht neben meinem Bett um
olfateándome el cajón.	und läßt mich die Kiste riechen.
Los recuerdos más fuleros	Die erbärmlichsten Erinnerungen
me destrozan la zabeca:	zertrümmern mir den Kopf:
una infancia sin juguetes,	eine Kindheit ohne Spielzeug,
un pasado sin honor,	eine Vergangenheit ohne Ehre,
el dolor de unas cadenas	der Schmerz von einigen Ketten
que aún me queman las muñecas	die immer noch an meinen Handgelenken brennen
y una mina que arrodiya	und ein Mädchen, das
mis arrestos de varón.	meinen Mannesmut auf die Knie zwingt.

Oder *Barajando* von Eduardo Escaris Méndez

Me la dieron como a un zonzo,	Sie gaben sie mir als sei ich ein Dummkopf,
pegadita con saliva,	mit Spucke geklebt,
mas mi cancha no la pierdo	doch mit meinem Dreh verlier ich's nicht
por mal juego que se dé,	wie schlecht das Spiel auch sei
y, si he quedao arañando	und wenn man mich verprügelt hat,

como gato panza arriba,	ich wie eine Katze mit dem Bauch nach oben lieg,
me consuelo embolsicando	tröst ich mich, indem ich mir die
la experiencia que gané.	Erfahrung einsteck, die ich gewonnen hab.

Und *1 y 1* mit Versen von Lorenzo Juan Traverso:

Hace rato que te juno	Seit einer Weile beguck ich Dich,
que sos un gil a la gurda,	Du bist ein totaler Gimpel,
pretencioso cuando curda,	Angeberisch wenn im Rausch,
engrupido y charlatán.	eingebildet und ein Scharlatan.
Se te dio vuelta la taba;	Dir hat sich die *taba*[23] umgedreht
hoy andás como un andrajo.	Heute läufst Du wie ein Lump herum.
Has descendido tan bajo	Bist so tief gesunken,
que ni bolilla te dan.	daß man Dich gar nicht ernst nimmt.
¿Qué quedó de aquel jailaife	Was ist von jenem „high-life" geblieben,
que en el juego del amor	der beim Spiel der Liebe
decía siempre: Mucha efe	immer sagte: viel F[24]
me tengo pa' tayador?	hab ich in mich als *tayador*[25]?
¿Dónde están aquellos briyos	Wo sind jene Brillanten
y de vento aquel pacoy,	und vom Geld jenes Bündels,
que diqueabas poligriyo,	mit dem Du Dich, Erbärmlicher,
con las minas del convoy?	bei den Frauen vom Konvoi wichtig gemacht hast?

Der 1926 uraufgeführte Tango *El ciruja*[26] von Alfredo Marino zur Musik von Ernesto de la Cruz, ist ohne Zweifel die Krönung der *tangos lunfardos*. Die Verse erzählen eine trostlose Geschichte, einen hoffnungslosen, notwendigerweise skeptischen Weg in die Resignation:

Como con bronca, y junando,
de rabo de ojo a un costado,
sus pasos ha encaminado
derecho pa' al arrabal.
Lo lleva el presentimiento
de que, en aquel potrerito
no existe ya el bulincito
que fue su único ideal.

---

[23] *taba* – Knochen, der beim gleichnamigen Glückspiel hochgeworfen wird.
[24] *efe* – steht für das spanische *fe* – Vertrauen, Glauben.
[25] *tayador* – Derjenige, der beim Glücksspiel die „Bank macht".
[26] *El ciruja* – „der Müllsammler", eine Bezeichnung, die von *cirujano* (Chirurg) kommt, da der Müllsammler, wie dieser, konzentriert herumstochert.

Recordaba aquellas horas de garufa
cuando minga de laburo se pasaba,
meta punguia, al codillo escolaseaba
y en los burros se ligaba un metejón;
cuando no era tan junao por los tiras,
lo lanceaba sin temer el manyamiento,
una mina le solfeaba todo el vento
y jugó con su pasión.

Era un mosaico diquero
que yugaba de quemera,
hija de una curandera,
mechera de profesión;
pero vivía engrupida
de un cafiolo vidalita
y le pasaba la guita
que le shacaba al matón.

Frente a frente, dando muestras de coraje,
los dos guapos se trenzaron en el bajo,
y el ciruja, que era listo para el tajo,
al cafiolo le cobró caro su amor...
Hoy, ya libre 'e la gayola y sin la mina,
campaneando un cacho 'e sol en la vedera,
piensa un rato en el amor de su quemera
y solloza en su dolor.

Wie wütend und aus dem Augenwinkel
nach einer Seite blickend
hat er seine Schritte
geradewegs zum *arrabal* gelenkt.
Er hat das Vorgefühl,
daß auf jenem Stückchen Land
die kleine Bude nicht mehr steht,
die sein einziges Ideal war.

Er dachte an jene wilden Zeiten zurück,
als er sein Leben ohne Schufterei verbrachte,
was er wollte stahl er, spielte *codillo*[27]
und bei den Eseln[28] wurde eine Liebe angebändelt;

---

[27] *codillo* ist ein Kartenspiel.

als er noch nicht so von den Polizisten beachtet wurde,
zog er sich's[29], ohne Furcht erkannt zu werden,
eine *mina* verpfiff ihm den ganzen Zaster
und spielte mit seiner Leidenschaft.

Sie war ein hübsches Mosaik[30]
die bei den Müllfeuern jochte,
Tochter einer Kurpfuscherin,
einer Diebin von Beruf;
aber sie lebte geblendet
von einem nichtsnutzigen Zuhälter
und gab ihm die Gita weiter,
die sie bei dem Schläger ergaunerte.

Stirn an Stirn gaben sie Beweise ihres Schneids,
beide *guapos* „verflochten sich" in einem Streit
und der „Chirurg", der geschickt für den Schnitt war,
ließ den Zuhälter teuer für seine Liebe bezahlen...
Heute, schon frei aus dem Käfig und ohne die *mina*,
steht er Schmiere[31] für ein Stück Sonne auf dem Gehsteig,
denkt eine Weile an die Liebe seiner Müllbrennerin
und seufzt in seinem Schmerz.

Dichter wie Celedonio Flores, Enrique Cadícamo, Enrique Santos Discépolo, Cátulo Castillo und in jüngerer Zeit Eladia Blázquez und Horacio Ferrer haben, mehr um Wirklichkeitssinn als um die akademischen Normen bemüht, das *Lunfardo* ohne Scham verwendet. Aber sie trafen dabei nicht immer auf Verständnis. 1943 wurde unter dem Regime *de facto* des General Pedro P. Ramírez, eine Gesetzesnorm erlassen, die in Sorge um die Erhaltung der sprachlichen Reinheit eine Verbreitung von Texten mit *Lunfardo* verbot. Die Anordnung blieb nicht allzu lange rechtskräftig, aber es reichte aus, um unter den Textern Sorge und unter dem Publikum Gelächter aufkommen zu lassen, und ebenso um jene, die das Gesetz erlassen hatten, der Lächerlichkeit preiszugeben. Nichtsdestotrotz erzwang das Gesetz zensierte Themen einiger alter Tangos umzuarbeiten, andere direkt aus dem Repertoire zu nehmen sowie in

---

[28] „bei den Eseln" heißt: auf der Pferderennbahn.
[29] *lancear* beschreibt auch die Technik: dem Opfer wird die Beute mittels einer Pinzette aus den Taschen gezogen.
[30] *moza*ico hier in der Bedeutung von (*moza*-) Mädchen.
[31] *campanear* – vom Spanischen *campana*, Glocke, die Glocke schlagen – Schmiere stehen.

den neuen Tangos zum stereotypen *tú*[32] – das in der Umgangssprache von Buenos Aires nicht existierte – zurückzukehren und alle jene Wörter einer Zensur zu unterwerfen, die, auch wenn sie gebräuchlich waren, in der Lage waren an die Randschichten, die *orilla*, die dunklen Anfänge, zu erinnern. Discépolo drückte es in einer leidenschaftlichen Verteidigung des *Lunfardo* so aus: „Diese Leute", er bezog sich auf eine Komission, die gebildet worden war, um über die Reinheit der Sprache zu hüten und deren bekannteste Persönlichkeit der Monsignore Gustavo Franceschi war „juckt es nicht, daß die Jugend beim Rumba fortwährend den Hintern bewegt, es juckt sie nicht, daß diese sich mit dem *bolero* veweichlichen, aber es juckt sie mein bescheidenes *Yira Yira*." Ein Komiker schlug vor, den Titel des besagten Tangos in einen korrekteren zu verändern; *Dad vueltas, dad vueltas* (dreht Runden, dreht Runden). Der Witz hatte seinen Hintergrund: *Shusheta* war schon in *El aristócrata* und *Chiqué* in *El Elegante*, *La Maleva* in *La Mala* umgewandelt worden.

Gleichwohl, da die Geschichte und die Literatur nun einmal gegen den Strich des Reinheitsgedankens und der Verknöcherung laufen, setzten die großen argentinischen Schriftsteller in ihren Büchern endgültig das *voseo* und die Verwendung von umgangssprachlichen Wörtern durch. Sie gingen zu den Wurzeln des Argentinischen zurück und ließen damit die Künstlichkeit einer Sprache hinter sich, die nur auf dem Papier existiert hatte. Sie nahmen wieder den von großen Schriftstellern wie Sarmiento, Hernández und Alberdi vorgezeichneten Weg auf, denn – wie Ernesto Sabato es ausdrückte: „Die Sprache er schafft das Volk, das ganze Volk, und auf natürliche Weise reicht es seine Paradigmen an seine großen Dichter und Schriftsteller weiter. Große Dichter und Schriftsteller, die niemals dem Gewalt antun, was im Keim oder stillschweigend in der Seele ihres Volkes liegt, sondern die es in die höchsten Höhen der Subtilität und Ausdruckskraft heben." Auf diese Art begann das *Lunfardo* die Sprache in Büchern, Texten und Gedichten, der neuen und der altbewährten Autoren, zu färben. Es war nicht der Rückgriff auf eine kryptische, technische oder sektiererische Sprache. Es war die einfache Umschreibung des Lebens. Die Wahrheit, die die Schlacht gewonnen hatte. Und zieht man Bilanz: An diesem Sieg hatte der Tango einen großen Anteil.

---

[32] *tú* – „Du" des modernen Spanisch – wohingegen in Argentinien und Teilen Südamerikas das *vos* als zweite Person Singular vorherrscht.

Celedonio Flores: Der Dichter am Nerv von Buenos Aires

No tengo el berretín de ser un bardo	Ich habe nicht die fixe Idee ein Barde zu sein
chamuyador letrao ni de spamento;	gelehrter Quassler nicht mal zum Spaß;
yo escribo humildemente lo que siento	ich schreibe bescheiden, was ich fühle
y pa' escribir mejor lo hago en lunfardo	und um besser zu schreiben tu' ich's in *lunfardo*

Celedonio Flores

Gleich der musikalischen Bestimmung zeichnet sich auch die dichterische schon in der Jugend ab. Das trifft auch auf Celedonio Esteban Flores zu, der noch vor seinem zwanzigsten Lebensjahr ein Versheft mit dem Titel *Flores y Yuyos* (Blumen und Kräuter) zustande gebracht hatte, das er jedoch nicht veröffentlichte. Er war 1896 in Buenos Aires zur Welt gekommen und unternahm seine ersten poetischen Gehversuche im Schatten des Modernismus. Die Wahl der Schule scheint logisch zu sein: Der Heiligenschein des Ruhmes, der ihrem Vorkämpfer, dem Nicaraguaner Rubén Darío, anhaftete, strahlte selbst nach dessen Tod 1916 weiter, und seine Anhänger und Imitatoren ließen keine anderen möglichen Alternativen erahnen. Für die argentinischen Barden gab es noch einen zusätzlichen Grund für die hypnotische Wirkung des Modernismus: Eine seiner Stützen, der Dichter Leopoldo Lugones, befand sich auf seinem künstlerischen Höhepunkt, und Erfolg erzeugt bekanntlich Nachahmer. Im Jahre 1909 hatte er *Lunario sentimental* (empfindsamer Mondlauf) veröffentlicht, im darauffolgenden Jahr – zeitgleich mit den Festlichkeiten der Hundertjahrfeier der Unabhängigkeit – *Odas seculares* (hundertjährige Oden) und im Jahre 1912 *El libro fiel* (das treue/tapfere Buch). Ebenso fand in den damaligen Tagen der Abglanz des Kitsches eines Amado Nervo aus Mexiko enorme Verbreitung; die Sentimentalität seiner Botschaft ordnete sich gut in die Gebote des lateinamerikanischen Kleinbürgertums ein.

Aber es weist auch alles darauf hin, daß Flores, außer von diesen Autoren, auch von Evaristo Carriego und vor allem von Felipe Fernández (Yacaré) beeinflußt wurde, der eine Spalte in der Zeitung *Última Hora* besaß und im Jahr 1915 die *Versos rantifusos* bekanntmachte, die wichtigste Zusammenstellung von *Lunfardo*-Gedichten, die bis dahin geschrieben worden war.

Es war eben diese Zeitung *Última Hora*, die gegen Ende des ersten Jahrzehnts einen Tangotext-Wettbewerb ausschrieb. Celedonio legte ein ironisches, in *Lunfardo* geschriebenes Gedicht mit gut bemessenen Alexandrinern vor, das den Titel *Por la pinta* trug, und gewann. Gardel, der sich auf der Suche nach neuen Tangos befand, um sie in sein noch kleines Repertoire aufzunehmen, interessierte sich für das Thema. Der Sänger hatte immer noch José Razzano, mit dem zusammen er nur ländliche Lieder sang, als „Ballast" an seiner Seite. Die Tangos waren Ausnahmen, „Fehltritte", die er als Abwechslung bei den Duo-Präsentationen solistisch sang. Gardel bestellte den jungen Dichter, der bis dato noch ohne Veröffentlichung war, zu sich und schlug ihm vor, seine Verse zu vertonen, womit er seinen Gitarristen José Ricardo beauftragte (obgleich sich für die Autorenschaft des Liedes auf den Schallplatten das Duo verantwortlich zeichnete). Das Ergebnis war – unter dem definitiven Titel *Margot* (Ricardo hatte ihn als *Pelandruna refinada* registriert) – der zehnte Tango, den Gardel aufnahm.

Der Text ist ein Vorwurf an eine Frau des Cabarets, die, um ihre Herkunft aus dem „Elend einer Vorstadtbarracke" *(en la miseria de un convento de arrabal)* vergessen zu machen, soweit ging, ihren eigenen Namen zu „französisieren": „Du bist nicht mehr meine Margarita, jetzt nennt man Dich Margot" *(Ya no sos mi Margarita, ahora te llaman Margot)*, protestiert der Erzähler. Aber die Verstellung entpuppt sich als vergeblich:

porque hay algo que te vende, yo no sé si es la mirada
la manera de sentarte, de charlar, de estar parada,
o ese cuerpo acostumbrado a las pilchas de percal.

Weil da etwas ist, das Dich verrät, ich weiß nicht, ob es der Blick ist,
die Art und Weise Dich zu setzen, zu sprechen, zu stehen,
oder dieser Körper, gewohnt an die Klamotten aus Perkal.

Angetan vom Widerhall, den *Margot* gefunden hatte, hielt Flores in *Mano a mano* an einer ähnlichen Thematik fest, und man könnte vermuten, daß es sich gar um dieselbe Figur, nur diesmal aus einem anderen Blickwinkel betrachtet, handelt; hier erinnert er das Mädchen an ihre jüngste Vergangenheit:

cuando vos, pobre percanta,	als Du, arme *percanta*,
gambeteabas la pobreza en la casa de pensión	im Pensionsheim vor der Armut Haken schlugst

um dem den gegenwärtigen Luxus gegenüberzustellen:

hoy sos toda una bacana,	heute bist Du ganz eine *bacana*,
la vida te ríe y canta	das Leben lacht Dir zu und singt

aber der Texter nimmt wieder den Vorwurf auf:

tenés el mate lleno de infelices ilusiones	Du hast den *mate*[1] voll mit unglücklichen Illusionen

Wieder der Verrat ihrer Klasse, dessen Bestrafung sich in dem Moment erfüllen wird, in dem sie zu einem „aus dem Leim gegangenen alten Möbelstück" *(descolao mueble viejo)* geworden ist, und keine Hoffnungen mehr hat. Dann wird sie – geschlagen – zurück zu ihren Ursprüngen gehen müssen.

Die gleiche, scheinheilige Moral kann man in *Audacia* wahrnehmen, wo der Zeuge des Aufstiegs des Cabaretmädchens ihren gesellschaftlichen Rang zum Gegenstand seiner Beschuldigungen macht:

Me han contado y perdonáme que te increpe de este modo,
que la vas de partenaire en no se qué bataclán;
que has rodao como potrillo que lo pecharon el codo,
engrupida bien debute por la charla de un bacán.
Yo no manyo francamente lo que es una partenaire
aunque digas que soy bruto y atrasao ¿qué querés?
no debe ser nada bueno si hay que andar con todo al aire
y en vez de batirlo en criollo te lo baten en francés.

Mir wurde erzählt, und verzeih mir, daß ich Dich auf diese Weise rüge,
Daß Du als *partenaire* gehst, in was weiß ich für einen *bataclán*[2];
Daß Du Dich gedreht hast, wie ein Pferdchen, dem man den Ellenbogen in die Seite gestoßen hat.
Erstklassig betrogen vom Geschwätz eines *bacán*.
Offengestanden versteh ich nicht, was das ist, eine *partenaire*,
Auch wenn Du sagt, ich sei ungebildet und rückständig – was willst Du?
Es kann wohl nichts Gutes sein, wenn man ganz entblößt herumlaufen muß
Und anstatt es auf *criollo* zu sagen, sagen sie Dir's auf französisch.

---

[1] *el mate* – der Trinkbehälter für den Matetee, steht hier für „Kopf".

[2] *bataclán* – Ba-Ta-Clan (französisch-Bedeutung: Tumult, Radau) war der damals wohlbekannte Name eines frivolen Varietétheaters in Paris.

Später erweiterte Flores seine Themenpalette und genau dann gelangen ihm auch seine besten Texte, wenngleich er mehr als einmal in maßlose Grobmalerei verfiel oder in heillosen Kitsch, wie bei den sentimentalen Bildern von *Si se salva el pibe*, wo er die Befürchtungen der Eltern eines Jungen kundtut, der von einem Auto angefahren wurde, sowie dessen klägliche Fortsetzung: *Se salvó el pibe*. Häufig nimmt Flores auch einen schulmeisterlichen Ton an. In *Atenti pebeta* empfiehlt er zum Beispiel einer jungen Frau:

Cuando estés en la vereda y te fiche un bacanazo
vos hacéte la chitrula y no te le deschavés,
que no manye que estás lista al primer tiro de lazo
y que por un par de leones bien planchados te perdés.

Wenn Du auf dem Gehweg stehst und Du einem *bacanazo*[3] ins Auge stichst,
spiel die Dumme und erklär'Dich ihm nicht.
Daß er nicht merke, daß Du beim ersten Lassowurf erledigt bist
und Dich wegen ein paar gut gebügelten Hosen verlierst.

Im Stil vom Viejo Vizchacha[4], verkündete er päbstlich in *Consejos Reos:*

En asuntos de mujeres cada cual juega su carta
yo conozco muchos ranas que se han casado después,
el amor es un anzuelo donde el más lince se ensarta
y donde se pierden mucho envidos con treinta y tres

Cuando entrés a una carpeta donde vayás convidado
desconfiá de las barajas y los puntos al jugar;
un mango tiene más fuerza que un caballo desbocado
y en la timba hasta tu viejo te va a tirar a matar.

In Frauenangelegenheiten spielt jeder seine Karte
ich kenne viele *ranas*, die sich später verheiratet haben,
die Liebe ist ein Haken, an dem der größte Luchs aufgespießt wird
und wo man viele *envidos* mit dreiunddreißig Punkten[5] verliert.

---

[3] *bacanazo* – siehe auch *bacán*, reicher Mann

[4] *Viejo Vizcacha* – Figur im Epos Martin Fierro.

[5] beschreibt eine Situation beim Kartenspiel *truco* (siehe auch Anmerkung Kapitel: Die Mut-und Messersekte): theoretisch kann man bei 33 Punkten auf der Hand nur dann einen *envido* verlieren – der Gegner kann keine höhere Punktzahl besitzen – wenn derjenige, der die Runde angefangen hat, ebenfalls 33 Punkte auf der Hand hat. Man verliert also einen sicher geglaubten Gewinn, weil ein anderer „zuerst dran war".

Wenn Du an einen Tisch kommst, wo Du eingeladen bist,
mißtrau' beim Spielen den Karten und den Punkten.
Ein Peso hat mehr Kraft als ein durchgegangenes Pferd,
und beim Glückspiel wird Dich sogar Dein Alter totschießen.

Und eindringlich sagt er in *Comadre:*

Comadre no le haga caso,	Gevatterin, beachten Sie ihn nicht,
los hombres son como la veleta,	die Männer sind wie die Wetterfahne,
arranque su vieja pena,	reißen Sie sich ihren alten Kummer heraus,
nunca más llore por ese amor.	weinen Sie nie wieder wegen dieser Liebe.
(...)	(...)
¡Comadre no le haga caso,	Gevatterin, beachten Sie ihn nicht,
no vale un hombre tanto dolor!	soviel Schmerz ist ein Mann nicht wert!

Bei der Beschreibung von Typen und Persönlichkeiten *(Canchero, Viejo smoking, Pa' lo que te va a durar),* von Orten *(Corrientes y Esmeralda; El bulín de la calle Ayacucho)* oder in seinen Gesellschaftsbildern *(Pan, sentencia),* ließ Flores seine Tugenden offen zutage treten: Technische Kenntnisse, die ihm gut bemessene Verse ermöglichten; eine Mannigfaltigkeit, die es ihm gestattete, die häufigen Füllwörter zu vermeiden, die einen guten Teil der Tangotexte überfluten; sowie eine ausgewogene Verwendung des *lunfardo*, das bei allen Themen auf natürliche Art und Weise als die adäquate Sprache in Erscheinung tritt.

Aus der Lektüre aller seiner Tangos ebenso wie seiner Gedichte, die in den Büchern *Chapaleando barro* von 1929 und *Cuando pasa el organito* (ohne Datum) erschienen, läßt sich Celedonio Flores' volksnahe Ideologie und der moralische Hintergrund seiner Kompositionen ersehen. Und selbst wenn viele seiner Charaktere häufig der Oligarchie angehören, entehrte er sie, indem er sie in den Momenten der Dekadenz zeigt, aus der Perspektive der Melancholie des Alters, oder aber auf ihrem Höhepunkt, um das Flüchtige ihres Erfolges aufzuzeigen, der nur auf ökonomischen Werten beruht. So beschreibt der Protagonist in *Viejo smoking* seine gegenwärtige Armut und vergleicht sie mit den Zeiten, in denen er im Cabaret im Mittelpunkt der Bewunderung stand. Dennoch beschwert er sich nicht; er weiß, daß das Leben wie ein Glücksspiel ist, und in diesem Spiel „bekam er halt die schlechte Karte" *(se le dio la mala).* Flores drückt es bildhaft aus:

Poco a poco todo ha ido	Nach und nach ist alles weg
de cabeza p' al empeño,	kopfüber zur Verpfändung
se dio juego de pileta	Spiel im kalten Becken
y hubo que echarse a nadar.	und es galt zu schwimmen.

So wie professionelle Spieler die Karten, die sie erhalten haben, ohne Klagen und Proteste akzeptieren, trifft der Protagonist seine Vorkehrungen, um Abstand zu nehmen und kein Mitleid zu erregen:

Yo no siento la tristeza	Ich fühle keine Trauer,
de saberme derrotado	mich ruiniert zu wissen,
y no me amarga el recuerdo	und mich erbittert nicht die Erinnerung
de mi pasado esplendor,	an meine glänzende Vergangenheit.
no me arrepiento del vento	Es reut mich nicht des Geldes,
ni los años que he tirado,	noch der Jahre wegen, die ich fortgeworfen habe,
pero lloro al verme solo,	doch ich weine, wenn ich mich allein seh',
sin amigos, sin amor.	ohne Freunde, ohne Liebe.

Wie man sieht, taucht wieder jene Idee der Tangophilosophie auf, wonach sowohl die Liebschaften als auch die Freunde aus den Jahren des Wohlstandes gemeinsam mit der günstigen ökonomischen Lage verschwinden.

In *Pa' lo que te va a durar* richtete er seine Worte an jemanden, der seine Existenz fröhlich verbringt: Spieler, Frauenheld, Stammkunde der Pferderennbahn und gesellschaftlich erfolgreich. Er beschrieb ihn so:

Estás cachuzo a besos, te han descolao a abrazos,
se te ha arrugao la jeta de tanto sonreír.
Si habrás gastado puños en mesas de escolaso.
¡Si habrás rayado alfombras, muchacho bailarín!
Cómo tembló Palermo
cuando en las ventanillas
pelabas la de cuero repleta de tovén.
Cómo gozó Griselda aquellos carnavales
cuando dio ciento veinte tu regia voiturette.

Du bist gealtert in Küssen, sie haben Dich auseinandergenommen in Umarmungen,
es hat sich Dir die Schnauze zerknittert vom vielen Lächeln.
Ob Du Fäuste vergeudet hast an Spieltischen.
Ob Du Streifen auf Teppichen hinterlassen hast, *muchacho bailarín!*
Wie zitterte Palermo,
als Du an den Wettschaltern

die aus Leder[6] voll mit Zaster bis aufs letzte leertest.
Wie genoß Griselda jene Karnevals
als es hundertzwanzig Sachen brachte, Dein königliches *voiturette*

Sofort erscheint der ermahnende Ton, in dem das Ressentiment des Mannes aus der Vorstadt gegenüber dem Repräsentanten einer überlegenen, unerreichbaren Schicht nicht zu überhören ist:

Pa' lo que te va a durar tanta alegría y placer,
lo que vas a cosechar cuando entrés a recoger.
Cuando te des cuenta exacta de que te has pasao la vida
en prontes y partidas, ¡muchacho, te quiero ver!

Dass dir nur soviel Freud und Wonne lange währen,
was Du ernten wirst, wenn Du beginnst einzusammeln.
Wenn Du die genaue Abrechnung machst und Dir klar wird, daß Du Dein Leben
mit Pferdeläufen und Partien verbracht hast, dann, Junge, möchte ich Dich sehen!

Ein Satz, der den Fatalismus von Flores in sich trägt, denn das Leben – wie er später zusammenfaßte:

es una caravana de envidias y fracasos.

ist eine Karawane aus Mißgünsten und Fehlschlägen.

Den gleichen mahnvollen Ton benutzte er, um einem exemplarischen „feinen Jungen" *(niño bien)* dessen fehlende Empfindsamkeit gegenüber dem Genuß von kleinen Dingen des Lebens vorzuwerfen, die für den – durch den Überfluß an Geld, das ihn dazu bringt, alles, was er bekommen kann zu bezahlen – an Wert verloren haben.

Muchacho	Junge,
que no sabés del encanto	Daß Du nicht den Zauber kennst
de haber derramado llanto	Ein Klage vergossen zu haben
sobre un pecho de mujer,	An der Brust einer Frau,
que no sabés qué es secarse	Und weißt nicht, was es heißt, „auszutrocknen"
en una timba y armarse	in einem Glückspiel und sich aufzuraffen,
para volverse a meter.	um sich wieder hineinzustürzen

[6] gemeint ist ein ledernder Geldbeutel

Und – wie es Noemí Ulla ausdrückte – wird in den Vorwurf die Unfähigkeit eingeschlossen, den Tango mit allem, was dieser für die Leute aus dem *barrio* repräsentierte, zu schätzen:

Que decís que un tango rante	Daß Du sagst, daß ein verwegener Tango
no te hace perder la calma...	Dich nicht aus der Ruhe bringt...
Decíme	Sag mir,
si conocés la armonía,	ob Du die Harmonie kennst,
la dulce policromía	die süße Farbenpracht
de las tardes de arrabal,	der Nachmittage des *arrabal*,
cuando van las fabriqueras,	wenn die Fabrikarbeiterinnen
tentadoras y diqueras	verführerisch und eingebildet
bajo el sonoro percal.	unter dem klangvollen Perkal gehen.

Um schließlich klarzustellen:

que si tenés sentimiento	daß, wenn Du ein Gefühl hast,
lo tenés adormecido	dann hast Du es einschlafen lassen,
pues todo lo has conseguido	denn alles hast Du erreicht,
pagando como un chabón.	indem Du wie ein *chabón* bezahlt hast.

Aus *Muchacho*

Flores fühlte sich den Persönlichkeiten des *barrio* verbunden, die er, anstatt ihnen Vorwürfe zu machen, selbst bei ihren Straftaten zu rechtfertigen versucht. So will Flores in *Sentencia*, einem Thema, in dem er dem Melodramatischen anheimgefallen ist, den Totschlag an einem Mann, der die Mutter des Totschlägers beleidigte, durch das Umfeld erklären, in dem dieser groß wurde. Um das Pathos zu steigern, verwendet er die erste Person:

De muchacho nomás hurgué en el cieno	Als junger Kerl wühlte ich nur im Schlamm,
Donde van a podrirse las grandezas.	wo Würde verkommt.
¡Hay que ver, señor juez, cómo se vive,	Man muß sehen, Herr Richter, wie es sich lebt,
para saber después cómo se pena!	um danach zu wissen wie man bestraft!

Um die Verzweiflung des Protagonisten des Tangos *Pan* zu beschreiben – ein Mann ohne Arbeit in den Krisenjahren, der sich, die häusliche Situation vor Augen, dazu entschließt, zu stehlen – distanziert sich Flores durch die Wahl der dritten Person. Wiederum verfällt er aber in ein dick aufgetragenes Pathos, das den realistischen Romanen am Ende des Jahrhunderts gleicht, wenn er beschreibt:

Sus pibes no lloran por llorar	Seine Buben weinen nicht, um zu weinen
ni piden masitas,	weder bitten sie um Gebäck
ni dulces	noch um Süßigkeiten
ni chiches, ¡Señor!	noch um Spielzeug, Herr!
sus pibes se mueren de frío	Seine Buben sterben vor Kälte
y lloran hambrientos de pan.	und weinen, hungrig nach Brot

Und weist dann auf die Unmöglichkeit hin, in jenem Jahrzehnt Arbeit zu finden:

¿Trabajar? ¿Adónde? Extender la mano
pidiendo al que pasa limosna, ¿por qué?
Recibir la afrenta de un perdón, hermano,
él que es fuerte y tiene valor y altivez...

Arbeiten? Wohin? Die Hand ausstrecken,
und damit den, der vorbeigeht, um Almosen bitten, weshalb?
Die Schande einer Gnade empfangen, Bruder,
der, der stark ist, Mut hat und Stolz...

Und so – in die Enge getrieben und ohne Alternativen – stiehlt er „ein Stück Brot“ *(un cacho de pan)*, wird festgenommen und ist gerade dabei, die Strafe „für eine lange Zeit“ *(para largo rato)* zu erwarten.

Der Verdienst von Flores besteht in der deutlichen Verwendung der Alltagssprache und des in Buenos Aires und wichtigen Regionen Argentiniens gebräuchlichen *voseo* zu einer Zeit, in der die kultivierten Schriftsteller (sowohl die Erzähler als auch die Dichter) hartnäckig die falsche Verwendung des *tú* fortsetzten, das es im tatsächlichen, nationalen Sprachgebrauch nicht gab. Diese Gaukelei führte, bis auf wenige Ausnahmen, nur zu inauthentischen Mischprodukten.

Dennoch konnte auch Flores, beeinflußt durch das literarische Umfeld, das ihn umgab, nicht dem Stereotyp entkommen und verfiel in einigen Gedichten seiner Bücher auf das *tú*, das er mit klarem Urteilsvermögen in seinen Tangos verschmähte. Eduardo Romano hob hervor, daß Flores immer dann die Unsicherheit des Ausdrucks überfällt, wenn er „mit bezeichnender Voreingenommenheit auf seine affektiven oder erotischen Beziehungen anspielt. Zum Beispiel neigt er bei der Behandlung, die er verschiedenen Frauen zuteil werden läßt, dazu, das *tuteo* (gesellschaftlich legitimiert) in Verbindung mit der Mutter, der Braut oder der kleinen Schwester – den reinen Frauen – zu benutzen, während er das *voseo* (gesellschaftlich illegitim) für die ‚erfahrene' Frau, die Geliebte oder die *milonguera* reserviert."

Im November 1931 erschien ein Buch, das eine Schlüsselstellung für das Verständnis der nationalen Kultur einnehmen sollte: *El hombre que está solo y espera* (Der Mann, der allein ist und hofft). Sein Autor, Raúl Scalabrini Ortiz, stellte den typischen *porteño*, Wesen und Substanz von Buenos Aires und der Protagonist seines Essays, an die Straßenecke Corrientes und Esmeralda. Begeistert von der Thematik besagten Buches, mit dem er sich identifizierte, grub Celedonio einige 1922 geschriebene Vierzeiler aus, und mit der Musik des Pianisten Francisco Pracánico legte er seine eigene Vision des Ortes vor, den Tango *Corrientes y Esmeralda* :

Amainaron guapos junto a tus ochavas
Cuando un cajetilla los calzó de cross
y te dieron lustre las patotas bravas
allá por el año...novecientos dos...

Esquina porteña, tu rante canguela
se hace una mélange de caña, gin fizz,
pase inglés y monte, bacará y quiniela,
curdelas de grapa y locas de pris.

El Odeón se manda la Real Academia
Rebotando en tangos el viejo Pigall,
y se juega el resto la doliente anemia
que espera el tranvía para su arrabal.

De Esmeralda al norte, del lao del Retiro
Franchutas papusas caen a la oración
a ligarse un viaje, si se pone a tiro,
gambeteando el lente que tira el botón.

En tu esquina un día, Milonguita, aquella
Papusa criolla que Linning cantó,
Llevando un atado de ropa plebeya
al hombre tragedia tal vez encontró.

Te glosa en poemas Carlos de la Púa
y el pobre Contursi fue tu amigo fiel...
En tu esquina rea cualquier cacatúa
Sueña con la pinta de Carlos Gardel.

Esquina porteña, este milonguero
te ofrece su afecto más hondo y cordial.
Cuando con la vida estés cero a cero,
te prometo el verso más rante y canero
para hacer el tango que te haga inmortal.

Es verschwanden die *guapos* zusammen mit Deinen Achteln,
als ein Wichtigtuer seine Faustschläge verteilte
und Dir die tollkühnen *patotas* Glanz gaben,
damals um das Jahr... Neunzehnhundertzwei...

Ecke von Buenos Aires, Deine verwegenen Nachtschwärmer
werden zu einer Melange aus Schnaps, Gin Fizz,
pase inglés und *monte*[7], Bakkarat und Totospiel,
Rauschzuständen aus Grapa und Nutten *de prix* .

Das Odeón gibt sich als köngliche Akademie
und es prallen aufeinander Tangos und das alte Pigall,
und den Rest verspielt die kränkliche Anämische
die auf die Straßenbahn in ihre Vorstadt wartet.

Von der Esmeralda nach Norden, auf der Seite von Retiro,
beginnen entzückende Französinnen mit der Rede,
eine Reise zu erhaschen, wenn man in die Nähe kommt,
vor der Linse[8] Haken schlagend, die der Wachmann wirft.

An Deiner Ecke eines Tages *Milonguita* stand, jene
schöne *criolla*, die Linning besang,
als sie ein Bündel plebejische Wäsche trug,
die Tragödie Mann sie vielleicht fand.

Es verdreht Deine Worte in Gedichten Carlos de la Púa
und der arme Contursi war Dein treuer Freund...
An Deiner verwegenen Ecke träumt jeder Kakadu
vom Antlitz des Carlos Gardel

Ecke von Buenos Aires, dieser *milonguero*
bietet Dir seine tiefste und herzlichste Zuneigung.
Wenn Du mit dem Leben null zu null stehst,
verspreche ich Dir die verwegensten Knastverse,
um den Tango zu machen, der Dich unsterblich mache.

---

[7] *pase inglés, monte* – Kartenspiele.
[8] Linse werfen bedeutet hier beobachten.

Auch wenn er weder die homogene Qualität Homero Manzis noch die metaphysische Tiefe eines Enrique Santos Discépolo besitzt, machen ihn seine erzählerischen Fähigkeiten, seine Annäherungen an Randschichten und sein Ton eines Chronisten des Lebens von Buenos Aires zu einer wesentlichen Figur in der Entwicklung der Tangodichtung; und ungeachtet der formalen Unebenheiten wurde er als solche von den argentinischen Dichtern der sechziger Jahre anerkannt. Sie sahen in ihm und seinen Arbeiten einen der direktesten Vorfahren jener volkstümlichen Dichtung, zu der sie gelangen wollten.

Meine arme, geliebte Mutter

Man nennt mich das arme alte Mütterchen – brummelte die Frau mit den funkelnden Augen einer Hexe – oder das gute Mütterchen. Ich lebte in Tangostrophen mit der allerschlechtesten Belüftung. Mein Beruf? Einen Haufen Faulpelze auszuhalten, die in ihren Betten schliefen oder lernten *bandoneones* zu spielen, die genau so geduldig waren wie ich. Das schon – sie riefen und verlangten zu jeder Tages- und Nachtzeit *mate*! Und ich, arme Alte, lauf' vom Herd zur Pritsche und von der Pritsche zum Herd.

Leopoldo Marechal (*Megafón*)

Dávalos faßte es in einem kurzen Gedicht zusammen, das er einmal in einer Radiosendung als Glosse für *Los Chalchaleros* las, und das später in keinem Buch aufgenommen wurde:

Tierra de conquistadores	Land der *conquistadores*,
siempre fue tierra de guachos.	immer war es ein Land der Waisen.
Esos gauchos vivarachos,	Diese kraftstrotzenden Gauchos,
pendencieros y cantores,	Raufbolde und Sänger,
que curtidos en rigores	die, gewohnt an Härte,
y sin perro que les ladre,	und ohne einen Hund, der ihnen nachbellt,
sin Dios, sin ley y sin padre,	ohne Gott, ohne Gesetz und ohne Vater,
nunca pudieron creer	konnten niemals
en otro amor de mujer	an eine andere Frauenliebe glauben,
que no fuera el de su madre.	als an die ihrer Mutter.

Der *conquistador* konnte sich schwerlich mit einem Ort anfreunden, war doch sein abenteuerlicher Beruf dem Wesen nach nomadisch. An seinen Stationen hinterließ er verlassene Frauen und Kinder, die nur ihre Mütter kennenlernen würden. Es erscheint natürlich, daß unter diesen Umständen ein „Amerika als Mischlingskontinent" entstand.

Noch zu Beginn des 19. Jahrhunderts wurden die argentinischen Landfrauen zwar als notwendige „Elemente", aber als für die Arbeit – außer für einige Aufgaben, wie zum Beispiel die Schafschur – als ungeeignet angesehen. Die sexuellen Dringlichkeiten wurden mittels (legaler oder illegaler) Bordelle in der Nähe der *pulperías* oder durch umherziehende Prostituierte befriedigt, die in riesigen, von einer Verwalterin, der *Madame,* gelenkten Pferdewagen reisten.

Der Geschichtsschreiber Richard W. Slatta erklärte, daß die Einstellung der Großfarmer mit dem Ausspruch Carlos Pellegrinis übereinstimmte, wonach es zweckmäßig wäre, die Gegenwart von Frauen auf dem Feld zu vermeiden, da sie ein Grund für Zwietracht zwischen den Arbeitern darstellten. Gegen Ende des Jahrhunderts bekräftigte Miguel A. Lima diese Einstellung erneut, indem er behauptete, daß Frauen Unordnung und Streitereien verursachten und es deshalb sinnvoll wäre, nur Familien von Aufsehern und Pächtern zu dulden. Der nordamerikanische Forscher merkte weiter an, daß die Elite Effizienz und Einhaltung von Ordnung auf dem Feld allen anderen Überlegungen obenan stellte; am Ende schrieb er: „Viele Großfarmer nahmen nur ledige Landarbeiter unter Vertrag oder verpflichteten die Verheirateten dazu, ihre Familie während der Arbeitssaison andernorts zurückzulassen."

Erst gegen Ende des Jahrhunderts, als Frauen und Kinder ihre Leistungsfähigkeit in der gerade aufgebauten Landwirtschaft bewiesen, ließen die Landbesitzer die allmähliche Einrichtung bäuerlicher Familien zu. Angesichts des beinahe vollständigen Fehlens von Ärzten, betätigten sich die Frauen außerdem als Kurpfuscherinnen und Hebammen; andere wiederum arbeiteten als Dienstmädchen im Innenteil der Gehöfte oder versuchten in die städtischen Zentren auszuwandern, um häusliche Arbeiten zu verrichten.

In den Randzonen der Städte verheirateten sich die *guapos* und *compadres* – wie an anderer Stelle schon gesagt – nur selten, waren sie sich doch darüber im klaren, daß ihr Leben vom Zufall abhing. Der erste Fehler mit dem Messer oder ein hinterhältiger Schuß konnten leicht unter ihre Tätigkeiten als Leibwächter irgendeines Komiteeführers oder unter ihre eigene Existenz einen Schlußstrich ziehen. Für den Rest der Bewohner galt, daß die geringe Vergütung des – überwiegend aus Gelegenheitsarbeiten bestehenden – Broterwerbs auch nicht gerade zur Eheschließung ermunterte. Auf der anderen Seite erschwerte die Struktur der Immigration die Herausbildung stabiler Familienkerne. Die Mehrzahl der Immigranten bestand aus ledigen Männern oder alleinreisenden Verheirateten, die in der Hoffnung kamen, eine gute Arbeit zu finden um später, die im Dorf zurückgebliebene Familie nachzuholen.

Laut den Statistiken der Immigrationsbehörde betrug zwischen 1857 und 1924 der Prozentsatz an Männern unter den Ankommenden 70%. Bereits Präsident Sarmiento hatte seine Besorgnis darüber mit dem Hinweis bekundet, daß „unter den Immigranten wenige Frauen und noch weniger Kinder waren."

Angesichts dieser Umstände – zu denen noch die Fälle derer hinzukamen, die ihren Gelegenheitspartner verließen, als sie merken, daß sie sich unter Bedingungen extremer Armut und Elends um die Erhaltung eines Essers *mehr* zu kümmern hätten – gab es zahlreiche Kinder, die mit dem Vermerk „Vater unbekannt" verzeichnet waren. Dem muß man hinzufügen, daß Schwangerschaften vor dem Hintergrund der Unkenntnis der sexuelle Physiologie und fehlender wirksamer Verhütungsmittel, häufig aus sporadischen Beziehungen herrührten. Die Männer wollten sich danach nicht an eine Frau binden, mit der sie sich nur aufgrund einer momentanen Anziehung vereint hatten.

Dem Mensch des Tango, der Kind einer Mischlingsklasse und ein Bastard war (kein Zufall, daß der Archetypus Gardel selbst ein solcher war), fehlt nicht nur eine Ahnenreihe, sondern auch eine Familie, und er konzentriert deshalb sämtliche, primäre Zuneigungen auf die Mutter. Der Vater ist abwesend, er ist eine nichtvorhandene Figur, die – zum Beispiel durch die Bewunderung eines politischen Führers, der auf eine kollektive Art die väterliche Rolle übernimmt– ersetzt werden kann; oder ebenso durch die Blendung die vom *guapo* des *barrio* ausgeht, einem anderen Beschützer, oder durch irgendeine Persönlichkeit, die aus unterschiedlichen Gründen einen Einfluß auf den Waisen ausübt und für ihn ein Vorbild darstellt. Es erscheint kein Zufall, daß die größten, argentinischen Massenführer des 20. Jahrhunderts Hipólito Yrigoyen, der das Kleinbürgertum an Kindes statt annahm, und Juan Domingo Perón, der sich zum Führer der Einwohner der Industriegürtel und der, aus dem Landesinnern im Zuge der Landflucht der dreißiger und beginnenden vierziger Jahre kommenden Arbeiter machte, beide – mit drei Jahrzehnten Differenz – die Rolle der „Väter der Armen" oder „Väter der Besitzlosen" annahmen. Der biologische Vater wurde durch einen Führer ersetzt, den man liebte und idealisierte, einen Führer ohne Unvollkommenheiten und Fehler, ganz so wie Kinder ihre Väter in den ersten Lebensjahren idealisieren.

In *Juan Nadie* (Juan „Niemand") gab Miguel D. Etchebarne zu Beginn der Biografie des *compadre* eine prägnante Beschreibung der Situation dieses „Tangomenschen":

La madre, como una esclava,	Die Mutter bog sich wie eine Sklavin
se doblegaba en el yugo	im Joch
alguien le sacaba el jugo	jemand preßte ihr den Saft aus
y encima la castigaba.	und obendrein bestrafte er sie.
(El padre, de estirpe brava,	(Der Vater, von wagemutiger Herkunft,
murió cuando Juan nacía,	starb, als Juan zur Welt kam,
y ni por fotografía	und nicht einmal durch eine Fotografie
pudo entrever su semblante,	konnte er sein Aussehen erahnen,
pero lo sentía adelante,	jedoch spürte er ihn vor sich,
a veces, cuando sufría.)	manchmal, wenn er litt.)

Natürlich hat der Tango, sobald er einen Text bekam, diese Realität aufgegriffen: Mütter, die die doppelte Vater-Mutter-Rolle einnahmen, heilige Mütter, zu denen man immer auf der Suche nach Verzeihung zurückkehren konnte. Im Besonderen um Verzeihung dafür, sie wegen einer anderen Frau, die sich letzten Endes als „Schlampe“ herausstellte, verlassen zu haben. Denn

sólo una madre nos perdona en esta vida,	Nur eine Mutter verzeiht uns in diesem Leben
es la única verdad,	sie ist die einzige Wahrheit
es mentira lo demás.	alles sonst ist Lüge.

Aus *La casita de mis viejos*

Die sexuelle Frau (jegliche Frau, außer der Mutter oder der Schwester – in der Fantasie der Persönlichkeit ewiglich Jungfrauen) schließt immer die Möglichkeit des Betrugs ein, mehr noch, sie ist die Verkörperung desselben. Dieser Wertmaßstab, der auf eine sehr archaische Abstammung zurückblicken kann, – geht er doch schon auf die Kirchenväter selbst zurück (1. bis 4. Jahrhundert unserer Zeitrechnung) – verbirgt eine offensichtlich homosexuelle Haltung: Man bewundert einen anderen Mann (den Ersatzvater), man liebt nur die Frau bar der geschlechtlichen Aktivität und man flieht vor der sexuellen Frau, weil man sie – abstrakt genommen – als Instrument des Bösen ansieht. Deshalb rät der gute Freund: „Laß Dich nicht überreden“ *(No te dejés convencer)* , denn sie ist eine Frau und

al nacer	von Geburt an
del engaño hizo un sentir.	machte sie aus der Täuschung ein Gefühl.
Miente al llorar, miente al reír,	Sie lügt beim Weinen, sie lügt beim Lachen,
miente al besar y al amar	sie lügt beim Küssen und beim Lieben.

Aus *No te engañes, corazón*

Nach dem unvermeidlich Betrug vervollständigt sich das Bild, wenn der Protagonist des Tango akzeptiert, daß es keine größere Glückseligkeit gibt, als „noch einmal mit der Mama zu leben ..“ (Aus dem Tango: *Victoria* von E.S. Discépolo) und daß das Höchste, was man einer Frau gegenüber sagen kann – wie es bei Celedonio Flores heißt –„ich liebe Dich wie meine Mutter..“ (Aus dem Tango: *Cuando me entrés a fallar*) lautet. All das scheint sich aus der Überzeugung zu ergeben:

Madre hay una sola	Mutter, gibt es nur eine einzige,
y aunque un día la olvidé	und auch wenn ich sie eines Tages vergaß,
me enseñó al final de la vida	lehrte sie mich am Ende des Lebens,
que a ese amor	daß es zu dieser Liebe
hay que volver	zurückzukehren gilt.

Aus *Madre hay una sola*

denn:

No hay cariño más sublime	Es gibt für mich keine hehrere Zuneigung,
ni más santo para mí	keine die heiliger ist.

Aus *Madre*

Dementsprechend ist sie „die einzige Zärtlichkeit ohne Betrug" *(el único cariño sin engaño)*. Deshalb kann Carlos Bahr schreiben:

para mí sos más grande vos que Dios...	Für mich bist größer Du als Gott...
porque si éste es a veces implacable	denn wenn dieser manchmal unerbittlich ist
con los que se equivocan como yo...	mit solchen, die sich irren , so wie ich...
vos, mi vieja, por buena y por ser madre,	Du, meine Alte, aus Güte, und weil Du Mutter bist,
sos la imagen más pura del perdón...	bist das reinste Bild der Gnade...

Aus *Avergonzado*

Eine Übertreibung, die für die strenge Theologie unzweifelhaft Häresie darstellen muß.

Als Ausweg aus einer unangenehmen, feindlichen Wirklichkeit, in der die Frau, in jeglichem ihrer wandelbaren Bilder immer eine Verkörperung der Täuschung darstellt, hat der Held – einmal von den hypnotischen, weiblichen Reizen ernüchtert – keinen anderen Weg, als in den Schutz des mütterlichen Klosters, in den wirtlichen Uterus, zurückzukehren, wo man(n) neben der Vermeidung äußerer Aggression, vor jeglicher Verunreinigung geschützt ist. Und so gibt der Protagonist – nachdem ihm mit einem Mal klar geworden ist, daß die Frau, die er liebte, seiner nur zum Kauf eines Hermelinmantels bedurfte – zu, daß der Mantel

resultó al fin y al cabo	sich zu guter Letzt
más durable que tu amor,	als langlebiger als Deine Liebe erwies.

denn:

el tapao lo estoy pagando	den Mantel zahle ich immer noch,
y tu amor ya se acabó	und Deine Liebe ist bereits zu Ende

Aus *Aquel tapado de armiño*

Und er erkennt in einem anderen Tango:

Pagando antiguas locuras	Alte Verrücktheiten bezahlend
y ahogando mis tristes quejas	und meine traurigen Klagen ertränkend,
volví a buscar en la vieja	suchte ich wieder bei der Mutter
aquellas hondas ternuras	jene tiefen Zärtlichkeiten,
que abandonadas dejé,	die ich aufgegeben zurückließ,
y al verme nada me dijo	und als sie mich sah, sagte sie nichts
de mis torpezas pasadas,	über meine vergangnen Schändlichkeiten,
palabras dulcificadas	Worte versüßt
de amor por el hijo	von Liebe für den Sohn
tan solo escuché.	hörte ich einzig.

Einmal zurückgekehrt, möchte der Protagonist keine neuen Sirenengesänge mehr hören, wozu es das Beste ist, gar nicht erst aus der Eierschale herauszukommen:

Que nadie venga a arrancarme	Daß niemand kommt, um mich loszureißen
del lado de quien me adora,	von der Seite jener, die mich innig liebt,
de quien con fe bienhechora	von jener, die sich mit gütigem Vertrauen
se esfuerza por consolarme de mi pasado dolor.	anstrengt mich wegen meines vergangenen Schmerzes zu trösten.
Las tentaciones son vanas para burlar su cariño...	Den Versuchungen gelingt es nicht, ihrer Zuneigung zu spotten...
Para ella soy siempre un niño...	Für sie bin ich immer ein Junge...

Aus *Madre hay una sola*

In *Tengo miedo* wiederholt es Celedonio Flores:

Hoy ya ves, estoy tranquilo, por eso es que buenamente
te suplico que no vengas a turbar mi dulce paz
que me dejes con mi madre, que a su lado santamente
edificaré otra vida ya que me siento capaz.

Heute wie Du siehst, bin ich ruhig, und deshalb fleh' ich Dich an im Guten,
daß Du nicht kommst und meinen süßen Frieden störst,
daß Du mich bei meiner Mutter läßt, denn an ihrer Seite werde ich fromm
ein anderes Leben erbauen, jetzt, da ich mich dazu fähig fühle.

Der Protagonist von *La casita de mis viejos* wiederholt das Schema: Er kehrt am Boden zerstört zurück, nachdem er ein „Reisender des Schmerzes"*(viajero del dolor)* auf einer Wegesstrecke war, die ihn zum Alkohol und zu den Frauen führte: „jeden Kuß löschte ich mit einem Glas aus"(*cada beso lo borré con una copa*). Er versucht, sich mit seiner Unerfahrenheit zu rechtfertigen:

locuras juveniles,	jugendliche Tollheiten,
la falta de consejos.	der Mangel an Ratschlägen.

was auch einen Vorwurf an seine Eltern einschließt, die ihn nicht hatten zurückhalten können. Deshalb verspricht er, als er seine Mutter sieht, wie sie...

con los ojos nublados por el llanto	mit den Augen trüb vom Weinen
como diciéndome por qué tardaste tanto,	als sagte sie mir: Warum brauchtest Du so lange?

...ebenso wie der Rest der „verlorenen Söhne" im Tango sagt:

Ya nunca más he de partir	Nun soll ich niemals mehr fort
y a tu lado he de sentir	und an Deiner Seite soll ich
el calor de un gran cariño...	die Wärme einer großen Liebe spüren...

Hingegen hatte Cadícamo in der ersten Strophe festgestellt:

Las mujeres siempre son	Die Frauen sind es immer,
las que matan la ilusión	welche die Illusion töten.

Im mütterlichen Schoß: Unterschlupf und Zuneigung; draußen: die Gefahren, die Niederlage und das Alter. Draußen leidet man, wächst man, und das Erwachsenwerden führt unvermeidlich in den Tod. „Drinnen" erlaubt die Fantasie es, sich einzubilden, daß man immer noch ein Kind geblieben ist, so wie es der Protagonist bei *Madre hay una sola* festgestellt hatte.

Angesichts dieses Schemas erscheint es natürlich, daß der Mann des Tango, nachdem er einmal die weiblichen Täuschungen erlitten hat, es mangels einer bemutternden Gattin vorzieht, sich in einen alten Junggesellen zu verwandeln. Dieser alte Junggeselle entwickelt tatsächlich eine Mutter-Sohn-Partnerschaft, die mehr als einmal in den Tangotexten auftaucht. Da es sich jedoch um eine asexuelle Beziehung handelt, trägt sie unausgesprochen eine riesige Last an beiderseitiger Frustration, die allein durch ein Sicherheitsgefühl aufgewogen wird. Die Mutter sieht ein geschütztes Alter voraus, und der Sohn sieht ein, daß ihn diese Verantwortung daran hindert, sich in neue Abenteuer zu stürzen. Vernunft annehmen, Reifwerden, kann auf zwei unterschiedliche Arten vor sich gehen: eine erfüllte, durch die Gründung einer Familie – und eine zweite, kastrierte, bei der man bei der Mutter bleibt. Auf jeden Fall entfernt ihn diese zweite Alternative vom Kontakt, von der Ansteckungsgefahr, die von der Frau ausgeht. Denn von jenen...

mejor no hay que hablar	Besseres kann man nicht dazu sagen:
todas amigo, dan muy mal pago...	alle, mein Freund, zahlens sehr schlecht zurück...

Aus *Tomo y obligo*

Zudem lehrt die Erfahrung seit der Antike, daß man – gemäß den Maximen von Homer – „keinerlei Vertrauen zu den Frauen haben darf" oder auf andere Weise ausgedrückt: „Frausein, heißt Falschsein" *(Mujer, pa' ser fayuta...),* wie es der Protagonist in *En la vía* ausruft.

Aus diesem Grunde wurden in den zwanziger Jahren jene Worte, die Verminio Servetto für die Musik von Francisco Pracánico schrieb, als essentielle Wahrheiten angesehen, und hieraus ergab sich die Wiederholung des Themas durch verschiedene Interpreten. Die Verse, bezeichnend für den starken Ödipus-Komplex der *porteños*, sagen:

Madre, las tristezas me abatían;	Mutter, die Traurigkeiten rissen mich nieder;
y lloraba sin tu amor,	und ich weinte ohne Deine Liebe,
cuando en la noche me hundía	als ich nachts versank
de mi profundo dolor...	in meinen tiefen Schmerz...
Madre, no hay cariño más sublime	Mutter, es gibt keine hehrere,
ni más hondo para mí...	noch tiefere Zuneigung für mich...
Los desengaños redimen	Die Enttäuschungen erlösen
y a los recuerdos del alma volví...	und zu den Erinnerungen der Seele kehrte ich zurück...

Aus *Madre*

Selbst ein Dichter wie Homero Manzi, der einige der besten literarischen Texte des Tangos verfassen sollte, konnte sich der Thematik nicht entziehen. Als Jugendlicher schrieb er einen, der Mutter gewidmeten Walzer: *A su memoria*:

Hoy vuelven a mi mente, madre mía,
envueltos en nostalgias del pasado,
esos dulces momentos de alegría,
que en aras del placer hube olvidado.

Heute kommen wieder in meinen Sinn, oh meine Mutter,
eingehüllt in die Sehnsüchte der Vergangenheit,
jene süßen Momente der Freude,
die ich auf den Altären der Lust vergessen hatte.

Eine Arbeit, die eine reine Imitation der vom *payador* José Betinoti vorgezeichneten Linie darstellt, wenn dieser anstimmt:

Pobre mi madre querida	Meine arme, geliebte Mutter
cuántos disgustos le daba	wieviel Kummer bereitete ich ihr
cuántas veces pobrecita	wie oft, die Ärmste,
llorando lo más sentida	bitterlich weinend
en un rincón la encontraba.	in einer Ecke ich fand.

Aus *Pobre mi madre querida*

Es sind Verse, die die ödipale Fantasie einschließen, das „Ein und Alles“ der Mutter zu sein, die nicht aufgrund eines fehlenden Sexualpartners, sondern über die Fehltritte ihres Sohnes weint. In seinem Allmachtsglauben nimmt der Sohn an, alle Leerräume einzunehmen, das Gewahrwerden des fehlenden Gatten zu verhindern und einziger Brennpunkt des mütterlichen Interesses zu sein.

Obgleich die Problematik hin und wieder in einigen anachronistischen Tangos auftauchte, die jedoch ohne großen Erfolg blieben (zum Beispiel: *Porque no la tengo más, La vieja vale más*), verschwand diese Sorge des Sohnes zeitgleich mit der argentinischen Industrialisierung der vierziger Jahre. Mit den neuen Sozialgesetzen änderte sich auch das „Arbeitspanorama“. Von dem Moment an, in dem der – bis dahin an den Rand der Gesellschaft gedrängte – Mann, der sich früher mit Gelegenheitsarbeiten begnügen mußte, auf die Gehaltslisten der Fabriken gesetzt wurde, wuchs seine Bereitschaft eine Familie zu gründen. Neue Stadtviertel entstanden, alte wuchsen, und die Industriearbeiter wurden seßhaft. Unter diesen sicheren Bedingungen begannen sich die Familie zu einem wesendlichen Bestandteil des sozialen Lebens zu entwikkeln. Auf der anderen Seite hatten jene, die weiterhin eine Randschicht der Bevölkerung ausmachten, aufgehört Tangos zu singen: Im allgemeinen griffen sie auf einen anderen Musikstil zurück; einen, der sie mehr an die Provinzen des Landesinnern erinnerte, die sie auf der Suche nach ökonomisch besseren Aussichten verlassen hatten. Der pseudofolkloristische Sänger Antonio Tormo wurde zum unangefochtenen Idol dieser breiten Schicht, die zu Zeiten des peronistischen Regimes massenweise die Peripherie der großen Städte, besonders die von Buenos Aires, bevölkerte. Mit der Veränderung des gesellschaftlichen Profils veränderten sich auch dessen Produkte, und die Thematik der Mutter wurde schnell eine Sache der Vergangenheit.

Die Sänger: Corsini, Magaldi und Charlo

Als Pascual Contursi den Text von *Mi nochte triste* schrieb und damit, um es mit Discépolos Worten auszudrücken „den Tango von den Füßen zu den Lippen emporhob", wurde die Präsenz eines neuen Künstlertypus erforderlich: die des *cantor*. Die Texte bedurften ihrer Interpreten, und diese galt es aus dem Stegreif zu finden. Einige kamen vom ländlichen Lied, andere waren Schauspieler, die sich ans Singen machten, weil die neuen Gegebenheiten am Theater es erforderten. Bei häufig zehn bis fünfzehn Stücken im Jahr setzte sich bei den Theaterkompanien der Brauch durch, in jeder Uraufführung einen unveröffentlichten Tango anzubieten. Es gab auch einige Debüttanten, die ihre Gesangskarriere direkt im neuen Genre starteten, was sich wegen seiner schnellen Akzeptanz im Volk als konkrete Möglichkeit erwies, innerhalb kurzer Zeit zu Ruhm zu gelangen.

Zu Beginn des Jahrhunderts verdrängte die Figur des *cantor* die des *payador*, dessen Kunst unverzeihlicherweise verkümmerte. Die Improvisation wurde durch den Gesang notierter Strophen ersetzt, die gelernt und wiederholt wurden und sich nicht mehr auf einfache rhythmische und harmonische Begleitfiguren, sondern auf Melodien stützten. Die steigende Zahl kommerzieller Aufnahmen, zuerst auf Schallzylinder und später auf Platten, trug ihren Teil dazu bei. Nun war es nicht mehr nötig, das Gedächtnis anzustrengen, um sich an die gelenkigen Sätze zu erinnern. Es reichte, die finanziell erschwinglichen Grammophone oder *victrolas* in Anspruch zu nehmen, um eine und immer wieder dieselbe Melodie hören zu können.

Bereits in den ersten Nummern der Zeitschrift *Caras y Caretas* 1898 tauchten wiederholt Anzeigen von Phonographen und Grammophonen auf. Das Haus F. R. Gruppy und Kompanie warb mit einer „Maschine, die in allen Sprachen spricht und unterhält" außerdem wird erklärt, dass zum Angebot der Firma „eingedruckte Zylinder von Künstlern des Teatro Real Madrid und des Teatro de la Comedia von Buenos Aires" zählten. Unterdessen priesen die Anzeigen von Enrique Lepage und Cía „Das Theater zu Hause" an und versicherten, dass ihre Phonographen-Grammophone „so laut singen und sprechen wie die menschliche Stimme." Man konnte den Apparat ab 20 Pesos Nationalwährung kaufen, und es wurde erklärt, dass fünfzehntausend Zylinder vorrätig seien. Im Oktober 1900 bot die Firma „The New Century" eine revolutionäre Neuigkeit an: Aufnahme, Herausgabe und Abdruck von Platten mit achtzig Umdrehungen pro Minute. Ein Jahrzehnt später existierten bereits etwa dreißig Schallplattenfirmen.

Soziologisch betrachtet ist die Figur des Sängers - sei er religiös oder weltlich - in jeglicher Gemeinschaft mit einem Nimbus umgeben. In Buenos Aires sollte der *cantor* die verbale Repräsentation der Gesellschaft der *barrios* übernehmen. Gesang war ein Talent und eine Fertigkeit, die es ihm gestattete, zum „Übersetzer" ihrer Erlebnisse zu werden.

Bis zum Beginn der zwanziger Jahre mussten die Sänger, bis sie sich einen Namen gemacht hatten und in den Theaterkompanien arbeiten durften, um die Pausen zu untermalen, eine mühsame Pilgerreise durch Cafés, Kantinen oder vorstädtische Volksfeste unternehmen, um auf die kärgliche Summe zu kommen, die ihnen das Überleben sicherte. Als der *tango canción* in Erscheinung trat und anfing, zu einer Arbeitsquelle zu werden, führte dies zu einer Schwemme von Bewerbern.

Einige Jahre lang würde es der Wunschtraum tausender junger Männer sein, Tangosänger, *cantor de tangos*, zu werden. Der in den vierziger Jahren von Alberto Castillo gesungene Tango *¡Y sonó el despertador!* griff diese oft geträumte Fantasie auf:

Paré mi coche en la radio.	Ich hielt mit meinem Auto beim Rundfunk.
Un gentío que esperaba.	Eine Menschenmenge, die wartete.
Las chicas que me aclamaban	Die Mädchen, die mir
embargadas de emoción.	von Rührung ergriffen zuriefen,
Entre ellas se decían:	sagten unter sich:
¡Qué elegante, qué buen mozo!	Wie elegant, was für ein hübscher Kerl!
¡Linda cara, lindos ojos,	Hübsches Gesicht, hübsche Augen,
linda planta de varón!	Ein hübsches Mannsbild!
Me esperaban en la radio	Es erwarteten mich beim Rundfunk
los señores directores.	die Herren Direktoren.
Muchas risas, muchas flores	Viel Gelächter, viele Blumen
y gran iluminación.	und eine großartige Beleuchtung.
Y llegó el momento ansiado:	Und es kam der ersehnte Moment.
¡Ante ustedes un cantor!	Vor Ihnen ein Sänger!
Empezó a sonar la orquesta	Das Orchester begann zu spielen
¡y sonó el despertador!	und es klingelte der Wecker!

Unter den Sängern, die nach dem von Gardel mit *Mi noche triste* erzielten Erfolg auftraten, ragen drei Namen heraus, die zu ihrer Zeit großen Anklang fanden und sehr populär wurden: Ignacio Corsini, Augustín Magaldi und Charlo. Nichtsdestotrotz stellte sich bei keinem der drei – war es einmal zum

Verfall der Stimme gekommen oder der vorzeitige Tod eingetroffen, wie bei Magaldi, der mit siebenunddreißig Jahren starb – das Phänomen eines „gardelianischen Überdauerns“ ein.

Als ein Tenor mit gutem Register und Kolorit, wiewohl mit einigen phonetischen Unvollkommenheiten, hatte sich Ignacio Corsini durch das Singen von ländlichen Liedern eingeführt. Mit Gardel teilt er das Jahr seines diskographischen Debüts: Beide nahmen ihre ersten Platten 1913 auf. Ein besserer Schauspieler als Gardel und damals eine bessere Erscheinung als jener, der sich mit seinen schwammigen hundert Kilos in *Flor de durazno* zur Schau stellte, glänzte Corsini in den Filmen *Federación o muerte* vom Italiener Atilio Lipizzi und in *Santos Vega* von Carlos De Paoli. Einige Jahre lang schlug er sich als Sänger und Galan der Theatertruppen von César Ratti und Pablo Podestá durch. Seinen endgültigen Schritt zum Tango machte er mit seiner ersten Präsentation des Tangos *Patotero sentimental* im Werk *El bailarín de cabaret* von Manuel Romero. Es war die Nacht des 12. Mai 1922 und die Aufführung fand im Theatersaal Apolo von Buenos Aires statt. Der Autor des Theaterstückes hatte das Thema auf die Musik von Manuel Jovés extra für die Stimme und die elegante Erscheinung des hochaufgeschossenen und blonden Ignacio Corsini geschrieben.

Im Jahr 1925 gründete der Sänger zusammen mit Gregorio Cicarelli seine eigene Theatergruppe unter der Leitung von Alberto Vacarezza. Ihre Namen hatten Erfolg, und sie brachten es auf mehr als zwanzig Uraufführungen innerhalb eines Jahres. Zu jener Zeit begann Corsini auch die Zusammenarbeit mit dem Dichter Héctor Pedro Blomberg, der gemeinsam mit dem Musiker Enrique Maciel der Autor seiner dauerhaftesten Erfolge wurde. Das Umfeld vieler dieser Stücke war in die Epoche von Rosas zurückversetzt *(La pulpera de Santa Lucía, La mazorquera de Monserrat, La canción de Amalia)*

Corsinis Repertoire war seinem melodischen Tonfall angepasst, der in manchen Momenten einer Klage glich. Vom Gebrauch des *Lunfardo* und von dramatischen Themen war er weit entfernt; er bevorzugte Tangos mit romantischen Texten und mit einer ausgeprägten Melodie. Aber ganz im Gegensatz zur Rezeption von Gardel, wirkt heutzutage jede seiner 620 Aufnahmen anachronistisch – unbeschadet der sehnsuchtsvollen Stimmung, die sie hervorrufen. Corsini zog sich im Jahr 1949 zurück. Als er im Juli 1967 starb, war sein Name nurmehr eine historische „Randbemerkung“.

Das gleiche trifft auf die andere, klagende Stimme, Augustín Magaldi, zu. In seinem Fall wird die Antiquiertheit, die seine Versionen umweht, noch durch die Schwächen des Repertoires hervorgehoben. In seinem Repertoire wimmelte es an Themen mit – für den Tango – exotischen Landschaften:

No cantes, hermano, no cantes,	Sing nicht, Bruder, sing nicht,
que Moscú está cubierto de nieve,	da Moskau bedeckt ist mit Schnee,
y los lobos aúllan de hambre	und die Wölfe heulen vor Hunger
(...)	(...)
Rumbo a Siberia mañana	Richtung Sibirien wird die
saldrá la caravana,	Karawane morgen aufbrechen,
quién sabe si el sol	wer weiß, ob die Sonne
querrá iluminar nuestra marcha de horror.	unseren Schreckensmarsch beleuchten mag.

Aus *Nieve*

Auf der anderen Seite trug die Wahl der im allgemeinen sehr prekären Texter – zum Beispiel seines eigenen Bruders Emilio – deren kitschige Texte ihren schlechten Geschmack offenbarten, auch nicht zu Magaldis Fortbestehen bei.

Der Dritte in der Reihe stellte sich als der Beständigste heraus: Carlos Pérez de la Riestra, bekannt unter dem Pseudonym „Charlo", geboren im Jahr 1907 in La Pampa, studierte in bescheidenen, provinziellen Schulen, begab sich zunächst nach La Plata und später nach Buenos Aires, wo er im Jahre 1924 in Radiosendungen als Pianist und Sänger debütierte. Im darauffolgenden Jahr nahm er seine erste Schallplatte auf. Er sang mit Francisco Canaro und mit Francisco Lomuto und spielte in einigen Streifen des beginnenden argentinischen Tonfilmkinos mit; unter anderem 1936 in *Puerto Nuevo* unter der Regie von Luis César Amadori sowie in dem 1940 unter Manuel Romero gedrehten Film *Carnaval de antaño.*

Seine Sängerkarriere setzte sich bis ins Ende der 70er Jahre des zwanzigsten Jahrhunderts fort, er absolvierte zahlreiche Tourneen und trat jahrzehntelang im Radio und später ebenso im Fernsehen auf.

Er schuf außerdem als Komponist ein umfassendes und wertvolles Werk, in dem Kraft und Melodie in einem ausgewogenen Verhältnis zueinander stehen. Mitunter stützen sich seine Kompositionen auf die Verse von einigen der besten Dichter des Tangos. So produzierte er *Ave de paso* und *Rondando tu esquina* mit Enrique Cadícamo, mit Celedonio Flores *Costurerita*; *Fueye,* die Milonga *Oro y plata* und den Walzer *Tu pálida voz* mit Homero Manzi, mit José María Contursi *Sin lágrimas* und *Sin ella* sowie mit Cátulo Castillo *Tortura.*

Seine charakteristische Stimme, die sich vom „gardelinischen“ Stil unterschied, und die er weder zu Anflügen von Übertreibungen, noch zu klagevollen Kadenzen einsetzte, verwandelte viele Themen aus seiner umfangreichen Diskographie in dauerhafte Erfolge. Aus dieser Reihe ragen neben seinen anderen Kompositionen besonders die Tangos *Rencor* und vor allem *Las cuarenta* hervor, der von vielen als seine größte Kreation angesehen wird.

Discépolo:
Es schmerzt ihn wie eigen die fremde Narbe

In der Geschichte der Tangodichter hat jeder große Name sein Zeichen hinterlassen und seinen Teil beigesteuert. Pascual Contursi war der Ausgangspunkt und führte das Thema des Verlassenwerdens, des Schmerzes angesichts des Scheiterns in der Liebe ein. Celedonio Flores thematisierte die Gegenüberstellung des Lebens der höheren Klasse mit der Moral der „bescheidenen Leute" und verwendete dabei eine volkstümlichen Sprache, die das Abbild der damaligen Sprachgepflogenheiten in den *barrios* war. Enrique Cadícamo steht für die Beschreibung des Cabaret-Lebens, die historische Chronik und die Loslösung von sentimentalen Augenblicken. Bei Homero Manzi ist es die sehnsuchtsvolle Erinnerung an vergangene *barrios* und Charaktere, Landschaften von Buenos Aires und an die Tiefe von Liebesbeziehungen, die seine Tangos auszeichnet. Cátulo Castillos Tangos beschwören Erinnerungen, den Alkohol, dringen in eine metaphorische Sprache ein. Homero Expósito repräsentiert die dichterische Darstellung der sozialen und psychologischen Wandlungen des *porteño* zu Beginn der vierziger Jahre.

Enrique Santos Discépolo gab dem Tango eine Vision aus Hoffnungslosigkeit und Skepsis; er tat dies nachdenklich, metaphysisch, und stellte ethische Parameter auf, die die geheimsten persönlichen Schmerzen und die Realität einer sozio-politischen Situation widerspiegeln, in der „die moralische Abwesenheit regierte". Er selbst definierte seine Arbeit so: „Ein Tango", sagte er „kann mit einem Finger geschrieben werden, jedoch mit der Seele. Ein Tango ist die Intimität, die sich versteckt und ist der Schrei, der sich nackt erhebt." Und er fügte hinzu: „Der Ursprung des Tangos liegt immer auf der Straße, deshalb gehe ich durch die Stadt und versuche dabei in ihre Seele einzutreten, versuche mich in die Leute einzufühlen und mir vorzustellen, was dieser Mann oder dieses Mädchen, die vorbeigehen, gerne hören würden, was sie in einem glücklichen oder schmerzlichen Moment ihres Lebens singen würden." Bei anderer Gelegenheit unterstrich er: „Die Hauptfigur meiner Tangos ist die Stadt Buenos Aires. Eine gewisse Sensibilität und etwas Beobachtung haben den Stoff all meiner Texte geliefert."

Discépolo wurde im März 1901 im *barrio* Once geboren, als fünfter und jüngster Sohn von Santo Discépolo, einem italienischen Musiker, der nach seinen Studien am königlichen Konservatorium von Neapel nach Buenos Aires auswanderte, wo er sich damit abfinden mußte Polizei– und Feuerwehrkapellen zu leiten, und eine bescheidene Musikschule errichtete, die er bis zu seinem Tod 1906 unterhielt. Vielleicht hatte Armando, ein anderer seiner Söhne (ein bemerkenswerter Dramaturg mit Werken wie *Bailonia*, *Mustafá*, *Mateo* und *Relojero*), das Schicksal seines Vaters vor Augen als er *Stéfano* schrieb, dessen Protagonist ein gescheiterter Musiker ist, der im Moment der Verzweiflung schmerzlich ausruft: „Ich habe nichts mehr zu singen. Der Gesang ist verlorengegangen, sie haben ihn mitgenommen. Ich habe ihn auf ein Stück Brot geschmiert und habe es aufgegessen."

Halbwaise mit fünf Jahren durch den Tod des Vaters und Vollwaise mit neun, erwies sich das Unglück des Elternhauses als prägend für sein gesamtes Leben: „Damals wurde meine Schüchternheit zu Angst und meine Traurigkeit zu Unglück. Ich erinnere mich, wie sich unter meinen Utensilien für die Schule ein kleiner Globus befand. Ich deckte ihn mit einem schwarzen Taschentuch zu, ohne es jemals abzunehmen. Für mich sollte die Welt so bleiben, für immer in Trauer gekleidet." Es war zu jener Zeit, als er als kleiner, einsamer Junge auf seinen Runden durch das *barrio* „die bescheidene Gemeinschaft des *conventillo*" mit ihrer „rostigen Blechsymphonie" beobachtete.

In der Absicht Lehrer zu werden studierte er eine Zeit lang in der Schule Mariano Acosta, gab jedoch bald die Studien auf, nachdem er beschlossen hatte den Beruf des Schauspielers zu ergreifen. Er war ein Stammgast bei den Bohemiens von Buenos Aires, besonders bei der Gruppe, die sich um den Bildhauer Augustín Riganelli und die Maler Fasio Hebecquer und Benito Quinquela Martín gebildet hatte. Dort war es auch, wo er den Akkorden eines Klavierspielers lauschte, mit dem er später bei der Schöpfung seines Tangos *Malevaje* zusammenarbeiten würde: Juan de Dios Filiberto.

Zwischen 1918 und 1920 wurden einige *sainetes* von ihm uraufgeführt, die er in Zusammenarbeit mit Mario Folco und dem Schauspieler Miguel Gómez Bao geschrieben hatte und die ohne besondere Beachtung blieben. Besessen las er die russischen Erzähler („Diese Charaktere, die nicht gegen andere Männer kämpfen, sondern sich einem Schicksal ergeben, das sich auf ihrem Weg wie eine dicke Mauer erhebt, erweckten oft meine Neugierde", erinnerte er sich später) und arbeitete als fest angestellter Schauspieler in der Kompanie von Blanca Podestá. Während einer Tournee schrieb er den für das *sainete La Porota* bestimmten Tango *Bizcochito*. Diesem Lied widerfuhr das gleiche Schicksal wie seinen dramaturgischen Werken – nach ein paar Tagen war es vergessen. Aber es stellte den Ausgangspunkt für sein Tango-Schaffen dar.

Im Jahr 1925 entwarf er mit seinem Text von *Qué vachaché* Verse, mit denen er – um Norberto Galasso zu zitieren – „die Rokoko-Fabel, auf die sich der Panegyrikus für die Regierungszeit von Alvear gründet," widerlegte. Die Uraufführung des Tangos sang Tita Merello in der Revue *Así da gusto vivir* (So lebt man gerne) in Buenos Aires. Doch stellte sich dieser Tango rundweg als Mißerfolg heraus. Ein erneuter Versuch in Montevideo endete mit dem gleichen Ergebnis. Erst der Erfolg von *Esta noche me emborracho* im Jahre 1928, mit der Stimme von Azucena Maizani, erlaubte es ihm *Qué vachaché,* das noch imselben Jahr auf Schallplatte aufgenommen wurde, erneut auszugraben.

In seinen Versen sind die wesentlichen Züge des discepolianischen Skeptizismus bereits vorgezeichnet. „Jener war verschieden (...) Er brachte andere Dinge zur Sprache, beleuchtete das Leben auf andere Art und Weise. Er schaute durch andere Fenster auf das fürchterliche Panorama der Menschheit", so würde der Autor es ausdrücken.

Der Text sagt unter anderem:

Lo que hace falta es empacar mucha moneda,
vender el alma, rifar el corazón,
tirar la poca decencia que te queda,
plata, plata y plata...plata otra vez...
Así es posible que morfés todos los días,
tengas amigos, casa, nombre...lo que quieras vos.
El verdadero amor se ahogó en la sopa,
la panza es reina y el dinero Dios.

¿Pero no ves gilito embanderado
que la razón la tiene el de más guita?
Que la honradez la venden al contado
y a la moral la dan por moneditas.
Que no hay ninguna verdad que se resista
frente a dos mangos moneda nacional
Vos resultás – haciendo el moralista –
un disfrazado...sin carnaval...

¡Tiráte al río!... no embromés con tu conciencia,
sos un secante que no hace ni reír...
Dame puchero, guardáte la decencia...
Plata, plata, plata, yo quiero vivir.
¿Qué culpa tengo si has piyao la vida en serio,
pasás de otario, morfás aire y no tenés colchón?
¿Qué vachaché? Hoy ya murió el criterio,
vale Jesús lo mismo que el ladrón.

Was es braucht, ist viel Geld zu bündeln,
die Seele zu verkaufen, das Herz zu verlosen,
das bißchen Anstand, das Dir bleibt, über Bord zu werfen.
Geld, Geld und Geld... und nochmals Geld...
So wird's möglich, daß Du alle Tage ißt,
Freunde hast, Haus, Namen... was immer Du willst.
Die wahre Liebe ertrank in der Suppe,
der Bauch ist König, und das Geld ist Gott.

Aber siehst Du denn nicht, Du preisgekrönter Trottel,
daß das Recht der mit dem meisten Zaster hat?
Daß die Ehrlichkeit gegen Bares verkauft wird
und daß die Moral keine Münze wert ist.
Daß es keine Wahrheit gibt,
die angesichts zweier Scheine Nationalwährung widersteht.
Du bist – wenn Du Dich als Moralist ausgibst –
ein Verkleideter...ohne Karneval...

Schmeiß Dich in den Fluß!... nerv nicht mit Deinem Gewissen,
Du bist ein Störenfried, der einen nicht einmal zum Lachen bringt...
Gib mir *puchero*[1] und behalt Deinen Anstand für Dich...
Geld, Geld, Geld, ich möchte leben.
Was für eine Schuld hab' ich, wenn Du das Leben ernsthaft überschätzt hast,
als Dummkopf giltst, Luft ißt und keine Matratze hast?
Was soll's? Heute ist „das Kriterium" schon gestorben,
Jesus gilt so viel wie der Dieb.

Mit *Qué vachaché* nahm die wesentliche Linie der discepolianischen Dichtung ihren Anfang: Der Moralist, der den sozialen Kontext beobachtet und sich barsch über die Skrupellosigkeit seiner Mitmenschen beklagt. Der Verzweifelte, der Gott sucht. Der Schmerzerfüllte angesichts des Fehlens von Wertmaßstäben, die verhindern würden, daß:

lo mismo ser derecho que traidor,	es das gleiche gilt, rechtschaffen oder Verräter
ignorante, sabio, chorro, generoso,	zu sein, ignorant, weise, Dieb, großzügig,
estafador.	Betrüger.

Aus *Cambalache*

[1] *puchero* – ein einfacher, aber köstlicher Eintopf.

Ironisch wirft er sich selbst vor:

¿No te das cuenta que sos un engrupido?	Merkst Du nicht, daß Du Dich überschätzt?
¿Te crees que al mundo lo vas a arreglar vos?	Du glaubst wohl, Du wirst die Welt in Ordnung bringen?
Si aquí ni Dios rescata lo perdido:	Wenn hier nicht einmal Gott das Verlorene erlöst:
¿Qué querés vos? ¡Hacé el favor!...	Was willst dann Du? Ich bitte Dich!...

Aus *Que vachaché*

Die gleiche Idee wiederholte Discépolo in *¡Soy un arlequín!* :

¡Perdonáme si fui bueno!	Verzeihung wenn ich es gut meinte!
Si no sé más que sufrir...	Wenn ich doch weiter nichts vermag als leiden...

Ebenso wie in *Yira yira*, wo ihn sein Skeptizismus dazu brachte, festzustellen, daß die Welt gleichgültig, taub und stumm ist, denn

todo es mentira y nada es amor.	alles ist Lüge und nichts ist Liebe.

Von daher empfiehlt er:

aunque te quiebre la vida,	Auch wenn Dir das Leben zerbricht,
aunque te muerda un dolor,	auch wenn Dich ein Schmerz beißt,
no esperes nunca una ayuda,	erwarte nie eine Hilfe,
ni una mano, ni un favor.	weder eine Hand, noch einen Gefallen.

Und er besteht am Ende darauf, daß er ein „Dummkopf"*(otario)* war, der geglaubt hat und sinnlos Türklingeln drückte, auf der Suche nach

Un pecho fraterno para morir abrazao	einer brüderlichen Brust, um umarmt zu sterben

In *Tres esperanzas* beharrte er in einem noch pessimistischeren Ton darauf, daß es keinen anderen Ausweg als den Selbstmord gibt, wie man es im letzten Vers der ersten Strophe durchhört:

No doy un paso más,
alma otaria que hay en mí,
me siento destrozao, ¡murámonos aquí!
Pa'qué seguir así, padeciendo a lo fakir,

si el mundo sigue igual...
si el sol vuelve a salir...
La gente me ha engañao
desde el día en que nací.
Los hombres se han burlao,
la vieja la perdí...
No ves que estoy en yanta,
y bandeao por ser un gil...
Cachá el bufoso...y chau...
¡vamo a dormir!

Ich kann keinen Schritt weiter,
törichte Seele, die in mir ist,
ich fühle mich zertrümmert, laß uns hier sterben!
Warum so weitermachen und wie ein Fakir Leid erdulden,
wenn sich die Welt doch weiterdreht...
wenn die Sonne doch wieder aufgeht...
Die Leute haben mich betrogen,
seit dem Tag meiner Geburt.
Die Menschen haben sich lustig gemacht,
meine Mutter verlor ich...
Siehst Du nicht, daß ich der Klage verfallen
und schwer verletzt bin, weil ich ein Trottel bin...
Schnapp Dir den Revolver... und tschau...
geh'n wir schlafen!

Discépolo läßt für Hoffnung keinen Platz:

Quien más, quien menos pa' mal comer,	Einer mehr, einer weniger zum schlechten Essen[2],
somos la mueca de lo que soñamos ser,	wir sind die Grimasse von dem, was wir zu sein träumen.

In *Desencanto* fügt er hinzu:

Qué desencanto más hondo...	Welch tiefste Ernüchterung...
qué desconsuelo brutal...	welch brutale Trostlosigkeit...
qué ganas de echarme en el suelo	wie gerne würde ich mich auf den Boden schmeißen

2 *Quien más, quien menos pa' mal comer* – wird verwendet, um sinngemäß „auch wenn es uns nicht paßt" auszudrücken.

y ponerme a llorar...	und anfangen zu heulen...
Cansao	Müde
de ver la vida que siempre se burla	das Leben zu sehen, das immer spottet
y hace mil pedazos mi canto y mi fe...	und meinen Gesang und meinen Glauben in tausend Stücke bricht...
La vida es tumba de ensueños,	Das Leben ist ein Grab der Träume,
con cruces que abiertas,	mit Kreuzen, die geöffnet
preguntan...para qué...	fragen... wofür...

Erneut in *Infamia* sagt er nachdrücklich: Die Leute...

es brutal	sind brutal
y odia siempre al que sueña,	und hassen immer den, der träumt,
lo burla y con risas desdeña	spotten ihm, und mit Gelächter verschmähen sie
su intento mejor.	seine beste Absicht.

Und deshalb:

Luchar contra la gente es infernal	Ist es höllisch gegen die Leute zu kämpfen.

Bis an die äußerste Grenze brachte er seine Verzweiflung in *Tormenta* zum Ausdruck, wo sein Schrei metaphysische Dimensionen annimmt:

¡Aullando entre relámpagos,	Heulend zwischen Gewitterblitzen,
perdido en la tormenta	verloren im Unwetter
de mi noche interminable, Dios!	meiner nicht endenden Nacht, Herr!
busco tu nombre...	Such' ich Deinen Namen...
No quiero que tu rayo	Ich will nicht, daß Dein Lichtstrahl
me enceguezca entre el horror,	mich inmitten des Schreckens erblinden läßt,
porque preciso luz	denn ich bedarf Deines Lichts,
para seguir...	um weiterzumachen...
¿Lo que aprendí de tu mano	Was ich aus Deiner Hand lernte,
no sirve para vivir?	taugt es nicht, um zu leben?
Yo siento que mi fe se tambalea,	Ich fühle, daß mein Glaube taumelt,
que la gente mala vive ¡Dios!	daß die schlechten Leute, Herr!,
mejor que yo...Si la vida es el infierno	besser leben als ich...Wenn das Leben die Hölle ist,
y el honrao vive entre lágrimas,	und der Ehrliche unter Tränen lebt,
¿cuál es el bien...	Was ist der Nutzen...
del que lucha en nombre tuyo,	für den der in Deinem Namen kämpft,
limpio, puro?...¿para qué?...	rechtschaffen, rein? ... Wofür?...
Si hoy la infamia da el sendero	

y el amor mata en tu nombre,	Wenn heute die Niedertracht den Weg vorgibt
¡Dios!lo que has besao...	und die Liebe in Deinem Namen das tötet,
el seguirte es dar ventaja	Herr! was Du geküßt hast..
y el amarte es sucumbir al mal.	Dir zu folgen heißt den Vorteil zu vergeben
	und Dich zu lieben heißt dem Bösen unterliegen.

Diese auf eine skeptische Weise existentialistische Haltung, die Discépolos ganzes Werk begleitet, ist offensichtlich Folge davon, daß die Welt...

fue y será una porquería	ein Dreck war und immer sein wird.

und damit nicht genug:

el siglo veinte es un despliegue	das zwanzigste Jahrhundert ist die Entfaltung
de maldad insolente,	unverschämter Schlechtigkeit

ein *Cambalache*[3], in dem:

¡el que no llora no mama	Der, der nicht heult, nicht gestillt wird,
y el que no afana es un gil!	und der, der nicht stiehlt ein Trottel ist!

denn:

a nadie importa si naciste honrao.	Keinem ist es wichtig, ob Du ehrbar zur Welt kamst,
Es lo mismo el que labura	gleich viel gilt, wer schuftet
noche y día como un buey,	Tag und Nacht wie ein Ochse,
que el que vive de los otros,	wer von den anderen lebt,
que el que mata, que el que cura	wer tötet, wer heilt
o está fuera de la ley...	oder gesetzlos lebt...

Eines der Synonyme für Dichter – *Vate* – bedeutete ursprünglich: Wahrsager, Mann mit der Fähigkeit vorherzusehen. Als Discépolo 1929 *Yira yira* geschrieben hatte, kündigte er damit die kommenden Zeiten an, den Teil der argentinischen Geschichte, den José Luis Torres als „infames Jahrzehnt" *(Década Infame)* bezeichnete.

[3] *Cambalache* – Leihhaus, Kramladen, Rumpelkammer, ungeordnete Auftürmung von Gerümpel

Die im September durch den Militärputsch unter Uriburu eingeleitete Periode, setzte sich in Regierungen fort, die allesamt durch Wahlbetrug an die Macht kamen. Zuerst die von General Augustín P. Justo zwischen 1932 und 1938, der die Präsidentschaft von Roberto M. Ortiz folgte, einem Anwalt der englischen Eisenbahngesellschaft, der dem antipersonalistischen Flügel der *radicales* angehörte und dessen Wahl derart unecht war, daß seine Kandidatur sogar von der britischen Handelskammer proklamiert wurde. Eine schwere Krankheit des Präsidenten machte am 4. Juli 1940 die Nachfolge seines Vizepräsidenten, des Konservativen Ramón Castillo, der das Amt bis zu seinem Sturz am 4. Juli 1943 innehatte, notwendig.

Wie in jeder Übergangszeit wurden auch damals die strukturellen Wesenszüge der Vergangenheit überbetont. Mit dem *revival* des Konservatismus, nach dem Sturz von Yrigoyen, versuchte man, jede Spur des Fortschritts, den es seit 1916 für das Volk gegeben hatte, zunichte zu machen.

Nachdem die Oligarchie der Agrarimporteure wieder die Macht an sich gerissen hatte, war sie ängstlich darum besorgt, ihre Vorrechte nicht wieder zu verlieren. Um dauerhaft an der Macht zu bleiben und die erlangte Rückkehr nicht zu gefährden, setzte die regierende Schicht Wahlfälschung als Methode ein. Die Wahlversammlungen verkamen zu einer Farce, zu einer formellen Karikatur, wo Urnen ausgetauscht, und Resultate völlig unverfroren zurechtgestutzt wurden.

Die Entscheidung, jeden nur möglichen Wahlerfolg der Radikalen zu verhindern, wurde nach dem Sieg der Union Cívica Radical bei der Wahl des Gouverneurs der Provinz von Buenos Aires am 5. April 1931 deutlich, als die de facto von Uriburu angeführte Regierung diese Wahl annullierte. In diesem Moment entschloß sich Yrigoyen mit seiner Partei nicht mehr zu kandidieren. So blieb es bis zum Jahr 1935, als die Parteispitze beschloß, bei diesem Betrug mitzuspielen und sich im Gegenzug in eine legalisierte Opposition zu verwandeln.

Im Juni des gleichen Jahres entschied sich eine Hand voll Mitglieder der Radikalen, in offener Opposition gegen das schwache Kommando, das die UCR anführte, zur Gründung einer Gruppe, die sich als innenpolitisch unversöhnlich und in der Außenpolitik antiimperialistisch verstand, und die sich zu einer Art Ankläger des Systems entwickelte. Die Gruppierung wählte den Namen *Fuerza de Orientación Radical de la Joven Argentina - (FORJA)* [4] und ihre dauernde Predigt würde zu einem Warnruf vor jener Struktur der

[4] *FORJA* – Kraft des jungen Argentiniens mit radikaler Orientierung.

ökonomischen Abhängigkeit werden, die Argentinien an das britische Imperium band. Die Situation wird in den folgenden drei Aussprüchen auf den Punkt gebracht: Der erste stammt vom damaligen Vizepräsidenten der Nation, Julio A. Roca (Sohn), der in seiner Rede vor dem argentinischen Club von London – zwei Tage vor Unterzeichnung des Roca-Runciman Paktes – zugab, daß er zu Gunsten der englischen Interessen beschämende Klauseln angeordnet hatte: „Unter ökonomischen Gesichtspunkten ist Argentinien, aufgrund seiner wechselseitigen Abhängigkeit, ein Bestandteil des britischen Imperiums.“ Der zweite wurde durch den Berater der argentinischen Handelsmission, Sir William Leguizamón, dem Direktor der englischen Eisenbahn im Land, ausgesprochen: „Argentinien ist eine der am meisten geschätzten Juwelen der Krone seiner gnädigen Majestät.“ Der dritte Satz kommt von Sir Herbert Samuel, einem Mitglied des britischen Unterhauses. In einer Sitzungsrede stellte er ohne jede Scham fest: „Da Argentinien *de facto* eine Kolonie Großbritanniens ist, wäre es nur recht und billig, wenn es sich in das Königreich eingliederte.“

Dagegen drückt sich die *FORJA* in ihrer Gründungserklärung folgendermaßen aus: „Wir sind ein koloniales Argentinien. Wir wollen ein freies Argentinien werden.“ Und sie festigen ihre Haltung im weiteren Wortlaut: „Der historische Prozeß Argentiniens im besonderen und der Lateinamerikas im allgemeinen, zeigt den permanenten Kampf des Volkes um das Erlangen seiner Volkssouveränität; für die Verwirklichung der emanzipatorischen Ziele der amerikanischen Revolution; gegen die Oligarchien, welche mit ihrer ökonomischen, politischen und kulturellen Durchdringung, Handlanger des Imperialismus darstellen, und sich der letztlichen Erfüllung der Ziele Amerikas entgegensetzen.“ Der sprachliche Unterschied zwischen den beiden Haltungen war nicht nur ein rein semantischer – er macht zugleich zwei unterschiedliche Entwürfe für das Land deutlich.

Die radikale Mehrheit konnte sich durch die Führung von Marcelo T. de Alvear nicht vertreten fühlen, von jenem Mann, der, obgleich wieder „auf den rechten Weg gekommen“, doch derselbe war, der sich wenige Jahre zuvor Yrigoyen entgegengestellt hatte und mit der Gründung der *UCR Antipersonalista* – deren Bezeichnung bereits eine unnachsichtige Kritik gegen den Führer implizierte – den Bruch im Innern der Partei provoziert hatte. Derselbe Alvear erklärte am 7. September 1930 aus seiner Pariser Residenz, wenige Stunden nach dem Einzug Uriburus in das Regierungsgebäude: „Es hatte so kommen müssen. Yrigoyen hatte es, mit einer absoluten Ignoranz gegenüber jeglicher

Praxis des demokratischen Regierens, scheinbar Spaß gemacht, die Institutionen zu beeinträchtigen. Regieren heißt nicht ‚payarieren'[5]."

Die alten Radikalen begriffen wohl, daß Alvear, der Aristokrat, der im Stande war, den Putsch von Uriburu zu rechtfertigen, nicht eine Partei anführen könnte, deren Basis aus Immigrantensöhnen und armen *criollos* bestand. Dennoch hatten sie sich skeptisch diese Blöße gegeben; allein die Jungen der FORJA hielten weiterhin hartnäckig daran fest, die populären Fahnen des Radikalismus hochzuhalten.

Um sich andererseits die Situation vor Augen zu führen, in der sich Argentinien während der *Década Infame* befand, kann man daran erinnern, daß 1935 im Verlauf einer Diskussion über das „Fleischproblem" – das durch die Unterzeichnung des Roca-Runciman Vertrages entstanden war – ein bezahlter Revolverschütze auf den Vorsitzenden der Opposition, Lisandro de la Torre, feuerte, als der demokratisch progressive Senator der Provinz Santa Fe die Regierung der Mittäterschaft an der Auslieferung des nationalen Vermögens anklagte. Der Senator Enzo Bordabehere, gerade dazu gewählt worden De la Torre in der Kammer zu unterstützen, kam bei seinem Versuch, sich schützend vor den Parteichef zu stellen, ums Leben. Die Untersuchung über das Verbrechen wurde von der Presse, die mit den Interessen der Agrarimporteure verbunden war, schnell stillschweigend übergangen. Für sie fand sich ein anderer bedeutsamer Vorfall, der genügte, den Zeilen über den Mordanschlag ihren Platz wegzunehmen: Carlos Gardels Unfall in Medellín nahm den ganzen Raum ein und erstickte jegliche mögliche Polemik zum Thema. Der Mörder wanderte zwar ins Gefängnis, aber die wirklichen Drahtzieher des Mordanschlages wurden niemals gefunden.

Discépolo ist der Texter dieser ganzen Periode, in der sich der Tango, wie das Land selbst, in einer Phase des Stillstands befand, und sich damit begnügte, eine Grauzone zu besetzen. Der Tango *Yira yira* gewann in jenen Tagen symbolischen Charakter. In seinem Protagonist spiegelten sich Hoffnungslosigkeit und Skeptizismus wider, die sich wie dunkle Wolken über das Land ausgebreitet hatten. Man kann sogar annehmen, daß das Unglück dieser Figur als Identifikation für jedweden der tausenden öffentlichen Angestellten diente, die aufgrund ihrer Sympathien für Yrigoyen jetzt ohne Arbeit waren und vergeblich durch die Straßen der Stadt streiften, auf der Suche nach Gelegenheitsarbeit, die es ihnen erlaubte, mehr schlecht als recht zu überleben. Im Genre der Erzählung findet sich das Gegenstück zu den Werken Discépolos auf den

[5] von *payar* – „Lieder im ‚Liederwettkampf' der payadores singen"; (siehe auch im Anhang unter *payadores)*

Seiten von Roberto Arlt, insbesondere in seinen Heften *Aguafuertes porteñas*. Die Sprache des Chronisten, der auf den Seiten der Zeitung *El Mundo* das triste Leben von Buenos Aires portraitierte, könnte zum Autor von *Cambalache* gehören. Auch die Figuren von Arlt fühlten:

Aunque te quiebre la vida,	Auch wenn Dir das Leben zerbricht,
Aunque te muerda un dolor,	auch wenn Dich ein Schmerz beißt,
no esperes nunca una ayuda,	erwarte nie eine Hilfe,
ni una mano, ni un favor.	weder eine Hand, noch einen Gefallen.

Aus *Yira yira*

Das Argentinien der *Década Infame* teilte keine Gefälligkeiten aus, außer an Großbritannien.

Die Mittelklasse befand sich in einer Massenarmut, ohne Arbeit oder unterbeschäftigt, von der Macht ausgegrenzt, allein und ohne allzu große Hoffnungen auf einen, zur damaligen Zeit utopisch erscheinenden, politischen Wechsel, auf einen Führer, einen *caudillo*, der es ihr ermöglichte, den verlorenen Platz wiedereinzunehmen (um die Worte Scalabrini Ortiz' zu umschreiben). Infolge der liberalen Bildung, auf die die argentinische Erziehung hinzielte, ließen sich nur wenige von gewissen, feilgebotenen Errungenschaften des italienischen Faschismus und des deutschen Nationalsozialismus blenden, und die Option der moderaten Linken oder des stalinistischen Kommunismus erschien jenen, die Hipólito Yrigoyen bis zu seinem Tod 1933 treu gefolgt waren, ebensowenig attraktiv. Mit der Zeit würde ein bedeutender Teil des Kleinbürgertums den peronistischen Aufstieg begleiten, der zwar in seiner Basis auf der Arbeiterschaft ruhte, jedoch auch bestimmten, intermediären Schichten Raum ließ. Grundsätzlich jedoch würde dieser Teil der Gesellschaft ohne Leitung bleiben und aus Tradition einem Radikalismus verhaftet sein, der im Stillstand verharrte, zwischen dem reinen Kult der Nostalgie und der Verblendung durch die Aristokratie, der die zweite Generation der Immigranten erlag. Etliche Jahre sollten vergehen, bis diese Situation sich verändern konnte.

Die Mittelklasse, Protagonist der zwanziger Jahre, wurde in die Rolle des simplen Zuschauers gedrängt. Unter diesen Bedingungen war der Skeptizismus die logische Konsequenz eines Zustands, in dem es keine Aussicht auf große Veränderungen gab. Das von vielen angestrebte Ziel bestand darin, eine öffentliche Anstellung zu bekommen. Der Zugang zur Universität war in der Realität durch die schwierige ökonomische Situation aufs neue eingeschränkt, die Nachfrage nach Spezialistenberufen, wie man sie in den Jahren der Industrialisierung kennenlernen würde, gab es noch nicht, und das Schrumpfen des Binnenmarktes begünstigte auch nicht gerade das Wachstum von Arbeitsplätzen im Handelsgewerbe.

Im Tango hatte zwischenzeitlich eine Entwicklung stattgefunden. Gardel, der zu einem internationalen Star geworden war, hatte das Spektrum seiner Anhängerschaft erweitert. Für das spanischsprachige Publikum war er, mehr noch als ein Sänger im strenggenommenen Sinne, der erfolgreiche Filmschauspieler. In seinen Filmen wurde eine Figur gezeigt, die in großzügigen Wohnsitzen oder Grandhotels lebte; das *barrio* als Bühnenhintergrund war nicht mehr als die Ausgeburt einer ausländischen Sichtweise, und die Themen, die Le Pera komponierte, waren zeitlos und entsprachen jenem Image des weltmännischen *bon vivant* , das Gardel besonders gerne kultivierte.

„Der Tango", so Matamoro „geht dazu über, ein archäologischer Stoff zu werden und alles, was seine Ausübung angeht, ähnelt einer Totenwache. Aus der *guardia vieja* finden sich wieder Gruppen zusammen und versuchen, den Aufführungsstil zu rekonstruieren, der im vorherigen Jahrzehnt als überholt hinter sich gelassen worden war: das von der Plattenfirma Victor organisierte *cuarteto de la Guardia Vieja* von Feliciano Brunelli, die neue kleine Formation von Roberto Firpo, der aus Geldnot wieder auf den ‚Kampfplatz' tritt, das Orchester von Ernesto Ponzio und Juan Carlos Bazán sowie die letzten Jahre der Gruppe von Maglio Pacho. Es handelt sich dabei um Musikgruppen, die den Tango auf eine Art und Weise spielen, die das Historische deutlich zum Ausdruck bringt, und nicht den gültigen sondern vergangenen Normen unterliegt, um ein Museumsstück, eine archäologische Kuriosität. Von den Gebrüdern Bates erscheint das erste Buch, das sich als geschichtliche Abhandlung über den Tango versteht. Literatur über den Tango wird veröffentlicht, man legt die genauen Grenzen der beiden *guardias* (der *guardia vieja* und der *guardia nueva*) fest. Kurz, man prügelt den Tango zu einem geschichtlichen Objekt. Die Musiker treten zu Arbeiten wie diesen an: 1931 leitet Discépolo eine „Geschichte des Tango in zwei Stunden" auf der dreizehnten Fachmesse des Automobils (auf dem Gelände der landwirtschaftlichen Gesellschaft im Stadtteil Palermo) und De Caro stellt 1937 in der Oper eine Entwicklung des Tango mit musikalischen Illustrationen zusammen. Der Tango hat sein breites Publikum verloren; bis auf eine unbedeutende Zahl tanzt die große Volksmasse nicht. Die Inspirationsquelle dieses unverrückbaren Produktes der Massenkultur ist verschüttet. Nur die „Männer des Tango", die sich im vorangegangenen Jahrzehnt entwickelt hatten, treiben ihren Kult mit ihm, und nunmehr im Dienste des Tangos als einem rein musikalischen Genre."

Nur ein Mann konvertiert zum Chronisten mit erhobenen Zeigefinger, zum Spiegel einer Epoche und zum Moralkritiker: Enrique Santos Discépolo. Aber seine Vision, bar jeglicher Maskerade, die das Panorama versüßen könnte, ruft auch Ablehnung hervor. Domingo Casadevall stellte fest: „Ein opportunistischer Philosoph, der in seinem äußerst berühmten *Qué vachaché* die von der ganzen Stadt gesungene zynische Einschätzung des ‚niedrigen' Buenos Aires auf den Gipfel treibt." Noch im Jahr 1961, zehn Jahre nach dem Tod von Discépolo, ließen sich Tomás de Lara und Inés Leonilad Roncetti de Panti zu folgenden Äußerungen hinreißen: „Er ist der tiefgründigste unserer Texter, aber auf seinem philosophischen Grund schlägt der Puls eines bitteren Pessimismus mit zynischem Abglanz, was ihn zu einem volkstümlichen Lucrecio der heutigen Zeit werden läßt. Oft fragt man sich, ob er nicht dabei ist, die niedrigen Passionen des Volkes anzustacheln. Es ist offenkundig, daß er einen starken Einfluß auf dieses hatte, und daß seine negative Predigt mit dem Niedergang der Moral in den letzten Jahrzehnten einhergeht." In die gleiche Linie reihen sich die kritischen Beobachtungen von Pérez Amuchástegui, in dessen Werk *Mentalidades argentinas*, ein. Der verzweifelnde soziale Skeptizismus von Discépolo findet seine Entsprechung in dessen Behandlung der Liebe. In Discépolos Werk stellt die Liebe fast immer eine Strafe dar, eine Verdammnis, die ins Scheitern, in den Betrug mündet. Vielleicht, weil der Mensch immer allein ist:

¡Solo!...	Allein!
¡Pavorosamente solo!...	Entsetzlich allein!
Como están los que se mueren,	So wie die es sind, die sterben,
los que sufren,	die leiden,
los que quieren	die lieben.
Sin comprender,	Ohne zu begreifen
por qué razón te quiero...	aus welchem Grund ich Dich liebe...
Ni qué castigo de Dios	Noch was für eine Strafe Gottes
me condenó al horror	mich verdammt zu dem Greuel,
de que seas vos, vos,	daß Du es seist, Du,
solamente sólo vos...	einzig und allein Du...
Nadie en la vida más que vos	Niemand im Leben mehr als Du,
lo que deseo...	das, was ich begehre...

Aus *Condena*

In *Desencanto* gibt er zu:

De lo ansiado	Vom Ersehnten
sólo alcancé un amor	erlangte ich nur eine Liebe,
y cuando lo alcancé	und als ich sie erlangte
...me traicionó.	...verriet sie mich.

Und er fragt sich in *Secreto* :

Quién sos, que no puedo salvarme,
muñeca maldita, castigo de Dios...
Ventarrón que desgaja en su furia de ayer
de ternuras, de hogar y de fe...
Por vos se ha cambiado mi vida
–sagrada y sencilla como una oración–
en un bárbaro horror de problemas
que atora mis venas y enturbia mi honor.

Wer bist Du, daß ich mich nicht retten kann,
verfluchtes Püppchen, Strafe Gottes...
heftiger Windstoß, der in seiner Raserei aus dem Gestern
der Zärtlichkeiten, des Heimes und des Glaubens die Äste abbricht...
Deinetwegen veränderte sich mein Leben
– seelig und leicht war es wie ein Gebet –
in ein barbarisches Grausen aus Problemen,
das meine Adern verstopft und meine Ehre trübt.

Und in den folgenden Versen taucht der immer wieder im gesamten Werk Discépolos pochende Moralist auf, den die oberflächlichen Kritiker nicht zu finden vermögen:

No puedo ser más vil,	Ich kann nicht gemeiner sein,
ni puedo ser mejor,	noch kann ich besser sein,
vencido por tu hechizo	besiegt durch Deinen Zauber
que transtorna mi deber...	der meine Pflicht durcheinanderbringt..
Por vos a mi mujer	Deinetwegen habe ich meiner Frau
la vida he destrozado,	das Leben zerstört,
y es pan de mis dos hijos	und es ist das Brot meiner Kinder
todo el lujo que te he dao.	der ganze Luxus, den ich Dir gegeben hab'.
No puedo reaccionar	Ich kann nichts erwidern,
ni puedo comprender,	noch kann ich verstehen,
perdido en la tormenta	verloren im Sturm
de tu voz que me embrujó...	Deiner Stimme, die mich verhexte...

Aus *De tu voz que me embrujó*

Liebesbeziehungen sind ausweglos, denn:

Uno va arrastrándose entre espinas	man kriecht zwischen Stacheln
y en su afán de dar su amor,	und in seinem Drang seine Liebe zu geben,
sufre y se destroza hasta entender	leidet und geht man zugrunde, bis man merkt,
que uno se ha quedao sin corazón...	daß man ohne Herz geblieben ist...

und wenn die Liebe eintritt:

uno está tan solo en su dolor	einer ist so allein in seinem Schmerz
Uno está tan ciego en su penar...	einer ist so blind in seinem Grämen...

daß man sich nicht um sie kümmern kann:

Pero, Dios te trajo a mi destino	Aber Gott hat Dich in mein Schicksal gelegt,
sin pensar que ya es muy tarde	ohne daran zu denken, daß es schon zu spät ist
y no sabré cómo quererte...	und ich nicht wissen werde, wie ich Dich lieben soll...

Aus *Uno*

Deshalb fragt sich Discépolo verzweifelnd:

¿Por qué	Warum
me enseñaron a amar,	lehrte man mich, zu lieben,
si es volcar sin sentido	wenn es bedeutet, sinnlos
los sueños al mar?	die Träume ins Meer zu schütten?
si el amor	Wenn die Liebe
es un viejo enemigo	eine alte Feindin ist
que enciende castigos	die Strafen entfacht
y enseña a llorar...	und zu weinen lehrt...
Yo pregunto¿por qué?...	Ich frage warum?...
sí ¿por qué me enseñaron a amar,	Ja, warum lehrte man mich zu lieben,
si al amarte mataba mi amor?...	wenn ich, während ich Dich liebte, meine Liebe umbrachte?...
Burla atroz de dar todo por nada	Abscheulicher Hohn, alles zu geben für nichts,
y al fin de un adiós, despertar	und am Ende eines Abschieds,
llorando.	weinend zu erwachen.

Aus *Canción desesperada*

Weiterhin fällt im discepolianischen Werk der häufige Rückgriff auf den Selbstmord auf, der einige seiner Figuren kennzeichnet.

Das Ende der dreißiger Jahre ist eine Epoche, in der sich eine große Zahl berühmter Persönlichkeiten zur Selbstauslöschung entschließt. In einem relativ kurzen Zeitraum tun dies hintereinander Horacio Quiroga, Leopoldo Lugones, Alfonsina Storni, Enrique Loncán und Lisandro de la Torre. Von seinen ersten Tangos an bezog Discépolo sich, mehr als einmal, auf den Selbstmord. In *Esta noche me emborracho* sagte er deutlich:

¡Mire, si no es pa' suicidarse,	Schau, ob das nicht reicht sich umzubringen,
que por este cachivache	daß ich wegen dieses „Haufen Elends“
sea lo que soy!	das bin, was ich bin!

In *Secreto* gestand er:

Resuelto a borrar con un tiro	entschlossen, mit einem Schuß
tu sombra maldita que ya es obsesión,	Deinen verfluchten Schatten, der schon Besessenheit ist, auszulöschen
he buscado en mi noche un rincón pa' morir,	hab' ich in meiner Nacht einen Winkel zum Sterben gesucht,
pero el arma se afloja en traición...	aber die Waffe versagt kläglich in Verrat...

In *Tres esperanzas* spottete er:

¡Las cosas que he soñao,	Die Dinge, die ich geträumt hab,
me cache en dié, qué gil!	Gott verdammt, was für ein Trottel!
Plantáte aquí nomás,	Laß Dich einfach hier nieder,
alma otaria que hay en mí.	törichte Seele, die in mir ist,
Con tres pa' que pedir,	Bei dreien –wozu bitten[6]?
más vale no jugar...	Besser ist es nicht zu spielen...
Si a un paso del adiós	Wenn es einen Schritt vor'm Abschied
no hay un beso para mí,	keinen Kuß für mich gibt,
cachá el bufoso...y chau...	schnapp Dir den Revolver... und tschau...
¡vamo a dormir!	geh'n wir schlafen!

Die weibliche Figur in *Infamia,* an die sich der Protagonist im Lied richtet, sieht sich vor der Unmöglichkeit, die Vergangenheit zu vergessen, und weil (wie bereits zitiert)

luchar contra la gente es infernal	es höllisch ist gegen die Leute zu kämpfen

[6] Bei drei Punkten auf der Hand, braucht der Kartenspieler keine weitere Karte mehr zu bitten, da sie ihm nicht mehr helfen könte

verläßt sie den Kampf:

> *Por eso me dejaste sin decirlo... ¡amor!...*
> *y fuiste a hundirte al fin en tu destino.*
> *Tu vida desde entonces fue un suicidio,*
> *vorágine de horrores y de alcohol,*
> *anoche te mataste ya del todo, y mi emoción*
> *te llora en tu descanso... ¡corazón!*
>
> Und deshalb hast Du mich verlassen ohne es zu sagen...Liebe!...
> und gingst, Dich schließlich in Deinem Schicksal zu versenken.
> Dein Leben war seither ein Selbstmord,
> ein Strudel aus Schrecken und Alkohol,
> gestern hast Du Dich ganz umgebracht und mein Gefühl
> weint um Dich in Deiner Ruh' ...Herz!

In den letzten Lebensjahren verlor Discépolo die Kontinuität seiner Produktion. Nach dem Sieg des Peronismus, dem er sich auf entschiedene Weise anschloß, schrieb er lediglich: *Sin palabras*, *Cafetín de Buenos Aires* und einen neuen Text für *el choclo* von Villoldo. Mit dem Theaterstück *Blum,* das er in Zusammenarbeit mit Julio Porter schrieb, unter dessen Leitung es zwei Spielzeiten erfolgreich in einem Theater der Straße Corrientes lief, kehrte er wieder zu seiner alten Berufung zurück. Im Jahr 1951 spielt er die Hauptrolle im unter Manuel Romero gedrehten Film *El hincha,* und im gleichen Jahr unterstützte er, durch scharfzüngige Vorträge im Radio, die Wahlkampagne für die Wiederwahl Juan Domingo Peróns zum Präsidenten, der schließlich am 11. November mit einer großen Mehrheit triumphierte.

Beim Durchsehen dieser kurzen, täglichen Vorträge kommt der Militant zum Vorschein, der die Situation der Arbeiterklasse vor und nach dem 17. Oktober 1945 miteinander vergleicht.

Die politische Verbissenheit in diesen Momenten machte ihn zur Zielscheibe oppositioneller Kritik. Die Sängerin Tania, Ehefrau von Discépolo, erzählte in einigen 1973 herausgebrachten Erinnerungen von jenen Radiosendungen: „Sie sind bösartig und treffen fast immer den Nagel auf den Kopf, jedoch enthalten sie keine Lobreden auf das Regierungspaar und keine Art von ‚Kniefall'. Kurz, sie sind discepolianisch. Dennoch provozierten sie eine Reihe von schändlichen Verleumdungen gegen Enrique. Man baute seine eigenen Texte um, um ihn zu beleidigen. Er erhielt Einschüchterungsbriefe, unverschämte Zurufe, verurteilende Blicke. Sie sagten zu ihm, daß er Geldscheine bündele, die er für seine Selbstaufgabe erhielte würde, daß er seine Seele verkauft und sein Herz verlost habe." Es war seinen Verleumdern entgangen, daß es sich hierbei um die gleiche Philosophie wie in seinen Tangos handelte: „Viele Jahre lang lebten die Mieter der Vorstädte in jener absurden Bequemlichkeit. Der demütigenden Bequemlichkeit des *conventillo*, einer Welt, in welcher der Eimer eine Trophäe und die Ratte ein Haustier waren...Gedächtnis habe ich... Ich lege es in die Waagschaale und sie wandert auf einen Schlag zum alten Elend zurück, das jetzt unterdrückt ist. Weil das neue Bewußtsein Argentiniens etwas gedacht hat. Weißt Du was? Es dachte, daß auch die bescheidenen Leute das Recht hätten, in einem sauberen und ruhigen Haus zu wohnen. Nicht in der Promiskuität eines *conventillo*... Du lerntest nur Dein komfortables Haus kennen und hattest eine allgemeine und poetische Idee vom *barrio*. Du hast Dich nie in das Labyrinth der Mietshäuser begeben, in die entehrende Prosa jener Höhlen, mit der Waschbeckenreihe, dem Umzug der wanderlustigen Kakerlaken und der nicht wie Menschen sondern wie Sachen gestapelten Leute. Du kanntest nur das *barrio* der Tangos, die ein in Smoking gekleidetes Orchester spielte." In einem anderen Vortrag sagte er zur gleichen anonymen Figur, die er *Mordisquito*[7] nannte: „Du, Du bist imstande kreischend zu heulen bei einem Sklavenfilm und hast sie Dein Leben lang neben Dir vor Trauer sterben sehen, ohne zu verstehen, was für ein großzügiges Schicksal Du im Gegensatz zu dem Ihren hattest." Oder er erwähnte „jene Komissionen, wo die *malevos* ihre Meinung mit Revolverschüssen kundtaten und wo man Deiner Meinung so wenig Respekt zollte, wie Deiner Freiheit oder Deinem Leben selbst. Damals galten die vom Volk geliebten Männer nichts, sondern die Macht ging von Hand zu Hand, nicht wie eine wunderschöne Eroberung der Bescheidenen, sondern wie ein Kuhhandel von Spießgesellen. Damals war der Wahlgang keine Feierlichkeit sondern eine Mittäterschaft. (...) Es waren die Jahre des Komitees, das billigen Wein fließen ließ und nach gratis *empanadas*[8] roch, die Jahre, in denen die Toten ihre Gleichgültigkeit aufgaben und sich in die Karawane derer einreihten, die die Beamtenschaft wählten, die Jahre, in denen ein Ausweis kein Dokument sondern ein Verdienstmöglichkeit war[9]..., die Epoche, in der man sich der Niedertracht gegenübergestellt sah, wenn man sich dem Patron zeigte!"

Einige Monate bevor Discépolo mit seinen polemischen, politischen Vorträgen anfing, widmete ihm Homero Manzi, von dem Sanatorium aus, in dem er

[7] *mordisquito* – „kleiner Bissen"
[8] *empanadas* – typische, argentinsche, gefüllte Teigtaschen
[9] Die Ausweise von Toten und Lebenden konnten als „Stimmen" verkauft werden.

gegen den Krebs kämpfte, der sein Leben schließlich beenden würde, den Tango *Discepolín*, mit Musik von Aníbal Troilo. In diesen Versen umschrieb Manzi das discepolianische Wesen, faßte es zusammen:

Sobre el mármol helado, migas de medialuna
y una mujer absurda que come en un rincón:
tu musa está sangrando y ella se desayuna:
el alba no perdona, no tiene corazón.
Al fin ¿quién es culpable de la vida grotesca?,
y del alma manchada con sangre de carmín;
mejor es que salgamos antes de que amanezca,
antes de que lloremos, ¡viejo Discepolín...!

Conozco de tu largo aburrimiento
y comprendo lo que cuesta ser feliz,
y al son de cada tango te presiento
con tu talento enorme y tu nariz.
Con tu lágrima ausente y escondida,
con tu careta pálida de clown
y con esa sonrisa entristecida
que florece en tangos y en canción.

La gente se te arrima con su montón de penas
y tú las acaricias casi con un temblor;
te duele como propia la cicatriz ajena;
aquél no tuvo suerte; y ésta no tuvo amor.
La pista se ha poblado al ruido de la orquesta;
se abrazan bajo el foco muñecos de aserrín.
¿No ves que están bailando...?
¿No ves que están de fiesta...?
Vamos que todo duele, ¡viejo Discepolín...!

Auf dem eiskalten Marmor, Krümel vom *medialuna*[10]
und eine absurde Frau, die in einer Ecke ißt;
Deine Muße blutet und sie frühstückt:
Die Morgendämmerung verzeiht nicht, hat kein Herz.
Am Ende – wer hat Schuld am grotesken Leben?
und an der mit scharlachrotem Blut befleckten Seele;
besser wir gehen raus, bevor der Tag anbricht,
bevor wir weinen, alter Discepolín...!

---

[10] *medialuna* – „Halbmond“, hier Hörnchen in Art der Croissant.

Ich kenne Deinen langen Überdruß
und versteh', was es kostet, glücklich zu sein,
und beim Klang eines jeden Tangos habe ich Dich vor mir,
mit Deinem enormen Talent und Deiner Nase.
Mit Deiner abwesenden und versteckten Träne,
mit Deiner blassen Clownsmaske
und diesem betrübten Lächeln,
das in Tangos und im Lied erblüht.

Die Leute nähern sich Dir mit ihrem Haufen Kummer
und Du streichelst sie beinahe zitternd,
es schmerzt Dir wie eigen die fremde Narbe;
jener hatte kein Glück; und diese bekam keine Liebe.
Die Tanzfläche hat sich zum Lärm des Orchesters gefüllt;
unter dem Lichtschein umarmen sich mit Sägespänen gefüllte Puppen.
Siehst Du nicht, daß sie tanzen...?
Siehst Du nicht, daß sie feiern...?
Auf geht's, wir wissen, daß alles wehtut, alter Discepolín!

Und es würde derart wehtun, daß Discépolo den, aufgrund seiner politischen Bekundigungen stärker werdenden Kritikern keinen Widerstand mehr entgegenzusetzen hatte. Tania erinnerte sich: „(...) vor Verbitterung brach er urplötzlich die Spielzeit von *Blum* ab. Er verzichtete auf das Vergnügen seiner Streifzüge durch die Tangosalons in den frühen Morgenstunden, an die ich mich das ganze Leben über gewöhnt hatte. Er zog sich in Schweigen zurück. Er hörte auf zu essen.(...) Er brachte es auf nur 37 Kilos und dazu, in vereinzelten Ironien wiederaufzuleben: ‚Bald werden sie mir die Injektionen in den *Kittel* geben', war einer seiner, auf heitere Weise, pathetischsten Aussprüche." Er starb innerhalb kurzer Zeit am 23. Dezember 1951. Nach Jahren, in denen er die Narben anderer auf sich genommen hatte, fehlten ihm die Kräfte, um die eigenen zu ertragen.

Die Tangosängerinnen: Treue *minas* mit großen Herzen

In den Anfängen des Tango war die Rolle der Frau ledliglich die der Tanzpartnerin in den Bordellen, in denen die ersten Tangolieder gespielt wurden. Erst gegen Ende des neunzehnten Jahrhunderts traten die ersten Frauen in Erscheinung, die es wagten *tanguitos* in ihre Gesangsrepertoires aufzunehmen; Varietésängerinnen, die mit ihrer fast sündhaften Flötenstimme leicht spitzbübische *couplets* anstimmten. Dabei handelte es sich nicht um die alten Strophen aus dem Bordell, sondern im allgemeinen um allerhöchstens doppeldeutige Texte. Das war das Äußerste, was man unter der Moral des *fin du siecle* von einer weiblichen Stimme tolerierte. Deshalb wurde der Tango *La Morocha* mit seinen naiven Versen, die frei von jeglicher sexueller Intention waren, gleich nach seinem Erscheinen zum Pflichtstück in den Auftritten solcher Sängerinnen. Kurz zuvor hatte eine von ihnen, Lola Candales, geäußert, daß sie sich ein Thema wünsche, das sie vor sittsamen Leuten anstimmen könne, ohne rot werden zu müssen. Zusätzlich mag das Novum – und Entgegenkommen –, daß die Verse speziell für Frauenstimme geschrieben sind, zur schnellen Aufnahme in die weiblichen Repertoires beigetragen haben. Und so wurde *La Morocha* in kurzer Zeit zu einem Publikumsliebling.

Jene ersten, „vorgeschichtlichen" Liedersängerinnen nahmen noch keinen eigenen Raum und keine bestimmte Persönlichkeit in Anspruch. Sie ahmten Ticks, Gesten und Bewegungen der Madrider Primadonnen nach, und ihre Tonlage war immer der Sopran. Es mußten einige Jahre vergehen, bis sich der Mezzo-Sopran als die charakteristische Stimmlage des Tango durchsetzen würde.

Unter jenen Vorläuferinnen ragt die Sängerin Pepita Avellaneda heraus. Die wenigen, von ihr erhalten gebliebenen Photographien zeigen sie – wie es Estela Dos Santos zusammenfaßt – „einmal mit Seemannsmütze und kurzem Faltenrock, weißen Strümpfen, unschuldigem Gesichtsausdruck, ein anderes Mal wie ein Mann gekleidet, mit verknotetem Taschentuch um den Hals, einer Zigarette im Mund und der Gitarre auf dem Schoß." Bilder, die uns zwei klar definierte Arten vor Augen führen, in denen die Sängerinnen dem Tango gegenübertraten, und die in den folgenden Jahren fortbestehen sollten. Die erste war die Version des stereotypen Kleinbürgers von der romantischen Weiblichkeit, deren Paradigma in den dreißiger Jahren Libertad Lamarque werden sollte; die andere, die der sexuellen „Verheimlichung" der Frau, die es vorzog, sich zum Auftritt wie ein Mann zu kleiden. Sie wählte die Uniform des *compadre orillero* des *fin du siecle* mit grauem *funyi* über den Augen, dunklem Sakko, Pluderhose mit Streifen und weißem Taschentuch mit Monogramm, das um den Hals gebunden war. So präsentierten sich in den zwanziger Jahren, angefangen bei Azucena Maizani, die Mehrzahl der Liedersängerinnen. Dieser Rückgriff auf die „Verstellung", die sich in der Kostümierung manifestierte, hatte den Charakter eines Ritus bekommen, dank dem die von der Frau vertretene, „biologisch fremde" Rolle akzeptiert wurde. Die – zwar auf der anderen Seite offensichtliche – Verkleidung gestatte es dem Publikum jedenfalls, die Geschlechterrolle des vorgeblich betrogenen Mannes von *ihr* zu akzeptieren. Sie stimmte Texte an, die eigentlich nicht dem der Frau in der Gesellschaft zugedachten Platz entsprachen. Da es sich bei ihrer Verkleidung um eine rein oberflächliche Täuschung handelte, spielte dieser Trick wahrscheinlich auch eine essentielle Rolle bei der allgemeinen Zuerkennung des Raumes, den die neue Künstlerpersönlichkeit, die Tangoliedsängerin, gewinnen sollte. Es handelte sich zwar um eine Frau, jedoch eine Frau, die einen nach wie vor männlichen Beruf übernahm. Somit blieb die Überlegenheit des Mannes erhalten. Der Beruf des Tangosängers war männlich, und nur mit „kollektiver Komplizenschaft" war es der Frau möglich, in das Spiel einzutreten. Gleich wie die Frau auf der Bühne vorgab, ein Mann zu sein, gab der Mann im alltäglichen Leben vor, ihr einen Platz zu gewähren, was jedoch von den Tatsachen der sozialen Wirklichkeit, die die Frau auf zweitrangige Positionen verwies, Lügen gestraft wurde.

Inmitten dieser Kleidertäuschungen gab es auch anachronistische und stilisierte Kleidungsstücke, die die Unkenntnis der Städter für *gaucho*-Trachten hielt. Die argentinischen Interpreten scheutensich nicht, diese bei ihren europäischen Auftritten als „ländliche Kleidung" einzusetzen. Es sollte reichen, an das Beispiel der geschmückten *chiripás*[1] aus Seide zu erinnern, die, kombiniert mit städtischen, grauen Biberhüten und glänzenden, schwarzen Stiefeln, Gardels Tracht bei seinen ersten Auftritten auf europäischen Bühnen darstellte.

Unter den Zeitgenossinnen von Pepita Avellaneda, deren Bekanntheit nicht über die Jahre der Hundertjahrfeier der Republik hinausreichte, tritt die Sängerin Linda Thelma hervor. Sie reiste nach Spanien und Frankreich, als sie das Nachlassen ihres Erfolges in Buenos Aires spürte. Dort trat sie im Moulin Rouge auf, nach ihren Vorstellungen eingehüllt in exotische, angeblich gaucheske Verkleidungen und wurde für die erste Europatournee von Francisco

[1] *chiripás* – eine weitgeschnittener Hosenrock, dessen Beine in hohe Lederstiefel gesteckt wurden.

Canaros Orchester engagiert. Zu Pepita Avellaneda und Linda Thelma gesellen sich noch Paquita Escribano, Dorita Miramar und Lola Candales und ebenso Flora Rodríguez de Gobbi. Die Ehefrau von Alfredo Gobbi übersiedelte in dessen Begleitung nach Paris, um für das Label Gath y Chaves eine Serie phonographischer Platten aufzunehmen. Unter den eingespielten Titeln war auch der Tango *La Morocha,* den sie selbst kurze Zeit zuvor auf einer Bühne in Buenos Aires dem Publikum zum ersten Mal vorgestellte hatte.

In den Anfängen des *tango-canción* blieb es einer Schauspielerin, Manolita Poli, vorbehalten, den Versen von *Mi noche triste* von Pascual Contursi Popularität zu verschaffen. Sie sang den Tango in dem auf der Bühne des Sainetes *Los dientes del perro* (von Weinsbach und González Castillo) nachgestellten Cabaret. Die Uraufführung des Stückes fand am 1. Mai 1918 statt. Der Erfolg von Manolita Poli trug zum Verkauf der Aufnahme bei, die Carlos Gardel vom gleichen Titel einige Monate vorher – nach dem er eingewilligt hatte, das Lied von Samuel Castriota mit den Strophen von Pascual Contursi in sein ansonsten ländliches Repertoires aufzunehmen – gemacht hatte, ohne damit ein großes Echo gefunden zu haben.

Die Begeisterung des Publikums für die Einbeziehung der Tangos in die neuen *sainetes* ließ die Theaterdirektoren an der Erfolgsformel festhalten, und es gab nur wenige, die nicht mit jeder Theaterpremiere ein Lied zur Uraufführung brachten. Den Schauspielerinnen blieb nichts anderes übrig, als zu singen. Sie akzeptierten ihre neue Aufgabe schnell. So zum Beispiel María Luisa Notar, die Contursis Verse von *Flor de fango* im Werk von Alberto Novión *El cabaret de Montmartre* anstimmte, das durch die Kompanie Arata-Simari-Franco im Juni 1919 in Szene gesetzt wurde. María Esther Podestá sang zum ersten Mal *Milonguita*; Olinda Bozán – für einige Jahre unbestrittener Revuestar – stellte dem Publikum den Tango *Bizcochito* von Discépolo und Saldías vor, und Iris Marga den Tango *Julián*, einen der ersten, in denen das Verlassenwerden der Frau durch den Mann thematisiert wurde:

¿Por qué me dejaste mi lindo Julián?
tu nena se muere de pena y afán.
Y en aquel cuartito nadie más entró
y paso las noches llorando tu amor

Warum hast Du mich verlassen, mein hübscher Julián?
Dein Mädchen stirbt vor Kummer und Sehnen.
Und in jenes Zimmerchen trat niemand sonst hinein
und ich verbringe die Nächte weinend um Deine Liebe.

Aber diese Namen, zu denen man noch den von Celia Gámez hinzufügen muß, machen nur die Vorgeschichte aus. Die neue Figur der *cancionista* trat erst mit zwei größeren Namen in Erscheinung: Azucena Maizani und Rosita Quiroga, denen auf entscheidende Weise die allgemeine Verbreitung des Radios half, das ihre Kreationen kostengünstig und massenhaft unter die Leute brachte.

Es gab kein hübscheres Mädchen...

Mitte 1962, als Azucena Maizani auf der Bühne des Theaters Astral der Straße Corrientes erschien, um vor einem riesigen Portrait Carlos Gardels, das ihre Gestalt durch den Kontrast noch kleiner wirken ließ, den Tango *Padre nuestro* anzustimmen, erhielt sie von einem dichtgedrängten, begeisterten und bewegten Publikum minutenlange, stehende Ovationen. Die bescheiden gekleidete Sängerin dankte es mit einer minimalen Kopfbewegung, beinahe ohne jegliche Gesten. Obwohl sie Not gedrungen danach wiederholt in bescheidenen Kantinen auftrat, war jenes Benefiz-Festival der Abschied des Idols gewesen. Vierzig Jahre zuvor startete sie ihre Karriere mit eben diesem Thema von Enrique Delfino, mit dem sie ihren letzten Auftritt eingeleitet hatte.

Azucena Maizani wurde im November 1902 geboren und wegen ihrer schwachen Gesundheit gaben ihre Eltern sie auf ärztlichen Rat in die Obhut von Verwandten auf der Insel *isla de Martín García*, wo sie ihre Kindheit zwischen dem fünften und achtzehnten Lebensjahr verbrachte. Bei ihrer Rückkehr bot ihr die ärmliche Situation des elterlichen Heimes keine andere Alternative, als jegliche Arbeit, die sich ihr anbot, anzunehmen: Sie bediente die Grammophone in Cafés und Kaffeehäusern, arbeitete als Schneiderin und Näherin und verdingte sich schließlich als Chorsängerin in einem Revuetheater. Im Jahr 1921 wurde sie von Francisco Canaro zwischen den „Nebensängerinnen" entdeckt und unter dem Namen Azabache ließ er sie zwei ländliche Themen von Gardel singen. Aber trotz des Applauses brachte sie diese Aufführung nicht weiter, bis Enrique Delfino sie hörte und von ihrer Stimme so begeistert war, daß er dem Konzertdirektor Pascual Carcavallo vorschlug, sie auszuwählen, um am 23. Juni seinen neuen Tango *Padre nuestro* im *sainete* von Alberto Vacarezza *¡A mí no me hablen de penas!* uraufzuführen. Von diesem Datum an verwandelte sich Azucena Maizani in einen Mythos; die erste, die einzige Frau, deren Ruhm sich mit dem von Carlos Gardel vergleichen läßt, der ihr 1933 während einer Radiosendung versicherte: „Ich werd schon alt und Du dick geworden sein, aber wenn wir Tangos singen, dann sind wir immer die Ersten, *Petisa*[2]."

Ihr exklamatorischer, bündiger Stil und ihre kleine, aber sehr feine Stimme, die zwischen Tränen und einer Mischung aus Klage und Wut zu entspringen schien, kamen in den stärksten und dramatischsten, eigentlich für männliches Timbre geschaffenen Themen zur Geltung, die von ihr selbstbewußt ausgewählt wurden: *Mano a mano, Malevaje, Hacélo por la vieja, Esta noche me emborracho,* ihre eigenen Tangos *Pero yo sé* oder *La canción de Buenos Aires* und andere, denen sie zu Popularität verhalf, wie *yira yira* und *Las cuarenta.* Ihr Tangogesang veranlaßte Celedonio Flores, in einem ihr zu Ehren geschriebenen Sonett zu behaupten, Maizani wäre „die größte *Tanguera*, die Gott erschaffen hat".

Sie war die Erste, die begriffen hatte, daß Tangotexte einzelne Dramen bildeten, und anstatt sich von der melodischen Stimmung tragen zu lassen, zog sie es vor, ihren Themen den Tonfall eines kleinen Monologs harter Alltäglichkeit zu geben, den sie mit ihrer angespannten Phrasierung unterstrich, ohne dabei jedoch Konzessionen an die Tonentfaltung zu machen. Sie hatte eine spärliche Stimme, die sie allerdings bis in die kleinsten Schattierungen auszunutzen wußte. Vielleicht im Bewußtsein ihrer Rolle als Idol, dem das Publikum jegliche Neuerung gestatten würde, war sie im Gebrauch dieser charakteristischen Phrasierungen äußerst kühn.

Während Azucena Maizani sich faktisch mit dem Tango eingeführt hatte, war Rosita Quiroga bereits vorher als Sängerin mit *criollo*-Themen bekannt gewesen. 1901 in La Boca zur Welt gekommen, hatte ihr ein Nachbar aus demselben Stadtviertel, Juan de Dios Filiberto, der zukünftige Autor von *Caminito* und *Quejas de bandoneón*, das Gitarrenspiel beigebracht, mit dem sie sich bei ihren ersten Auftritten begleitete. Als sie anfing, sich beinahe ausschließlich dem Tango zuzuwenden, fiel sie sofort durch ihre Art auf, die Texte mehr zu erzählen als zu singen, durch ihr übertriebenes Schleifen und durch ihre eigentümliche Form die „s" auszuprechen – diese „afrikanisiernd"[3] – was nach Gobellos Meinung eine Eigenart der Genuesen war, die mehrheitlich das Stadtviertel La Boca bewohnten.

Die Quiroga war mit ihrem ironischen, spöttischen Stil der Gegenpart zu Azucena Maizani. Während die Eine dramatisierte, sprach die Andere, erzählte beinah gleichgültig Geschichten, ohne in Grobmalerei zu verfallen. Dennoch widersprach ihre „arrabalere", *canyengue*-Modalität, der Notwendigkeit, den

---

[2] *Petisa* – „Kleine" im Sinne von Kleinwüchsige.

[3] ...wodurch das „s" wie ein „sch" klang.

Tango „anständig“ aufzubereiten. Ihre Versionen waren die Antithesen zu den „geläuterten“ Themen eines Osvaldo Fresedo oder Julio De Caro. Aber außer als Karikatur konnte das neue Publikum den Stil von Rosita Quiroga nicht akzeptieren. Die Randstellung des Tangos gehörte schon der Vergangenheit an, und trotz der Tatsache, daß diejenigen mit einem gutem Gedächtnis, sich an ihre Interpretationen von *Julián, Maula, Carro viejo, Mandria, Mocosita, Pato* oder *De mi barrio* erinnerten, reichte es nicht aus, um einen „antiken“ Gesangsstil wieder flottzumachen, der nach und nach von den Mikrophonen der Radios verdrängt wurde. Ihrem Ton fehlte es an der rechten Anpassung an die sozialen Regeln ihrer Zeit. Der verbale *canyengue* von der Quiroga stieß auf die kleinbürgerlichen Vorurteile, die sich in den dreißiger Jahren im Einklang mit der neuen politischen Situation zugespitzt hatten.

Mercedes Simone

Weder mit den dramatischen Exaltiertheiten von Azucena Maizani, noch mit den „arrabaleren“ Zügen von Rosita Quiroga oder den kitschigen Trillern von Libertad Lamarque, erschien Mercedes Simone auf der Bildfläche. Ein Mezzo-Sopran von guter Koloratur, reinem Gesang und tadelloser Diktion. Eigenschaften, die uns heutzutage erlauben, ihre Interpretationen anzuhören, ohne daß sie uns nach Archäologie klingen; vielleicht auch, weil zu stark hervorstechende Kanten fehlen. Ihre Versionen von *Yira, Yira, Del suburbio, Muchacho* oder *Cantando* (ein Thema, dessen Text und Musik von ihr stammten und das sie in ihren Aufführungen als Erkennungslied verwendete), zeigen eine nach wie vor geradezu moderne Stimme – frei von Verzückungen oder Wehklagen.

Mercedes Simone wurde in La Plata geboren und begann ihre Laufbahn als Sängerin 1925 in der Stadt Bahía Blanca. Sie trat in verschiedenen Dörfern und Städten der Provinz Buenos Aires auf und debütierte nach kurzer Zeit in der Hauptstadt, wo sie sich in der Loge des Theaters *El Nacional* präsentierte und im Chantecler beschäftigt wurde, wo Rosita Quiroga sie entdeckte und der Plattenfirma Victor vorstellte. Nach dem Erscheinen des Tonfilms arbeitete sie, nach Auftritten als Solistin und begleitet von Orchestern wie dem von Edgardo Donato , in mehreren Filmen mit; nach dem Film *Tango* (1933) waren dies: *Sombras porteñas* (1936), *La Vuelta de Rocha* und *Ambición* (1939).

Obgleich sie nie ein Idol war, gestatteten es ihr ihre Akribie, ihre Professionalität und der zeitlose Ton, der ihre Interpretationen ausmacht, sich über beinahe drei Jahrzehnte hinweg in der ersten Linie des Tango zu halten.

Libertad Lamarque

Libertad Lamarque füllte vom Anbeginn ihrer Karriere ein bis dahin vakant gebliebenes Segment aus: Das des kanonischen, weiblichen Archetypus der zweiten Einwanderungsgeneration. Die Frau, die danach trachtete, die Modi der Oberschicht nachzumachen, die darum bemüht war, keine Fehler zu begehen und die ihre Bildungslücken oder ihre mangelnde Kenntnis der gesellschaftlichen Verhaltensnormen hinter einer Maske der Schüchternheit versteckte. Beim Gesang konnte nichts besser als eine Sopranstimme diesen Archetypus meistern. Es war ein Vorurteil, das aus der Oper herrührte, die für die Mittelklasse zu Beginn des neunzehnten Jahrhunderts die Kunst *par excellence* bedeutete. Wenn dieser Sopran sein Register bis in die höchsten Töne ausreizte, ging die Gleichung perfekt auf: Je zierlicher die Stimme, desto femininer. Es geschah das gleiche, wie bei den „Luftigkeiten" der Kleider und den kaum angedeuteten Linien des Make-ups, die nichtsdestotrotz gemäß den gängigen Regeln der Mode in einigen Hervorhebungen ihren Klassenstempel hinterließen und nach wie vor hinterlassen. Während sich diese Vorschriften jedoch unter der Aristokratie normalerweise weniger deutlich auswirken, werden sie vom Kleinbürgertum übertrieben, weil sie dort ohne jede Hinterfragung angenommen werden, was sich genauso auf die männliche Kleidung übertragen läßt.

Unter den Tangofrauen konvertierte Libertad Lamarque solcherart in das weibliche, für die Mittelklasse bewundernswerte, Paradigma. Ein solches Phänomen würde sich in der darauffolgenden Dekade auf den Kinoleinwänden mit den Schwestern Mirtha und Silvia Legrand wiederholen. Die argentinischen Filme gegen Ende der dreißiger und in den vierziger Jahren führten ihrem Publikum den künstlichen Alltag einer angeblichen Aristokratie vor, die – näher am Kitsch als an der Wirklichkeit – kleine Paläste mit großen Freitreppen bewohnte, weiße Telefone benutzte, sich nach den Modezeichnungen aus den am wenigsten raffinierten Frauenzeitschriften kleidete und unausbleiblich den Gebrauch des *vos*[4] aus ihren verbalen Leitlinien verbannte. Den einzigen, denen erlaubt war mit *vos* zu sprechen, sind die mit dem Tango in Beziehung stehenden Männer. In den Filmen *La vida es un tango* und *Así es la vida* erscheinen beispielsweise die von Florencio Parravicini, Tito Lusiardo, Elías Alippi und Enrique Muiño dargestellten Charaktere glaubhaft, wohingegen die vorgeblichen, „kinematographischen Aristokraten" mit ihrer affektierten Gestik und ih-

[4] *vos* ist das Personalpronomen der zweiten Person Singular, das in Argentinien und einigen anderen lateinamerikanischen Ländern das im heutigen Spanien gebräuchliche *tu* ersetzt hat.

rer zurückgehaltenen Stimme nur als Imitationen in Erscheinung treten, die ihre echten Vorbilder, für die die sprachliche Wirklichkeit immer im *voseo* bestanden hatte, anscheinend nicht einmal von Weitem hatten richtig beobachten können. Denn in Argentinien respektierten nur die Lehrerinnen der unteren Mittelschicht die akademischen Regeln hinsichtlich der Verwendung des *tu*. Regeln, die sie vergaßen, sobald sie die Schwelle der Aula überschritten.

Libertad Lamarques Repertoire offenbart ihre Funktion als weiblicher Archetyp des Kleinbürgertums der dreißiger Jahre. Die einzige Übertretung des Modells, die man der Sängerin zugestand, war die Verwendung des *vos*, da es in den Tangotexten bis zur Regierungsübernahme 1943 selten einen Rückgriff auf das *tu* gab. Die von ihr gesungenen Tangos sind klagend, masochistisch, tränenreich. Sie akzeptieren die Unterjochung der Frau, besonders der Frau, die eine stabile Partnerschaft eingegangen ist – das Ideal der Ehekarriere. Die durch Lamarque verkörperte Frau ist nicht die Cabaretsängerin der zwanziger Jahre – jenes Sinnbild der Sünde, falsch und ausschweifend, für die – wie es die Tangotexte ausführten – der Betrug, außer ein Charakteristikum ihres Berufes zu sein, eine dem Weiblichen innewohnende Konstante darstellte: Lamarque singt im Gegenteil von den Prüfungen der verheirateten Frau.

In den zwanziger Jahren war der Tango am heimischen Herd noch keine Wirklichkeit geworden, wie er es dank des Radios definitiv in der darauffolgenden Dekade werden sollte. Angesichts der von Contursi eröffneten Linie des betrogenen Mannes, bei der auf die eine oder andere Weise die Frau das Alleinlassen und die Zerstörung des Protagonisten verursacht, drehten die neuen Tangos das Schema um. Die arme Frau des Hauses, die man sich aufgebürdet mit Kindern vorstellen kann und die – bis auf die hausfraulichen Aufgaben – im Arbeitsprozeß noch „unfähig" ist, macht die Entdeckung, daß man als „anständige" Frau fast unfehlbar vom Ehemann betrogen wird und es kein anderes Mittel gibt, als zu klagen oder resigniert zu schweigen. Was sollte eine Frau tun, wenn es nicht einmal toleriert war, daß sie außerhalb des trauten Heims arbeitete? Aber ab einem bestimmten Zeitpunkt hatte das Problem nicht mehr mit Anstandsempfindungen zu tun, sondern wurde zu einem ökonomischen. Die gesellschaftliche Struktur hatte die Frau jedoch nicht darauf vorbereitet, sich mit dem Unterhalt des Hauses auseinanderzusetzen. Der Ehebruch des Mannes ist zwar ein Verrat, dennoch ist auch wahr, daß die Einsamkeit eine Unsicherheit implizierte, und in den Zeiten der schweren Krise führte das Alleinezurückbleiben, ohne den Träger eines sicheren Einkommens, zwangsläufig in die Verelendung. Vielleicht ohne es zu merken wurde Libertad Lamarque zur Stimme jener weiblichen Erniedrigung – der Pflicht, den Mann zu ertragen, der seine Frau betrog und mißhandelte. Es reichen zwei Themen aus ihrem Repertoire aus, um die Situation zu veranschaulichen:

Cuántos años aguantando mis cadenas
soportando resignada tus abandonos.
Cuántas noches encerrada con mis penas
yo deseaba liberarme de tus enconos.
¿Por qué soy buena si no sos merecedor?
¿Por qué te busco si me llenas de dolor?
Si supieras todo el daño que me has hecho,
llorarías en mi pecho tu desamor.

Wieviel Jahre ertrage ich schon meine Ketten,
dulde es resigniert, von Dir allein gelassen zu werden.
Wieviel Nächte, in meinen Schmerzen eingeschlossen,
wünschte ich mich aus Deinem Zorn zu befreien.
Warum bin ich gut, wenn Du es doch nicht verdient hast?
Warum such ich Dich, wenn Du mich doch mit Schmerz füllst?
Wenn Du um all das Leid wüßtest, daß Du mir angetan hast,
würdest Du an meiner Brust über Deine Lieblosigkeit weinen.

Nach der Aufzählung von Vorwürfen, scheint die Protagonistin zu akzeptieren, daß der Gatte das Heim verläßt, gibt dann bald nach und resigniert. Nach der Reihe von Beleidigungen ist es jedoch nicht glaubhaft, daß dies ausschließlich aus Liebe geschieht, wie man nach einer ersten, oberflächlichen Lektüre des Textes annehmen könnte. Ihre Schwäche, die im letzten Moment auftaucht, ist nicht empfindsam, oder wenn sie es ist, dann eingerahmt von einer Summe aus Ängsten, angefangen bei dem „was werden die Leute sagen?“, (das sich in seiner Blütezeit befindet), bis hin zur wirtschaftlichen Unsicherheit. Deshalb singt Lamarque:

Andáte nomás, andáte,	Geh nur fort, geh nur,
no creas que me hacés daño.	glaube nicht, daß Du mir wehtust.
Llevo el corazón herido	Ich trag das Herz verletzt
desde el primer desengaño.	seit dem ersten Betrug.
Ni pienso llorar, ¡andáte!	Ich denke nicht einmal daran zu weinen, geh nur!

Aber dann fällt sie in die Wirklichkeit zurück und sagt:

No, no te vayas, quedáte,	Nein, geh nicht weg, bleib,
que me hace falta tu amor.	denn ich brauche Deine Liebe.

Aus *Andáte (no te vayás)*

Diese Thematik hat ihre stärkste Ausprägung in *Volvé*, mit den Versen des Theaterschriftstellers Luis Bayón Herrera, in denen die Resignation der Protagonistin masochistische Züge annimmt:

No hay un desalmado
Que merezca ser odiado y olvidado
Como vos merecerías, bien lo sé.
Pero yo no sabré odiarte,
Porque nací para amarte.
Sé que soy cobarde mas no puedo ni deseo
hacer alarde
de un orgullo que no siento
¿y para qué?

Es gibt keinen Herzlosen,
der es so wie Du verdient, gehaßt und vergessen zu werden,
das weiß ich gut.
Jedoch werd ich Dich nicht hassen können,
da ich geboren wurde, Dich zu lieben.
Ich weiß, daß ich feige bin, doch weder kann, noch wünsch ich
zur Schau zu stellen einen Stolz, den ich nicht fühle,
und wozu?

Und sie bietet dem Mann, der sie verlassen hat, an:

Volvé, mirá, volvé	Komm zurück, schau doch, komm zurück,
engañáme, nomás.	betrüg mich nur.
No te molestaré	Ich werde Dich mit
con celos jamás.	Eifersucht niemals stören.
Vos serás como vos quieras	Du sollst sein, wie Du es willst
para todas las mujeres,	für alle Frauen

um zu beschließen:

Y yo no pensaré	Und ich werde nicht daran denken
si me engañás o no	ob Du mich betrügst oder nicht,
pero a mi lado volvé	aber an meine Seite komm wieder zurück!

volvéme a mentir.	Belüg mich wieder!
O me mataré	Oder ich werde umkommen,
que de vivir sin vos	denn leben ohne Dich
no soy capaz	kann ich nicht.

und im Schlußteil des Tangos macht sie weiter mit ihren Versuchen, ihn zu überzeugen:

Sé que ya no me querés.	Ich weiß, daß Du mich nicht mehr liebst.
Sé que ya vivís con otra	Ich weiß, daß Du schon mit einer anderen lebst
pero así y todo, volvé.	aber sei es wie es ist, komm wieder zurück.

Ada Falcón

Eine andere Stimme mit enormer Popularität in den dreißiger Jahren war die von Ada Falcón, der bekanntesten von drei Schwestern, die sich dem Tango widmeten: Ada, Adelma und Amanda. Sie stand anfänglich als *tonadillera*[5] unter dem Künstlernamen „das argentinische Juwelchen" *(La joyita argentina)* auf der Bühne. Ihre Mezzosopran-Stimme eignete sich gut für die Erfordernisse des Tango, was einigen Orchesterleitern nicht verborgen blieb, die sie deshalb gerne bei Aufnahmen begleiteten; so zum Beispiel Francisco Canaro und Osvaldo Fresedo. Es gab Momente ihrer Karriere, in denen sie neben den fast kontinuierlichen Radio- und Liveauftritten im Schnitt 15 Schallplatten pro Monat aufnahm. Eine Notiz, die in der Ausgabe vom 27. Februar 1933 der Zeitschrift *La canción moderna* steht, kann uns eine Vorstellung vom Erfolg der Sängerin in jenen Jahren vermitteln: „Die Falcón ist die ‚phonographischste' unserer Sängerinnen. Es ist einige Zeit her, daß wir dies behaupteten, aber...wenn irgendein Leser an unseren Versicherungen zweifelt, empfehlen wir ihm, daß er die letzte Kreation von Adita, mit dem Titel *Secreto* anhört. Es ist dies ein Tango von Discépolo, was bedeutet, daß alle Welt ihn singt; aber die große Kunst der Falcón ist einfach hinreißend und sie hat in diesem Lied die günstige Gelegenheit gefunden, (ihr Temperament als Interpretin und Künstlerin auszugießen. Die Falcón setzt sich mit dieser Schallplatte ohne weiteres an die Spitze aller unserer Liedsängerinnen."

1934 spielte sie im Film *Idolos de la radio* mit, in dem, unter der Regie von Eduardo Morera, Tangokünstler wie Ignacio Corsini, Tita Merello, Francisco Canaro, Olinda Bozán und Dorita Davis in Erscheinung treten. Im Jahr 1942

[5] *tonadillera* – Coupletsängerin, eine Art Schlagersängerin.

trat sie endgültig von der Bühne ab und lebte von da an abgeschieden in Salsipuedes, in der Provinz Córdoba Cordoba.(Argentinien). Die Zeitungsberichte der damaligen Zeit versicherten, daß sie ins Kloster eingetreten wäre; im Laufe der Zeit sickerte durch, daß sie nur eine Terziarin war, deren Gelübde ihr Mäßigkeit und ein zurückgezogenes Leben absoluter Bescheidenheit vorschrieb. Diese Tatsache brachte auch die gesellschaftlichen Vorurteile zu Tage: Noch Jahre später konnte man, jedesmal wenn Ada Falcons Namen in gewissen Kreisen der Mittelklasse erwähnt wurde, zu hören bekommen: „Wieviel wird sie sich wohl von Gott verzeihen lassen müssen, dass sie es nötig hatte, eine Nonne zu werden."

Tita Merello

Tita Merello übernahm die humorvolle Repräsentation der in äußerster Armut geborenen Randschichten, die in das Zentrum drängten, um in der Welt des Tango zu überleben. Einige der Texte ihres Repertoires sind Erinnerungen an das Zwielichtige ihrer ersten Jahre und spotten durch das Bekenntnis ihrer Herkunft, über jenes Getue des „halbseidenen Porteño", das dazu bestimmt war, das Umfeld, in dem er seine Kindheit verbracht hatte, und die wirtschaftlichen Schwierigkeiten, die er bis zu seinem Durchbruch erlitten hatte, zu verheimlichen. Tita Merello schämte sich dagegen nicht, zu bekennen:

Mi casa fue un conventillo	Mein Zuhause war ein *conventillo*
de arrabal bien proletario...	vom *arrabal*- schön proletarisch...
Papel de diario el pañal	Zeitungspapier die Windel,
del cajón donde me crié.	eine Kiste, wo ich aufgezogen wurde.
Para mostrar mi blasón,	Hier seht ihr mein Wappen,
pedigré modesto y sano	*pedigree*[6] bescheiden und gesund,
oiga, che, presentenmé,	hören Sie, he! , stellt mich vor,
soy Felisa Roverano	ich bin Felisa Roverano,
tanto gusto, no hay de qué.	sehr erfreut, ich bitte Sie.

Und erklärt darauf:

Si me gano el morfi diario	Wenn ich mir das tägliche Essen verdiene,
qué me importa el diccionario	was kümmert mich da das Wörterbuch
ni el hablar con distinción.	oder das Sprechen mit Distinktion.
Llevo un sello de nobleza	Ich trage einen Adelsstempel

[6] *pedigree* – (aus dem Englischen) Stammbaum in der Tierzucht.

soy porteña de una pieza
tengo voz de bandoneón.

ich bin *porteña* aus einem Stück,
habe die Stimme des *bandoneón*

Aus *Arrabalera*

In einem Tango, den sie berühmt machte, beschrieb sie sogar mit verbaler Forschheit:

El botón de la esquina de casa
Cuando sargo a barrer la vedera
Me se acerca el canaila y me dice:
¡Pss...Pipistrela! ¡Pss...Pipistrela!
Tengo un coso ar mercao que me mira,
es un tano engrupido de criollo

Der Polizist von der Ecke zu Hause
wenn ich rausgeh um den Gehsteig zu fegen
kommt die Kanaille näher und sagt zu mir:
Pss... Pipistrela[7], Pss...Pipistrela!
Ich hab da einen auf dem Markt, der mich anschaut,
es ist ein 'taliener, der sich für einen *criollo* hält.

Yo le pongo lo'ojo pa'arriba
y endemientra le afano un repollo.

Ich setz ihm die Augen nach oben
und in der Zwischenzeit klau ich ihm ein Kohlkopf.

Me llaman la Pipistrela
y yo me dejo llamar
es mejor pasar por gila
si una e'viva de verdá.
Soy una piba con clase
manyen qué linda mujer
la pinta que Dios me ha dado
la tengo que hacer valer.

Sie nennen mich die Pipistrela
und ich laß mich so nennen,
es ist besser als Dumme durchzugehen,
wenn man in Wirklichkeit clever ist.
Ich bin ein Mädchen mit Klasse
schaut nur was für eine schöne Frau,
das Aussehen, das Gott mir gab,
muß ich zur Geltung bringen.

Und gegen Ende führt sie ihre Fantasien auf:

Ya estoy seca de tantos mucamos,
cocineros, botones y juardas,
yo me paso la vida esperando
y no viene el otario.
Yo quisiera tener mucho vento
pa'comprarme sombreros, zapatos,
añaparme algún coso del centro,
pa'largar esta manga de patos.

Ich bin die vielen Knechte schon leid,
Köche, Polizisten und Nachtwächter,
ich verbringe mein Leben mit Warten
und es kommt nicht – der *otario*.
Ich würde gern viel Geld haben,
um mir zu kaufen Hüte, Schuhe,
mir gern irgendeinen Typ aus dem Zentrum schnappen,
um laufen zu lassen den Haufen von „Tunichtguten".

---

[7] *pipistrelo/a* – aus dem Italienischen (*pipistrello* – Fledermaus) abgeleitete argentinische Bezeichnung für „Ungebildete/r, Dumme/r"

Pipistrela beansprucht für sich keine Liebe (auch wenn sie sie nicht verwirft), sondern einen Dummkopf *(otario),* der sie mit Luxus umgibt oder wenigstens mit gewissen minimalen Elementen des Komforts, den sich die junge Frau unerreichbar fern und als etwas fast Fantastisches vorstellt. Um das Elend hinter sich zu lassen oder um zu essen, ist jeglicher Betrug recht: Dem Italiener vom Marktständchen macht sie Illusionen, um ihm etwas Gemüse zu stehlen. Obwohl sie es humorvoll ausdrückte – Tita Merello wich der Konfrontation mit dem Elend, das sie als frühreife Waise am eigenen Leib erlitten hatte, nicht aus. Mit zehn Jahren war sie auf eine Farm in der Provinz Buenos Aires geschickt worden, um als Ochsentreiberin zu arbeiten. Wieder zurück, und nach verschiedenen andere Arbeiten, die ihr kaum zum Überleben gereicht hatten, bewarb sie sich Mitte des Jahres 1920 im Theater Bataclán, in der Straße „25 de Mayo", in der haufenweise Etablissements zweifelhaften Rufes angesiedelt waren, um als Tänzerin zu arbeiten und einige doppeldeutige Verschen zu singen. Es vergingen keine drei Jahre, bis ihre Interpretation von *Tango amargo* sie in die Revuestätten Maipo und Porteño katapultierte.

Nach ihrer Teilnahme an erfolgreichen, musikalischen Revuen, konnte sie, als sie Olinda Bozán in der Hauptrolle des Stückes *El rancho del herman,* einem Theaterstück von Claudio Martínez Paiva, ersetzte, ihr Schauspieldebüt geben. Später arbeitete sie im Erfolgsstück *El conventillo de la Paloma*, einem verbreiteten *sainete* von Alberto Vacarezza, und 1933 konnte man sie das erste Mal auf der Kinoleinwand, im Film *Tango* von Luis Moglia Barth sehen, dessen Drehbuch Carlos De la Púa geschrieben hatte.

Zu Beginn der dreißiger Jahre machte Tita Merello zwei *rancheras* populär, die einen unmittelbaren Bezug zur wirtschaftlichen Situation hatten: *Los amores con la crisis* (Liebschaften mit der Krise) und *¿Dónde hay un mango?* (Wo gibt es einen Peso?), die sie im Film *Idolos de la radio* sang. Darin fragte sie:

¿Dónde hay un mango, viejo Gómez?
Los han limpiao con piedra pómez.
Dónde hay un mango que yo lo he buscado
con lupa y linterna y no lo he encontrado.

Wo gibt es einen Peso, alter Gómez?
Man hat sie „mit Bimsstein gesäubert"[8].

---

[8] *limpiar* – saubermachen; wird im Umgangsargentinischen auch im Sinne von „klauen" verwendet; die übertragene Bedeutung von „mit Bismstein gesäubert" ist demnach: man hat sie „komplett gestohlen".

Wo gibt es einen Peso, denn ich hab' ihn gesucht
mit Lupe und Laterne und hab' ihn nicht gefunden

In beiden *rancheras* war der Humor ein Mittel zur Gesellschaftskritik und zur Beschreibung der Wirklichkeit.

Voller Witz ist auch ihre bekannte Selbstdarstellung:

Se dice de mí:	Man sagt über mich:
Se dice que soy fea	man sagt, ich sei häßlich,
que camino a lo malevo	daß ich laufe wie ein *malevo*
que soy chueca y que me muevo	daß ich krummbeinig bin und mich bewege
con un aire compadrón.	mit einem Hauch von *compadrón.*
Que parezco Leguisamo,	Daß ich Leguisamo[9] ähnle,
mi nariz es puntiaguda	meine Nase spitz,
la figura no me ayuda	die Figur mir nicht hilft,
y mi boca es un buzón.	und mein Mund ein Briefkasten ist.
Se dicen muchas cosas	Sie sagen viele Dinge,
mas si el bulto no interesa	aber wenn „die Füllung" nicht interessiert,
¿por qué pierden la cabeza	warum verlieren sie dann den Kopf,
ocupándose de mí?	wenn sie sich mit mir beschäftigen?

Um geringschätzig zu schließen:

Y ocultan de mí...	Und verheimlichen mir...
Ocultan que yo tengo unos ojos soñadores	verheimlichen, daß ich ein Paar träumerische Augen,
además de otros primores que producen sensación.	neben anderen, aufsehenerregenden Meisterstücken besitze.
Si soy fea, sé que en cambio	Wenn ich häßlich bin, weiß ich, daß ich hingegen
tengo un cutis de muñeca,	die Haut einer Puppe habe,
los que dicen que soy chueca	und die, die sagen, daß ich krummbeinig bin,
¡no me han visto en camisón!	haben mich nicht im Nachthemd gesehen.

Aus *Se dice de mí*

Die schauspielerische Begabung Tita Merellos offenbarte sich sowohl im Theater als auch im Film. Im Jahr 1948 trat sie das erste mal in dem Stück *Filomena Marturano* von Eduardo de Filippo auf, das sich zwei Jahre lang auf

[9] Leguisamo war ein berühmter, argentinischer Jockey jener Jahre. Der Vergleich mit einem Jockey impliziert einen kleinen, schmächtigen, mageren, o-beinigen Körper.

der Bühne behauptete und später von Luis Mottura ins Kino gebracht wurde. Sie spielte mit bei *Morir en su ley* (1947), *Arrabalera* (1950), *Pasó en mi barrio* (1951), *Guacho* (1953) und *Para vestir santos* (1955). Ihr größter Erfolg wurde jedoch ohne Zweifel *Los isleros*, 1951 unter der Regie von Lucas Demare nach Ernesto Castros gleichnamigen Roman gedreht.

Nach und nach trat die Sängerin hinter der Schauspielerin zurück, die jedoch in einem Großteil ihrer Filme immer noch ein Lied anzustimmen pflegte. Mit dem Putsch von 1955 wurde Tita Merello, die sich in der peronistischen Epoche zur bekanntesten Interpretin gemacht hatte, wohlbedacht seltener an die Öffentlichkeit gelassen. Einer ihrer Filme blieb ohne Uraufführung (*La Morocha* unter der Regie von Ralph Papier), Arbeitsmöglichkeiten wurden ihr verschlossen, und sie mußte sich damit abfinden, in Vergnügungsparks und sogar im Zirkus zu singen, um sich ihren Lebensunterhalt zu verdienen. Sie wurde sogar der Verfügungsmacht über ihr Vermögen beraubt, angeklagt an einem angeblichen Schwarzgeschäft mit der Einfuhr von Tee partizipiert zu haben. 1957 reiste sie nach Mexiko, wo sie für das in einer Fernseh-Version von Eugene O'Neills *Before breakfast* spielte. Im darauffolgenden Jahr kehrte sie zwar wieder nach Argentinien zurück, aber ihr Stern war bereits erloschen. Nichtsdestotrotz trat sie Ende der siebziger Jahre mit einem einmonatigen Vertrag im Fernsehen von Buenos Aires wieder in Erscheinung und hatte mit diesen Auftritten außerordentlich großen Erfolg. In ihr erneuertes Repertoire hatte sie auch moderne Tangos aufgenommen. Einer von diesen, gekennzeichnet durch einen ausgesprochen „discepolianischen" Ton, stammte von ihr; sein Titel: *Decíme Dios dónde estás*. Darin erzählt die Protagonistin:

Le di la cara a la vida	Ich hielt dem Leben mein Gesicht hin,
y me dejó marcada.	und es hat mich gezeichnet zurückgelassen.
En cada arruga que tengo	In jeder Falte, die ich hab,
llevo una pena guardada.	bewahr ich einen Kummer auf.
Yo me jugué a cara o cruz	Ich hab auf Kopf oder Zahl gesetzt,
iba todo en la parada.	beim Einsatz ging alles drauf.
Llegó el tiempo, barajó	Es kam die Zeit, mischte die Karten
y me dejó arrinconada.	und ließ mich in der Ecke zurück.
Si sos audaz, te va mal;	Wenn Du kühn bist, ergeht es Dir schlecht;
si te parás, se te viene el mundo encima.	wenn Du stehenbleibst, fällt die Welt über Dir zusammen.
Decíme Dios dónde estás	Sag mir Gott, wo bist Du,
que me quiero arrodillar.	denn ich möchte niederknien.

Tita Merello hatte nie eine große Stimme besessen, aber ihr kleines Register wußte sie gekonnt einzusetzen. Ihre Stärke bestand in ihrer Art und Weise zu sprechen, mit humoristischen oder dramatischen Tönungen deutlich die Intention jeden Themas auszudrücken. In ihrer Stimme lag ein Hauch von Enttäuschung und Ironie, was sie mit Discépolo verband. Und wie er, vermied auch sie nicht skeptisch oder spöttisch zu lachen; und beim Heraufbeschwören der Vergangenheit lag in ihrer Stimme zwar Sehnsucht, aber niemals Melancholie. Vielleicht fand sie deshalb bei ihrem *comeback* als Sängerin im Fernsehen einen so bemerkenswerten Anklang bei den Jugendlichen.

Weitere Tangosängerinnen

Eine Auflistung von herausragenden Namen unter den weiblichen Tangostimmen könnte mehrere Seiten füllen, aber das Fehlen bestimmter Namen würde eine sehr ausgedehnte Lücke hinterlassen, mit der man sich ohne Zweifel Ungerechtigkeit zuschulden kommen ließe. Aus den dreißiger Jahren darf man nicht Dorita Davis und Amanda Ledesma ungenannt lassen, deren Bekanntheit aber nicht bis in das folgende Jahrzehnt hineinreichte. Sabina Olmos und Aída Luz sind zwei weitere gute Stimmen, die den Tango nach kurzer Zeit aufgaben, um Schauspielerinnen zu werden. Und trotz ihrer mehrjährigen Pause zwischen 1935 und 1955, in der sie nur ein paar Themen aufgenommen hatte, ragt auch Nelly Omar heraus, die den Tango *Sur* 1948 uraufgeführt hatte. Die reine Gitarrenbegleitung im Stile des Trios von Gardel beeinträchtigte aber ihre Erfolgsaussichten gegenüber einem Publikum, das, um sich zu begeistern, schon musikalisch reicherer Stützen mit vielfältigerer Rhythmik bedurfte.

Die in Toledo geborene Musikertochter Nita Luciano Davis wurde später unter dem Namen Tania bekannt. Im Jahr 1927 war sie in Buenos Aires angekommen, wo sie, in Begleitung von Roberto Firpos Orchester zunächst mit spanischen Liedern und nur mit vereinzelten Tangos debütierte. Fast unmittelbar zu Anfang ihrer Karriere war sie mit Discépolo zusammengetroffen, um mit ihm die folgenden vierundzwanzig Lebensjahre, bis zum Tod des Autors des Tango *Uno*, zu teilen. Die Beziehung zu Discépolo führte dazu, daß sich ihr Repertoire beinahe ausschließlich aus Themen ihres Mannes nährte, mit dem zusammen sie sich auch dem Theater widmete. Tania trat zudem in zahlreichen, regelmäßigen Radiosendungen auf und sang bisweilen in Begleitung von Mariano Mores. Einige Jahre lang „aktualisierte“ sie ihr „discepolianisches“ Repertoire vor einem kleinen Publikum in einem Lokal in der Straße

Libertad, das unter dem Namen einer der Tangos bekannt war, den sie täglich sang: *Cambalache.*

Die Sängerin Sofia Bozán begnügte sich mit einem speziellen Rahmen für ihre Tangos: der Bühne des Revuetheaters. Sie beherrschte die Situation, lächelte, war ironisch, hielt das Orchester inmitten eines Stückes an, um einen Witz zu machen, und das Publikum ließ ihr jede Frechheit durchgehen. Ihre Spontaneität und ihre Fähigkeit, sich über ihre eigenen, musikalischen Schwächen lustig zu machen, brachten im Gegenteil ihre Tonreinheit und den rauhen, „arrabaleren" Ton zur Geltung, der sich für ihre wichtigsten Interpretationen eignete: *Yira yira*, *Qué querés con ese loro*, *Haragán.*

Zwischen 1940 und 1970 tauchten einige andere, bekannte Namen auf, unter denen Amelita Baltar herausragt, die mit Astor Piazzolla eine Beziehung hatte. In dieser Zeit entschloß sich der Komponist seine „Botschaft" zu popularisieren und schrieb einige Themen, die einen großen Publikumserfolg erlangten (*Balada para un loco*, *Chiquilín de Bachín*, *Balada para mi muerte* oder *Balada para él* – alle mit Texten von Horacio Ferrer). Dies kam dem Bekanntheitsgrad ihr Stimme zugute; ernst und reich an dramatischen Nuancen, gab sie ihren Interpretationen einen sinnlichen Odem, der unter den Tangosängerinnen bis dato nicht existierte. Ihre Version der *Balada para un loco* gegen Ende 1969/ Anfang 1970 war der letzte große Schallplattenerfolg eines Tango.

Susana Rinaldi

Einen eigenen Absatz hat Susana Rinaldi verdient, der einzige bedeutendere, weibliche Name in der Geschichte des Tango der letzten fünfundzwanzig Jahre. Sie stammt aus Buenos Aires und nahm zum Zeitpunkt, als sie begann, sich dem Tango zu widmen, bereits einen herausragenden Platz als Schauspielerin ein. Sie stand in enger Verbindung mit literarischen Gruppen, die zu Beginn der sechziger Jahre in Buenos Aires auf der Bildfläche erschienen waren, und ihr Name wurde unverzichtbar in Vorstellungen und Lesungen der neuen Poeten. Ihre gute kulturelle und professionelle Bildung brachte ihr einen enormen Vorteil gegenüber ihren Kolleginnen. Sie verfügt über eine tiefgründige, modulierfähige Stimme. Ihr tiefes und bestens tonreines Timbre verwandelt jede Geschichte in einen dramatischen Monolog, in einen feinfühligen Bericht, worin jedes Wort abgewogen und bemessen ist. Susana Rinaldis Interpretationen werden durch ihre Kenntnis des dichterischen Bildes, der Bedeutung sowohl der Metapher als auch der Stellung der Wörter innerhalb der Phrasierung – um einen Textteil zu betonen oder abzuschließen – zu Manife-

Tango liegt in der Luft
ein Phänomen mit
vielen Facetten

Cortes y quebradas -
die berüchtigten "Schnitte"
und "Brüche", jene
Figuren, an denen die
bürgerliche Tanzwelt einst
Anstoß nahm. Nach der
Bereinigung blieb übrig, was
als

SfB: Exemplare ____ **LA** **469.012.6**
S

Sheridan, Sara:
Hals über Kopf : Roman / Sara Sheridan. - Dt. Erstausg. - München : List-Taschenbuch-Verl., 2000. - 302 S. ; 19 cm. - (List ; 65049)
Aus dem Engl. übers.
ISBN 3-612-65049-1 kt. : DM 14.90 F

Die 21-jährige Liberty ist in Belfast, Nordirland, aufgewachsen. Sie wurde Architektin, um sich auf ihre Art für ihre vom Bürgerkrieg zerstörte Heimatstadt einzusetzen. Nachdem sie im Fernsehen offen zum Thema Frieden Stellung nimmt, kommen ihre Eltern durch einen Anschlag ums Leben. Durch die Ermordung und den Verlust ihres Arbeitsplatzes wird Liberty aus der Bahn geworfen. In London lernt sie Becka kennen. Beide verbindet eine spontane Zuneigung. Aus Neugier versuchen die beiden, den Grund für das Verschwinden der Bankangestellten Lorna McLeish herauszubekommen. Die Tatsache, dass Lorna ermordet wurde, weil sie zu viel über die illegalen Finanzgeschäfte ihres Chefs wusste, bringt das Fass bei Liberty zum Überlaufen. Ein diffuses Rachegefühl und die Gier nach Geld lassen Liberty und Becka zu gemeinsamen Mörderinnen werden. Ein Roman, der das Schicksal Irlands sensibel beleuchtet. Ein Leben in Extremen, das Irlands Bewohner zwingt, Partei zu ergreifen. Irland wird geographisch wie politisch nähergebracht. Ein verständnisvolles, einfühlsames und dennoch spritziges Debüt. Gerne empfohlen. Nicole Scheibel

IK: Krimi

ID 49/00 - BA 2/01 469.012.6

ekz-Informationsdienst

stationen ihres Könnens; gleichermaßen der Schauspielerin wie der Sängerin. Ihre gekonnte Darstellung auf der Bühne zeigt sich in der präzisen Raumbeherrschung und in den notwendigen Gesten, um eine perfekte Kommunikation mit dem Publikum zu erreichen.

Das andere, nicht zu vernachlässigende Element, besteht in der Auswahl ihres Repertoires. Zu klassischen Tangos gesellt Susana Rinaldi das Beste der Dichter der vierziger Jahre (sie nahm eine vollständig Homero Manzi und eine Cátulo Castillo gewidmete Schallplatt auf), zu denen sie neue Autoren wie Eladia Blázquez, Héctor Negro oder María Elena Walsh hinzukommen läßt. Von Letzterer pflegt sie eine ansehnliche Zahl von Themen zu singen, die, ohne strenggenommen Tangos zu sein, ihr Repertoire harmonisch ergänzen.

Zu ihren bemerkenswertesten Versionen zählen die Themen *Caserón de tejas*, *Malena*, *El 45* und die *milonga* von León Benarós, *El parque de artillería,* ebenso wie *La última curda,* wo die Dramatik des Textes durch nichts anderes als durch dessen exakte Modulation hervortritt. Diese Tragödie des Alkoholismus, die der Text von Cátulo Castillo mit stechenden Metaphern entwirft, erreicht in Susana Rinaldis Stimme ihre höchste Ausdrucksform. Ebenso gelingt ihr im Tango *Che bandoneón* eine geheime Verbindung, eine Summe aus Hommage und weltlichem Gebet an dieses Hauptinstrument des Tango.

Homero Manzi:
Die Nächte und die Monde der Vorstadt

Homero Manzi war der Erste, der die Worte des Tango in Poesie verwandelte. In seinen Versen hinterließ er portraithafte, sehnsuchtsvolle Ansichtskarten des *barrio*: Die niedrigen Häuser mit den Fenstergittern und den Ranken, die – verliebt in die Mauern – an den Wänden ohne Putz klebten; befragte oder – durch die Fenster der von ihm mehrere Jahre lang besuchten Schule in Pompeya – intuitiv erfaßte Persönlichkeiten; die oft ferne Erinnerung an die letzten *guapos*. Mit anderen Worten: das verlorengegangene Paradies der Kindheit, eine weit zurück liegende Stadt, wo in der Fantasie bessere Zeiten herrschten. Ebenso befaßte er sich mit der Liebe, als „Bruch", als Verlust. Und er erdachte eine ganze Reihe von einfachen, strikt visuellen Metaphern, die er mit einem in der Poesie seiner Epoche geläufigen Kunstgriff zusammenhielt: der Aufzählung. Notwendige Einzelteile eines zu malenden Gesamtbildes. Bisweilen traute er sich, einen gesamten Liedtext auf der Grundlage aneinandergereihter Wörter zu schreiben; es waren die passenden, um die entsprechenden Stimmungen zu erzeugen:

Farol de esquina, ronda y llamada.
Lengue y piropo, danza y canción.
Truco y codillo, barro y cortada,
piba y glicina, fueye y malvón.
Café de barrio, dato y palmera,
negra y caricia, noche y portón.
Chisme de vieja, calle Las Heras,
pilchas, silencio, quinta edición.

Laterne an der Ecke, Streifengang und Ruf[1],
Halstuch und *Piropo*, Tanz und Lied
Truco und *codillo*, Schlamm und Sackgasse,
Mädchen und Glyzinie, Balg[2] und Geranie,
Café des Stadtviertels, heißer Tip und leere Taschen,
Dunkle Frau und Liebkosung, Nacht und Hoftor.
Klatsch der Alten, Straße *Las Heras*,
Klamotten, Stille, fünfte Ausgabe[3].

Aus *¡Tango...!*

Er war der sinnbildliche Dichter jener Erneuerung, die um das Jahr 1940 im Tango stattfand. Der erste, der den Mut besaß, die Fortschritte der literarischen Poesie zu benutzen und sie den Versen der Lieder einzuverleiben. So entstanden Metaphern wie:

[1] Die Wächter, die ihre Runde machten verständigten sich untereinander mit Zeichen, Zurufen bzw. Pfiffen.
[2] *fueye* – Balg, steht stellvertretend für das ganze *bandoneón*.
[3] fünfte Ausgabe war die Bezeichnung für die Fünfuhr-Ausgabe einer damaligen Zeitung.

Fui como una lluvia de cenizas y fatigas
en las horas resignadas de tu vida.
...Fuiste por mi culpa golondrina entre la nieve,
rosa marchitada por la nube que no llueve.

Ich war wie ein Regen aus Asche und Mühsal
in den hoffnungslosen Stunden Deines Lebens.
...Du warst durch meine Schuld eine Schwalbe inmitten von Schnee,
eine verwelkte Rose, ob der Wolke, die nicht regnet.

Aber erst die Vertreter der argentinischen Literatur der 60er Jahre zollten seinem Talent die gebührende Anerkennung. Durch das Erscheinen einer großen Gruppe junger Dichter, die in ihren Werken die tägliche Realität beschreiben wollten und die in den Texten, die sie unbekümmert im Radio hörten – gleich einer Gewohnheit, der man nicht allzu viel Bedeutung beimißt – viele Übereinstimmungen mit der Art von Dichtung entdeckten, die sie eigentlich schreiben wollten. Als Folge tauchten Essays, Anthologien, kritische Studien und Vergleiche zwischen den Tangotexten und jener Dichtung auf, die ihnen wie eine Sackgasse derer erschien, die seit Jahrzehnten die nationale Kultur beherrschten.

Homero Manzi war gerade sechs Jahre alt (er war 1905 geboren worden) als sein Vater sich entschlossen hatte, von Añatuya in der Provinz Santiago del Estero nach Buenos Aires umzusiedeln, wo sich die Familie nahe den Straßen Boedo und Garay niederließ, einer Gegend, die damals noch zum Vorort der Stadt gehörte. Dieser erste Eindruck – die Blendung des kleinen Jungens vom Lande durch die mit Automobilen und in seinen Augen riesigen Menschenmassen bevölkerten Straßen und Häuserzüge – ging seinem Werk niemals verloren.

Als früher Leser von Rubén Dario erstaunten ihn die Bücher von Evaristo Carriego – dem Entdecker des *barrio* als poetischem Thema – vom ersten Tag der Lektüre seiner *Misas herejes* und *La canción del barrio* an. Man kann jenen Eindruck, den Carriego auf ihn gemacht haben muß, in einem seiner Frühwerke und erstem Erfolg wahrnehmen: *Viejo ciego*, der mit der Musik von Cátulo Castillo und Sebastián Piana – beides Nachbarn aus demselben Viertel – im November 1926 von Roberto Fugazot in Ivo Pelays Werk *Patadas y serenatas en el barrio de las latas* aufgeführt wurde. Der Tango kündigte den Dichter an und wies Manzi gleichermaßen als Leser von Carriego aus:

Con un lazarillo llegás por las noches
trayendo las quejas del viejo violín
y en medio del humo
parece un fantoche
tu rara silueta de flaco rocín.
Puntual parroquiano tan viejo y tan ciego
al ir destrenzando tu eterna canción,
ponés en las almas recuerdos añejos
y un poco de pena mezclás al alcohol.

Mit einem Blindenführer kommst Du in den Nächten an,
die Klagen der alten Geige bringend
und inmitten des Rauches
scheint sie ein Gespenst
Deine seltsame Silhouette eines dürren Gauls.
Pünktlicher Stammgast, so alt und so blind.
Beim allmählichen Entflechten Deines ewigen Lieds,
gibst Du in Jahren gereifte Erinnerungen in die Seelen,
und ein bißchen Kummer mischst Du dem Alkohol bei.

Fast zeitgleich mit *Viejo ciego* widmete sich Manzi zusammen mit Sebastián Piana der künstlerischen Wiederaufwertung der *milonga*, einem Genre, das bis dahin musikalisch und poetisch zweitrangig behandelt worden war. Er nahm sich der *milongas* mit einer gereinigten, literarischen und doch zur gleichen Zeit volkstümlichen Sprache an. Unter dem unverkennbaren Einfluß von Garcia Lorca (dessen *Romancero gitano* erschien 1924) schrieb Manzi in *Milonga triste*:

Llegabas por el camino
delantal y trenzas sueltas.
Brillaban tus ojos negros
claridad de luna llena.
Mis labios te hicieron daño
al besar tu boca fresca.
Castigo me dio tu mano
pero más golpeó tu ausencia.

Du kamst den Weg entlang
Schürze und gelöste Zöpfe.
Es strahlten Deine schwarzen Augen
Helle des Vollmonds.
Meine Lippen fügten Dir Leid zu
beim Küssen Deines frischen Munds.
Deine Hand bestrafte mich
doch schlimmer traf Deine Abwesenheit.

In *Milonga sentimental* lieferte er eine treffende Beschreibung der Vorstellung von Männlichkeit unter den Bewohnern der Vorstadt:

Varón, pa' quererte mucho,	Mann, damit ich Dich sehr liebe,
varón, pa' desearte bien,	Mann, damit ich Dich richtig herbeisehne.
varón pa' olvidar agravios	Mann, damit ich Beleidigungen vergesse,
porque ya te perdoné.	denn ich hab' Dir schon verziehen.
Es fácil pegar un tajo	Es ist leicht einen Schmiß zu schlagen
pa' cobrar una traición,	um einen Verrat zu rächen,
o jugar en una daga	oder mit einem Dolch
la suerte de una pasión.	um das Schicksal einer Leidenschaft zu kämpfen
Pero no es fácil cortarse	Aber es ist nicht leicht, sich
los tientos de un metejón,	die Riemen einer Liebe[4] zu durchscheneiden,
cuando están bien amarrados	wenn sie richtig fest
al palo del corazón.	um den Pfahl des Herzens gebunden sind.

Milonga del 900 ist ein Bekenntnis zum *orillero*, der mit Stolz seinen Mut zur Schau stellt, da es das Einzige ihm wirklich Eigene ist:

Me gusta lo desparejo	Mir gefällt das Unebene
y no voy por la vedera.	und ich geh' nicht auf dem Gehsteig.
Uso funyi a lo Massera,	Ich benutze einen *funyi Massera*[5],
calzo bota militar.	hab' Militärstiefel an.
...Soy desconfiao en amores,	...ich mißtraue den Liebelein
y soy confiao en el juego.	und vertraue dem Spiel.
Donde me invitan me quedo	Wo man mich einlädt da bleib' ich
y donde sobro también.	und wo ich zuviel bin, ebenso.
Soy del partido de todos	Ich gehör zur Partei aller
y con todos me la entiendo	und mit allen versteh ich mich,
pero váyanlo sabiendo:	aber daß ihr's wißt:
¡soy hombre de Leandro Alem!	Ich bin ein Mann von Leandro Alem!

Um dann hinzuzufügen:

No me gusta el empedrao	Das Straßenpflaster mag ich nicht
ni me doy con lo moderno.	noch geb' ich was auf's Moderne.
Descanso cuando ando enfermo	Ich ruh mich aus, wenn ich krank bin,
y después que me he sanao.	und danach hab ich mich kuriert.

[4] *metejón* – von *meter* „hineintun" bezeichnet ein heftiges Verliebtsein, eine starke Liebe, in die man „hineingestürzt" ist.

[5] *Massera* – Hutmarke

Für Manzi war der *guapo* weder ein skurilles Museumsstück noch war er jemand, der einem übertriebenen Tapferkeitskult huldigte oder gar ein Erfüller einer Schicksalspflicht. Er war vielmehr das Kind seiner Umgebung, des ihn umgebenden Elends, einer Gesellschaft, die ihm keine Alternativen bot. Deshalb sind Manzis Beschreibungen eines *compadre* immer voller Hochachtung, so wie die von *Eufemio Pizarro*, – der dank einer Begnadigung durch Yrigoyen gerade von seiner Gefängnisstrafe in Ushuaia (Feuerland) zurückgekehrt war, als Manzi zusammen mit Cátulo Castillo ihn kennenlernte:

Morocho como el barro era Pizarro,
señor del arrabal;
entraba en los disturbios del suburbio
con frío de puñal.
Su brazo era ligero al entrevero
y oscura era su voz.
Derecho como amigo o enemigo
no supo traición.
Cargado de romances y de lances
la gente lo admiró
...Con un vaivén de carro iba Pizarro,
perfil de corralón,
cruzando con su paso los ocasos
del barrio pobretón.
La muerte entró derecho por su pecho,
buscando el corazón. Pensó que era más
fuerte que la muerte
y entonces se perdió.

Braun wie der Schlamm war Pizarro,
Herr des *arrabal*:
er ging mit Dolcheskälte
in die Kämpfe der Vorstädte.
Sein Arm war geschmeidig im Tumult
und dunkel war seine Stimme.
Geradlinig als Freund wie als Feind
kannte er keinen Verrat.
Beladen mit Romanzen und Schicksalen
bewunderten ihn die Leute
... Mit einem Kutschermesser[6] ging Pizarro,
eine Gestalt des *corralón*[7],
mit seinem Schritt die Abenddämmerungen
des verarmten Viertels durchquerend.
Der Tod trat ein, geradewegs durch seine Brust,
das Herz suchend. Er dachte, daß er
stärker als der Tod sei
und so ging er zugrunde.

Aus *Eufemio Pizarro*

Ebenso nimmt man in *Ramayón* die Absicht wahr, einer verschwundenen, in der Industriestadt untergegangenen Persönlichkeit zu gedenken:

Resuenan las baldosas los golpes de tu taco.
Desfilan tus corridas por patios de arrabal.
Se envuelve tu figura con humo de tabaco
y baila en el recuerdo tu bota militar.

---

[6] *vaiven de carro* – Kutschermesser (siehe Kapitel über den Lunfardo).
[7] *corralón* – so wurde der Platz bezeichnet, wo die Pferdekutschen und Karren standen.

Refleja nuevamente tu pelo renegrido
en salas alumbradas con lámparas a gas.
Se pliegan tus quebradas y vuelven del olvido
las notas ligeritas de Arolas y Bazán.

Die Fliesen lassen die Tritte Deines Absatzes widerhallen.
Es ziehen Deine Tangoschritte durch die Höfe des *arrabal.*
Tabakrauch umhüllt Deine Gestalt,
und es tanzt in der Erinnerung Dein Militärstiefel.
Es glänzt noch einmal Dein schwärzliches Haar
in den mit Gaslampen erleuchteten Sälen.
Es falten sich Deine *quebradas* und es kehren zurück aus dem Vergessen
die lockeren Noten von Arolas und Bazán.

Und in den Versen von *Milongón* rief er die Bilder der ersten *bailongos* in Erinnerung:

El recuerdo de los tiempos	Die Erinnerung an die Zeiten
cuando armaban las eufemias	als die „Euphemien“
bailetines de academia	kleine Tänze der academia
con estilo de zanjón.	im Gossenstil veranstalteten.
Donde entraban los muchachos	Wo die Kerle eintraten
de prosapia corralera	aus *Corrales*[8] stammend,
requintando los Masseras	den *Massera*[5] zurechtrückend
al pisar por el salón.	beim Schreiten durch den Salon.

Ebenso versuchte Manzi in Schöpfungen wie *Ropa blanca*, *Pena mulata*, *Negra María* oder *Papá Baltasar* die Stimmungen der alten Milonga der schwarzen Bevölkerung wiederzugewinnen. In solchen Texten ahmte er die Syntax der Sklavenlieder mit einem derart sprachlich-rhythmisch und klanglich- gekonntem Spiel nach, daß er damit die Bewunderung des kubanischen Dichters Nicolás Guillén hervorrief.

Dennoch sind die meisten seiner besonders gelungenen Werke der Thematik der Stadt gewidmet, die er von der nostalgischen Perspektive aus betrachtet, und in denen Landschaften, Archetypen oder anonyme Charaktere von Buenos Aires wieder auftauchen – häufig in einen metaphysischen Ton des Kummers über den Gang der Zeit und den Verfall des Menschen und der ihn umgeben-

[8] *Corrales* – Stadtviertel von Buenos Aires

den Dinge getaucht. So beim Tango *El pescante*, in dem er deutlich Gegenwart und Vergangenheit trennt. Im ersten Teil sagt Manzi:

Yunta oscura trotando en la noche.
Latigazo de alarde burlón.
Compadreando de gris sobre el coche
por las piedras de Constitución.
En la zurda amarrada la rienda
se amansó el colorao redomón.
Y como él se amansaron cien prendas
bajo el freno de su pretensión.

Dunkles Gespann trabend in der Nacht.
Peitschenhieb aus spöttischer Prahlerei.
Wie ein *compadre* in grau auf der Kutsche fährt er
über die Steine von Constitución.
In der Linken fest die Zügel
wurde zahm der rote Junghengst.
Und wie er wurden zahm hundert Liebchen
unter dem Zaum seines Verlangens.

Im zweiten Teil hat der Lauf der Jahre die Kutsche und den Mann verbraucht Er fährt sie dem verblichenen und düsteren Tod entgegen; die Zeit hat am Ende den Zerfall besiegelt:

Tungo flaco tranqueando en la tarde
sin aliento al chirlazo cansao.
Fracasao en el último alarde
bajo el sol de la calle Callao.
Despiantao el alón del sombrero
ya ni silba la vieja canción
pues no quedan ni amor ni viajeros
para el coche de su corazón.

Dürrer Gaul mit langen Schritten am Abend
außer Atem unter dem müden Peitschenhieb.
Gescheitert in der letzten Prahlerei
unter der Sonne der Straße Callao.
Verschlissen die Krempe des Hutes
pfeift er nicht einmal mehr das alte Lied
denn es bleiben weder Liebe, noch Reisende
für die Kutsche seines Herzens.

In *Manoblanca* nimmt er sich nochmals eines Kutschers an, entscheidet sich aber diesmal, den Mann nicht wie in *pescante* in die Zeit zu setzen, in der er sich alt und besiegt fühlt, sondern in seine besten Jahre:

...Dónde vas carrerito porteño
con tu chata flamante y coqueta,
con los ojos cerrados de sueño
y un gajo de ruda detrás de la oreja.
El orgullo de ser bienquerido
se adivina en tu estrella de bronce,
carrerito del barrio del Once
que vuelves trotando para el corralón.

...Wo läufst Du, Kutschpferdchen von Buenos Aires
mit Deiner blitzblanken und koketten Kutsche.
Mit den vor Müdigkeit geschlossenen Augen
und einem Rautenzweig hinter dem Ohr.
Den Stolz wohlgeliebt zu sein
errät man an Deinem Stern aus Bronze.
Kutschpferdchen aus dem *barrio* Once
das Du zurück trabst zum Kutschenplatz.

Ein ähnlicher, nachdenklicher, aber dennoch fröhlicher Ton herrscht in der Milonga *Cornetín*, deren Text er zusammen mit Cátulo Castillo verfaßte:

...Lo apelan Roque Barullo
conductor del Nacional.
Con su tranway
sin cuarta ni cinchón,
sabe cruzar
el barrancón de Cuyo.
El cornetín colgado de un piolín
y en el ojal un medallón de yuyo
Tarí, tarí...
y el cuerno listo al arrulo
si hay percal en un zaguán.

...Sie nennen ihn *Roque Barullo*[9]
Fahrer der „Nationalen“
mit seiner *tranway*
ohne Hilfstau noch Gurt
weiß er
den Cuyo Paß zu durchqueren.
Das Horn an einer Schnur gehängt
und im Knopfloch ein Medaillon aus Kräutern
Tari, Tari...
Und das Horn bereit zum Gurren
wenn (eine Schürze aus) Perkal in einer Haustür steht.

In allen seinen treffenden Beschreibungen ist ein elegischer Ton zu vernehmen, der ihn eher in die Nähe des Neoromantizismus der Dichtergeneration der vierziger Jahre bringt, die sich den Büchern und nicht den Liedtexten widmete,*als zum Evaristo Carriego des *canción del barrio*, wie man mit einer gewissen Oberflächlichkeit bisweilen aufgezeigt hat, denn, wenngleich man besonders in Manzis ersten Tangos eine formal ähnliche Aufbereitung und eine vergleichbare Thematik beider Dichter erkennt, zeigt und zeichnet Carriego eher die Portraits der alltäglichen Begebenheiten seiner Umwelt. Er betrachtet und beschreibt die einfachen Leute, die ihn umgeben, die mit ihm im Palermo der Messerstecher, im bescheidenen Palermo des ersten Jahrzehnts des zwanzigsten Jahrhunderts leben: den *guapo*, Mamboretá, die junge Schneiderin, den Blinden an der Türschwelle, die kleine, hustemde Arbeiterin; wohingegen bei Manzi die Erinnerung eine andere Bedeutung hat: Er besingt – einfach aufgrund der Chronologie – die Dinge, die dabei sind, zu verschwinden, die verlorengegangenen Charaktere, die Namen, die beginnen, in Vergessenheit zu geraten.

---

[9] *Barrullo* – „Durcheinander“

* In seinem Buch *Los profetas del odio*, Buenos Aires 1957, erwähnte Arturo Jauretche seine Freundschaft mit dem Autor von *Sur* und erinnert sich: „Manzi stand kurz vor seiner Musterung zum Militärdienst, als er mir eines Tages sagte: ‚ich habe zwei Wege vor mir: Entweder mache ich mich zum Literat oder ich mache Texte für die Menschen‘.“ Und so war es, daß er den Ruhm opferte, um sein Talent in den Dienst einer bescheidenen Arbeit zu stellen, und Liedtexter wurde.

Während Evaristo Carriego die täglich wiederkommende Drehorgel besingt: „das ewige, bekannte Motiv des letzten Jahres wiederholend", nimmt sich Manzi des Schlußbildes an, nicht des wirklichen, mechanischen Kunstwerkes, das von einem Mann bedient wird, der sich darauf beschränkt, die Handkurbel zu drehen, sondern dessen mythischer Idealisierung:

Las ruedas embarradas del último organito
vendrán desde la tarde buscando el arrabal,
con un caballo flaco y un rengo y un monito
y un coro de muchachas vestidas de percal.

Tendrá un caja blanca el último organito
y el asma del otoño sacudirá su son.
Y adornarán sus tablas cabezas de angelitos
y el eco de su piano será como un adiós:

Saludarán su ausencia las novias encerradas
abriendo las persianas detrás de su canción
y el último organito se perderá en la nada
y el alma del suburbio se quedará sin voz.

Die verdreckten Räder der letzten Drehorgel
werden kommen des Abends, das *arrabal* zu suchen.
Mit einem dürren Pferd und einem Lahmen und einem Äffchen
und einem Chor aus Mädchen gekleidet in Perkal.

Sie wird einen weißen Kasten haben, die letzte Drehorgel
und das Asthma des Herbstes wird ihren Ton erschüttern.
Und Köpfe kleiner Engel werden ihre Bretter schmücken
und das Echo ihres piano wird sein wie ein Adiós:

Die eingesperrten Bräute werden ihr Fehlen begrüßen,
sie öffnen die Jalousie nach ihrem Lied,
und die letzte Drehorgel wird sich im Nichts verlieren,
und die Vorstadtseele wird ohne Stimme bleiben.

Kleine Bilder des alten Buenos Aires tauchen in verschiedenen Themen auf *(El vals de los recuerdos, Esquinas porteñas, Arrabal)*, seine beiden größten Gedichte aber, die er der Stadt gewidmet hat, sind *Barrio de tango* von 1942 und *Sur* von 1948, beide mit Musik von Aníbal Troilo. Im Ersten ruft er seine Schuljahre im Colegio Luppi, an der Straßenecke Centenera und Esquí im

Viertel Nueva Pompeya in Erinnerung. Auf der Rückseite der Partitur beschreibt Manzi zurückblickend, daß sich „das Schulgebäude zwischen Sümpfen, unbebauten Senken, Erdwällen und Bergen von Müll oder Industrieabfall erhob. Diese Landschaft aus Blechhaufen, Heckenzäunen aus *cina-cina*[10], Holzhütten, dunklen Sümpfen, unebenen Pfaden, nahen Erdwällen, abends kreuzenden Lokomotiven, roten Laternen und grünen Signalen, besaß ihre Poesie," die er folgendermaßen in seinen Text übertrug:

Un pedazo de barrio, allá en Pompeya,
durmiéndose al costao del terraplén.
Un farol balanceando en la barrera
y el misterio de adiós que siembra el tren.
Un ladrido de perros a la luna.
El amor escondido en un portón,
los sapos redoblando en la laguna
y a lo lejos la voz del bandoneón.
(...)

Ein Stück *barrio*, dort in Pompeya,
einschlafend neben dem Erdwall.
Eine Laterne auf der Schranke balancierend,
und das Geheimnis des Abschieds, das der Zug aussät.
Ein Hundegebell an den Mond.
Die versteckte Liebe in einem Tor.
Die Kröten, die in der Lagune trommeln
und in der Ferne die Stimme des *bandoneón*.
(...)

Un coro de silbidos allá en la esquina.
El codillo llenando el almacén.
Y el dramón de la pálida vecina
que ya nunca salió a mirar el tren.
Así evoco tus noches, barrio 'e tango
con las chatas entrando al corralón
y la luna chapaleando sobre el fango
y a lo lejos la voz del bandoneón.

Ein Chor aus Pfiffen dort an der Ecke.
das *codillo* füllt den Laden.
Und das große Drama der blassen Nachbarin,
die nie mehr herausging, um den Zug zu sehen.
So erinn're ich mich an Deine Nächte, *barrio de tango*,
mit den Pritschenwagen, die gerade in den Kutschenstand fahren,
und dem Mond, wie er über dem Sumpf plätschert
und in der Ferne die Stimme des *bandoneón*.

In *Sur* erscheint zudem die Weite der Vorstadt, in der man die Nachbarschaft der Pampa spürt. Der Hauch von Stadtgrenze findet sich in den Worten „und der ganze Himmel" *(y todo el cielo)* und in „ein Duft aus Kräutern und Luzerne" *(un perfume de yuyos y de alfalfa)* wieder, was – ebenso wie die Erinnerung an die Überschwemmung – die Präsenz von Morast und Pampa deutlich macht, die in dieser weitläufigen Flanke einer sich mitten im Aufbau befindlichen Stadt zusammenflossen. Manzi spricht von „wehmütigen Erinne-

[10] *cina-cina* – Ein Baum, der bis zu 8 Metern Höhe erreicht.

rungen an die Dingen, die vergangen sind“ *(Nostalgias de las cosas que han pasado)*, Benjamín Tagle Lara übernahm es, in einer geglückten Metapher seines Tangos *Puente Alsina* zu beschreiben:

Borró el asfaltado de una manotada
la vieja barriada que te vio crecer.

Der Asphalt hat mit einem Schlag
die alte Ecke des Viertels, die Dich heranwachsen sah,
verschwinden lassen.

Zwei Ansichten benachbarter Stadtviertel, die aus einer ähnlichen Melancholie heraus entworfen wurden. Die Kindheit und die Jugend schlossen Erwartungen ein, die sich in den Reifejahren nicht erfüllten; deshalb die Sehnsucht einer Verklärung. Tagle Lara greift mit seinen Versen den Fortschritt an:

Puente Alsina que ayer fuera mi regazo
de un zarpazo, la avenida te alcanzó.

Puente Alsina, gestern war es mein Schoß,
mit einem Prankenhieb erreichte Dich die *avenida*.

Bei Manzi ist es die Klage um die vergangene Jugend:

Las calles y las lunas suburbanas	Die Vorstadtstraßen und die Vorstadtmonde
y mi amor en tu ventana	und meine Liebe in Deinem Fenster
todo ha muerto, ya lo sé.	alles ist gestorben, ich weiß schon.

Obwohl *Sur* von Nelly Omar uraufgeführt wurde, scheint dieser Tango für die rauhe Stimme von Edmundo Rivero, dem damals brandneuen Sänger von Pichuco (Aníbal Troilo), erdacht worden zu sein. Und er war es auch, der ihm jahrelang seine exakte, dramatische Gestalt gab. Der vollständige Text lautet:

San Juan y Boedo antigua, y todo el cielo,
Pompeya y más allá la inundación.
Tu melena de novia en el recuerdo
y tu nombre flotando en el adiós.
La esquina del herrero, barro y pampa,
tu casa, tu vereda y el zanjón,

y un perfume de yuyos y de alfalfa
que me llena de nuevo el corazón.
Sur,
paredón y después...
Sur,
una luz de almacén...
Ya nunca me verás como me vieras,
recostado en la vidriera
y esperándote.
Ya nunca alumbraré con las estrellas
nuestra marcha sin querellas
por las noches de Pompeya...
Las calles y las lunas suburbanas,
y mi amor en tu ventana,
todo ha muerto, ya lo sé...

San Juan y Boedo antigua, cielo perdido,
Pompeya y al llegar al terraplén,
tus veinte años temblando de cariño
bajo el beso que entonces te robé.
Nostalgia de las cosas que han pasado,
arena que la vida se llevó,
pesadumbre de barrios que han cambiado
y amargura de un sueño que murió.

San Juan und die alte *Boedo*[11], und der ganze Himmel,
Pompeya und weit drüben die Überschwemmung.
Dein Brautschopf in der Erinnerung
und Dein Name, im Abschied dahintreibend.
Die Ecke des Schmieds, Schlamm und Pampa,
Dein Haus, Dein Gehsteig und der Graben,
und ein Duft aus Kräutern und Luzerne
der mir von neuem mein Herz erfüllt.
Süden,
Mauer und dahinter...
Süden
das Licht eines Ladens...
Niemals mehr wirst Du mich sehn, wie Du mich sahst,
an die Scheiben gelehnt
und auf Dich wartend.

[11] San Juan und Boedo sind zwei Straßen von Buenos Aires.

Niemals mehr werd' ich beleuchten mit den Sternen
unseren friedvollen Gang
durch die Nächte von Pompeya ...
Die Vorstadtstraßen und die Vorstadtmonde
und meine Liebe in Deinem Fenster
alles ist gestorben, ich weiß schon.

San Juan und die alte Boedo, verlorener Himmel,
Pompeya und beim Ankommen am Erdwall.
Deine zwanzig Jahre zitternd vor Zärtlichkeit
unter dem Kuß, den ich Dir damals stahl.
Sand, den das Leben forttrug,
Kummer der *barrios*, die sich gewandelt haben
und Bitterkeit eines Traumes, der starb.

Im Jahr 1942 spielte Aníbal Troilos Orchester mit der Stimme von Francisco Fiorentino die Uraufführung des Tangos *Malena*. Es handelte sich um Gelegenheitsverse als Huldigung für eine unbekannte, argentinische Sängerin, die Manzi in Brasilien gehört hatte. Mit diesen Strophen initiierte er den metaphorischen Ton, den Beginn einer dichterischen Linie, der sich Cátulo Castillo, Homero Expósito und in jüngerer Zeit Horacio Ferrer verschrieben haben; letzterer sollte sein gesamtes Werk auf das „Klappern" der überraschenden Metapher konzentrieren.

Anfangs sagt uns der Erzähler, daß Malena, außer daß sie Tangos „wie keine andere" singt, „in jeden Vers ihr Herz legt", was den alten, üblichen Begriffen der Tangotexte noch keine stilistische Neuigkeit beisteuert. Von der dritten Zeile des Gedichtes an beginnt er jedoch mit einer ganzen Reihe von Bildern:

Malena canta el tango como ninguna
y en cada verso pone su coraón.
A yuyo del suburbio su voz perfuma,
Malena tiene pena de bandoneón.
Tal vez allá en la infancia su voz de alondra
tomó ese tono oscuro de callejón,
o acaso aquel romance que sólo nombra
cuando se pone triste con el alcohol.
Malena canta el tango con voz de sombra,
Malena tiene pena de bandoneón.

Tu canción tiene el frío del último encuentro.
Tu canción se hace amarga en la sal del recuerdo.

Yo no sé
si tu voz es la flor de una pena,
sólo sé
que al rumor de tus tangos, Malena,
te siento más buena,
más buena que yo.

Tus ojos son oscuros como el olvido,
tus labios apretados como el rencor,
tus manos dos palomas que sienten frío,
tus venas tienen sangre de bandoneón.
Tus manos son criaturas abandonadas
que cruzan sobre el barro del callejón,
cuando todas las puertas están cerradas
y ladran los fantasmas de la canción.
Malena canta el tango con voz quebrada,
Malena tiene pena de bandoneón.

Malena singt den Tango, wie keine sonst
und in jeden Vers legt sie ihr Herz.
Nach Kräutern aus der Vorstadt duftet ihre Stimme.
Malena hat den Kummer des *bandoneón*.
Vielleicht dort, in der Kindheit, bekam ihre Lerchenstimme
diesen dunklen Gassenton,
oder vielleicht war es jene Romanze, von der sie nur spricht,
wenn sie traurig wird beim Alkohol.
Malena singt den Tango mit einer Stimme aus Schatten.
Malene hat den Kummer des *bandoneón*.

Dein Lied hat die Kälte der letzten Begegnung.
Dein Lied wird bitter im Salz der Erinnerung.
Ich weiß nicht,
ob Deine Stimme die Blüte eines Kummers ist
ich weiß nur,
beim Raunen Deiner Tangos, Malena,
erscheinst Du mir als besser,
besser als ich.

Deine Augen sind dunkel wie das Vergessen.
Deine Lippen zusammengepreßt wie der Groll.
Deine Hände zwei Tauben, denen kalt ist,
Deine Adern haben das Blut des *bandoneón*.

Deine Hände sind verlassene Kinder
die über dem Schlamm der Gasse kreuzen,
wenn alle Türen verschlossen sind
und die Gespenster des Liedes bellen.
Malena singt den Tango mit gebrochener Stimme,
Malena hat den Kummer des *bandoneón*.

Der 6. September 1930 bedeutete auch für Homero Manzi ein Einschnitt. In den Tagen, die dem Militärputsch vorangingen, war er zum Delegierten der Jurastudenten für die *Federación Universitaria* von Buenos Aires gewählt worden. Beim Sturz der Regierung Hipólito Yrigoyens entschlossen sich die Studenten, die dem den *Radicales* verbundenen *Centro* angehörten, das Universitätsgebäude der Rechtsfakultät zum Zeichen ihrer Ablehnung des Militärregimes zu besetzen. Manzi, Sekretär des *Centro* und Student im zweiten Studienjahr, gehörte zu den Vehementesten und nahm das Gebäude in der Avenida Las Heras, in dem sich heute die Fakultät der Technischen Universität befindet, mit vorgehaltener Pistole ein. Er wurde angeklagt, die Waffe auf einen Professor, Rodríguez Egaña, den späteren, konservativen Senator, gerichtet zu haben, und zusammen mit anderen Gesinnungsgenossen, unter denen sich Arturo Jauretche befand, aus der Universität geworfen. Nach einigen Tagen wurde er auch in seinen Sekundär-Fächern suspendiert. In die Universität würde Manzi daraufhin nicht wieder zurückgehen, die Politik besaß für ihn dagegen weiterhin, bis in seine letzten Tage, eine große Anziehungskraft.

Im Jahr 1935 gründeten er, Jauretche, Manuel Ortiz Pereyra, Juan B. Fleitas, Gabriel del Mazo und Luis Dellepiane (und andere) die Organisation FORJA, die schon im Kapitel über Discépolo erwähnt ist. Bei einem Gespräch über die Ziele der FORJA meinte Manzi: „Konsequent den Ideen von Yirgoyen folgend, träumen wir von einem *radicalismo*, der nicht einfach eine Partei mehr ist... sondern ein totaler Aufstand des historischen, argentinischen Bewußtseins." Und fügte hinzu: „Man bekennt sich heute zu den *Radicales*, so wie man 1807 Eroberer gewesen sein könnte, Freiheitskämpfer 1810, Reisender...1816, Partisane im Jahr 1830, Konföderalist 1855, Revolutionär 1890 oder 1916 ein Anhänger von Yrigoyen."

In einem anderen Gespräch hatte er erklärt: „Die Geschichte des amerikanischen Kontinents schaut uns an. Die Demokratie erleidet rüde Angriffe in der Welt der Rechten und der Linken. Aber es wird eine konzeptionelle und doktrinäre Demokratie angegriffen. Diese nicht über das ‚Arithmetische' hinausreichende Demokratie wurde in Europa geschaffen, erlitten und praktiziert. Die Demokratie als ein kaltes und rationales Thema, wo zwei Zahlen auf zwei

Waagschalen gelegt werden, und sich dann in Folge des physischen Gewichts zu einer Seite neigen. In Amerika existierte diese Demokratie nie." Und er behauptete, daß die wahre Volksdemokratie durch die regierende Klasse unterbrochen worden sei: „Demokratie mit einer Bestimmung, die sich in unserer Geschichte in der Heldenhaftigkeit der Heere der Freiheitskämpfe darstellt, beim Mai-Aufstand; bei der unbeugsamen Tapferkeit von Güemes bishin zu den symbolischen Ketten, die Rosas dem Dünkel der ausländischen Flaggen entgegenstellt, die in unsere Flüsse und in unsere Souveränität eindringen. Demokratie, die im festen Willen von Yrigoyen ruht, der am Frieden festhält als alle anderen den Krieg wünschen. Diese Demokratie Amerikas kann niemals sterben. Deshalb wünschen wir sie für unser Vaterland."

Eine Zeit lang bereiste Manzi Argentiniens Norden, hielt Vorträge, war beharrlich als Aktivist tätig und begann auch als Drehbuchautor zu arbeiten. Die Kontinuität dieser Arbeit ermöglichte ihm die Mitwirkung an den Drehbüchern einiger denkwürdiger Filme wie *La guerra gaucha*, dessen Premiere 1943 stattfand, dem der Text von Leopoldo Lugones zugrunde liegt, *Su mejor alumno* aus dem Jahre 1943 – mit einigen Extrakten aus Sarmientos Schriften *Recuerdos de provincia* und *Vida de Dominguito* – sowie dem Film *Pampa Bárbara* aus dem Jahr 1945. In allen drei Fällen teilte er sich die Verantwortung der Autorenschaft mit Ulyses Petit de Murat, mit dem zusammen er außerdem das Theaterstück *La novia de arena* verfaßte, das 1943 zur Uraufführung kam und bei dem es auch um ein geschichtliches Thema ging: Elisa Brown, die Admiralstochter, die sich Mitte des 19. Jahrhunderts aus Liebe in den Gewässern des Río de la Plata ertränkte.

Neben Drehbüchern für einige weitere, weniger bedeutende Filme schrieb Manzi das Drehbuch zum Film *Pobre mi madre querida*, bei dem er auch an der Regie beteiligt war, über das Leben des *payador* Betinoti und *Escuela de campeones*, worin er die Anfänge des Fußball in Argentinien anhand der Geschichte des legendären Fußballclubs Alumni beschrieb, dem ersten Club, der eine zahlenmäßig große Fangemeinde hatte mitreißen können.

Trotz seiner beständigen Zugehörigkeit zum *Radicalismo*, führte er gemeinsam mit Gesinnungsgenossen, überzeugt davon, daß seine Partei die Regierung Juan Domingo Peróns unterstützen müßte, im Dezember 1947 Gespräche mit dem Präsidenten, woraufhin er aus der UCR ausgeschlossen wurde. Einige Tage später erläuterte er im Radio seine Haltung in einer Rede : „Diejenigen, die uns als Oppositionelle bezeichnen, irren sich. Diejenigen, die uns für regierungstreu halten, irren ebenso. Wir sind weder Regierungstreue noch Oppositionelle. Wir sind Revolutionäre." Jedenfalls, und obgleich er *de facto* den

Peronismus unterstützte, bezeichnete sich Manzi – innerhalb seines Amtes an der Spitze der argentinischen Gesellschaft der Autoren und Komponisten (SADAIC) – selbst als *radical* und beschränkte seine politische Aktivität auf rein kulturelle Aufgaben.

In den letzten Lebensjahren, in denen er bereits vom Krebs heimgesucht war, schrieb Manzi einige seiner besten Tangos: *Sur*, *Che bandoneón*, *Discepolín*, sowie einige beachtenswerte Gedichte, die zwar in keinem Buch vereint wurden, aber Jahre später in Anthologien, kritischen Werken und Schallplatten wiederauftauchten. Unter diesen Gedichten befinden sich *Definiciones para esperar mi muerte* (Definitionen meinen Tod zu erwarten) und *La muerte de Quiroga*, eine in alexandrinischen Versen, in der Linie von Borges gehaltene Arbeit, in der er eine treffende Beschreibung der Momente vor dem Mord an Barranca Yaco gibt.

Als Manzi im Mai 1955 starb, hinterließ er ein umfangreiches Lebenswerk, das sich aus mehr als zweihundert Liedern, dreißig Gedichten, einem Theaterstück, einigen Drehbüchern und etlichen Vorträgen und politischen Reden zusammensetzt.

Für seinen Biographen Aníbal Ford ist die Dichtung bei Manzi: „Eine Synthese, in der sich Baudelaire und Carriego, Betinoti und die Symbolisten, Lorca und die Folklore, die Ultraisten und die Tangoliteratur vereinen." Auf diese Einflüsse aufbauend und sie wieder verwerfend, um sich eine unverwechselbare Eigenart zu schmieden, widmete sich Manzi der Sehnsucht *(nostalgia)*, einem Begriff, der sich als Bezeichnung seines Werkes durchsetzte, dessen Enderfolg darin bestand, die Mythen der Stadt seiner Kindheit vor der Auflösung bewahrt zu haben, indem er eine Mythologie der Vorstadt-Landschaft zu Beginn des 20. Jahrhunderts erschuf. Gequält von den der Mittelklasse anhaftenden Widersprüchen, gab er sich zwar als Aktivist für einen Gesellschaftswandel aus, behielt aber gleichzeitig eine konservative Haltung bei, nach der „jede vergangene Zeit besser war", weil in der von ihm heraufbeschworenen Epoche eine aus der Distanz für ideal gehaltene Ordnung existierte. Der militante Manzi lag im Streit mit dem elegischen Dichter. Als Ergebnis kam die Poesie zum Tango und machte es sich dort bequem. Sein Verdienst war es, mit überdauernden Werken die Richtung gewiesen zu haben. Mit Werken, die seit langem – zum Schrecken der Puristen – Seite an Seite neben den besten Texten argentinischer Dichtkunst stehen.

Hugo del Carril: Auf der Suche nach dem verlorengegangenen Idol

Zum Zeitpunkt von Gardels Tod war Hugo del Carril noch keine dreiundzwanzig Jahre alt. Er besaß Erfahrung als Sprecher und Sänger und war Mitglied von Duos, Trios und Quartetten gewesen. Ebenso hatte er als Solist gesungen – bei einigen Gelegenheiten in Begleitung eines so angesehenen Orchesters wie dem von Edgardo Donato.

Seine Erscheinung, sein „gardelianischer" Stil und sein nuancenreicher Bariton mit einem auf klassischen Themen gründenden Repertoire, machten ihn zum möglichen Kandidaten für den Platz, der durch den Unfall von Medellín freigeworden war. Gesucht wurde nicht nur eine Stimme. Angesichts der kinematographischen Aktivitäten Gardels in seinen letzten fünf Lebensjahren, benötigte man für die freie Stelle einen Sänger und Schauspieler mit wenigstens gleichartigen Fähigkeiten.

Der Filmregisseur Manuel Romero dachte an Hugo del Carril und wählte ihn als Hauptdarsteller für den 1937 gedrehten Film *Los muchachos de antes no usaban gomina*. Damit das Projekt nicht scheitern konnte, stellte er ihm den bekannten Florencio Parravicini zur Seite, der in dem Film sein Tonfilmdebüt gab und als einer der besten Darsteller des Landes angesehen wurde. Zudem hatte Romero mit Santiago Arrieta, Irma Córdoba, Niní Gambier, Pedro Laxalt und anderen, weniger bedeutenden Schauspielern, auch sonst eine gute Truppe zusammengestellt. Dass er sich bei seiner Wahl nicht geirrt hatte, wurde von den guten Kritiken die der Film bekam bestätigt. In einem Kommentar über den Film versicherte Chas de Cruz: „Eine große Persönlichkeit für den argentinischen Film ist geboren." Er sollte Recht behalten. Mit der Festigung seines Image bekam Hugo del Carril neben seinen Schallplatten und Radiozeiten fünf Filmhauptrollen innerhalb von nur zwei Jahren, 1938-39, angeboten. Am riskantesten war gewesen, ihm die Hauptrolle in *La vida de Carlos Gardel* zu übertragen, der idealisierten Geschichte des Sängers unter der Regie von Alberto de Zavalía; es gelang ihm jedoch diese Hürde zu bewältigen.

Seine Partnerinnen in den Filmen waren ausgesuchte, erfolgreiche Sängerinnen wie Libertad Lamarque und Sabina Olmos; in seinen Filmen erschienen die üblichen Begleiter von Gardel, wie zum Beispiel Tito Lusiardo, der seine stereotype Rolle aus den Gardel-Filmen auch in *La vida es un tango* wiederholte. Alle Weichen waren also gestellt. Und dennoch – obwohl sich seine Schallplatten verkauften, seine Versionen von *El porteñito*, *Tiempos viejos* oder *Nostalgias* makellos erscheinen, und seine Radioauftritte ein riesiges Publikum vereinten, sollte er nie an das mythische Vorbild herankommen. Sein Stil war dem Gardels sehr nah, und gerade dies ließ die Leute spüren, daß es nur einen Gardel geben konnte. Seine Nachfolge anzutreten wäre nur einer andersartigen, gänzlich vom Vorbild abweichenden, Stimme möglich; aber dies konnte nicht geschehen, bevor nicht die Zeit geholfen hatte den Schmerz über den Tod des Idols zu verarbeiten. Erst dann könnte wieder ein freier Platz im kollektiven Bewußtsein entstehen und damit eine Stimme ohne gardelianische Konnotationen in Erscheinung treten.

Mit der Zeit rückte bei Hugo del Carril der Gesang in den Hintergrund und verschwand beinahe vollends mit dem Beginn seiner Aktivität als Filmregisseur 1949, dem Jahr, in dem er *Historia del 900* drehte. Drei Jahre später, als er sich bereits ausschließlich der Filmregie widmete, drehte Hugo del Carril *Las aguas bajan turbias* basierend auf dem Roman *El río oscuro* von Alfredo Varela, der nicht nur als bester Film des Jahres 1952 angesehen wurde, sondern als beste Filmproduktion aus der peronistischen Epoche überhaupt. Keiner seiner anderen Filme *(El negro que tenía alma blanca, La Quintrala, Las tierras blancas, Una cita con la vida)* erreichte ein qualitativ vergleichbares Niveau. Zieht man Bilanz, dann ist war der Tango lediglich ein Teil seiner künstlerischen Karriere geblieben.. Er hatte es nicht geschafft, Gardels Nachfolge anzutreten, schuf jedoch mit seinem filmischen Werk einen Meilenstein in der lateinamerikanischen Filmgeschichte. Er starb im August des Jahres 1989 in Buenos Aires.

Das Café:
Mit der Stupsnase gegen die Scheibe gedrückt

Das Café als gesellschaftlicher Treffpunkt oder Rückzugsort des Freundeskreises besitzt eine – und so bestätigt es Raúl Scalabrini Ortiz – lange Tradition, die auf die endlosen Gesprächsrunden in den Gaststätten und auf den Abendgesellschaften des 17. Jahrhunderts zurückgeht, auf den europäischen Brauch, sich bei einem Tässchen oder einem Glas zu unterhalten. Dort wurde ein Gutteil der spanischen Ideologie und Literatur geschmiedet.

Wie sich Jorge Alberto Bossio erinnert, ist im Café de Régence in der Pariser Rue de Saint-Honoré noch der Tisch erhalten geblieben, an dem Diderot die Seiten seiner Enzyklopädie verfaßte, zusammen mit einem anderen, an dem häufig ein junger Mann namens Napoleón Bonaparte saß. Auf der anderen Seite der Pyrenäen schrieb Leandro Fernández de Moratín just ein Stück mit dem Titel *El café*, dem Bereich, in dem sich das kulturelle Leben der spanischen Halbinsel vom Anfang des 18. Jahrhunderts bis gegen Ende des Bürgerkriegs abspielte, und noch zu Beginn der Nachkriegszeit verlegte Camilo José Cela seinen Roman *La colmena* in ein Madrider Café.

In der Kolonie waren es zu Beginn noch Tavernen und Spelunken, aber schon im Jahr 1764 wurde in Buenos Aires das erste Café aufgemacht: unter den Bögen des Eiermarktes an der Plaza Mayor. Schon in kurzer Zeit folgten weitere. Sie unterschieden sich eindeutig von den *pulperías*, denn im Gegensatz zu diesen (praktisch einer Art Lebensmittelgeschäft, das mit allen notwendigen Waren versorgte), nahmen die Gäste des Cafés nur das zu sich, was ihnen dort serviert wurde.

Die Cafés hatten Teil an der Genese der Unabhängigkeit, und ihre Tische waren Jahre später Zeugen dialektischer Auseinandersetzungen, Verschwörungen und politischer Kämpfe.

Im zwanzigsten Jahrhundert schließlich verwandelte sich das Café in eine Institution des Stadtviertels, in einen Ort, der dazu bestimmt war, sich mit Freunden einer bestimmten Kategorie zu treffen. Personen, mit denen man über Alltäglichkeiten reden konnte: über Fußball und Politik, über die Ereignisse des Stadtviertels oder die persönlichen Probleme; Freunde, die sich jedoch untereinander selten zu Hause besuchten, so als stellten der häusliche Herd und das Café einander gegensätzliche Orte dar.

Für den Tango ist das Café außerdem der Bereich, in dem man von erfahreneren Männern lernen kann. Discépolo erklärte:

En tu mezcla milagrosa de sabiondos y suicidas
yo aprendí filosofía, dados, timba y la poesía cruel
de no pensar más en mí.

In Deiner wundersamen Mischung aus Aufschneidern und Selbstmördern
lernte ich Philosophie, Würfeln, Glücksspiel und die unbarmherzige Poesie,
nicht mehr an mich zu denken.

Der Protagonist des Tangos *La copa del olvido* von Alberto Vacarezza kommt, nachdem er die Frau, die er liebt, mit einem anderen gesehen hat, fassungslos und in Anerkennung der dort – nicht in Büchern, sondern in Erlebnissen-angesammelten Weisheit, im Café an...

a preguntarle a los hombres sabios	um die weisen Männer zu fragen
a preguntarles qué debo hacer	um sie zu fragen, was ich tun muß

Anders als Jorge Luis Borges, der behauptet, stolz zu sein auf das, was er gelesen und nicht auf das, was er erlebt hat, hat der Tangomensch ehrerbietigen Respekt vor empirischem Wissen; möglicherweise, weil er spürt, daß ihm der Zugang zu den Büchern verwehrt ist, und insofern seine einzige Erkenntnismöglichkeit in den Worten jener liegt, denen ein höherer Rang bei der Beurteilung der Wirklichkeit zukommt, weil sie ihr in langen Jahren gegenübergestanden haben.

Bis in die sechziger Jahre war das Café ein „sexistischer" Ort, in den keine Frauen eintraten, außer wenn es sich um einen sogenannten *salón familiar* handelte, dessen Tische, je nach der Kategorie des Hauses, oft mit Tischdekken bedeckt waren und wo man weiblichen Zutritt gestattete. Im Bereich des eigentlichen Cafés, dem der Marmortischplatten und Holzstühle, trafen sich nur Männer – für gewöhnlich Stammgäste, die sich auf ihrer Rückkehr von der Arbeit zusammenfanden. Die in späteren Jahren entstehende Notwendigkeit, mehr als einer Beschäftigung nachzugehen, und die sich daraus ergebende Unmöglichkeit, viel Mußezeit zur Verfügung zu haben, ließen nach und nach das Café als Institution des Stadtviertels verschwinden.

In den Tangos der vierziger Jahre finden sich einige beschreibende Bilder:

Café de un barrio porteño	Café eines *barrio porteño*
En la noche del domingo.	Sonntag nachts.

Sexta edición, cubilete,	Sechste Ausgabe[1], Würfelbecher,
el tema:fútbol y pingos.	das Thema: Fußball, Pferde.
Cuatro muchachos charlando	Vier Kerle beim Plaudern
en la mesa de rigor	am unentbehrlichen Tisch
...mientras están discutiendo	...während sie am diskutieren sind,
si es mejor River o Boca	ob River oder Boca besser[2],
si es mejor Legui que Antúnez	ob besser Legui oder Antúnez[3]
o qué orquesta es superior	oder welches Orchester überlegen ist,
Anselmo cuenta sus penas,	erzählt Anselmo von seinen Mühen,
Ricardo su mala suerte,	Ricardo von seinem Unglück
y José muy tristemente..	und José ganz traurig,
que sus cosas van peor.	daß seine Angelegenheiten schlechter gehn.

Aus *Cuatro Recuerdos*

Ähnlich ist die Aufzählung von *Domingo a la noche*:

Y siempre igual con sus	Und immer gleich mit seinen
luces mortecinas,	fahlen Lampen
un cigarillo y café para esperar,	eine Zigarette und Kaffee, um abzuwarten,
ruido de dados, palabras con sordina,	Würfellärm, gedämpfte Worte,
y una esperanza rodando en el billar.	und eine auf dem Billard rollende Hoffnung.

Eine „fotographische" Atmosphäre nimmt man auch in *Un boliche* wahr:

Un boliche como hay tantos,	Eine Kneipe, wie es so viele gibt,
una mesa como hay muchas,	ein Tisch, wie es viele gibt,
un borracho que serrucha	ein Betrunkener, der
su sueño de copetín	seinen Likörschläfchen schnarcht.
(...)	(...)
una partida de tute	Eine Stammtischrunde
entre cuatro veteranos	unter vier Veteranen,
que entre naipes y toscanos	die zwischen Karten und Toskanern
despilfarran su pensión.	ihre Pension verpulvern.
Y acodado sobre el mármol	Und auf den Marmor gestützt,
agarrado como un broche	festgeklammert wie ein *broche*[4],
un curda que noche a noche	ein Säufer, der Nacht für Nacht
se manda su confesión	sein Geständnis von sich gibt.

[1] sechste Ausgabe – im Sinne von „Sechs-Uhr-Ausgabe" (einer Zeitung).
[2] River, Boca – sind die Namen zweier Fußballclubs.
[3] Legui (Leguisamo), Antunéz – sind die Namen zweier Jockeys.

Denn das Café ist auch ein Bereich für Geständnisse. Und die Freundschaft, wie sie der *porteño* versteht, impliziert auch Vertraulichkeit. Freund ist einer in dem Maße, wie er fähig ist, sich die Kümmernisse des anderen anzuhören; er kennt dessen Schwächen, versteht sie und verzeiht:

Me diste en oro un puñado de amigos	Du gabst mir eine Hand voll Freunde in Gold,
que son los mismos que alientan mis horas,	die dieselben sind, die meine Stunden aufmuntern,
(José, el de la quimera...	(José, der mit dem Hirngespinst...
Marcial, que aún cree y espera...	Marcial, der noch glaubt und wartet...
y el flaco Abel, que se nos fue	und der dünne Abel, der von uns ging,
pero aún me guia...)	aber mich immer noch führt...)

...führt Discépolo in *Cafétin de Buenos Aires* auf. Diese Summe von Elementen (Ort des Schutzes und menschlicher Wärme, Ort, an dem man heranwächst und Unterschlupf finden kann, wenn man eine schmerzliche Erfahrung gemacht hat) vergleicht Discépolo mit der Mutterfigur:

Cómo olvidarte en esta queja,	Wie könnte ich Dich vergessen in dieser Klage,
Cafétin de Buenos Aires,	Cafétin von Buenos Aires,
Si sos lo único en la vida	wenn Du doch das Einzige in meinem Leben bist,
que se pareció a mi vieja...	das meiner Mutter ähnlich war...

Für ihn besitzen die Tische des Cafés einen metaphysischen Odem; und deshalb schaut der Kleine von draußen hinein, „mit der Stupsnase gegen die Scheibe gedrückt“ *(con la ñata contra el vidrio..)* und wartet ungeduldig auf den Moment, in dem er, schon ein Mann, in diesen Initiationszirkel, diesen Tempel des Wissens aus dem *barrio*, in diese „Schule aller Dinge“ *(escuela de todas las cosas..)* eintreten darf. Und auch wenn die „Erziehung seiner Gefühle“ außerhalb des Umkreises des Cafés stattfindet, ist jenes die Festung, in der er sich von den ersten gescheiterten Erfahrungen und Enttäuschungen Luft machen kann:

Sobre tus mesas que nunca preguntan	Über Deinen Tischen, die niemals fragen,
lloré una tarde el primer desengaño,	beweinte ich eines Abends die erste Enttäuschung

[4] *broche* – Ausdruck aus der Gaunerzunft für einen Haken, mit dem man einen innen steckenden Schlüssel von außen umdreht.

nací a las penas,
bebí mis años,
y me entregué sin luchar.

nahmen meine Kümmernisse ihren Anfang,
vertrank ich meine Jahre,
und ergab mich ohne Gegenwehr.

Schmerzerfüllt über die Verwüstungen der Zeit, und von daher nostalgisch, ist das Bild, das Cátulo Castillo in *Café de los Angelitos* entwirft:

Yo te evoco, perdido en la vida,
y enredado en los hilos del humo,
frente a un grato recuerdo que fumo
y a esta negra porción de café.

Ich denke an Dich zurück, verloren im Leben,
und verheddert in den Fäden des Rauchs,
einer angenehmen Erinnerung gegenüber,
die ich rauche,
und vor dieser schwarzen Portion Kaffee.

¡Rivadavia y Rincón!... Vieja esquina
de la antigua amistad que regresa,
coqueteando su gris en la mesa que está
meditando en sus noches de ayer.

Rivadavia und Rincón..alte Straßenecke
der alten Freundschaft, die zurückkehrt und
mit ihrem Grau am Tisch kokettiert,
der über seine Nächte von gestern meditiert.

Cuando llueven las noches su frío
vuelvo al mismo lugar del pasado,
y de nuevo se sienta a mi lado
Betinoti, templando la voz.

Wenn die Nächte ihre Kälte regnen,
komme ich an den gleichen Ort der
Vergangenheit zurück,
und von neuem setzt sich an meine Seite
Betinoti, singt seine Stimme ein.

Y en el dulce rincón que era mío
su cansancio la vida bosteza,
porque nadie me llama a la mesa de
ayer,
porque todo es ausencia y dolor.

Und in der süßen Ecke, die meine war,
gähnt das Leben seine Müdigkeit,
denn niemand ruft mich an den Tisch von
gestern,
denn alles ist Abwesenheit und Schmerz.

Zur gleichen Zeit hatten die *fondines*[5] des Stadtrandes, insbesondere im *barrio* la Boca – mit Blick zum Riachuelo – eine ähnliche Thematik wie Cafés des *barrio*. Ihre Protagonisten sind die Immigranten, die sich in den Erinnerungen an das ferne und unwiederbringliche Vaterland verloren. Der Beispiele gibt es viele, und die Themen wiederholen sich: Der Immigrant hat seine Hoffnung „Amerika zu machen“ (*hacer la América*) verloren und beschwört hartnäckig die Erinnerung an das kleine Dorf, die Liebe, die Jugend. Die Nostalgie wird zur Melancholie. Der Vergleich zwischen dem Immigranten, der sich in ein in seiner Fantasie idealisiertes Land aufmachte, und dem nunmehr

[5] *fondin* – Spelunke, Hafenkneipe.

altgewordenen, gescheiterten, läßt angesichts der Unmöglichkeit, die verlorene Zeit wieder zurückzugewinnen, keine Alternative außer Traurigkeit.

Dieser Text-Typus verschwand mit den letzten Spuren der Immigrationsbewegung, findet sich jedoch unter den ersten *tangos-canción*. In *Aquella cantina de la ribera* schrieb José González Castillo auf eine Melodie seines Sohnes Cátulo:

Brillando en las noches del puerto desierto
como un viejo faro a la cantina está,
llamando a las almas que no tienen puerto
porque han olvidado las rutas del mar.

Strahlend in den Nächten des verlassenen Hafens
steht die Spelunke wie ein alter Leuchtturm,
sie ruft die Seelen, die keinen Hafen haben,
weil sie die Routen des Meers vergessen haben.

In den Alexandrinern von *Nieblas del Riachuelo,* einem Tango, der speziell für den Film *La fuga* (1937, Regie: Luis Saslavsky) geschrieben wurde, notierte Cadícamo:

Sueña, marinero, con tu viejo bergantín,
bebe tus nostalgias en el sordo cafetín...
Llueve sobre el puerto, mientras tanto mi canción
llueve lentamente sobre tu desolación,
bordas de lanchones sin amarras que soltar...
Triste caravana sin destino ni ilusión,
como un barco preso en la botella del figón.

Träume, Seemann, von Deiner alten Brigg,
trinke Deine Sehnsüchte im tauben Café...
Es regnet auf den Hafen, währenddessen mein Lied
langsam auf Deine Trostlosigkeit regnet,
die Reling der Boote ohne Ankertaue zum Losmachen...
Traurige Karawane, ohne Bestimmung noch Illusion,
wie ein in der Flasche der Schenke gefangenes Schiff.

Und auf dieselbe Art erzählt Castillo in *Domani*:

El farol de la cantina, la neblina del Riachuelo
que ha tendido bajo el cielo como un pálido crespón
y en la mesa, donde pesa su tristeza sin consuelo,
don Giovanni está llorando con la voz del acordeón...
(...)
Pero inútil...ya no queda ni el rincón de la esperanza.
Sólo puebla su tristeza la aspereza del pesar
y en la niebla de los años, y en la muerte que lo alcanza
hay un canto como un llanto que regresa desde el mar...
Es la voz de los veleros que llevaron las neblinas,
son los viejos puertos muertos que están mucho más allá.

Die Laterne der Kneipe, der Dunst des Riachuelo,
der sich unter dem Himmel ausgebreitet hat wie ein bleicher Flor,
und an dem Tisch, wo schwer lastet seine Trauer ohne Trost,
heult Don Giovanni gerade mit der Stimme des Akkordeons..
(...)
Doch unnütz..es bleibt nicht einmal der Winkel einer Hoffnung.
Nur seine Trauer bevölkert die Herbheit des Leids,
und im Nebel der Jahre und im Tod, der ihn ereilt,
liegt ein Gesang wie ein Klagen, das vom Meer her wiederkehrt...
Es ist die Stimme der Segelboote, welche die Dünste mitbrachten,
es sind die alten, toten Häfen, die weit jenseits liegen.

Und er wiederholt im Thema *La cantina*:

Llora siempre que te evoca	Immer weint, der Dich erinnert,
cuando toca, piano, piano,	wenn er spielt, *piano, piano*,
su acordeón el italiano.	sein Akkordeon, der Italiener.

Aber das zweifellos gelungenste Werk innerhalb dieser Thematik des *fondín* im *barrio* La Boca als „Resonanzkörper immigratorischen Scheiterns" ist der Tango *La violeta,* geschrieben von Nicolás Olivari mit Musik von Cátulo Castillo. Seine Uraufführung fand im Jahre 1929 statt, einige Monate bevor der Ausbruch der Krise jegliche Fantasie auf eine Rückkehr endgültig zunichte machen sollte.

In den Milongas der vierziger Jahre

Die chronologische Aufzählung ist für gewöhnlich genauso zweifelhaft wie die Statistik. Keine von beiden spiegelt die Wirklichkeit gänzlich wider. In beiden Fällen muß man es verstehen zu lesen, zu interpretieren und die richtigen Schlüsse zu ziehen. Gleichermaßen ist es unmöglich für Generationsveränderungen, von welcher Art sie auch sein mögen, mehr als ein nur ungefähres Datum festzulegen. Und so fällt der Beginn der vierziger Jahre-Generation in das Jahr 1935, ein Jahr, in dem zwei Dinge zusammenkommen: Der Tod von Carlos Gardel und das Debüt des Orchesters von Juan D'Arienzo im Cabaret Chantecler.

Der Unfall des Sängers trug dazu bei, die Aufmerksamkeit auf eine Musik zu lenken, die sich – wie es hieß – im Stillstand befand, und nur von den Erneuerungen des vorherigen Jahrzehnts zehrte. Hielte dieser statische Prozeß an, liefe man Gefahr, zusammen mit Gardel gleich den Tango selbst, der ihn hervorgebracht hatte, mit zu Grabe zu tragen.

Wie es in solchen Fällen vorzukommen pflegt, boten sich zwei Möglichkeiten der Veränderung an: Entweder zu den Quellen zurückzukehren, sich von der Basis dessen aus wiederzubeleben, was sich bereits in der Vergangenheit als gültig erwiesen hatte, oder den Blick in die Zukunft zu richten, um einen Sprung nach vorne zu machen. Beide Haltungen bergen Risiken in sich; die Rückbesinnung auf die Vergangenheit kann zu einem Kontakteverlust mit den Veränderungen führen, die die Realität im Laufe der Zeit bewirkt hat; im anderen Fall kann der Fortschritt zum Scheitern verurteilt sein, wenn die Verwandlung über das hinaus projiziert wird, was von der sozialen Gruppe in diesem Moment akzeptiert wird. Von fundamentaler Bedeutung ist bei beiden Optionen das Gespür desjenigen, der die Transformation in die Praxis umsetzt. Juan D'Arienzo, ein Violinist aus dem Stadtteil Balvanera, zog es vor, zurückzublicken, die alten Errungenschaften hervorzuholen und dabei zu modernisieren. Aníbal Troilo dagegen wählte den Blick nach vorne. Von ihren jeweiligen Blickwinkeln aus gesehen sollten beide Recht behalten.

D'Arienzo, den man bis zur Mitte des Jahres 1935 als einen nur mäßig erfolgreichen Orchesterleiter bezeichnen kann, entschloß sich in jenem Jahr den Pianisten Rodolfo Biagi in seine Gruppe aufzunehmen, der den Platz seiner Vorgänger Ángel D'Agostino und Luis Visca (dem Autor von *Compadrón* und *Muñeca brava*) einnahm. Biagi seinerseits hatte vorher bei der anachronistischen Formation Maglios gespielt, die zäh an den rhythmischen und melancholischen Modellen der Guardia Vieja festhielt.

Biagi setzte vom Klavier aus einen charakteristischen Stil durch: Stakkatoartig und schneller als die übrigen Orchester, monoton und – musikalisch gesehen – auf das Elementarste reduziert, jedoch sehr gut tanzbar; so, als sollten selbst noch die tanzen können, die nur über rudimentäre Tanzkenntnisse verfügten – wurden sie doch vom ansteckenden Rhythmus förmlich geleitet. Der aus den Zeiten der „heroischen Trios" wiedergewonnene Taktschlag brachte das Orchester zu dem schon fast in Vergessenheit geratenen 2/4 Takt zurück. Der Tango bekam seine Anfangsfröhlichkeit wieder. Es war ein Stil, der sich zwar nur wenig für den Zuhörer eignete, aber ideal war für die Tänzer. Die Instrumente spielten unisono und man konnte höchstens in dem einen oder anderen Takt den dirigierenden Pianisten heraushören. Mit der Zeit ließ D'Arienzo die erste Violine gegenläufige Melodien spielen, die sich ohne sehr einfallsreiche Entfaltungen strikt dem orchestralen Kanon unterordneten.

D'Arienzo würde dieser Linie bis auf geringe Variationen treu bleiben, unter denen seine Pianistenwechsel eine besondere Beachtung verdienen: Fulvio Salamanca zwischen 1941 und 1956 und Juan Polito, der den Orchesterleiter schon zu anderen Gelegenheiten begleitet hatte und 1956 definitiv in das Orchester eintrat.

Im Gegensatz zu Troilo, der den Wert der Wörter hervorhob, wurde von D'Arienzo nicht nur die Bedeutung des Gesangspartes vernachlässigt, sondern er ließ seine Sänger, insbesondere Alberto Echagüe, Armando Laborde und Mario Bustos ausgesprochen mittelmäßige, platte Texte von zweifelhaft humoristischem Wert anstimmen, so zum Beispiel: *El hipo, El tarta, Sepeñoporipitapa*, *Giuseppe el crooner*, *Che existencialista*. Texte, die von seiner Anhängerschaft als Teil der Show gefeiert wurden. Gobello meint, daß „bei dieser Plattheit zumindest eine Parallele zum ursprünglichen Ton des Tango bestand – zu jenem plebejischen Gepräge, das die *compadritos* dem Tango in den *academias*, in den *cafés de camareras*, in den Tänzen des Politeama und des Steaking Ring verliehen."

Andere Orchesterleiter aus den vierziger Jahren wie Aníbal Troilo, Osvaldo Pugliese, Osmar Maderna, Miguel Caló, Raúl Kaplún, Alfredo Gobbi (Sohn), Ricardo Tanturi, José Basso, Francisco Rotundo und – bereits gegen Ende der Periode – Francini-Pontier, wählten den Weg der Weiterentwicklung, der sich Orchester wie die von Osvaldo Fresedo und Ángel D'Agostino anschlossen, die ihre Gruppen den neuen Zeiten anzupassen wußten.

Sie verließen den schaukelnden und monotonen Rhythmus, gaben ihren Interpretationen mehr Schnelligkeit – auch wenn sie immer langsamer als D'Arienzo blieben – und führten den Tango in einen immer beständigeren

Taktschlag, der die Tänzer geradezu auf die Tanzfläche einlud. Dem Arrangeur kam dabei eine besonders wichtige Rolle zu, und das Erscheinen virtuoser Solisten mit solider Ausbildung im Konservatorium wurde zur Gepflogenheit. Das Orchester war keine kompakte Masse mehr, sondern hatte sich in eine Gruppe von Musikern verwandelt, die die einzelnen nicht daran hinderte, mit ihren Fähigkeiten und Virtuositäten hervorzutreten. Als Beispiele seien der Klavierpart von Osmar Maderna – zuerst in der Gruppierung von Miguel Caló und später in seiner eigenen Formation – oder die Violine von Enrique Mario Francini, in der Zeit, als er seine Gruppe zusammen mit dem Bandoneonisten Armando Pontier dirigierte, genannt.

Häufig gestattete ihre Ausbildung den Musikern, außer in den *orquestas típicas* auch in Sinfonieorchestern zu spielen. Der Tango hatte aufgehört, eine intuitive Angelegenheit zu sein, deren Fundament sich auf die bestenfalls in den Musikschulen der *barrios* erworbenen, rudimentären Kenntnisse beschränkte. Die Musik des Tango bewegte sich jetzt in einem Gefilde, in dem ein Fortschritt allein aus Übung und solider Technik hervorgehen konnte. Im Hinblick darauf fand die Erneuerung die besten Rahmenbedingungen vor.

Der andere in dieser Dekade hervorstechende Aspekt ist die große Zahl neuer, guter Dichter, die sich in dieser Zeit dem Tango verschreiben oder ihr bereits vorher begonnenes Werk zur Entfaltung bringen. Die besten Themen von Homero Manzi, Cátulo Castillo, Homero Expósito, José María Conturis und einige von Enrique Cadícamo gehören in den Einflußbereich der Generation der vierziger Jahre.

Carlos Di Sarli: Der *Señor* des Tango

An den verschiedensten Orten der Welt umarmen sich Paare mit konzentrierten, ernsten Gesichtern bei einem erotischen, vom Dunst des Geheimnis umgebenen Ritus, bei dem die Musik fest mit dem Sexuellen verbunden ist. Sie bewegen sich zum Klang eines, von Violinen dominierten Orchesters, wobei die *bandoneones* die Schritte markieren.

Die Tänzer erkennen seinen Rhythmus wieder, aber viele von ihnen denken vielleicht, daß es sich um anonyme Partituren handelt – nur zu dem einzigen Zweck erschaffen, den Partner drei Minuten lang umarmen zu können. Andere lernten den Tanz beim Klang dieser Instrumente, die von einem Pianisten dirigiert wurden, der dunkle Brillengläser trug, um das Fehlen eines Auges zu verbergen. Carlos Di Sarli, der Musiker, der eine bestimmte Spielweise und einen Rhythmus erfand, die man zusammen mit denen von Juan D'Arienzo und Aníbal Troilo einhellig als ideal für den Tanz erachtet. Er wurde 1900 in Bahía Blanca geboren, die Stadt, der er später einmal eine seiner größten Kompositionen widmen würde.

Horacio Ferrer behauptete, daß Di Sarlis große, romantische Persönlichkeit „definitiv ihr Spiegelbild in der Musik des Stückes *Milonguero viejo* fand, einem Tango, den er Osvaldo Fresedo widmete, dessen glühender Verehrer und dessen Schüler er – aus künstlerischer Sicht – war. Von ihm, speziell vom Fresedo der Jahre 1926 bis 1930, übernahm er die Art das Orchester wahrzunehmen und die Spielweise der Streicher. Sein Orchester hatte einen sehr dichten und in sich stimmigen Klang, es schien als gäbe es keine Variationen in den Phrasierungen der Streicher und der *bandoneones*, trotzdem waren alle gespielten Arrangements ausgesprochen sorgfältig und bis ins kleinste Detail studiert und ausgearbeitet."

Sein Debüt gab er mit dreizehn Jahren und wurde anschließend von einer Zarzuela-Truppe als Klavierspieler auf eine Tournee mitgenommen; drei Jahre später präsentierte er sich in einem Kaffehaus in der Provinz *La Pampa* als Solist, und 1919 gründete er in Bahía Blanca sein erstes Orchester; im folgenden Jahr übersiedelte er nach Buenos Aires, wo er in den Hafenvierteln in einigen zwielichtigen Cafés spielte. Im Jahr 1925 gründete er sein erstes Sextett, das im Cabaret Chantecler debütierte – wo es jedoch nur einige Tage spielte – und vier Jahre später, 1929, nahm er seine ersten Schallplatten im Hause Victor auf. Für dieses spielte er in unterschiedlichen Epochen seines Schaffens bis

1949 einhundertsechsundfünfzig Versionen verschiedener Tangos, *valses* und *milongas* ein, die einen Großteil der Stücke ausmachen, die heute von den Tänzern auf der ganzen Welt genossen werden.

Im Jahr 1956 verließen ihn, wie schon öfters in seiner Laufbahn, etliche seiner Musiker, und gründeten die Gruppe *Los señores del tango*.

Im Laufe der Zeit trat Di Sarli in zahlreichen Radiozyklen auf, insbesondere bei den Sendern *Mundo* und *Belgrano,* und präsentierte sich im *Casino Pigall, Folies Bergère* und *Marabú*. In seinem Orchester sangen unter anderem so bekannte Vokalisten wie Antonio Rodríguez Lesende, Roberto Rufino (mit dem er zusammen so bemerkenswerte Versionen hinterlassen hat, wie: *Verde mar, Mañana zarpa un barco*, *Cosas olvidadas*, *Patotero sentimental)*, Alberto Podestá (*Nido gaucho*, *La capilla blanca* und *Al compás del corazón*), Mario Pomar (*Porteño y bailarín*, *Duelo criollo* und *Domani*) sowie Oscar Serpa *(La novia del mar*, *Sueño de juventud* und *Clavel del aire).*

Als Komponist mit stark melodischer und romantischer Inspiration hinterließ er, außer den bereits erwähnten Tangos *Milonguero viejo* und *Bahía Blanca* – beides Instrumentalstücke, die in seinem Orchester sehr beliebt waren – mehrere Tangos, die in die Geschichte der Populärmusik von Buenos Aires eingegangen sind, so *Tangueando te quiero*, *Así era mi novia* und *Porteño y bailarín* (alle mit Versen von Héctor Marcó), außerdem *Otra vez carnaval, Juan Porteño* und *Negando el perdón*.

Sein typischer Stil bei der Aufführung alter Tangos der *Guardia vieja* begeisterte seine Bewunderer, da diese Tangos es dem Orchester gestatteten, mit der Musik dieser, zwar etliche Jahre zuvor kreierten, aber durch ihn erneuerten Themen, zu glänzen, während die Tänzer die neuen Figuren erproben konnten, die ihnen der langgezogene und etwas schleifende Rhythmus ermöglichte. Di Sarli presentierte die alten Melodien in einer auf die Bedürfnisse des Publikums der 40er und 50er Jahre zugeschnittenen „Verpackung".

Das Volk gab ihm den Namen *El Señor del tango*, und unter diesem ging er in die Musikgeschichte von Buenos Aires ein. Er starb 1960.

Aníbal Troilo: Die Magie deines Klanges

Die Geschichte der populären Musik – „ebenso wie die übrige", würde Borges sagen – entwickelt sich geradlinig in täglicher Arbeit, bekommt jedoch Impulse und erlebt sprunghafte Veränderungen durch die Schöpfer oder Werke, die Abschnitte markieren, Perioden abschließen oder neue Tendenzen eröffnen. Der Bandoneonist, Orchesterleiter und Komponist Aníbal Troilo liegt über einer ganzen Epoche, er ist der Prototyp des Tango der vierziger Jahre. Seine Blütezeit beginnt mit dem Jahr 1937, mit der Gründung seines Orchesters und umfaßt – in einer ersten Etappe – die Jahre bis 1954; das Jahr 1955 bedeutete einen Tiefpunkt in seiner Karriere: er nahm nur einige wenige Themen auf und trat praktisch weder live noch im Radio auf.

Die zweite Ära begann 1956, als die Stimmen von Roberto Goyeneche und Ángel Cárdenas bereits zu Troilos Gruppierung gehörten, und dauerte beinahe bis zu seinem Tod am 18. Mai 1975. In seinen letzten Jahren war er zu einer Art Mythos geworden, dem man von daher Schnitzer und sogar Fehler in der Fingersetzung verzieh, denn aufgrund seiner Zugehörigkeit zum „*porteño*-Olymp" war es weder möglich noch erlaubt, ihn einer Beurteilung zu unterziehen. Der Dichter Julián Centeya hatte ihn zu Beginn der sechziger Jahre „das größte *bandoneón* von Buenos Aires" getauft, und dieser Spitzname wurde als ein Dogma akzeptiert.

Beherrschen Roberto Firpo und Eduardo Arolas die *Guardia Vieja*, Julio De Caro und Osvaldo Fresedo die Jahre des Cabaret und machen sich die Stimme von Carlos Gardel gemeinsam mit den Versen von Enrique Santos Discépolo zu den „Herren über die dreißiger Jahre", so repräsentieren Aníbal Troilo und Osvaldo Pugliese die vierziger Jahre, abgesehen von kleinen, zeitlichen Verschiebungen und der Tatsache, daß sich der Glanz ihrer großen Namen bis in die Gegenwart erhalten hat.

Troilo kam in der Nähe des Marktes Abasto am 11. Juli 1914 zur Welt. In jenen Tagen ging für Europa mit dem Attentat von Sarajevo und dem Beginn des ersten Weltkrieges in den ersten Augusttagen das Kapitel der *belle epoque* zu Ende. In Argentinien starb eine Woche nach Kriegsausbruch Roque Sáenz Peña, der Verantwortliche für das Gesetz des allgemeinen und geheimen Wahlrechts, das zum legalen Instrument der Beendigung der Ära der – gegen 1880 begonnenen – absoluten Herrschaft der Großgrundbesitzer-Oligarchie wurde.

Mit acht Jahren Halbwaise durch den Tod seines Vaters, wuchs Aníbal bei seiner Mutter auf, die einen Kiosk für Zigaretten und Süßigkeiten aufmachte, mit dem sie ihren Lebensunterhalt bestreiten konnte. Einige Monate nach dem Unglück hatte der Junge bei einem Picknick zwei Bandoneonisten gehört, von denen einer ihm die Möglichkeit gab, zum ersten Mal das Instrument auf die Knie zu nehmen, das ihn berühmt machen sollte. Von jenem Tag an bildeten Pichuco, wie ihn seine Freunde nannten, und der *fuelle* eine unsichtbare Einheit, so, als sei jeder der beiden die Verlängerung des anderen.

Nach sechs Monaten Unterricht bei Juan Amendolaro, einem bescheidenen Lehrer aus dem Viertel, fing er bereits an, einfache Stücke zu spielen. Im Jahr 1925 (mit elf Jahren) debütierte er im Kino *Petit Colón* an der Straßenecke Córdoba und Laprida. Er gefiel, und die Geschäftsführer nahmen ihn als Mitglied im festen Orchester unter Vertrag, das für die musikalische Untermalung der täglich auf der Leinwand projizierten Streifen zuständig war.

Mit dreizehn Jahren spielte Aníbal Troilo neben Miguel Nijensohn und Domingo Sapia in einem Trio, das sich in einigen Cafés vorstellte. Imselben Jahr führte er sich als Leiter eines kurzlebigen Quintetts ein, um danach eine Stimme in der Gruppe von Alfredo Gobbi (Sohn) zu werden. Später spielte er bei Juan Maglio Pacho, und 1930 wurde er in das historische Sextett Vardaro-Pugliese berufen, das sich wie folgt zusammensetzte: Elvino Vardaro und Alfredo Gobbi an den Violinen, Osvaldo Pugliese am Klavier und Luis Sebastián Alesso am Kontrabaß; Luis Díaz sang die *estribillos*. Nach einigen Monaten wurde der Bandoneonist Jurado durch Ciriaco Ortiz ersetzt.

Troilo spielte ebenso bei der Formation *Los provincianos* und im *Orquesta Típica Victor*. Im Jahr 1932 tauchte er in der vielköpfigen Reihe der Bandoneonisten des *Orquesta Sinfónica* von Julio De Caro auf, und in den darauffolgenden Jahren, bis zur Gründung seines eigenen Orchesters, spielte er bei Elvino Vardaro, Ángel D'Agostino, Juan D'Arienzo, Alfredo Attadía, Ciriaco Ortiz, mit dem Trio Irusta-Fugazot-Demare und mit Juan Carlos Cobián. Die Aufzählung hat Bedeutung, denn die simple Lektüre dieser Liste weist darauf hin, daß Aníbal Troilo bereits zu Beginn seiner Laufbahn, als er sich noch mitten im Lernprozeß befand, an der Seite der wichtigsten Figuren des Tango auftrat.

Mitte des Jahres 1937 löste Ciriaco Ortiz seine Gruppe auf, und Troilo erhielt das Angebot im Tanzhaus Marabú aufzutreten. Er rief einige Musiker aus der Gruppe von Ortiz zusammen, die er vom Zusammenspiel gut kannte, und gab am 1. Juli sein Debüt: mit Juan Toto Rodríguez, Roberto Zanitelli und er selbst an den *bandoneones*; Reynaldo Nichele, José Stilman und Pedro

Sapochnik an den Violinen; Orlando Goñi am Klavier; Juan Fassio am Kontrabaß und Francisco Fiorentino als Sänger. Im Jahr darauf bekam das Orchester mit Hugo Baralis eine zusätzlichen Violine, und Yanitelli wurde durch Eduardo Marino ersetzt. Mit dieser Mannschaft nahm Troilo seine erste Schallplatte auf (Odeón No.7.160). Auf der einen Plattenseite war *Comme il faut* (von Eduardo Arolas) und auf der anderen *Tinta verde* von Agustín Bardi zu hören. Diese Titel zeigen uns die Linie an, der das Orchester künftig folgen sollte: Zum einen die deutliche Gewichtung des *bandoneón* – worauf die Wahl des Komponisten Arolas hindeutet (von dem er insgesamt fünf Themen und ein Potpourrie aus Fragmenten verschiedener Tangos aufnehmen würde) – und zum anderen weist der Name Bardi auf die Vorliebe für melodische Elemente innerhalb eines rhythmischen, tanzbaren Gefüges hin.

Matamoro beschreibt den Charakter des Orchesters von Pichuco wie folgt: „Troilo beginnt, da er wie alle Welt ein Anhänger De Caros ist, als Dirigent eines gewöhnlichen Orchester mit seiner eigentümlichen, rhythmischen Weise und einem kontrapunktischen Moment in den Arrangements, das dem Dirigenten-*bandoneón* ermöglicht, über die erste vorgetragene Melodie seine solistischen Variationen zu entwickeln. Aber mit der Zeit entwickelt sich das Orchester in Richtung einer ‚funktionellen' Variante, die eben diesem ‚Decarismus' eine Farbe verleiht, die weit von der traditionellen Vortragsweise entfernt ist; wo das Orchester De Caros feste, bestimmten Instrumenten starr zugeteilte Rollen hat – melodische Rollen auf der einen und rhythmische auf der anderen Seite – weist das Orchester Troilos aber von einer zur anderen Gruppe übertragbare Rollen auf. Das Klavier ist zwar im allgemeinen rhythmisch, kommt jedoch in den Genuß einiger höchst solistischer, melodischer Phrasen; die *bandoneones* sind im allgemeinen melodisch oder stützen das harmonische Gerüst, übernehmen aber manchmal die Funktion der rhythmischen Betonung. Das Orchester der Schule De Caro, ist streng hierarchisch und aristokratisch, es ist der letzte Ausdruck eines Publikums, das gesellschaftlich von einer ebensolchen strukturellen Hierarchie patrizischer Art geprägt ist. Das Orchester von Troilo besitzt hingegen austauschbare Rollen, und erscheint wie ein demokratisches Konglomerat, in gewissem Sinne als ein Spiegelbild des Publikums, das auf seine Musik in einer Umgebung gesellschaftlicher Egalität tanzt."

Womöglich liegt einer der größten Verdienste Pichucos in seiner Intuition bei der Auswahl der mit ihm spielenden Sänger und Musiker, sowie in seiner Fähigkeit, die verschiedenartigen Charaktere zu einer Gruppe zusammenzufügen. Hinzu kommt sein intelligent ausgewähltes Repertoire, aus dem sich ersehen läßt, daß er selbst sein liebster Komponist war (er spielte 41 eigene Kompositionen ein). In der Liste der vorderen Plätze – bemerkt Héctor López– folgen ihm 20 Tangos von Armando Pontier, 16 von Mariano Mores, 11 von Anselmo Aieta, 9 von Astor Piazzolla und 9 von Julián Plaza. Was seine Texter angeht, wird das Verzeichnis von Cátulo Castillo mit 25 Themen angeführt, dem Homero Maniz mit 21, José María Contursi mit 16 sowie Enrique Cadícamo und Homero Expósito mit 15 folgen. Sie weisen, zusammen mit anderen häufig wiederkehrenden Namen wie Federico Silva, Carlos Bahr, Francisco García Giménez, Pascual Contursi, Celedonio Flores, Enrique Santos Discépolo, Alfredo Le Pera oder José González Castillo, darauf hin, welch große Bedeutung die dichterische Qualität der die Melodien begleitenden Worte für Troilo hatte. Aus diesem Grund übertrug er auch während seines gesamten Orchesterschaffens den Sängern eine so herausragende Rolle. Diese entwickelten sich im allgemeinen nach der Zusammenarbeit mit seinem Orchester zu bemerkenswerten Solisten: Francisco Fiorentino, Alberto Marino, Floreal Ruiz, Edmundo Rivero, Roberto Goyeneche, denen man noch die Namen Jorge Casal, Ángel Cárdenas, Aldo Calderón, Roberto Rufino (der dem Orchester beitrat, als er sich bereits einen Namen gemacht hatte), Tito Reyes – der Stimme der letzten Jahre – und zwei Frauen, Elba Berón und Nelly Vázquez, hinzugesellen muß; letzteres war auch eine Neuerung, weil es bis dahin unüblich gewesen war, daß ein Orchester „der vordersten Reihe" weibliche Stimmen unter seinen Sängern akzeptierte.

Außerdem waren für Troilo seine Arrangeure von fundamentaler Bedeutung. Deren Namensliste umfaßt: Astor Piazzolla, Héctor María Artola, Argentino Galván, Ismael Spitalnik, Oscar de la Fuente, Alberto Caracciollo, Eduardo Rovira, Emilio Balcarce, Julián Plaza, Héctor Stamponi und Raúl Garello. Und obgleich *er* bestimmte, und all das was den Klang seines Orchesters verzerren konnte (er war berühmt dafür, immer einen Radiergummi in der Hosentasche zu haben, um den Partituren den letzten Schliff zu geben), unterband, gab er den aufeinanderfolgenden Arrangeuren große Freiheit bei der Bereicherung der Melodien. Aber er forderte, daß der „troileanische" Ton, bei dem die Tanzbarkeit ein wesentliches Kriterium war, gewahrt blieb. Bei einer Gelegenheit beklagte sich Astor Piazzolla, auf seine Zeit als Arrangeur zurückblickend: „Auch wenn er wußte, daß es wunderschön klang, reichte mir ‚der Dicke' den Radiergummi, meinte, es wäre nicht zu verkaufen, es hätte keine Kraft, es wäre nicht tanzbar."

Eine der von Troilo gestatteten Kühnheiten war die, für die damalige Zeit revolutionäre, Orchestrierung des Tangos *Recuerdos de bohemia* von Enrique

Delfino, die Pichuco 1946 mit José Basso am Klavier und Reinaldo Nichele als Soloviolinist aufnahm. Der Arrangeur Argentino Galván hatte das Stück doppelt so lang werden lassen, ihm eine ausgedehnte, sich von der Originalmelodie entfernende Einleitung hinzugefügt und ließ sozusagen ein „kleines Konzert“ , wie Gobello es nannte, entstehen.

Was über die Auswahl der Sänger gesagt wurde, gilt auch für die Orchestermitglieder: Die spätere Entwicklung seiner Interpreten beweist Troilos gutes Urteilsvermögen in der Wahl der richtigen Musiker für sein Orchester. Die meisten wurden aufgenommen, als sie noch mitten im Lernprozeß standen, und daß eine künstlerische Weiterentwicklung stattfand, läßt sich an der Tatsache ablesen, daß ein Großteil von ihnen später sogar eigene Gruppen gründete. So zum Beispiel Astor Piazzolla, José Basso, Carlos Figari, Osvaldo Manzi, Osvaldo Berlinghieri, Hugo Baralis, Raúl Garello, José Colángelo, denen man noch andere talentierte Musiker wie den Cellisten José Bragato, den Kontrabassisten Quicho Díaz, die Geiger Reynaldo Nichele, Juan Alsina, Simón Zlotnik, Salvador Farace und David Díaz an die Seite stellen muß. Für all jene ist der gemeinsam mit Troilo beschrittene Weg prägend für ihre künstlerische Entwicklung gewesen.

Selbst Astor Piazzolla, der auf den ersten Blick von den „troileanischen“ Konzeptionen weit entfernt zu sein scheint, läßt einen gewissen Einfluß dieses intuitiven Künstlers durchscheinen, der den tanzbaren Tango, den rein instrumentalen und den gesungenen Tango verkörperte.

Bis zum Auftreten Troilos, hatten sich die Orchestersänger darauf beschränkt, nur den Refrain (den *estribillo)* vorzutragen. Es war Troilo, der den Brauch begründete, *alle* Verse zu singen. Mit der Hinzunahme der Stimme Alberto Marinos, der sich mit Fiorentino abwechseln sollte, führte er dann den von den meisten Orchestern übernommenen Brauch ein, zwei Sänger in die *orquestas típicas* einzureihen, wodurch berühmte Duos entstanden, im besonderen die Duos Carlos Dante-Julio Martel beim Orchester Alfredo De Angelis und Julio Sosa-Oscar Ferrari beim Orchester Francini-Pontier.

Obwohl Troilo den Gesang Fiorentinos durch den Vortrag des vollständigen Textes hervortreten ließ, wodurch er die Worte in den Mittelpunkt stellte, nahm der Sänger im Orchester von Pichuco eigentlich die Rolle eines weiteren Instrumentes ein. Das äußerste sich darin, daß er in seinen Modulationen häufig an bestimmten Stellen Buchstaben wegließ, wenn dies der Rhythmus, den der Dirigent dem Orchester vorgab, erforderte.

Möglicherweise bereitete es Fiorentino keine große Mühe, sich beim Singen in dieser Weise an das Orchester anzupassen, da er gut über die Funktion eines

Orchesterinstrumentes Bescheid wußte. Er hatte als Bandoneonist angefangen und es soweit gebracht, in der Gruppierung von Francisco Canaro zu spielen, wo er seine Arbeit als Bandoneonist mit der des *estribillista* abwechselte. Zwischen 1925 und 1930 trat Fiorentino ausschließlich als Sänger bei Juan D'Arienzo und Juan Carlos Cobián auf, mit dem er einige gute Aufnahmen machte, wenngleich sie weit entfernt von denen blieben, die er uns später mit Pichuco hinterließ.

Man muß vermuten, daß ihn Troilo auch hinsichtlich seines Gesanges leitete, denn nur in der Zeit, in der er in dessen Orchester verweilte, gelang Fiorentino die Beherrschung seines Registers mit derartiger Stärke und Tonreinheit. Durch seinen manchmal zu Tränen rührenden Ton und selbst durch sein Timbre rückte er in die Nähe zweier erfolgreicher Tenöre: Agustín Magaldi und Ignacio Corsini. Der Unterschied bestand darin, daß Fiorentino seinen Part sehr viel mitreißender sang und über eine sehr klare Diktion verfügte, die leicht italienisiert war, aber derjenigen der erwähnten Sänger überlegen.

Einige große Erfolge Troilos verdankte dieser ohne Zweifel der Intention, die Fiorentino beim Singen in die Lieder legte. Seine Versionen von *Pa'que bailen los muchachos*, *El bulín de la calle Ayacucho*, *No le digas que la quiero*, *Tinta roja*, *A bailar* und *Malena* sind nach wie vor gültig.

Fiorentino wechselte zuerst zu Orlando Goñi, dem Pianisten von Troilo, der sich 1944 vom Orchester trennte, und einige Monate später faßte er den Entschluß, als Solist zu singen; begleitet von einer Gruppe, deren Kopf Astor Piazzolla war, mit dem er gelungene Versionen von *Viejo ciego*, *Otros tiempos y otros hombres* und eine exzellente Einspielung von *Corrientes y Esmeralda* hinterließ. Danach ging Fiore durch das Orchester von José Basso, ein anderer Ex-Pianisten von Troilo. Im Jahr 1955 kam er bei einem Autounfall in Mendoza ums Leben.

Im Jahr 1942 nahm Troilo einen zweiundzwanzigjährigen, jungen Mann mit einer wohlausgebildeten Stimme, die sich schnell an die Eigenheiten des Orchesters anpaßte, in sein Orchester auf: Alberto Marino. Mit den Reminiszenzen eines Opernsängers konnte er sich nicht dem Einfluß verwehren, den das allgegenwärtige Gedenken an Carlos Gardel auf ihn ausübte. Marino besaß einen gefühlvolleren Tonfall als Fiorentino, den er auch mit seinem Stimmumfang übertraf; aber Pichuco gelang es, daß sich die beiden ergänzten und sich den unterschiedlichen Charakteristika jedes Tangos anpaßten. Er übertrug Marino die melodisch reicheren Themen wie *Café de los Angelitos*, *Copas, amigos y besos*, *Tal vez será su voz*, *Tedio*, *Sin palabras*, *La luz de un fósforo*, *La vi llegar*, und *Ya estamos iguales*.

Wie im Falle Fiorentinos wirkte sich die „Vormundschaft" von Troilo grundlegend auf seine Entwicklung aus. Vom Februar 1946 an, als Alberto Marino entschieden hatte, sich mit seiner eigenen Gruppe zu präsentieren, die vom Violinisten Emilio Balcarce geleitet wurde, dem die Musiker Héctor Artola, Toto Rodríguez, Carlos García, Hugo Baralis, Héctor Stamponi, Alberto Di Paulo und Osvaldo Tarantino folgten, schlug sich als sein größtes Manko die schlechte Repertoireauswahl nieder, und die sich immer stärker ausprägende Tendenz, die opernhaften Möglichkeiten seiner Stimme zu betonen. So erreichte er nie wieder die Popularität aus den Tagen, als er im Orchester von Troilo sang; ungeachtet der Tatsache, daß er ein sehr akzeptables Niveau beibehielt und mit avantgardistischen Arrangeuren zusammenarbeitete.

Als Pichuco im Jahr 1944 Floreal Ruiz rief, um den vakanten Platz Fiorentinos einzunehmen, hatte dieser schon ein Jahr im Orchester des Pianisten Alfredo de Angelis hinter sich. Mit einem volltönenderen Tonfall als dem seines Vorgängers und mit einer sehr ausgeprägten Tonreinheit, die er bis zu seinem Tod 1978 beibehielt, spezialisierte er sich auf Themen, in denen sich das Dramatische *(Confesión*, *Y la perdí, La noche que te fuiste)* mit einer sehnsuchtsvollen Note abwechselte, die Floreal zu meistern wußte, ohne in Wehklagen oder in Rührseligkeiten zu verfallen *(Romance de barrio, Flor de lino, Yuyo verde)*. Nachdem er den Platz des Orchestersängers bei Troilo aufgegeben hatte, ging er für sieben Jahre, zwischen 1949 und 1956, in die Gruppierung von Francisco Rotundo, um später bei José Basso tätig zu sein, wo sein nun schon viel rauher gewordener Tonfall zu einem Charakteristikum des Orchesters wurde. In seinen letzten Jahren, in denen er von Osvaldo Requena begleitet wurde, nahm er eine Schallplatte mit sehr sorgfältig ausgearbeiteten Interpretationen auf, unter denen besonders die Tangos *Mañana zarpa un barco* und *El motivo* herausragen.

Zwei der Sänger Troilos, Edmundo Rivero und Roberto Goyeneche, verdienen eigene Kapitel, weil für sie der Gang durch das Orchester von Pichuco nur ein Stadium innerhalb ihres Entwicklungsprozesses darstellte; im Gegensatz zu den Anderen, deren Glanzzeiten untrennbar mit ihrer Zugehörigkeit zum Orchester des Autors von *Sur* verbunden waren.

Der Komponist Aníbal Troilo verdient die gleiche Aufmerksamkeit wie der Orchesterleiter; durch diesen Aspekt wird der Mythos vollendet. Unbestritten ist, daß von ihm die Partituren einiger der berühmtesten Tangos der vierziger Jahre stammen; in einer musikalischen Linie von unbeschreiblicher, melodischer Schönheit, womit er an die Seite von Enrique Delfino, Juan Carlos Cobián, Lucio Demare und Sebastián Piana gestellt werden kann– wie es Horacio

Ferrer getan hat. In den meisten Fällen sind es Gesangsstücke, für die er sich mit den hervorragendsten Dichtern seiner Zeit zusammentat („Mir bleibt die Frustration kein einziges Thema mit Discépolo geschrieben zu haben, und dies obwohl wir so gute Freunde gewesen sind", beklagte er sich einmal). Das Werkverzeichnis führt einem deutlich vor Augen, warum er dauerhaft als Autor in den Repertoires anderer Orchester auftaucht. Mit Cadícamo schrieb er die Tangos: *Garúa*, *Pa' que bailen los muchachos* und *Naipe*, mit Cátulo Castillo *A Homero*, *Desencuentro*, *El último farol, María*, *Patio mío*, *Una canción* sowie *La última curda*, einen der besten *Tangos-canción* der Geschichte und schließlich der skeptische *Y a mí qué?* (aufgenommen in der Stimme von Elba Verón); mit José María Contursi schrieb er unter anderem *Garras*, *Mi tango triste* und *Toda mi vida*; fünf der Themen, die er zusammen mit Homero Manzi verfaßte, gehören zu den Tangos der vierziger Jahre, an denen man nicht vorbeikommt: *Barrio de tango*, *Che bandoneón*, *Discepolín*, *Romance de barrio* und *Sur*. Mit Homero Expósito schrieb er ein einziges, wenn auch denkwürdiges Thema: *Te llaman malevo*. Man kann noch erwähnen, daß er ein Gedicht von Jorge Luis Borges, *Milonga de Manuel Flores*, vertonte und ein anderes von Ernesto Sabato, *Alejandra*, das von der Protagonistin aus dem Buch *Sobre héroes y tumbas* inspiriert ist und auf Bitten von Ben Molar für seine Produktion *14 para el Tango* entstand.

An rein instrumentellen Werken komponierte Troilo unter anderem: *A la Guardia Nueva*, *A Pedro Maffia*, *La trampera*, *Milonguero triste* (dem Violinisten Alfredo Gobbi (Sohn) gewidmet), *Nocturno a mi barrio* und *Responso*, seiner Hommage an Homero Manzi, die er in den Morgenstunden des 4. Mai 1951 schrieb, während man seinen Freund im Gebäude der SADAIC (argentinische Gesellschaft der Autoren und Musiker) für die Totenwache aufbahrte.

Wenn sich jemand in Zukunft fragen sollte, warum sich Troilo in einen Mythos verwandelte, wird man ihm viele Erklärungen hierfür geben können: musikalische, historische, soziologische und sogar solche politischer Natur. Es wird hilfreich sein, Übereinstimmungen zwischen seiner eigenen musikalischen Entwicklung und der parallel dazu stattfindenden Evolution im Tango zu finden. Man wird annehmen können, daß sein Werk die Folge des mangelnden Fortschritts, der Stagnation der Musik im Buenos Aires der dreißiger Jahre war. Man wird sagen, daß sich Pichuco an die Spitze eines Bedürfnisses nach Veränderung stellte. Es wird sogar denjenigen geben, der die Taktschläge seines Orchesters einem nostalgischen Inventar hinzugesellt, in dem die Zeitschrift Patoruzú neben den Zeichnungen von Guillermo Divito auftaucht, das Boxduell zwischen Prada und Gatica, die Kriegsfilme von Hollywood und die

Gesichter von Gary Cooper, Rita Hayworth, Bing Crosby und Frank Sinatra, die Abschiedsszene zwischen Humphrey Bogart und Ingrid Bergman im nebligen Flughafen von Casablanca, nationale Kinoerfolge wie *La guerra gaucha*, *Su mejor alumno* und *Pampa bárbara*, der Wettkampf um die Vorherrschaft in den Tanzsälen zwischen dem Tango und dem Bolero, die Besuche von Pedro Vargas in Buenos Aries, die Radiotheater am Abend, die Lieblichkeit von Oscar Casco und das Konzert von Los Pérez García zu Beginn der nächtlichen Stunden.

Trotzdem sagen vielleicht diejenigen, die ihn bei einer Gelegenheit hören konnten, diejenigen, die ihn sahen, insbesondere, wenn ihn das Orchester im Halbdunkel ein Solo mit dem *bandoneón* spielen ließ, – wenn sie in der Lage sind, jene Gefühle in Worte zu fassen – daß Troilo in ein Mysterium gehüllt war. In jenen Momenten, wenn seine dicken Finger über die Tastatur des *Doble A* glitten, schien es, daß Pichuco träumte, und es entstand ein tiefer Strom, der ein *aleph* beschwor. Dort lebten die fremden Geschichten zusammen mit den eigenen Erinnerungen, den Straßen und den „anonymen Wesen" der Stadt. Während der drei oder vier Minuten, in denen diese Magie anhielt, standen die Protagonisten der Tangogeschichte neben ihm. Vielleicht schaute Troilo deshalb nicht zu seinem Publikum, oder er tat es mit diesen weit aufgerissenen Augen, wie in Trance, ohne die Fans zu sehen, die ihn ohne einen Laut umringten. Er selbst sagte einmal: „Es kommt vor, daß ich, wenn ich *bandoneón* spiele, alleine bin, oder mit allen, was auf das gleiche hinausläuft."

Enrique Cadícamo: Wenn die Erinnerungen erzählen

„Niemand verkörperte so wie Cadícamo den Sprecher jenes Nachtschwärmertums, dem wir mit Haut und Haaren verschrieben waren. Niemand machte wie er – zwischen François Villón und Baudelaire – aus der hinkenden Muse der Straße Corrientes die energische Persönlichkeit eines Kupferstichs“, bemerkte Cátulo Castillo im Vorwort der zweiten Ausgabe von *Viento que lleva y trae*, einer Sammlung von Gedichten, die das Buenos Aires und den Tango zu Anfang des zwanzigsten Jahrhunderts heraufbeschwören. *Peringundines*, Kneipen, in denen Trios und Quartette der „heroischen Zeiten“ die Stammgäste begeisterten, schäbige Bordelle, legendäre Kämpfe zwischen berühmten *guapos*, exzellente Tänzer und Musiker, an die sich das Vergessen nicht heranwagte, füllen die Seiten des Buches. Ein schlichter Chronist, Kenner des Rhythmus, der Form und des Reims. Wie in einem Album ordnete Cadícamo vergilbte Fotographien aus den Zeiten von *Caras y Caretas,* der Einhundertjahrfeier der Unabhängigkeit, der anarchistischen Demonstrationen und der einhellig konservativen Regierungen.

Er wurde am 15. Juli 1900 in Luján, Provinz Buenos Aires, geboren und veröffentlichte sein erstes Buch, *Canciones grises* (graue Lieder), im Jahr 1926. Zwei Jahre zuvor hatte er seinen ersten Tango uraufgeführt: *Pompas de jabón,* der durch die Stimme von Carlos Gardel gegen Ende des darauffolgenden Jahres populär wurde. Der moralisierende Ton in *Pompas* stellt diesen Tango neben die zur gleichen Zeit geschriebenen Texte von Celedonio Flores. Der Erzähler hält einem Mädchen aus dem Cabaret vor, die Prinzipien der Moral zu vergessen und versichert ihr, daß sie durch ihre Einstellung unweigerlich zum Scheitern verurteilt ist. Mit dem mahnenden Ton dessen, der zum Umfeld des Cabaret gehörte – allerdings nur als Gesellschaftschronist –, meinte Cadícamo in *¡Che papusa oí!...*

Pensá pobre pebeta, papa, papusa,
que tu belleza un día se esfumará,
y que como las flores que se marchitan
tus locas ilusiones se morirán...
El mishé que te mima con sus morlacos
el día menos pensado se aburrirá,
y entonces como tantas flores de fango
irás por esas calles a mendigar...

Denk dran armes Mädchen, *pebeta, papa, papusa,*
daß Deine Schönheit eines Tages entschwinden wird,
und daß, so wie die Blumen welken,
Deine verrückten Illusionen sterben werden...
Der reiche Kerl, der Dich mit seinen Pesos liebkost,
wird sich eines unerwarteten Tages langweilen,
und dann wirst Du, wie so viele Sumpfblumen
durch die Straßen laufen, um zu betteln...

Und insistiert weiter in der gleichen Weise...

Si entre el lujo del ambiente	Wenn Dich mitten im Luxus des Milieus,
hoy te arrastra la corriente,	heute der Strom fortreißt,
mañana te quiero ver...	möchte ich Dich morgen sehn...

Der soziale Abstieg ist eine andere, verbreitete Sorge in Cadícamos Texten jener Jahre. Der Versuch gesellschaftlichen Aufstiegs auf den wackligen Füßen der Schönheit oder eines anmutigen Körpers, ist nur eine Selbsttäuschung:

Esos trajes que empilchás	Diese Kleider, die Du anziehst
no concuerdan con tu cuna,	passen nicht zu Deiner Wiege,
pobre mina pelandruna	armes Mädchen, Tagediebin
hecha de seda y percal.	aus Seide und Perkal.
En fina copa 'e cristal	In einem feinen Kristallglas
hoy tomás ricos licores,	trinkst Du heute köstliche Liköre,
y entre tantos resplandores	und zwischen so viel Glanz
se encandiló tu arrabal...	leuchtete Dein *arrabal* auf...

Um später hinzuzufügen:

Despilfarrás tentación,	Du verschwendest (deine) Verlockung,
pero también, callejera,	aber ebenso wirst Du, Straßenmädchen,
cuando estés vieja y fulera	wenn Du alt und heruntergekommen bist
tendrás muerto el corazón..	ein totes Herz haben..

Aus *Callejera*

Cadícamo beschränkte sich nicht auf Portraits der nächtlichen Welt. Er definierte auch den Tango selbst:

Sos entre el camandulaje
un cacho de mala suerte,
sos el barbijo de muerte
que rubrica el sabalaje.
Sos el alma del chusmaje
metida en un bandoneón
sos la furca y la traición,
el piropo y el chamuyo
y sos una flor de yuyo
que perfuma el corazón.

Du bist unter den Sprücheklopfern
ein Brocken Unglück,
du bist der Todesschmiß,
den der Lump[1] mit Schnörkeln versieht.
Du bist die Seele des Gesindels
in ein bandoneón gesteckt,
du bist der Würgegriff und der Verrat,
der *piropo* und das Liebesgeflüster,
und Du bist eine wild gewachsene Blume
die das Herz mit Duft erfüllt.

Aus *Apologia tanguera*

Er machte sich über die Imitationen der *guapos* lustig:

En la timba de la vida
sos un punto sin arrastre
sobre el naipe salidor
y en la cancha de este mundo
sos un débil pa'l biabazo,
el chamuyo y el amor,
aunque busques en tu verba
pintorescos contraflores
pa'munirte de cachet,
yo te digo a la sordina
¡Dios te ayude compadrito
de papel maché!

Im Glücksspiel des Lebens
bist Du ein Punkt ohne Wirkung[2]
auf einer unwichtigen Karte,
und auf dem Spielfeld dieser Welt
bist Du ein Schwächling bei der Prügelei,
dem Liebesflüstern und der Liebe,
auch wenn Du in Deinem Geschwätz
pittoreske Verse[3] suchst,
um vornehm zu tun,
sag ich Dir sachte:
Gott helf' Dir, *compadrito*
aus Pappmaché!

Aus *Compadrón*

Er suchte die Feinheit der literarischen Metapher z.B. in *La novia ausente:*

¿Qué duendes lograron lo que ya no existe?
¿Qué mano huesuda fue hilando mis males?
¿Y qué pena altiva hoy me ha hecho tan triste,
triste como el eco
de las catedrales?

---

[1] *sabalaje* – Fischart, abschätzig verwendet für Menschen aus ärmlichen Verhältnissen (Übersetzung hier: Lump).
[2] *punto sin arrastre* – steht auch für Niete (als Person). Die Übersetzung nimmt den Bezug zur darauffolgenden Zeile auf: Punkt ohne Wirkung ...auf der Spielkarte...
[3] *contraflores* – Ausdruck aus dem Kartenspiel *truco*.

Welche Kobolde erreichten das, was es schon nicht mehr gibt?
Welche knochige Hand hat meine Leiden gesponnen?
Und was für ein stolzer Kummer hat mich heute so traurig gemacht,
traurig wie das Echo
der Kathedralen?

In *Al mundo le falta un tornillo* suchte er den humoristischen und „discepolianischen“ Tonfall; in *La casita de mis viejos*, *Nostalgias* oder *Rubí* wurde er romantisch (alle drei Tangos mit Musik von Juan Carlos Cobián); und er rief Erinnerungen wach in den Visionen der Themen *En lo de Laura*, *Otros tiempos y otros hombres* und *Tres esquinas:*

Yo soy del barrio de Tres Esquinas,	Ich bin aus dem Viertel der drei Ecken[4],
viejo baluarte de un arrabal	alter Bastion eines *arrabal,*
donde florecen como glicinas	wo die schönen Mädchen mit den Schürzen
las lindas pibas de delantal...	wie Glyzinien blühen..
donde en la noche tibia y serena	wo in der lauen und heiteren Nacht
su antiguo aroma vuelca el malvón	der *Malvón*[5] sein altes Aroma verströmt
y bajo el cielo de luna llena	und unter dem Vollmondhimmel
duermen las chatas del corralón...	die Pritschenwagen der Kutschenstation schlafen...

Ebenso spielt das Thema „Liebe“ in einem Großteil seines Werkes eine Rolle:

Ibas caminando hacia el misterio,	Du gingst auf das Geheimnis zu,
yo salí a tu encuentro y te alcancé...	ich ging Dir entgegen und fand Dich...

Aus *Almita herida*

La luz de un fósforo fue	Das Licht eines Zündholzes war
nuestro amor	unsere flüchtige Liebe...
pasajero...	Sie währte so kurz...ich weiß...
Duró tan poco...lo sé...	wie der Schimmer
como el fulgor	eines funkelnden Sterns...
que da un lucero...	

Aus *La luz de un fósforo*

Pobre solterona te has quedado,	Eine arme alte Jungfer bist Du geblieben,
sin ilusión, sin fe...	ohne Illusionen, ohne Glaube...

---

4 „drei Ecken“ beziehen sich auf eine Straßenkreuzung im Viertel *Barracas* von Buenos Aires.
5 *Malvón* – Geranienart

Tu corazón de angustias se ha
enfermado,
Puesta de sol es hoy tu vida trunca...
Sigues como entonces, releyendo
el novelón sentimental,
en el que una niña aguarda en vano
consumida por un mal de amor...

Dein Herz ist von den Ängsten krank
geworden,
ein Sonnenuntergang ist heute Dein ver
stümmeltes Leben...
Du liest immer wieder, wie einst,
den sentimentalen Kitschroman,
in dem ein Mädchen vergeblich wartet,
verzehrt von einem Liebeskummer...

Aus *Nunca tuvo novio*

Als Theaterautor brachte Cadícamo in Zusammenarbeit mit Félix Pelayo *La epopeya del tango* und *La baba del diablo* zur Uraufführung, mit Germán Ziclis *El romance de dos vagos*, mit Alberto Ballerini *El cantor de Buenos Aires* sowie mit Martín Lemos *Los cuentos de un príncipe*. In den dreißiger Jahren führte er in zwei Filmen Regie, und schrieb später die Handlungen von anderen Filmen wie *La historia del Tango* (1949), der unter Manuel Romero gedreht wurde.

Seine lange, dichterische Laufbahn und die Weite seines thematischen Spektrums, in Verbindung mit seinem den Erfordernissen der jeweiligen Epochen angemessenen Stil, erlaubten es ihm, sich an die unterschiedlichen Bedürfnisse anzupassen. Von daher kann es nicht verwundern, daß Gardel mit seiner Intuition bei der Auswahl seines Repertoires dreiundzwanzig Themen mit Versen von Cadícamo aufführte. Der literarischen Bewegung in Argentinien schenkte Enrique Cadícamo viel Aufmerksamkeit und ließ sich durch den Leopoldo Lugones des *Lunario sentimental* beeinflussen, wie auf den Seiten seines Buches *La luna de bajo fondo* zu spüren ist; ebensowenig vernachlässigte er seine Freundschaft zu Nicolás Olivari und Leopoldo Marechal. Er war ein herausragender Dichter der Generation der zwanziger Jahre, wie uns die Lektüre aus den *Canciones grises* beweist:

El Pigall ha quedado desierto y bostezando,
enmudeció la orquesta sus salmos compadrones,
las rameras cansadas se retiran pensando
en sus lechos helados como sus corazones.

Das Pigall ist verlassen geblieben und gähnt,
das Orchester verstummte seine „compadronen“ Psalmen,
die erschöpften Dirnen ziehen sich zurück und denken dabei
an ihre Betten, die eiskalt sind wie ihre Herzen.

Aber wie Manzi zog er es vor ein Texter, ein Geschichtsschreiber, zu werden, der sich den kleinen Aspekten des Lebens in Buenos Aires annahm.

Als um das Jahre 1940 die Erneuerung des Tango begann, wurde Cadícamo zu einem der wichtigsten Protagonisten des poetischen Wandels jener Zeit, anstatt an bislang erfolgreichen Themen – dem Cabaret in den Zwanzigern und der Romantik in den dreißiger Jahren – festzuhalten. Er griff auf die nostalgische Beschreibung zurück und legte Wert auf die Metapher. Damit brachte er Zeilen wie *Tres Amigos* und *Naipe* hervor:

Me ganó el amor la „falta envido“,	Die Liebe gewann mir das *falta envido*[6]
a pesar de haber tenido...33...	trotz meiner...33 (Punkte)[7]...
A veces, uno, corazón,	Manchmal spielt einer, Herz,
se juega entero a un gran querer	für eine große Liebe ums Ganze,
y está el engaño tras cartón.	und der Betrug wartet hinter dem Karton[8].

A pan y agua, Shusheta, Cuando tallan los recuerdos und vor allem *Garúa*

Bandoneón de mis recuerdos...	Bandoneón meiner Erinnerungen..
Viejo amigo envuelto en pena.	In Kummer eingehüllter alter Freund.
	Aus *Cuando tallan los recuerdos*

¡Qué noche llena de hastío...y de frío!	Was für eine Nacht voll Überdruß und Kälte!
No se ve a nadie cruzar por la esquina...	Man sieht niemanden um die Ecke biegen...
Sobre la calle, la hilera de focos	Auf der Straße bringt die Lichterreihe
lustra el asfalto con luz mortecina...	den Asphalt mit fahlem Licht zum Glänzen...
Y yo voy como un descarte,	Und ich geh wie eine abgelegte Spielkarte,
siempre solo,	immer allein,
siempre aparte,	immer abseits,
recordándote...	an Dich zurückdenkend...
(...)	(...)
Garúa...Tristeza...	Nieselregen...Trauer...
Hasta el cielo se ha puesto a llorar.	Sogar der Himmel hat zu weinen begonnen.
	Aus *Garúa*

Enrique Cadicamo starb Ende des Jahres 1999.

---

[6] *falta envido* – Erwiderung beim argentinischen Kartenspiel *truco*, um den Punktgewinn einer Runde zu erhöhen.

[7] siehe Anmerkung im Kapitel: Celedonio Flores: Der Dichter am Nerv von Buenos Aires

[8] *tras cartón* – siehe Anmerkung im Kapitel: Das Lunfardo: Geheimnisvolles Geflüster

Alberto Castillo: Was wissen schon die feinen Pinkel!

Alberto Castillo ist nicht allein ein Sänger, sondern vor allem ein Symbol. Vielleicht ohne es sich vorgenommen zu haben, suchte er sich einen Platz, an dem seine sängerischen Fähigkeiten weniger wichtig als sein emblematischer Charakter waren. Zwar sang er bereits während seines Medizinstudiums anfang der 30er Jahre (er wurde später Facharzt für Gynäkologie), aber sein professionelles Debüt gab er im Jahre 1939, als er in dem von Ricardo Tanturi geleiteten Orchester *Los Indios* unter Vertrag genommen wurde. Die aufmerksamen Zuhörer konnten bei Castillo eine Stimme von guter Tonreinheit, mit einem spöttischen, neckischen Ton finden, eine reizvolle Phrasierung und eine übertriebene Gestik, die ihn von den üblichen Stereotypen absetzte; und – man brachte ihm Sympathie entgegen. Wenigstens unterschied er sich vom Haufen der Gardel-Imitatoren, deren Zahl seit dem Unfall von Medellín stetig anwuchs. Als er sich 1944 von Tanturi trennte, um seine eigene Gruppe zu gründen, die nacheinander von Emilio Balcarce, Enrique Alessio und Ángel Condercuri geleitet wurde, fand er seine endgültige Ausdrucksform. Er trug dick auf, kleidete sich mit seinem unverwechselbaren Stil und betonte als Filmschauspieler die Aspekte seiner Aussprache, die den sozialen Randschichten zuzuordnen sind – so wie es früher Gardel getan hatte, als er den „arrabaleren" Tonfall seiner Redeweise akzentuierte.

Castillo übernahm eine paradigmatische Rolle. Anstatt sich als das zu präsentieren, was er war – ein Mann mit Universitätsabschluß, der sang – und seine Garderobe dementsprechend bestenfalls nach den bürgerlichen Regeln herauszuputzen, zog er es vor, sich zu deklassieren. Er verkleidete sich: Er zog blaue, zweireihige Anzüge aus glänzenden Stoffen mit besonders breitem, beinahe bis zu den Schultern reichendem Revers an; band sich quadratische und breite Krawattenknoten – entgegen den Anstandsregeln der eleganten Mittelklasse, die sie eng, und schmal gebunden bevorzugte –, trug den Sakko aufgeknöpft und ließ ein Taschentuch übertrieben sichtbar aus der Hosentasche heraushängen. Hosen mit hoher Taille und weiten Beinen vervollständigten die Tracht, die eher eine Herausforderung denn eine Kleidung darstellte. Aus einer anderen „Ecke" kommend, stellte sich der Boxer José María Gatica auf ähnliche Weise, in offener Opposition zu den Normen des guten kleinbürgerlichen Geschmacks, zur Schau. Die Kleidung war eng verwandt mit der Mode, die der Zeichner Guillermo Divito als Spott über „die Plebs" auf den Seiten der

Zeitschrift *Rico Tipo* (reicher Typ) erfunden hatte. Vom Blickwinkel der Oligarchie aus schuf dort die Feder Divitos – des Schöpfers so berühmter Geschichten wie *El otro yo del doctor Merengue* oder *Falluteli* – Strichzeichnungen, die wie verzerrte und karikierte Spiegelbilder aussahen. Sowohl Castillo als auch Gatica übernahmen von „der anderen Straßenseite" aus die Rollen der Prototypen jener Randschichten, die für die Ereignisse des 17. Oktober (1945) verantwortlich waren. Und selbst wenn sich in Wirklichkeit niemand so wie sie kleidete, bekam doch ihre Forschheit durch die ans Groteske grenzende Kleidung einen aggressiven Zug.

Eine solche Tendenz kann man bei Castillo auch bei einer simplen Durchsicht seiner Texte wahrnehmen: Er macht sich über die Bourgoisie und über die maßvollen Regeln der Mittelschicht lustig. Das Proletariat und die Randschichten, die gemeinsam mit dem Aufstieg des Peronismus an die Macht kamen, hatten es nicht mehr nötig, eine andere Klasse nachzuahmen, um ihre Herkunft zu vertuschen. Im Gegenteil – sie waren stolz auf sich.

Zu Beginn des Zwanzigsten Jahrhunderts staunten die ausländischen Besucher darüber, wie sehr die Arbeiter sich bemühten, nicht als solche erkannt zu werden. Federico Rahola y Tremols bemerkte in seinen 1904 in Barcelona erschienenen *Impresiones de un viaje a la América del Sud* (Eindrücke einer Südamerikareise): „Die Arbeiter tragen, trotz ihrer großen Zahl, keine spezielle Kleidung, durch die sie sich – wie in den Straßen unserer Städte – abheben. Die Bevölkerung bietet das Bild eines ausgesprochen bürgerlichen Typus." Ebenso weist Scobie darauf hin, daß die Arbeiterwagen, die am Beginn eines Arbeitstages und gegen Abend zur Rückkehr der Arbeiter aus den Stadtvierteln an die Straßenbahnen angehängt waren, praktisch leer reisten, weil sich nur sehr wenige zu ihrer proletarischen Klasse bekannten.

In der Mitte der vierziger Jahre des zwanzigsten Jahrhunderts wurde die Stellung der Arbeiter in der Gesellschaft aufgewertet und sie hörten auf, ihre gesellschaftliche Schicht zu verheimlichen. Als die antiperonistische Bewegung die Immigranten aus dem Landesinnern wegen ihrer Haut- und Haarfarbe „Schwarzköpfchen"*(cabecitas negras)* taufte, machten jene die Beleidigung zu einem stolzen Hinweis auf ihre Herkunft, anstatt sich angegriffen zu fühlen. Evita Peron, die sich auf Reden verstand, kehrte eine verächtliche Bezeichnung um, indem sie – die von ihren Anhängern die „Fahnenträgerin der Arbeiter" *(la abanderada de los obreros)* genannt wurde – aus den *grasas*, wie die feinen Leute sagten, in ihrer Rede das zärtliche und freundschaftliche *mis queridos grasitas*[1] machte.

Ungeachtet seines Gangs durch universitäre Aulen und der Tatsache, daß er, wie Florencio Sánchez sagte, es zum *M'hijo el dotor*[2] gebracht hatte, wollte Castillo lieber das Idol, der Repräsentant einer Klasse sein, die bis zu jenem Moment ausgegrenzt war, und die nun begann in Erscheinung zu treten. Jedoch nimmt er dabei die Position des intuitiven Beobachters, und nicht die des militanten Politikers ein, der er nie gewesen ist.

Die bis dahin unterwürfige Position gegenüber der Oligarchie läßt sich sogar in den Titeln der Tangos der *Guardia Vieja* ersehen, in der Lobpreisung der *patota* der reichen Söhne im Tango *La indiada*, den Gardel im Stande war zu singen, oder in *Viejo coche*, wo sich ein Playboy aus der Zeit der Hundertjahrfeier der Republik an seine Großzügigkeit mit dem Kutscher erinnert und von sich gibt:

De mis pilchas te pasaba	Von meinen Klamotten gab ich Dir
aquellas que ya no usaba.	jene, die ich nicht mehr benutzte.
Toda ropa de valor:	Alles Kleidung von Wert:
Si una fija me corría	Wenn für mich mal ein sicherer Tip lief
muchas veces, si podía,	hab' ich Dir oft, wenn ich konnte,
te llevaba un ganador.	einen Sieger gebracht.
Dondequiera que paraba	Wo immer ich anhielt
a tomar te convidaba	um etwas zu trinken, lud ich Dich
a mi lado un copetín...,	zu einem Schlückchen an meiner Seite ein.

Oder die Verse von Cadícamo, die die Eleganz von Payo Roqué rühmen:

dicen que fue allá por su juventud
un gran señor del Buenos Aires de ayer
que engalanó las puertas del Jockey Club
y en el ojal, siempre llevaba un clavel.
Apellido distinguido, gran señor en las reuniones,
por su pinta suspiraban y conquistaba los corazones.

Man sagt er war damals, in seiner Jugend
ein großer Herr des Buenos Aires von gestern,
der die Türen des Jockey Clubs schmückte,

[1] *grasa* heißt wörtlich „Fett“ und bedeutet in diesem Zusammenhang „Prolet“; demnach: *„mis queridos grasitas“* – „meine geliebten Proletchen“.
[2] *M'hijo el dotor* – Mein Sohn der Doktor (Titel eines Theaterstücks des erwähnten Autors).

und im Knopfloch immer eine Nelke trug.
Distinguierter Familienname, großer Herr auf den Versammlungen,
wegen seiner Erscheinung seufzten sie, und er eroberte die Herzen.

Aus *Shusheta*

Diese Beispiele finden ihren Gegenpart in einem guten Teil der Themen aus dem Repertoire von Castillo.

Anstatt Willfährigkeit wählt er den Spott:

Qué saben los pitucos, lamidos y shushetas
qué saben lo que es tango, qué saben de compás.
Aquí está la elegancia, qué pinta, qué silueta,
qué porte, qué arrogancia, qué clase pa'bailar.

Was wissen die feinen Pinkel, Geleckten und Gecken,
was wissen die was Tango ist, was wissen die vom Takt.
Hier ist die Eleganz, was für 'ne Erscheinung, was für 'ne Silhouette,
was für 'ne Haltung, was für 'nen Schneid, was für 'ne Klasse für den Tanz!

Aus *Así se baila el tango*

Castillo überspitzte seine Gesten bis hin zu dem Extrem, sich am Mikrophon festzuklammern, bisher ein statisches Gestell, das niemand von seinem Platz zu nehmen wagte. Er ließ manche Gebärden zu Frechheiten werden; um bestimmten Themen mehr Nachdruck zu verleihen, formte er die Hände zu einem Trichter – anstatt jedoch in der gängigen Geste den Mund mit den Handinnenflächen zu umschließen, tat er dies mit den Handrücken, mit vor dem Gesicht gekreuzten Händen, was dem ganzen den Anschein einer Karikatur gibt. Er ging soweit, den Gruß Peróns von den Balkonen des Regierungsgebäudes an der Plaza de Mayo nachzuahmen – aber statt die Arme in einer weiten, den ganzen Körper vereinnahmenden Geste emporzuheben, reduzierte er den gestischen Umfang und beschränkte sich darauf, sein Gesicht mit den Handrücken zu umrahmen. Zusätzlich und um keinen Zweifel an seiner Zugehörigkeit zum Proletariat aufkommen zu lassen (was nicht notwendigerweise einen Nähe zur Regierung implizierte), wählte er folgende, vierzeilige, definitorische Strophe als Erkennungslied seiner Auftritte:

Yo soy parte de mi pueblo	Ich bin Teil meines Volks
y le debo lo que soy.	und ich schuld' ihm, was ich bin.
Hablo con su mismo verbo	Ich sprech' mit seinem eigenen Wort
canto con su misma voz.	sing' mit seiner eigenen Stimme.

Und so kam es, daß er, während ihn die Mittelschicht als geschmacklos, als *arrabalero* oder Clown bezeichnet, zu einem wahrhaften Idol wurde. Es gibt auch einige, die ein fremdes Vorbild für ihn suchen und ihn mit Al Jonson vergleichen, dem Hauptdarsteller des ersten Tonfilms *the jazzsinger*, der sich für seine Auftritte als Neger verkleidete, indem er sich das Gesicht schminkte und in weiße Handschuhe schlüpfte. Wahr ist, daß beide eine Anziehungskraft ausübten, die von den Regeln der feinen Leute weit entfernt war. Ebenso verband sie ihre übertriebenen Gebärden; beide nahmen eine fremde Rolle an und beide wurden zu Idolen der Schichten „unterhalb der Wasseroberfläche" ihrer jeweiligen Gesellschaft.

Die von Castillo besungenen Geschichten, sowohl die der neuen Kompositionen, als auch die der von ihm ausgegrabenen, alten Tangos, scheinen einen gemeinsamen Nenner zu haben: Nationalismus, Ausdruck eines Klassenbewußtseins und ein Tango-Fanatismus, eingebettet in seine Auseinandersetzung mit der Bourgoisie, über die er – wie man am Beispiel von *Así se baila el tango* sehen konnte – ohne Zögern spottet. Der Tango und seine Idole sind für ihn in dem Maße „gut", in dem der Tango die vom Volk bevorzugte Musik ist, und seine Idole nicht einfach aufgrund ihrer eigentlichen Tugenden zu solchen werden, sondern weil die Masse sie dazu macht; dies stellte nebenbei auch seinen Narzismus, und die Rechtfertigung des eigenen Platzes dar, den er unter den Lieblingen desVolkes einnahm.

In den Texten seines Repertoires preist Castillo den Tango eine nationale Schöpfung zu sein, für seinen thematischen Reichtum sowie für die Vielseitigkeit seiner Strukturen. In diesem Beispiel stellt er klar, daß es einen Tango-Typus gibt, der sich jedem Geschmack einfügt:

Que bailen, los que vienen a bailar.	Daß die tanzen, die zum Tanzen kommen.
Que escuchen, los que quieran escuchar...	Daß die zuhören, die zuhören wollen...
Pa' todos hay un tango acompasado	Für alle gibt es einen Tango „nach Takt",
pretensioso y retobado	Eingebildet und streitbar,
reinando en mi ciudad.	wie er in meiner Stadt herrscht.

Und er sagt weiter:

Pa' que se callen los que andan divulgando
que el tango es triste, que es danza y son del fango.
Pa' que se callen, les voy pasando el dato:
el tango es danza triste, pero es canción de rango.

Pa' que se callen les mando en dos por cuatro
esta cadencia viril que se hace canto.
Si son sensibles, verán que no es del fango
aquel que envuelve en tangos su corazón.

Damit die still sind, die 'rumgehen und verbreiten,
daß der Tango traurig ist, daß er Tanz und Musik aus dem Schlamm ist.
Damit die still sind, werd' ich ihnen den Tip anvertrauen:
Der Tango ist ein trauriger Tanz, aber er ist ein Lied von Rang.
Damit die still sind, schick' ich ihnen im Zweivierteltakt
diese männliche Kadenz, die zum Gesang wird.
Wenn sie empfindsam sind, werden sie sehen, daß nicht aus dem Schlamm kommt,
wer sein Herz in Tangos hüllt.

Aus *Pa' que se callen (Canción de rango)*

Wie eine Definition holt er die alten Verse von F. García Jiménez hervor:

Barrio, barrio pobre, estoy contigo (...)
Barrio de mis sueños más ardientes.
Pobre, igual la ropa de tu gente,
Para mí, guardabas toda la riqueza
y lloviznaba la tristeza,
cuando te di mi úlitmo adiós.

Barrio, armes *barrio*, ich bin bei Dir (...)
Barrio meiner glühendsten Träume.
Arm, wie die Kleidung Deiner Leute,
für mich bargst Du allen Reichtum,
und es nieselte die Traurigkeit,
als ich Dir mein letztes *adiós* brachte.

Aus *Barrio Pobre*

Demgegenüber geht er in die Gegenposition, wenn er zu einem Mädchen aus feinem Hause sagt:

Niña bien de apellido con ritornello,
Que tenés senza grupo figuración,
Que parecés por todo su venticelo,
La sucursal del Banco de la Nación.
Que estás comprometida con Albertito,
un elegante yatchman del Tigre Club,
que tiene un par de anchoas por bigotito,
y pa ' batir/araca! dice mondiú.
Che Pituca, quién tuviera la alegría,
de tener una alcancía, como la de tu papá,
y un anillo, con la piedra incandescente
de esos que usa indiferente
pa ' entrecasa tu mamá.

Mädchen aus feinem Haus und Nachnamen mit *Ritornell*[3],
die Du ungelogen[4] Bildung hast,
die Du wegen der ganzen Gerüchte
wie die Filiale der Nationalbank scheinst.
Die Du bist verlobt mit Albertchen,
einem eleganten *yatchman* vom Tigre Club,
der ein Paar Sardellen als Schnurbärtchen trägt
und wenn er labert ! Aufgepaßt! sagt er „mon Dieu".
He feines Dämchen, manch einer hätte gern
eine Sparbüchse wie die von Deinem Papa
und einen Ring mit dem weißglühenden Stein,
von denen, wie sie Deine Mama achtlos
zuhause benutzt.

um mit einer Prophezeiung zu schließen, die voller Ressentiment steckt:

Che Pituca, no derrochés los canarios,
que a tu viejo el millonario, lo voy a ver al final,
con la bandera a media asta,
cuidando coches a nafta
en alguna diagonal.

He feines Dämchen, vergeude nicht die Kanarienvögel,
denn Deinen Alten, den Millionär, den werd' ich noch sehn am Ende,
mit der Fahne auf halbmast,
auf Benzinkutschen aufpassend
in irgendeiner Diagonalen.

Aus *Che Pituca*

In diesem Fall störte es Castillo nicht einmal, eine antiquierte Sprache zu gebrauchen. Als er dieses Thema Mitte der Fünfziger Jahre aufnahm, gab es schon keine „Kutschen mit Pferde-Antrieb" mehr und die „Kanarienvögel", wie man in den Anfängen des zwanzigsten Jahrhunderts die Einhundert-Pesoscheine wegen ihrer gelben Farbe bezeichnete, waren längst nicht mehr in Umlauf. Aber der Anachronismus wurde in dem Maße für gut befunden, wie er als Instrument einer klassenbewußten Aggression diente.

Das gleiche Schema taucht in einem anderen Tango wieder auf – hier nicht mehr direkt auf den gesellschaftlichen, sondern auf den geographischen Be-

---

[3] *ritornello* – Refrain (italienisch), hier Bezeichnung für höhere Gesellschaftschicht.
[4] *senza grupo* – ohne (ital.) Betrug.

reich bezogen – wenn ihn, nach der Aufzählung der blendenden Motive New Yorks (riesige Schilder, die zehn Stockwerke einnehmen, Häuser, die tausend Meter hoch sind oder noch ironischer: „Sie erfinden Dir alles, um Dich noch fauler zu machen: hier läuft alles mit Elektrizität"), die Sehnsucht überfällt; und wie, um sie zu überwinden und gleichzeitig seine Identität zu bestätigen, meint er, daß dieser Stadt trotz allem etwas fehlt:

le falta una cosa a esta gran ciudad.	Es fehlt ihr etwas dieser großen Stadt
Aquí hace falta, hermano,	Hier fehlt's, Bruder,
algo de Buenos Aires.	an etwas Buenos Aires.
Aquí hace falta un tango,	Hier braucht es einen Tango,
pero un tango, me entendés.	aber ein Tango, verstehst Du.
Haceme la gauchada,	Mach mir die *gauchada*[5],
te lo suplico, hermano,	ich bitte Dich inständig, Bruder,
mandame „Mano a mano"	schick mir *Mano a mano*
grabado por Gardel.	aufgenommen von Gardel.

Aus *Aquí hace falta un tango*

In den fünfziger Jahren führte Castillo die Variante ein, zusammen mit einer Gruppe schwarzer *candomberos* aufzutreten, die tanzten und ihn jedesmal, wenn er ein Thema dieser afrikanischen Folklore in seiner rioplatensischen Version anstimmte, mit dem Klang der Trommeln begleiteten. Bei solchen Auftritten feierte das Publikum seine hin- und herwiegenden Beckenbewegungen, die bei der puritanischen Mittelklasse dagegen Proteste hervorriefen.

Obwohl Castillo in einigen Filmen mitgespielt hatte, die zu Kassenschlagern wurden – *Adiós Pampa mía* (1946), *El tango vuelve a París* (1948), *Un tropezón cualquiera da en la vida* (1949) (alle drei unter der Regie von Manuel Romero) und *Alma de bohemio* sowie *Por cuatro días locos* (von Julio Saraceni in den Jahren 1949 bzw. 1953 realisiert) – begann sein gewohnter Erfolg gegen Mitte der fünfziger Jahre nachzulassen, was mit dem Sturz des peronistischen Regimes zusammenfiel. Möglicherweise endete sein Erfolg so abrupt in Analogie zum politischen Entwurf, dessen Widerschein er war. Von der Entwicklung des politischen Modells blieb nur noch ein Stumpf übrig; und ebenso waren auch seine Produkte dem Untergang geweit; Alberto Castillo war – vielleicht unwillentlich – eines der typischsten gewesen. Die Rückkehr der feinen Leute, in Begleitung der gebildeten Mittelschicht, an die Macht

[5] *gauchada* – Handlung eines Gauchos ,der in seiner Lebenskultur nicht gewinnsüchtig oder egoistisch war – wodurch der Ausdruck zum Synonym für „selbstlose Hilfe", einen „Gefallen" geworden ist.

würde den euphorischen, extrovertierten und unflätigen Leitbildern zwangsläufig die Türen verschließen. Zusammen mit dem Peronismus mußten dessen Formen verbannt werden; und auch eine sich unsicher fühlende Klasse wie das Kleinbürgertum konnte diejenigen nicht dulden, die – anstatt ihre soziale Schicht zu verbergen, wie es die Mehrheit der „sauberen" Einwandererarbeiter am Anfang des zwanzigsten Jahrhunderts getan hatten – ihre Klasse stolz zur Schau stellten, und ihre eigenen Vorbilder ernannten. In einem solchen Kontext konnte Castillo nicht mehr als das „Paradebeispiel" fortbestehen.*

* In seinem Text *Gardel* (ursprünglich in *Sur*, Nummer 223, Juli-August 1953 erschienen, und später in seinem Buch *La vuelta al día en ochenta mundos* wiederveröffentlicht) urteilte Cortázar – zu jener Zeit Anhänger einer starr antiperonistischen Ideologie, die von der großen Mehrheit seiner Kollegen geteilt wurde – entschieden: „Die reine Lust am schlechten Geschmack und das Lumpentum voll Ressentiment erklären den Triumph von Alberto Castillo." Und weiter: „Wenn Gardel einen Tango gesungen hat, drückte sein Stil den des Volkes aus, das ihn liebte. Der Kummer oder die Wut darüber von der Frau verlassen zu werden sind ein konkreter Kummer und eine konkrete Wut, die sich auf Juana oder auf Pepa beziehen, und nicht dieser gänzlich aggressive Vorwand, den man leicht in der Stimme des hysterischen Sängers unserer Tage entdecken kann – der gleiche Ton wie der seiner hysterischen Zuhörer. Der Unterschied im ‚moralischen' Ton der von ‚Fernes Buenos Aires/ Wie schön wirst Du jetzt sein!' *(¡Lejana Buenos Aires / qué linda que has de estar!)* ausgeht, wie es Gardel gesungen hat, zu dem johlenden ‚Adiós meine Pampa!' *(¡Adiós Pampa mía!)* von Castillo zeigt die Tonart jenes Umschwunges, auf den ich mich beziehe. Nicht nur die ‚große Künst' spiegelt den Prozeß einer Gesellschaft wider" bemerkte Cortázar von der Stadt Paris aus, in die er zwei Jahre zuvor emmigriert war. Die Gründe für diese Verbannung, die derselbe Cortázar zwei Jahrzehnte später, nach seinem erfolgten politischen Wandel, erklärte, geben nebenbei ein Beispiel für die Geisteshaltung, die die intellektuellen Klasse, zu der man den Autor von *Bestiario* zählen kann, in jener Epoche hatte. Cortázar schrieb: „Ich erstickte an einem Peronismus, den ich 1951 nicht in der Lage war zu verstehen; als es mir damals ein Lautsprecher an der Straßenecke unmöglich machte, die Streichquartette von Béla Bartók zu hören" (*Hispamérica*, Jahrgang1, Nr.2, 1972). Es ist augenfällig, daß die Schamlosigkeit von Castillo zu seinem Gefühl des Erstickens beitrug.

Ángel Vargas: Eine innere Faser

Jorge Göttling schrieb, daß Ángel Vargas – mit der einzigen Ausnahme von Gardel – der im argentinischen Radio und Fernsehen meist gehörteste Tangosänger ist. Diese Tatsache kann mehr als fünfundzwanzig Jahre nach seinem Tod verblüffen. José Lomio (sein wahrer Name) besaß niemals eine übermächtige Persönlichkeit und nahm auch keinen der allerersten Plätze ein, so wie dies, für bestimmte Zeiten, bei anderen Solisten der Fall gewesen ist. Auch dienten die Orchester an seiner Seite – sowohl das von Ángel D'Agostino, als auch später die von Armando Lacava, Eduardo Del Piano und anderen Dirigenten, die ihn von 1947 an begleiteten, als er begann, als Solist aufzutreten – keineswegs in erster Linie seinem solistischen Hervortreten. Im Gegenteil hatte Vargas hier weiterhin die Rolle des Orchestersängers inne, eine Rolle, mit der er sich in seiner ersten Verbindung mit Ángel D'Agostino 1932 vorgestellt hatte. Der von Vargas bei seiner erneuten Zusammenarbeit mit D'Agostino 1940 besetzte Platz implizierte keine bedeutendere Funktion als zum Beispiel die von Carlos Dante im Orchester Alfredo De Angelis. Die unterschiedliche Dauer ihres Erfolges deutet jedoch darauf hin, daß das Phänomen Vargas die gewöhnlichen Regeln der Analyse durchbricht.

Er kam 1904 in Parque Patricios zur Welt und, nachdem er, wie es zu dieser Zeit häufig vorkam, in Cafés und Kinos seines Stadtviertels gesungen hatte, debütierte er offiziell in der Straße Corrientes mit einem Orchester (unter Landó-Matino) im Café Marzotto. Bis zu seiner Zusammenarbeit mit D'Agostino sang er in verschiedenen Gruppen; im Jahr 1935 bei Augusto Berto und 1938 wurde er der *estribilista* des Orquesta Víctor.

Er besaß eine tonreine Stimme, verfügte über eine gute Modulation, die er mit Ignacio Corsini gemein hatte, vermied Schwülstigkeiten und hatte eine charakteristische Phrasierung sowie eine gute Hand bei der Auswahl seines Repertoires, in dem die Sehnsucht, kleine Bilder des *barrio* und die gefühlvollen Geschichten ohne pathetische Farben gegenwärtig waren. Innerhalb einer sehr langen Reihe gelungener Interpretationen lassen sich unter anderem *Destellos*, *Alma en pena*, *Viejo coche* und *Tres esquinas* vermerken.

Er hatte keine Stimme mit großem Register, versuchte aber auch nicht, mehr als ein Sänger der mittleren Tonlage zu sein. Göttling beschrieb ihn als „eine innere Faser, ein kaum zugegebenes Zischen, die Stimme eines Seelenzustandes des *porteño*.“ Und wie so oft, enthält die Metapher eine Wahrheit. Und vielleicht liegt darin der Schlüssel für den lang anhaltenden Erfolg von Ángel Vargas: Er repräsentierte den häuslichen Sänger, er war der einzige, dem der normale Mann versuchen konnte, es gleichzutun. Eine angenehme und bescheidene Stimme mit gutem Ton. So als hörte man sich selbst, wenn man eine Schallplatte, die man im Radio gehört hat, nachsingt. Davon zu träumen, ein Gardel, Rivero oder Goyeneche zu sein, ist ein Kindertraum; sich vorzustellen, Vargas zu sein, scheint näher zu liegen: sogar möglich.

Er starb im Juli 1959.

Cátulo Castillo: Aus dem immer grauen Land des Vergessens

Der Angestellte des Standesamtes wunderte sich: „Wie kann man auf die Idee kommen, seinem Kind einen solchen Namen geben zu wollen?“ Sich die Brillengläser zurechtsetzend beharrte José González Castillo: „Ich bin der Vater und möchte, daß mein Sohn Descanso Dominical[1] heißen soll.“

Der Junge kämpfte unterdessen mit einer schweren Lungenentzündung, die durch die Extravaganz seines Erzeugers heraufbeschworen war, der ihn wenige Minuten nach seiner Geburt nackt in den Hof des Hauses gebracht hatte, damit der strömende Regen den neuen Sprößling in einer Art atheistischer Taufe segnete.

Der Dichter Edmundo Montagne, der den Vater auf das Standesamt begleitet hatte, überzeugte den eigensinnigen Freund, nachdem die anarchistischen Argumente am Starrsinn des öffentlichen Beamten gescheitert waren, den Namen zu verändern. Statt Descanso Dominical wurde der Junge als Ovidio Catulo González Castillo eingetragen. Um spöttische Reime[2] zu vermeiden wurde später die Betonung des Namens Catulo auf das „a“ geändert.

Der väterliche Anarchismus war nicht nur reine Fassade, sodaß der Dramaturg gegen 1910 ins Exil nach Valparaíso (Chile) gehen mußte. In den letzten Jahren hatte sich die Verfolgung militanter Anarchisten verschärft, und nach dem Mord am Polizeichef Ramón Falcón waren etliche von ihnen in die Gefängniszellen gewandert oder, gemäß des Aufenthaltsgesetzes, des Landes verwiesen worden. Die konservative Regierung war entschlossen, die Hundertjahrfeier der Mairevolution ungestört zu begehen, und viele Anarchisten verließen aus Furcht vor dem Gefängnis Argentinien.

Der Aufstieg von Hipólito Yrigoyen erlaubte die Rückkehr der Familie nach Argentinien, und Cátulo begann in seinem Stadtviertel Boedo Klavier und Geige zu lernen. Dort begegnete er auch Homero Manzi, Sebastián Piana, Celedonio Flores, Nicolás Oliviari und Carlos De la Púa, mit denen er rasch enge Freundschaften schloß.

Im Jahr 1924 komponierte er einen Tango, der bei dem von der Firma Max Glucksmann organisierten Wettbewerb den dritten Preis hinter den Tangos *Sentimiento gaucho* und einem vergessenen Thema von Lomuto gewann. Später sollte sein Vater diesem Tango einige berühmte Verse hinzufügen:

---

[1] *Descanso Dominical* – Sonntagsruhe

[2] Catulo reimt sich auf *culo* (Hintern)

Al paso tardo de un pobre viejo	zum schwerfälligen Schritt eines armen Alten
puebla de notas el arrabal	bevölkert sie mit Noten das *arrabal*
con un concierto de vidrios rotos	mit einem Konzert aus kaputten Scheiben,
el organito crepuscular	die Drehorgel der Dämmerung.

Dieser Tango würde als *Organito de la tarde* später unsterblich werden.

Obgleich Cátulo Castillo 1927 ein Orchester gründete, mit dem er nach Spanien reiste, Mitte der dreißiger Jahre einige berühmte Partituren wie *Silbando*, *El aguacero*, *Viejo ciego* geschrieben hatte und außerdem mehr als achtzig Kämpfe im Federgewicht boxte, sollte ihm der Ruhm erst zuteil werden, als er seine dichterischen Qualitäten unter Beweis stellte.

Gewissermaßen ist sein gesamtes poetisches Werk von Sehnsucht gezeichnet; und spricht er von Liebe, dann in einem melancholischen Ton, das Augenmerk auf das Verlorene und Unwiederbringliche gerichtet. Den Schlüssel zu Castillos Dichtkunst findet man in den Fragen, die er in *Tinta roja* stellt:

¿Dónde estará mi arrabal?	Wo ist nur mein *arrabal*?
¿Quién se robó mi niñez?	Wer raubte meine Kindheit?
¿En qué rincón, luna mía,	In welchen Winkel, mein Mond,
volcás como entonces	verschüttest Du, wie damals,
tu clara alegria?	deine helle Freude?

Auch wenn es chronologisch gesehen unmöglich ist, – denn als er *Tinta roja* schrieb, hatte er schon viele andere Tangos uraufgeführt – ist es, als ob er in seinem Werk die möglichen Anworten auf die in diesem Tango gestellten Fragen zu ergründen suchte; in den Beschreibungen vergangener Orte und Gegenden, dem Einholen einer Epoche, in der er glücklich gewesen war. Die elegische Grundtonart der Dichtergeneration der Vierziger Jahre scheint ihn bei seinen Versen beeinflußt zu haben, nur daß Cátulo Castillo den bei vielen der argentinischen Neoromantikern fehlenden Nationalsinn hinzufügt. Wenn er eine Szenographie für seine Klage über die Gegenwart entwirft, gibt er ihr präzise, geographische Bezüge, ebenso gibt er ihr eine Zeit im Raum. So beschreibt er in seiner Hommage an Manzi:

Fueron años de cercos y glicinas,	Es waren Jahre der Einfriedungen und der Glyzinien,
de la vida en orsai, del tiempo loco,	des Lebens im Abseits, der verrückten Zeit,
tu frente triste de pensar la vida	Deine Stirn traurig vom Denken des Lebens
tiraba madrugadas por los ojos.	schleuderte frühe Morgenstunden durch die Augen.

Y estaba el terraplén y todo el cielo,	Und da war der Erdwall und der ganze Himmel,
la esquina del zanjón, la casa azul,	die Ecke des Grabens, das blaue Haus,
todo se fue trepando su misterio	alles ging fort und umrankte sein Geheimnis
por los repechos de tu barrio sur.	durch die Böschungen Deines *barrio sur*[3].
	Aus *A Homero*

In *Caserón de tejas* tauchen wieder die Fragen über die Unerklärbarkeit des Verlustes auf:

¡Barrio de Belgrano!	*Barrio* Belgrano!
¡Caserón de tejas!	Dachziegelhaus!
¿Dónde está el aljibe,	Wo ist die Zisterne,
dónde están los patios,	wo sind die Innenhöfe,
dónde están las rejas?	wo sind die Gitter?

und er sucht nach Zeugen einer gemeinsamen Vergangenheit:

¿Te acordás, hermana,	Erinnerst Du Dich, Schwester,
de las tibias noches	an die lauwarmen Nächte
sobre la vereda	auf dem Gehweg
cuando un tren cercano	als ein Zug in der Nähe
nos dejaba viejas	uns alte,
raras añoranzas	seltsame, wehmütige Erinnerungen
bajo la templanza suave del rosal?	unter der sanften Milde des Rosenstrauches
	hinterließ ?

Diesen nostalgischen Ton findet man in den Tangos mit ähnlicher Grundidee *Café de los Angelitos*, *Patio de la Morocha*, *La calesita* sowie in *Segundo patio*, wo er festhält, daß sich dort... in einem alten Haus des Stadtviertels Abasto ..., durch den zweiten Hof hindurch, Gott befand – *tangueando*[4].

Cátulo ist ein Chronist des Verschwindens der alten Stadt, was man besonders in der Reihe seiner letzten Tangos wahrnehmen kann: *El último cafiolo*, *El último farol*, wo er den Vorwurf äußert:

Tan alta la ciudad	So hoch die Stadt,
que nos dejó sin sol,	daß sie uns ohne Sonne ließ,
que nos tapó la estrella	daß sie uns den Stern
del último farol.	der letzten Laterne verdeckte.

[3] *barrio sur* – südliches Stadtviertel
[4] *tangueando* – dabei sein Tango zu tanzen bzw. zu spielen oder zu singen

Er verwendete das Eigenschaftswort „letzter“ *(último)* nochmal im Tango *El último café*, in dem das Getränk für die Endlichkeit der Liebe steht, und im Tango *La última curda*, dessen Drama die unverblümte Verabschiedung vom Leben erzählt. Dieser Tango beleuchtet ein bei Castillo häufig wiederkehrendes Thema bis in dessen letzte Konsequenzen: den Alkohol. Die Trinksucht kann eine Mörderin sein, wie im Tango *Domani*, traurig, wie im Tango *El último farol*, betäubend und einschläfernd, wie in *Una canción*, um dann zu ihrer höchsten Poesie und auf einen der höchsten Ränge unter allen Tangos mit *La última curda* zu gelangen, von dessen Kraft die Aufnahmen drei großer Persönlichkeiten des Tango zeugen: Edmundo Rivero, Roberto Goyeneche, Susana Rinaldi.

Lastima bandoneón,	Es verletzt, *bandoneón*,
mi corazón,	mein Herz,
tu ronca maldición maleva...	Dein heiserer *Malevo*-Fluch...
Tu lágrima de ron	Deine Träne aus Rum
me lleva	bringt mich
hasta el hondo bajo fondo	bis an den tiefen, unt’ren Grund,
donde el barro se subleva.	wo der Schlamm sich erhebt.
¡Ya sé, no me digás! ¡Tenés razón!	Ich weiß ja, Du brauchst es nicht zu sagen! Du hast Recht!
La vida es una herida absurda,	Das Leben ist eine absurde Wunde,
y es todo todo tan fugaz	und alles, alles ist so flüchtig,
que es una curda ¡nada más!	daß meine Beichte ein Rausch ist,
Mi confesión.	weiter nichts!
Contáme tu condena,	Erzähl mir Deine Strafe,
Decíme tu fracaso,	sag mir Dein Scheitern,
¿no ves la pena	siehst Du nicht das Leid,
que me ha herido?	das mich verletzt hat?
Y habláme simplemente	Und sprich mir einfach
de aquel amor ausente	von jener verscholl’nen Liebe
tras un retazo del olvido.	hinter einem Fetzen des Vergessens.
¡Ya sé que te lastimo!	Ich weiß schon, daß ich Dich verletze!
¡Ya sé que te hago daño	Ich weiß schon, daß ich Dir wehtue,
llorando mi sermón de vino!	wenn ich meine Weinpredigt jamm’re!
Pero es el viejo amor	Aber es ist die alte Liebe,
Que tiembla, bandoneón,	die da bebt, *bandoneón*,
y busca en un licor que aturda,	und in einem betäubenden Likör
la curda que al final termine	den Rausch sucht, der am Schluß
la función	die Vorstellung beendet,

corriéndole un telón al corazón.
Un poco de recuerdo y sinsabor
gotea tu rezongo lerdo.
Marea tu licor y arrea
la tropilla de la zurda
al volcar la última curda.
Cerráme el ventanal
que quema el sol
su lento caracol de sueño,
¿no ves que vengo de un país
que está de olvido siempre gris,
tras el alcohol?...

und vor das Herz den Vorhang zieht.
Ein wenig Erinnerung und „Ohngeschmack“
tropft Dein schwerfälliges Stöhnen.
Macht schwind’lig Dein Likör, und hetzt
die rennende Herde meiner Linken
beim Hinunterkippen des letzten Rauschs.
Schließ mir das große Fenster,
denn die Sonne brennt
ihre langsame Schnecke des Schlafs,
siehst Du denn nicht, daß ich aus einem
Lande stamm’,
das im Vergessen liegt, immer grau,
hinter dem Alkohol?...

Osvaldo Pugliese:
Ins Colón!

Massenbegeisterungen kommen niemals aus dem Nichts, noch treten sie zufällig auf. Alle im Volk entstehenden Übertreibungen wachsen und entwickeln sich aus sicheren Tatsachen heraus. Sie stützen sich auf echtes Gefühl, was ihnen zwar erlauben mag, die wirklichen Dimensionen einer Persönlichkeit oder eines Ereignisses zu überhöhen, aber nicht sie zu erschaffen. Das trifft auch auf den Fall von Osvaldo Pugliese zu. Über Jahre hinweg haben ihm seine Anhänger am Ende seiner Stücke oder seiner Konzerte zugerufen: „Ins Colón! Ins Colón!" Das Niveau der Interpretationen seines Orchesters wurde von ihnen als so hoch eingeschätzt, daß es dem Rahmen dieses bedeutendsten, argentinischen Opernhauses würdig wäre. Eines Nachts im Jahre 1985, wenige Tage nach seinem 80. Geburtstag, erfüllte sich für den Pianisten und seine Bewunderer der Traum: Pugliese spielte im Colón. Dies war die Anerkennung für seine künstlerische Laufbahn und die Belohnung für die Beharrlichkeit seiner Getreuen.

Seine Beziehung zur Musik begann, als er mit nicht einmal 9 Jahren anfing nach dem Gehör auf der Geige zu spielen, die ihm sein Vater, selbst ein Musikliebhaber und ein Flötist aus jener „heroischen" Epoche des Tangos, geschenkt hatte. Nach ein paar Monaten wurde er in die Musikschule seines Stadtviertels geschickt, wo sich bald herausstellte, daß sein eigentliches Instrument das Klavier war. Im Laufe der Jahre würde er sich darin unter Anleitung der Meister Vicente Sacaramuzza und Pedro Rubionne, die auch Lehrer von Horacio Salgán waren, spezialisieren.

Mit erst 15 Jahren debütierte Pugliese in einem Trio vor dem Publikum eines nahe dem Flüsschen *Maldonado* gelegenen Vorstadt-Cafés , namens „die Schweinehöhle" *(La Cueva del Chancho)*. Später, den typischen Keilereien dieser Örtlichkeit müde, wo *man...*, wie es im Tango von Cadícamo heißt,

Al que se hacía el chistoso	den, der sich für witzig hielt,
lo sacaban en camilla	auf der Bahre heraustrug

Aus *Otros hombres y otros tiempos*

...ging er dazu über, in den Kinos der Gegend die Geschicke Max Linders, die Abenteuer von Charlie Chaplin oder die Verfolgungsjagden zu Pferd in den Stummfilmen, die man dort aufführte, musikalisch zu begleiten.

In der Folgezeit durchlief Pugliese verschiedene Ensembles. Er spielte mit der Bandoneonistin Paquita Bernardo, debütierte 1924 mit Enrique Pollet, war von 1926 bis 1928 bei Pedro Maffia, und gründete schließlich zusammen mit dem Geiger Elvino Vardaro ein Sextett. Nach dessen vorübergehender Auflösung wegen einer geplatzten Tournee, wurde es – diesmal mit Alfredo Gobbi (Sohn) und dem sehr jungen Aníbal Troilo – neu zusammengesetzt. Eine weitere, später unter Puglieses Namen gegründete Gruppe ging schnell auseinander. Zu jener Zeit war Pugliese außerdem ein wesentliches Mitglied des großartigen Orchesters von Gobbi. Es folgten die Ensembles von Daniel Alvarez, Roberto Firpo und Miguel Caló, bis er sich im August des Jahres 1934 mit seinem endgültigen Orchester im Café Nacional in der Straße Corrientes vorstellte. Ein Ereignis, das nicht nur innerhalb seiner persönlichen Entwicklung, sondern für die ganze Tango-Musik einen Abschnitt markierte.

Der direkte Erbe der Schule De Caros beschrieb sich selbst in einem von Luis Adolfo Sierra dokumentierten Gespräch wie folgt: „Ich komme aus der Schule Julio und Francisco De Caros, Pedro Maffias und Pedro Láurenz‘. An ihrer Seite eignete ich mir meinen Stil an, der auf der Bearbeitung und dem Gebrauch tangogemäßer musikalischer Formen beruht. Mein Stil ist ein kulturelles Erbe jener Begründer. Meine Art zu spielen klingt stark nach Francisco De Caro, dem herausragenden Schöpfer eines nicht übertroffenen, musikalischen Schatzes. Machen Sie sich klar, daß unser Repertoire die Fortsetzung jener initialen Wurzel ist! Auf jenes Repertoire bauten wir auf, als wir gegen 1939 bekannt wurden. Man kommt nicht an jener Bewegung im Tango vorbei, dessen Anführer Julio De Caro war, der das Orchesterarrangement eingeführt hatte und dem Genre zu einer genau festgelegten Musikalität verhalf."

Pugliese fügte dem Ton De Caros einen gestocheneren Rhythmus hinzu, der betont tanzbar war und in Übereinstimmung mit den Bedürfnissen der Tänzer der 40er Jahre stand, die an die von D'Arienzo durchgesetzte, höhere Geschwindigkeit gewöhnt waren. Pugliese legte den Akzent auf die Kraft des Ensembles, stützte sich auf die Überlagerung klanglicher Ebenen und auf eine eigentümliche Phrasierung, die auf kein anderes Orchester übertragbar war. Er selbst erschuf dafür lautmalerisch den Ausdruck „Yum-ba, yum-ba“ – gleichzeitig der Titel, mit dem er seinen wohl berühmtesten Tango taufen würde (*La Yumba*).

Der Pugliese-Klang verdankte sein Wesen dem Gewicht, das der Dirigent von Anfang an auf die Rollen der Solisten legte, angefangen beim Klavier des Dirigenten selbst. So gesehen waren es Musiker vom Niveau eines Osvaldo Ruggero, Enrique Alessio, Jorge Caldara, Mario Demarco, Ismael Spitalnik,

Enrique Camerano, Alcides Rossi und Arturo Penón, die es möglich machten dem Ensemble den größtmöglichen, klanglichen Reichtum zu entlocken.

Puglieses Bedeutung als Komponist läßt sich leicht aus der Tatsache ersehen, daß bereits sein erster Tango, *Recuerdo*, geschrieben 1924, zu einem unsterblichen Meilenstein der Tangogeschichte geworden ist. Pedro Láurenz, der diesen Tango im Café an der Straßenkreuzung Córdoba und Canning, dem A.B.C., hörte, wo Pugliese im Quartett von Enrique Pollet spielte, brachte ihn Julio De Caro, der ihn wenige Monate später mit Láurenz selbst am ersten *bandoneón* aufnahm. Innerhalb weniger Monate wiederholten sich Einspielungen mit Versionen anderer Orchester, zum Beispiel der von Anselmo Aieto und dem Orquesta Típica Víctor. Julio De Caro erinnerte sich 50 Jahre nach jener Aufnahme mit seinem Sextett: „*Recuerdo* wies der Tangokomposition einen neuen Weg. Sein Konzept war modern in der harmonischen Struktur, in seiner unvermuteten Entwicklung der melodischen Linie, den Klangfarben, der Präzision seiner Tonwechsel, seinen plazierten Arpeggien und in der Originalität seiner Variation.“ Und er gab dieser Komposition den Rang „eines der Kunstwerke unseres Tango, das für immer bestehen wird.“

Das andere Thema, eines der Themen der 40er Jahre mit der weitreichendsten Wirkung, ist wie gesagt *La Yumba* – der Archetypus des Pugliese–Klanges schlechthin. „Ersonnen aus der variierten und beinahe besessenen Wiederholung einer zweitaktigen, rhythmischen Figur, die durch den Einschub melodischer Passagen subtil kontrastiert wird, offenbarte diese Komposition eine bis dato unbekannte Physiognomie des orchestralen Tangos“, schreibt Ferrer und fügt hinzu, daß *La Yumba* die Vorgängerin anderer wichtiger, späterer Kompositionen ist; unter ihnen *Francanapa* von Piazzolla, *Del bajo fondo* von Tarantino und *A fuego lento* von Salgán.

Indessen gab dieser Tango seinem Schöpfer eine Richtung vor, die er mit seinen Kompositionen, *Negracha, Malandraca* und *Corazoneando* weiterverfolgte. Diesen muß man noch die Themen an die Seite stellen, die zwar vor *La Yumba* entstanden waren, aber bereits auf das Beste seiner nachfolgenden Produktion vorauswiesen, wie *La beba* von 1934 und *Adiós Bardi* von 1941.

Obwohl Pugliese es zuvor bereits mit anderen Sängern versucht hatte, war es Roberto Chanel, der dem Orchester durch seinen Beitritt 1934 ein gesangliches Profil gab, das sich dann noch deutlicher mit Alberto Morán und später mit Jorge Maciel herausbilden sollte. Letztere weisen auf eine der beiden Linien hin, die Pugliese bei den Gesangsstimmen seines Orchesters beibehielt. Sie läßt sich am besten als eine theatralische, zu Tränen rührende Weise bezeichnen, wie sie auch für Miguel Monteros Stil charakteristisch ist. Die andere Linie unterscheidet sich durch einen männlicheren, beinahe mürrischen Tonfall; etwa so, als handele es sich bei den Sängern um Männer, die schon alles hinter sich haben und bei denen die Stimme skeptisch und erfahren klingt, wie wir es bei Jorge Vidal, Alfredo Bellusci und Abel Córdoba hören können. Vidal sang außerdem auf sehr humoristische Weise eine Reihe von „Knast-Milongas", in denen das *Lunfardo* ironisch und karikaturistisch eingesetzt wird.

Besonderen Nachdruck auf die melancholische Seite seines Repertoires legte Pugliese populärster Sänger, Alberto Morán. Er litt bei seinen Erzählungen, ja er erweckte sogar den Eindruck zu weinen. Es erscheint somit kein Zufall, daß er in seiner ersten Aufnahme bat:

Déjame que llore crudamente	Laß mich einfach hemmunglos heulen
con el viejo llanto del adiós.	beim alten Jammer des Adiós.

Aus *Yuyo Verde*

Dieses Gefühl durchfloß (und durchfließt) *El abrojito, Príncipe* und *Pasional.* In *San José de Flores*, einem der größten Erfolge Morans, wird aus dem sehnsuchtsvollen Text mit seiner Stimme eine schmerzliche Klage. In der gleichen Art übertrieb Jorge Maciel (1920-1975) mit einem stark opernhaften Gesangsstil in *Canzoneta*, *Remembranzas* und *Cascabelito*. Unter den kraftvolleren Interpretationen ragen *Antiguo reloj de cobre, Qué te pasa Buenos Aires*, *Gurisa* und *Acquaforte* durch Miguel Montero heraus.

Was die Auswahl der Texte angeht, kümmerte sich Pugliese nie allzu sehr um die ästhetischen Aspekte der Verse seiner Sänger; vielmehr läßt sich eine deutliche Tendenz zu sentimentalen Dramen – voll von Gemeinplätzen, bar jeglicher poetischer Schönheit – erkennen.

Pugliese selbst erklärte über seine Stellung in der Avantgarde: „Weder sind wir Vergangenheit noch Zukunft. Wir verfolgen eine Richtung, die durch ästhetische Elemente vorgegeben ist, die sich das Tangoorchester nach und nach angeeignet hat, also durch jene neuen Ideen aus der rastlosen Suche nach Erneuerung, die dazu beigetragen haben, eine größere Ausdrucksreife zu erreichen. Zwar unterliegen wir einer ständigen Entwicklung, aber wir bewahren eine unveränderliche Kontinuität auf unserem ästhetischen Weg, der bei den Ursprüngen des Tango selbst beginnt."

Für viele Kenner befindet sich die Grenze zwischen der Tango-Avantgarde und dem „Nicht-Tango" in den Kompositionen und Orchestrierungen von Pugliese. Seine Themen scheinen sich – ebenso wie die Salgáns oder die heutigen Interpretationen des Sexteto Mayor und des Sexteto Tango – in Übereinstimmung mit diesem Gebiet zu befinden; werden die Grenzen des Genres überschritten, bekommt es die Bezeichnung „Musik aus Buenos Aires“, wo sich ein weites Feld mit den Namen Astor Piazzolla, Eduardo Rovira, Rodolfo Mederos und Dino Salluzi auftut.

In seinen besten Zeiten bestand die Mehrheit der Anhänger Puglieses aus vorstädtischen Arbeitern. Sie waren das Publikum, das ihm zu den Tänzen in die Dörfer von Groß-Buenos Aires folgte. Sie repräsentierten die Schicht jener, denen Castillo überzogen klang, die aber für den stark betonten *milonguero*-Rhythmus von Pugliese schwärmten und sich von den Geschichten, die Alberto Morán erzählte, rühren ließen. Ebenso folgte ihm die untere Mittelschicht der gemäßigten Linken, die sich über die häufigen Festnahmen empörte, die der Pianist wegen seiner öffentlich bekannten Zugehörigkeit zu den leitenden Kadern der kommunistischen Partei erleiden mußte. Zuerst fühlten sie sich zu ihm ideologisch hingezogen, später folgten sie ihm aufgrund musikalischer Bewunderung.

In den 40er Jahren spitzte sich die Verachtung der Oberschicht gegen den Tango zu und manifestierte sich schließlich endgültig während des peronistischen Jahrzehnts, in dem die Musik „in die Macht der Volksklassen überging“. Grund hierfür war der Argwohn, mit dem jegliche kulturelle Äußerung, die auch nur eine kleine, nationale Nuance hatte, bedacht wurde. Unterdessen bekannte sich die regierende Partei zu den bodenständigen Aspekten künstlerischer Produktion, machte darüber hinaus aber keinen Unterschied hinsichtlich der ästhetischen Qualität. Das führte dazu, daß die Nähe zum Peronismus ausreichte, um ein Werk, sei es nun literarisch, dramaturgisch, kinematografisch oder musikalisch, für wertlos zu befinden.

Die Mittelschicht hatte mit dem ökonomischen Aufstieg des Stadtrand-Proletariats Privilegien verloren, und aus Angst, mit diesem verwechselt zu werden, gab sie sich starr antiperonistisch und liberal – im ganzen negativen und reaktionären Sinn, den dieses Wort in Lateinamerika im Laufe eines Jahrhunderts angenommen hatte:

Ein Liberalismus, der gänzlich fern von jener Bedeutung war, die dieser Terminus unter den Europäern besitzt, bei denen er für Avantgarde, Toleranz und Modernität steht.

Dieselben Kreise, die in illustren Vorzeiten vor den Kirchentoren warteten, um die Aristokratenhochzeiten vorbeigehen zu sehen, dieselben, die die Zeitschrift *El Hogar* verschlangen, weil ihnen darin erlaubt war, wie durch ein Schlüsselloch, äußere Aspekte der Großgrundbesitzburgeoisie zu Gesicht zu bekommen, fingen jetzt an, sich gänzlich mit dieser zu identifizierten. Die Arbeiter, die unterdessen unübersehbare Parteigänger des Regimes von Juan Domingo Perón geworden waren, wurden ausgegrenzt. Mit dem Umsturz von 1955 wurde dem Tango erwartungsgemäß die Verachtung zuteil, die allem zukam, das auch nur im Entferntesten mit dem Peronismus zutun gehabt hatte. Das Nationale war nur mehr zweitrangig. Es war verdächtig. Der Tango war ein nationales Erzeugnis und als solches wurde er kaltgestellt.

Homero Expósito:
Die Dinge, die man jetzt sieht!

War Cátulo Castillo der Dichter der Nostalgie, ist Homero Expósito der Chronist der Gegenwart. Von seinen ersten Kompositionen an verschrieb er sich der Metapher, wodurch er Seitenhiebe von denen erhielt, die nach wie vor am geradlinigen, alten Stil früher Texte festhielten. Beim Hören von...

luna en sombra de tu piel	Mond im Schatten Deiner Haut
y de tu ausencia...	und Deiner Abwesenheit...
(...)	(...)
Trenzas de color de mate amargo	Zöpfe in der Farbe des bitteren Mate,
que endulzaron mi letargo gris,	die meine graue Lethargie versüßten,

Aus *Trenzas*

...knirschten die Traditionalisten mit den Zähnen. Aber sie mußten sich daran gewöhnen. Seine Universitätsbildung hatte Expósito mit der Dichteravantgarde in Kontakt gebracht, und er wollte die Möglichkeit, seine Verse mit Metaphern rein literarischer Herkunft zu bereichern, nicht ungenutzt lassen.

Tal vez	Vielleicht
de tanto usar el gris	vom vielen Gebrauch des Grau
te ciegues con el sol	erblindest Du bei der Sonne

Aus *Quedémonos aquí*

Tu forma de partir	Deine Weise fortzugehen
nos dio la sensación	gab uns das Gefühl
de un arco de violín	eines an einen Spatz
clavado en un gorrión...	genagelten Geigenbogens...

Aus *Óyeme*

Era más blanda que el agua,	Sie war weicher als das Wasser,
que el agua blanda...	als das weiche Wasser...

Aus *Naranjo en flor*

La sal del tiempo le oxidó la cara	Das Salz der Zeit oxidierte ihm das Gesicht,
cuando una mina lo dejó en chancleta.	als eine *mina* ihn in Pantoffeln zurückließ.

Aus *Te llaman Malevo*

...sind nur einige, zufällig ausgewählte Beispiele für die poetische Vision Expósitos, der zudem in seinem Werk „innere Reime“ verwendete, um der Intention des Satzes mehr Emphase zu geben, so wie sie in einem vergleichbarem Sinne nur Cátulo Castillo gebrauchte. Die Suche nach einem für den Tango ungewöhnlichen Reim nimmt man zum Beispiel in *Oro falso* wahr, wo die Klangähnlichkeiten innerhalb der Strophe aber nie mit der allerletzten Silbe zusammenfallen wie bei anderen Autoren, die damit den Abschluß des singbaren Teils unterstreichen wollen[1]:

Mireya jamás fue rubia,
porque Mireya creció sin luna,
su juventud de risa sin hombre
llenó de tangos el barrio más pobre,
y era oscura cuando la noche
con sus locuras de fantoche
la llevó.

Mireya war niemals blond[2],
denn Mireya wuchs auf ohne Mond,
ihre lachende Jugend ohne Mann
füllte mit Tangos das ärmste Stadtviertel,
und sie war dunkel, als die Nacht sie
mit ihren Marionettenverrücktheiten
mitnahm.

Morocha está en la historia de
mi pueblo.
El oro del cabello es oro falso.
Y el tango, el tango
La está llamando...
Ayer que no era rubia ni era triste,
lloraba de alegría entre mis brazos,
y ahora, que llora,
tiene que reír.

Morocha[3] ist in der Geschichte
meines Volks.
Das Gold des Haares ist falsches Gold.
Und der Tango, der Tango
ist dabei sie zu rufen...
Gestern, da war sie weder blond, noch war sie
traurig,
sie weinte vor Freude zwischen meinen Armen,
und jetzt, wo sie weint,
muß sie lachen.

Aus *Oro falso*

Expósito, der Chronist der Realität, beschreibt:

Un arrabal con casas
que reflejaban su dolor de lata...
Un arrabal humano
con leyendas que se cantan como tangos.
Y allá un reloj que lejos da

Ein *arrabal* mit Häusern,
die ihren Schmerz aus Blech widerspiegelten..
Ein menschliches *arrabal*
mit Legenden, die sich wie Tangos singen.
Und dahinten eine Uhr, die in der Ferne

---

[1] Die Eigentümlichkeiten der Verwendung des Reims bei Expósito sind *nicht* in die Übersetzung zu übertragen versucht worden, sondern sind im Original zu suchen!

[2] „...Mireya war niemals blond“ ist eine Anspielung auf den Tangotext von *Tiempos viejos* (alte Zeiten) aus dem Jahr 1926 von Manuel Romero mit dem Vers „...Mireya war blond...“

[3] *morocha* – (Dunkelhäutige bzw. Dunkelhaarige), Titel des Tangos von Saborido / Villoldo.

las dos de la mañana...	zwei Uhr morgens schlägt...
Un arrabal obrero,	Ein *arrabal* der Arbeiter,
una esquina de recuerdos y un farol...	eine Straßenecke der Erinnerungen und eine Laterne...
Farol,	Laterne,
las cosas que ahora se ven..	die Dinge, die man jetzt sieht...
Farol,	Laterne,
ya no es lo mismo que ayer...	es ist nicht mehr dasselbe wie gestern...
(...)	(...)
Allí conversa el cielo	Dort spricht der Himmel
con los sueños de un millón de obreros...	mit den Träumen einer Million Arbeiter...
Allí murmura el viento	Dort murmelt der Wind
los poemas populares de Carriego...	die Volksgedichte von Carriego...

Aus *Farol*

Aus dieser Vision der Vorstadt ging er ins Zentrum, in dem wenige Jahr zuvor die Straße *Corrientes* vergrößert und die *Avenida Nueve de Julio* eröffnet worden war, den Ausgangspunkt der neuen Stadt:

Calle	Straße
como valle	wie ein Tal
de monedas para el pan...	der Münzen für das Brot...
Río sin desvío	Fluß ohne Seitenarm,
donde sufre la ciudad...	wo die Stadt leidet...
¡Qué triste palidez tienen sus luces!	Was für eine triste Blässe haben ihre Lichter!
¡Tus letreros sueñan cruces!	Deine Schilder träumen Kreuze!
¡Tus afiches carcajadas de cartón!...	Deine Plakate Gelächter aus Pappe!...
Tu alegría es tristeza y el dolor de la espera	Deine Freude ist Trauer, und der Schmerz der Erwartung
te atraviesa.	überquert Dich.
(...)	(...)
Vagos	Herumtreiber
con halagos	mit Schmeicheleien
de bohemia mundanal...	der weltlichen Boheme...
Pobres sin más cobres	Arme Leute ohne andere Münzen
que el anhelo de triunfar,	als der Sehnsucht zu triumphieren
ablandan el camino de la espera	erweichen den Weg der Erwartung,
con la sangre toda llena	mit dem Blut ganz voll
de cortados, en la mesa de algún bar.	mit Kaffees[4] am Tisch irgendeiner Bar.

Aus *Tristezas de la calle Corrientes*

[4] *cortado* – Espresso mit Milch

In den Versen von *Sexto piso* beschrieb Expósito in der Mitte der Fünfziger Jahre noch einmal die Stadt, die immer anonymer geworden war und sich von den nostalgischen, kleinen Häuserzügen bei Manzi oder Castillo völlig entfernt hatte:

Ventanal, ventanal de un sexto piso,
vos perdida, yo sumiso
y esta herida que hace mal...
(...)
Allá abajo, se revuelven como hormigas:
mucha fatiga, pero mucho cuesta el pan.
Ventanal donde un lente permanente
televisa mi dolor por la ciudad.
(...)
...¡No! No hay más remedio que vivir
así apretado y pisoteado como en el suelo.
(...)
...Duele tanto tanta calle,
tanta gente y tanto mal,
que andarás con los sueños a destajo,
como todos río abajo,
por la vida que se va.
(...)
Ventanal y esta pena que envenena,
ya cansado de vivir y de esperar.

Fenster, Fenster eines Sechsten Stockwerks,
Du verloren, ich unterwürfig
und diese Wunde, die wehtut...
(...)
Dort unten laufen sie wie Ameisen herum:
Viel Mühsal, aber viel kostet das Brot.
Fenster, wo eine ständige Linse
Meinen Schmerz über die Stadt verbreitet[5].
...Nein! Es bleibt nichts anderes übrig als so zu leben,
zusammengedrückt und mit Füßen getreten wie auf dem Boden.
(...)
...Es schmerzt so sehr, soviel Straße,
soviel Leute und soviel Schlechtes,
daß Du mit den Träumen im Akkord,

[5] im Sinne von „im Fernsehen übertragen" *(televisar)*

wie alle Fluß abwärts
durch das Leben gehen wirst, das vergeht.
(...)
Fenster und dieser Kummer, der vergiftet,
Schon müde zu leben und zu hoffen.

Aus *Sexto piso*

Wie man sehen kann, ist der Protagonist in *Sexto piso* bereits müde zu hoffen, während zwanzig Jahre zuvor in *Tristezas de la calle Corrientes* die anonymen Figuren „den Weg der Hoffnung erweichen". Man könnte meinen, es handelte sich um denselben Mann von der Straßenecke *Corrientes y Esmeralda* (aus dem Buch von Scalabrini Ortiz), dem argentinischen Archetypus, der innerhalb von dreißig Jahren seine Hoffnungen verloren hat.

Andere bedeutende Texte von Expósito sind *Percal*:

Te fuiste de tu casa...	Du verließt Dein Zuhause...
tal vez nos enteramos mal.	vielleicht verstanden wir es nicht richtig.

Margo:

Ayer pensó que hoy...y hoy no es posible,
la vida puede más que la esperanza;

Gestern dachte sie, daß heute... und heute ist es nicht möglich,
Das Leben vermag mehr als die Hoffnung;

und vor allem *¡Qué me van a hablar de amor!,* wo ihm eine poetische Synthese von seltener Präzision über die Trennung des Liebhabers von seiner Geliebten gelang:

Eran sus ojos de cielo	Es waren ihre Himmelsaugen
el ancla más linda	der schönste Anker,
que ataba mis sueños,	der meine Träume festhielt,
era mi amor, pero un día	sie war meine Liebe, aber eines Tages
se fue de mis cosas y entró a ser recuerdo,	ging sie aus meinen Dingen fort und trat ein, Erinnerung zu werden.

Nur vergleichbar mit dem Vers von Cadícamo in *Los mareados*:

Hoy vas a entrar en mi pasado	Heute wirst Du in meine Vergangenheit eintreten.

Keine der beiden Metaphern, die zur Bezeichnung der Etappe des Bruches einer Liebesbeziehung verwendet werden: *entrar en el pasado* (eintreten in die Vergangenheit) und *entrar a ser recuerdo* (eintreten Erinnerung zu werden), weist eine Entsprechung in der argentinischen Dichtkunst auf; ebensowenig in dem weiten Feld der Liedtexte oder der Literatur.

Einer der vollendetsten Tangos von Expósito stellt *Afiches* mit Musik von Atilio Stampone dar, der auch eine ausgefeilte Orchestrierung für die Begleitung der Stimme Roberto Goyeneches in dessen bestem Moment (1973) schuf. Das Ergebnis war eine Version für die Tangogeschichte. Der Text, einem Werbe-Fotomodell gewidmet, sagt unter anderem:

Cruel en el cartel,	Unbarmherzig auf dem Plakat,
la propaganda manda cruel en el cartel,	die Werbung befiehlt unbarmherzig auf dem Plakat,
y en el fetiche de un afiche de papel	und in dem Fetisch eines Papieranschlags
se vende la ilusión,	verkauft man die Illusion,
si rifa el corazón...	verlost man das Herz...
¡Cruel en el cartel, te ríes, corazón!	Unbarmherzig auf dem Plakat, lachst Du, Herz!
¡Dan ganas de balearse en un rincón!	Man bekommt Lust, sich in einer Ecke zu erschießen!

Vom Pathos des letzten Verses geht er über zu einer rein lyrischen Beschreibung, die vom Bild diktiert wird:

Ya da la noche a la cancel	Schon gibt die Nacht dem Windfang
su piel de ojera...	seine „Augenschattenhaut"[6]...
Ya moja el aire su pincel	Schon befeuchtet die Luft ihren Pinsel
y hace con él la primavera...	und malt mit ihm den Frühling...

um mit einer verdichteten und pathetischen Definition seiner Beklemmung zu schließen:

Luego, la verdad,
que es restregarse con arena el paladar
y ahogarse sin poder gritar.
Yo te di un hogar... –¡fue culpa del amor!–
¡Dan ganas de balearse en un rincón!

---

[6] *ojeras* – Ringe unter den Augen.

Dann die Wahrheit,
die ist, sich mit Sand den Gaumen abzuwetzen
und zu ersticken, ohne schreien zu können.
Ich gab Dir ein Heim... –¡Schuld daran war die Liebe!–
Man bekommt Lust, sich in einer Ecke zu erschießen!

Ein Schluß in der Schlichtheit des Schmerzes, der an ein anderes Finale – diesmal aus der Feder von Discépolo – denken läßt:

Cachá el bufoso...y chau...	Schnapp Dir den Revolver... und tschau...
¡vamo a dormir!	geh'n wir schlafen!

Horacio Salgán:
A fuego lento

Er war erst sechzehn Jahre alt, als man ihn zum Spielen in einem Kino im Viertel Villa del Parque unter Vertrag nahm. Das Klavierspielen hatte er in einer bescheidenen Akademie des Stadtviertels Caballito gelernt. Später wanderte er durch Gruppen, die nie bis ins Stadtzentrum kamen, und trat schließlich einige Monate mit Elvino Vardaro zusammen auf. Kurzfristig spielte er auch unter Roberto Firpo, wo er sich mit den verknöcherten Strukturen der *Guardia Vieja* abfinden mußte, die der Leiter der Gruppe praktizierte. Im Jahre 1944 gründete er sein erstes Orchester, und aus dieser Epoche bleibt die Erinnerung an seine Zusammenarbeit mit Edmundo Rivero zurück.

Seine Versionen waren revolutionär. Die Schallplattenfirmen zweifelten jedoch an den kommerziellen Aussichten; vor allem an der rauhen Stimme des Sängers, ungeachtet seines Erfolges beim Publikum. Deshalb blieb Salgán gegen 1947 keine andere Wahl, als die Gruppierung aufzulösen.

Das wesentliche Charakteristikum seines Orchesterklanges war der Pianist und Dirigent selbst, dessen Fingerspiel („unverwechselbar durch seinen brillanten, trockenen, dichten und überraschenden Ton“ wie Ferrer sagt) direkte Einflüsse bestimmter Jazzmusiker aufweist. Matamoro spricht von den stilistischen Kennzeichen eines Art Tatum und erwähnt daneben Arbeiten von Duke Ellington, von Benny Goodman, Earl Hines, Eddie Condon sowie – etwas weiter entfernt – Fast Waller und Jelly Morton.

Gegen Mitte der vierziger Jahre war dieser Klang eine Revolution; wahrscheinlich ist dies der Grund dafür, daß die an einen schematischen und einfallslosen Tango gewohnten Ohren diesem Experiment mißtrauisch begegneten.

Im Jahr 1950 rief er sein Orchester noch einmal zusammen; diese zweite Etappe dauerte jedoch nur bis zum Jahr 1957, in dem es sich wieder auflöste. Seit damals spielte er häufig im Duo mit dem Gitarristen Ubaldo De Lío, der sich in einen solistischen Grundpfeiler des neuen Klanges des Orchesters verwandelte, wenn Salgán dieses für einmalige Auftritte oder für Schallplattenaufnahmen wieder zusammenkommen ließ. Der zusätzliche Klang der E-Gitarre würzte das Orchester mit einem Hauch Jazz, wodurch man es – zum Beispiel in der Version von Arolas' *El Marne* – schon nach wenigen Takten leicht erkennen kann.

Ebenso verdient das Arrangement von Villoldos *El Choclo* besondere Beachtung; bei diesem Tango geht die melodische Führung von einem zum anderen Instrument über; so wechseln sich beim Spielen des solistischen Parts das *bandoneón*, das Klavier, die Gitarre und die Violine ab.

Im Jahr 1960 entstand das Quinteto Real, das sich ebenfalls auf den Klang von Salgans Klavier stützte, und ursprünglich nur als Gruppe gedacht war, die die günstige Gelegenheit einiger Auftritte in einem Restaurant wahrnehmen sollte, dann aber mehrere Jahre lang existierte. Die Gruppe bestand aus Salgán, De Lío, dem Bandoneonisten Pedro Láurenz, dem Geiger Enrique Mario Francini und dem Kontrabassisten Rafael Ferro, der bald von Quicho Díaz ersetzt wurde.

Sie unternahmen mehrere Tourneen, von denen besonders die Japantournee im Jahr 1964 zu erwähnen ist. Sie hinterließen auch einige Schallplatten, an denen keine Analyse der Tangogeschichte der letzten fünfundzwanzig Jahre vorbei kommt. Ebensowenig dürfen die Werke von Salgán als Komponist unerwähnt bleiben, besonderes sein Tango *A fuego lento*, der im Jahr 1953 geschrieben wurde.Diesem muß man noch Tangos wie *Grillito*, *La llamo silbando*, *Don Agustín Bardi* und *Tango del eco* an die Seite stellen.

Edmundo Rivero: Ein Lichtschein aus dem Laden[1]

„Wie der Priester einer geheimnisvollen Religion, die heimlich die *porteños* Nacht für Nacht vereint, vollzieht ein großer Mann mit rauher, unverwechselbarer Stimme die Riten von Buenos Aires und singt. Einige Hundert Menschen eingehüllt im Rauch des Viejo Almacén hören ihm inmitten einer nahezu mystischen Stille zu. Das spärliche Licht, das sich über die Bühne streut, läßt seine Gesichtszüge scharf zur Geltung kommen, hebt seine Gesten hervor, wenn er im Drama von *La última curda* versinkt oder wenn er mit einem Lächeln von den ‚Sitzungen mit feuchtem Handtuch' erzählt, die Aldo Saravia den *pupilas* in seiner Milonga verordnete – damals um die Jahrhundertfeier, nah dem Flüßchen Maldonado." Dieser Absatz, den ich im Oktober 1969 schrieb, blieb über beinah weitere fünfzehn Jahre gültig, in denen Edmundo Rivero das nächtliche Ritual in seiner Enklave in der Straße Balcarce Ecke Independencia fortsetzte. Als er damit begann, galt er bereits als eine der wichtigsten Größen der Musik von Buenos Aires.

Edmundo Leonel Rivero (Leonel als Hommage an seinen englischen Urgroßvater, Lionel Walton, der im Kampf mit den Einheimischen umkam) kam 1911 eher durch Zufall im Stadtviertel Puente Alsina zur Welt. Sein Vater war Angestellter der britischen Eisenbahngesellschaft, wo er sich der Einrichtung neuer Bahnstationen widmete. Er bereiste die verschiedensten Gegenden der Provinzen Buenos Aires und La Pampa, die die äußersten Punkten bei der Verlegung des Eisenbahnnetzes darstellten.

Sehr jung begann er mit dem Gitarrespiel. Noch fast ein Junge sang er ländliche Lieder in Kneipen, wo auch *payadas* stattfanden, und es nicht selten zu Keilereien und Handgemenge kam. Diese Umgebung brachte ihn mit einem authentischen *Lunfardo* in Berührung, dessen kenntnisreicher Spezialist und Wiederentdecker er in späteren Jahren werden würde, sodaß ihn die *Academia Porteña del Lunfardo* zum ordentlichen Mitglied wählte.

Eine Zeit lang sang er mit seiner Schwester im Duo , ebenso begleitete er Agustín Magaldi in einigen seiner Vorstellungen. Im *Radio Cultura* trat er als Interpret rein instrumentaler, klassischer spanischer Gitarrenmusik auf. Im Jahr 1935 debütierte er mit José De Caro, und zwei Jahre später sang er im Orchester des berühmten Bruders Julio de Caro; dem Autor von *Copacabana*

[1] Original: *Una luz de almacén* – Zitat aus dem Tango *Sur*, der von Edmundo Rivero gesungen wurde.

mißfiel jedoch, daß die Tanzpaare zu tanzen aufhörten, um dem Sänger mit der rauhen Stimme zuzuhören, und so mißglückte das Experiment.

Während er Tárregaund Albéniz[2] auf der Gitarre interpretierte, studierte er Gesang im *Conservatorio Nacional* und erfüllte sich den Traum tausender Jungen aus dieser Epoche: er trat im Kino auf. Es waren kleinere Rollen in *Pampa y cielo*, *Fortín Alto* und *El inglés de los güesos*, durch die er für fünf Jahre vom Singen abgehalten wurde. Im Jahr 1943 spielte er das erste Instrument im Gitarrenensemble von César Bó. 1943 brachte ihn ein Zufall mit dem Pianisten Horacio Salgán zusammen, der zu jenem Zeitpunkt gerade sein Orchester gegründet hatte. Sie traten in Cafés und Tangolokalen auf, konnten jedoch keine Aufnahmen realisieren. Bei einem Vorspiel bei der Firma Víctor ließen die künstlerischen Leiter verlauten, daß das Orchester „ziemlich seltsam, unverständlich" und der Sänger „unmöglich" wäre, wie sich Rivero in seinen Memoiren erinnerte. Die Interpretationen Salgán-Rivero konnten erst zwanzig Jahre später exhumiert werden, als Pianist und Sänger, mit einer mit den alten Arrangements beinah identischen Orchesterbegleitung, Themen wie *La uruguayita Lucía*, *Trenzas* und *Soy del 90* aufnahmen.

Nach seiner Erfahrung mit Salgán übernahm Rivero im Orchester von Aníbal Troilo die Stelle von Alberto Marino, der sich zu einer Solistenkarriere entschlossen hatte. Von seiner ersten Aufnahme an (*Yira, yira*, vom April 1947) spürte man, daß ein „Ausnahmesänger" geboren war. Das gute Gespür von Troilo hatte wieder einmal den richtigen Ton entdeckt, als er entschied, daß diese Stimme die Strophen von so unvergänglichen Melodien wie *Cafetín de Buenos Aires*, *Confesión* und vor allem *Sur* singen sollte.

Als er sich von Troilo trennte, um alleine zu singen, war er bereits eine der größten Charakterstimmen des Tango. Seit dieser Zeit bis zu seinem Rückzug wurde Rivero schließlich zu einem Mythos. Er ging auf Tourneen, nahm anthologische Versionen von Enrique Santos Discépolos Werken auf, wußte sich in die verschlungenen Wortpfade des *Lunfardo* zu versenken – aber anstatt sich diesem Spiel rein wissenschaftlich hinzugeben, nahm er sich des Humors oder der Dramatik der besten Poesie des Genres an, um sie selbst mit Musik zu unterlegen. Sein Repertoire bestand, neben seinen Erfolgsliedern aus der Zeit seiner Auftritte mit Troilo, aus klassischen Tangos, die in seiner eigentümlichen, unterirdischen Baßstimme (einer im Tango ungewöhnlichen Lage) völlig neu klangen. Wenigstens hatte sie noch niemand so wie er gesungen. Selbst wenn er Tangos sang, die durch Gardel bekannt geworden waren, kümmerte er

[2] Tárrega (1852-1909), Albéniz (1860-1909) spanische Komponisten und Musiker

sich nicht um seinen Vorgänger, und sang, als wenn jener nie existiert hätte. „Rivero singt, ohne es nötig zu haben, Gardels Nuancen nachahmen oder in die Imitation zu verfallen – gerade so, als ob der Tango mit ihm geboren worden sei, als wenn jede Version mitten in der Nacht erfunden würde, durch den Rauch, die mystische Stille, mit der man ihm zuhört", schrieb ich 1969. Man könnte sagen, daß in ihm auf bestimmte Weise der musikalische Stilist mit dem Anteil der klassischen Ausbildung, der Frucht seiner Konservatoriumsjahre, und der Interpret, der in der Lage war, die genauen Nuancen jedes Wortes zu extrahieren, zusammenflossen. „Wenn Gardel es wie nach ihm kein anderer schaffte, die genaue Stimmung von jedem Werk, das er sang, zu vermitteln" weist Horacio Ferrer hin „drang er (Rivero) in das Verständnis für jede Figur des sangbaren Verses ein. Treibt man die Idee auf die Spitze, könnte man sagen, daß er den Sinn der Tangos ausdrückt, ohne jemals gegen die Einheit des Satzes, den psychischen Sinn jedes Wortes, jedes grammatikalischen Zeichens zu verstoßen: In seinen stimmlichen Ausführungen werden die Kommas und Punkte in Pausen und halbe Pausen übersetzt, die Ausrufezeichen in Emphase, die Auslassungspunkte in kaum wahrnehmbare Diminuendos."

Die tiefsinnigen Nuancen seiner Stimme gestatteten ihm, dramatische Tangos wie *La última curda* von Cátulo Castillo, *Infamia*, *Secreto* oder *Martirio* von Discépolo neu zu kreieren, die nostalgischen Versionen von Manzi – *El último organito*, *Malena* und *Sur* (seinem durchschlagendsten und längsten Erfolg) zu bereichern, sich dem Romantizismus von Melodien wie *La que murió en París* oder *Nostalgias* anzupassen und schließlich zum ironischen *compadre*-Ton seiner *lunfardo*-Milongas oder zum ländlichem Akzent einiger seiner Lieder überzugehen.

Die Einzigartigkeit seines Timbres und seiner Singweise machte es unmöglich, daß eine interpretatorische Linie von Nachfolgern entstehen konnte. Sein Erfolg hatte nur ihn selbst als alleinigen Schüler.

Edmundo Rivero als Nachfolger von Gardel zu bezeichnen, wäre falsch. Die Kunst ist kein sportlicher Wettkampf, der zu Rängen, Einstufungen und Punktzahlen verpflichtet. Wahr ist, daß Rivero der Sänger war, den die veränderte, kulturelle und ästhetische Wirklichkeit bedurfte, daß er der Repräsentant eines veränderten Landes und Tango war, der im Laufe eines halben Jahrhunderts im Wort und in der Musik herangereift war. Er starb im Januar 1986.

Julio Sosa: Im altem Stil

Er war Uruguayer, wurde 1926 im Örtchen Las Piedras geboren und kam im Jahre 1949 nach Buenos Aires, wo er sich nach einer flüchtigen Verbindung mit dem Orchester von Joaquín Do Reyes in der Gruppierung von Enrique Mario Francini und Armando Pontier vorstellte. Im Jahr 1953 wechselte er in das Orchester von Francisco Rotundo, zwei Jahr später sang er wieder bei Pontier, der sich schon von Francini getrennt hatte, und im Jahre 1958 konvertierte er zu einem Solisten mit Orchesterbegleitung von Leopoldo Federico. Sein Aufstieg war schnell, und er befand sich auf dem Gipfel seines Ruhms, als er im November des Jahres 1964 bei einem Unfall, bei dem sein Auto gegen eine Ampel in der *zona norte* von Buenos Aires prallte, starb. Der beeindruckende Trauerzug, der an den von Gardel selbst erinnerte, zeigte Sosas Verankerung im Volk. Julio Sosa verkörperte schon vor der Renaissance des Tango gegen Ende der Sechziger Jahre, die sich auf Edmundo Rivero, Roberto Goyeneche und Astor Piazzolla stützen würde, die Popularität, die der Tango in den folgenden Jahren wiedererlangen sollte. Das Publikum suchte weiter nach einer „anderen Stimme" und ließ sich vom kräftigen Tonfall eines Sängers bezaubern, der sich sowohl dramatischen als auch humoristischen Versen anzupassen wußte. Sosa stand für die Betonung der alten Werte der Männlichkeit, der Figur, die ohne Klagen leidet, auch wenn am Ende das Saldo schlecht für ihn ausfällt.

Und so suchte er für sein Repertoire hauptsächlich Texte mit von Lebenserfahrungen gezeichneten Charakteren:

De cada amor que tuve tengo heridas,
heridas que no cierran y sangran todavía.
Error de haber vivido ciegamente,
buscando inútilmente la dicha de mis días.
Tarde me di cuenta que al final,
se vive igual mintiendo.
Tarde comprendí que mi ilusión,
se marchitó queriendo...

Von jeder Liebe, die ich hatte, trag' ich Wunden,
Wunden, die nicht schließen und noch bluten.
Der Fehler blind gelebt zu haben,
und dabei unnütz das Glück meiner Tage zu suchen.

Spät erst wurde mir klar, daß es sich am Ende
ebenso lebt, wenn man lügt.
Spät verstand ich, daß meine Illusion
verwelkte, als ich liebte...

Aus *Tarde*

oder in *La gayola*:

Me encerraron muchos años en la sórdida gayola
y una tarde me libraron...pa' mi bien...o pa' mi mal...
Fui vagando por las calles y rodé como una bola...
Por tomar un plato 'e sopa ¡cuantas veces hice cola!...
Las auroras me encontraron atorrando en un umbral.

Sie schlossen mich viele Jahre im schäbigen Kittchen ein,
und an einem Nachmittag ließen sie mich frei...mir zum guten...
oder zum schlechten...
Ich streunte durch die Straße und rollte wie eine Kugel...
Um einen Teller Suppe zu essen, wie oft stellte ich mich dafür an!...
Die Morgenröten fanden mich auf einer Türschwelle lungernd.

Andere Erfolge aus dieser Linie waren *Viejo smoking* von Celedonio Flores und *Amurado* von José De Grandis:

...Si me viera estoy tan viejo:	...Wenn sie mich sehen würde, ich bin so alt:
tengo blanca la cabeza.	mein Kopf ist weiß geworden.
Será acaso la tristeza	wird es wohl die Traurigkeit
de mi negra soledad.	aus meiner schwarzen Einsamkeit sein.
O será porque me cruzan	Oder ist es etwa, weil mich durchkreuzen
tan fuleros berretines	so elende Leidenschaften und fixe Ideen[1],
que voy por los cafetines	daß ich in die Cafés geh',
a buscar felicidad.	um Glückseligkeit zu suchen.

Unter dem politischen Aspekt betrachtet war Julio Sosa – so wie Castillo der emblematische Sänger des Peronismus gewesen war, als dieser die politische Macht innehatte – der Archetypus besagter Bewegung in den Zeiten ihrer Verbannung. Obwohl seine Ideologie nicht explizit war; sie wurde in Gesten

[1] *berretín* – (Lunfardo) fixe Idee, Laune, Schwäche für etwas / jemand; hier übersetzt mit: „Leidenschaft, fixe Idee". Das Wort *berretín* beschreibt die vehemente Leidenschaft für etwas oder jemanden, die – ohne ein „reales" Fundament – vom Menschen Besitz ergriffen hat.

übersetzt, in Augenzwinkern, in stillen Komplizenschaften. Es genügte zum Beispiel, in dem Moment, wenn er ein altes Thema von Enrique Cadícamo anstimmte, die Arme emporzuheben und das Lächeln des exilierten Führers nachzumachen, um das Publikum zu Beifallsstürmen hinzureißen:

Al mundo le falta un tornillo,	Der Welt fehlt eine Schraube,
¡va a haber que llamar a un mecánico,	man wird einen Mechaniker rufen müssen,
para ver si lo puede arreglar!	um zu sehen, ob er es in Ordnung bringen kann!

Es gab eine stillschweigende Verständigung zwischen dem Sänger und seinen Gefolgsleuten, und dieses *understatement* war es, das die große Menschenmenge dazu brachte, seinen Leichnam mit Spruchbändern und Parteiliedern zum Friedhof *La Chacarita* zu begleiten.

Er sang nicht übermäßig tonrein, und die Orchestrierungen von Leopoldo Federico waren dazu bestimmt, ihn in seiner vollen Stärke hervortreten zu lassen. Aber mehr benötigte Sosa nicht. Er sang alte, aus den zwanziger Jahren ausgegrabene Tangos, besaß die Kühnheit Lieder von Gardel zu singen, und er dosierte seine Auftritte und Schallplatten mit einigen Kreationen der Generation der Vierziger Jahre. Seine Anhänger suchten eine Stimme und einen Tango, die sich nicht von den klassischen Regeln entfernen wollten. Sosa erfüllte diese Ansprüche, indem er einen Stil ohne äußere Kompliziertheiten darbot. Die Thematik wurde der Melancholie, dem Konzept von Ehre und Männlichkeit der alten Männer aus der Vorstadt angepaßt. In diesem Sinne war Sosa der letzte Sänger alten Stils. Mit seinem Tod ging – zeitlich verschoben – eine Epoche zu Ende.

Roberto Goyeneche: Selbst schweigend singen

Obwohl für die Kenner sein ausgezeichnetes Timbre und die perfekte Tonreinheit keine Neuigkeit darstellten, – hatte er doch mit Troilo einige denkwürdige Versionen gesungen und aufgenommen – war Roberto Goyeneche für die meisten einer unter vielen Sängern, die ihren Beruf mit unterschiedlichem Glück gegen Ende der Sechziger Jahre ausübten.

Im Jahr 1968 fielen jedoch mehrere Ereignisse zusammen, die zum Ausgangspunkt des größten Tangophänomens der letzten Jahre wurden. Durch eine Schallplatte, die so unterschiedliche Themen wie *Fuimos*, *Mimí Pinsón*, *Malena*, *Cafetín de Buenos Aires* und *El día que me quieras* aufgriff, und durch seine tägliche Vorstellung im Caño 14, – einem Lokal, das zusammen mit dem Viejo Almacén von Rivero den *Porteño*-Brauch begründete, sich des Nachts zum Hören von Tangos zu versammeln – begann man auf ihn aufmerksam zu werden. Beide Faktoren erhielten ihren „Ritterschlag" in einem in der Zeitschrift *Confirmado* am 19. September desselben Jahres veröffentlichten Artikel von Hipólito J. Paz, dessen Titel keinen Platz für Zweifel ließ: „Goyeneche, die beste Stimme des Tango".

In diesem Kommentar prognostizierte Paz: „Alle Idole sind einmal die Entdeckung einer Gruppe Eingeweihter gewesen, so wie dies jetzt bei Goyeneche der Fall ist. Früher oder später wird er die Straße für sich gewinnen und wird – ob wir es wollen oder nicht – ein Mythos für alle werden. Einstweilen verstehen ihn alle, und glauben ihm, vielleicht, weil sie in ihm einen Mann wiedererkennen, der Hunger, Unrecht und Vergessen erlitten hat. Vielleicht, weil man in diesem Mann vor allem eine Bestimmung sieht." Es liegt auf der Hand, daß er sich nicht täuschte. Imselben Artikel nahm Paz den Satz auf, den Goyenche in jenen Tagen in einer Radiosendung geäußert hatte: „Ich sang immer so – und jetzt, wo ich völlig kaputt bin, kommt die Arbeit." Die Klage ist verständlich, wenn man an seine Stimme denkt, die seit den Tagen im Orchester von Pichuco gelitten hatte. Was der Sänger aber nicht ausgesprochen hatte war, daß er erst jetzt angefangen hatte, die inneren Fasern der *porteños* zu berühren, da er nun seine vollständige Persönlichkeit als ein Geschichtenerzähler entwickelt hatte, der in der Lage war, die Zeichen zu lesen und die tiefsten Bedeutungen jedes einzelnen Wortes eines Textes zu extrahieren. Erst im Jahre 1968 hatte Goyeneche es gelernt „selbst schweigend zu singen".

Geboren im Januar 1926 im Stadtviertel Saavedra, Buenos Aires, debütierte er im Orchester von Raul Kaplún, nachdem er 1944 einen Nachwuchswettbewerb im *Club Federal Argentino* gewonnen hatte, ohne je zuvor ein Notenblatt gelesen zu haben. Die Tätigkeit, zu der er berufen war, reichte anfangs nicht, um ihn zu ernähren, weswegen er jahrelang weiter als Lastwagen-, Bus- und Taxifahrer arbeitete. Erst als Horacio Salgán ihn in sein Orchester rief, konnte er diese Nebentätigkeiten aufgeben. Mit ihm nahm er seine ersten Tangoversionen auf. So entdeckte ihn Troilo und schlug ihm vor, den gerade frei gewordenen Platz von Jorge Casal einzunehmen. Dort, bei Pichuco, gewann er an Persönlichkeit, wagte sich an Themen wie *Pa' lo que te va a durar, Tinta roja* und *La última curda*, von denen einige der Ausgangspunkt seines Erfolges als Solist werden sollten, und zusammen mit anderen wie *A Homero*, *El bulín de la calle Ayacucho* und *En esta tarde gris* e die Entwicklung seiner Stimme belegen.

Im Jahre 1964 entschied er sich, als Solist zu singen. Vier Jahre später war er auf dem Gipfel seines Ruhms angelangt, von wo er nicht mehr hinuntersteigen würde, abgesehen von gewissen Schwankungen und den Perioden, in denen seine Stimme wie in einen Schleier gehüllt war, in der Kehle steckte, ohne herauskommen zu können. In solchen Fällen griff er auf seine differenzierte Artikulationsfähigkeit zurück, bediente sich der Pausen und der emphatischen Momente. Goyeneche, *el Polaco* („Der Pole" – wegen seiner gelben Haarfarbe und seinen blauen Augen), hatte ein großes Repertoire, das ihm erlaubte, die Diskographie ohne Wiederholungen anwachsen zu lassen, wie sehr ihn auch seine Fans stets um die gleichen Themen baten, die sich unentbehrlich im Inventar von Buenos Aires gemacht haben: *María*, *Garúa*, *Che bandoneón*.

Astor Piazzolla stellte vor beinahe zwanzig Jahren fest: „Der Pole ist einzig und unersetzbar; ein Produkt einer künstlerischen und menschlichen Reifung, das nichts dem Plagiat oder den Imitationen verdankt. Hier gibt es nur zwei große Tangosänger: das sind er und Rivero. Rivero ist eher ein *payador*, Goyeneche dagegen ist ein echter und typischer Städter. Womit ich sagen will, sein Timbre, seine Stimmfarbe, spiegeln die Seins- und Gefühlswelt des Großstadtbewohners wider."

In diesem Medium, wo die Imitationen, die Ähnlichkeiten, oder manchmal das bloße Verfolgen vorgegebenener Linien, Abklatsch und Mittelmäßigkeiten hervorrufen, war Goyeneche ein Schöpfer, kein Imitator. Seine Persönlichkeit ließ Atmosphären entstehen, als wenn er zuerst die Dekoration, die Umgebung, in der sich jede Erzählsituation entwickelte, gestalten würde. Seine Brüche und sein wohlüberlegtes Zögern waren der Ausdruck seines Verständnisses der Verse und Worte, die er modulierte und intonierte. Seine mitunter teigige und erloschene Stimme war im Laufe der Jahre ständig wiederauferstanden. Er wußte wann ein vor mehr als einem halben Jahrhundert geschriebener Text noch Gültigkeit hatte, und besaß die Intuition wann ein Text aus heutiger Zeit eine „Totgeburt“ war.

Ezra Pound sagte im Zusammenhang mit der Poesie, daß es in der Geschichte jeder Sprache mehrere bemerkenswerte, große Dichter gibt, daß aber nur sehr wenige – kaum eine Handvoll – als wirkliche Begründer bezeichnet werden können. Es sind diejenigen, die eine bis dahin unbekannte Ausdrucksmöglichkeit entdecken, die sich von da an für immer etabliert. Auch in der bescheidensten Tangobiographie kommt Goyeneche zu Recht das Attribut des Begründers zu: Er erschuf eine bestimmte Art und Weise, einen Akzent, einen Stil, so zu singen, als wenn er jeden Tango erfände bzw. – was auf das gleiche hinausläuft – so zu singen, als wenn jeder Tango *ihn* erfinden würde. Goyenche starb 1995.

Astor Piazzolla:
Lo que vendrá

Polemisch, diskutiert, willkürlich, mit einem Anflug von Genialität, repräsentiert Astor Piazzolla das Andere, das Neue, die Inkarnation der Veränderung. Den Versuch zu wagen die Gefühle und das Wesen einer Stadt zu extrahieren, muß zu Beginn seines Werkes eine unvorstellbar große Aufgabe gewesen sein – und sie war es. Aber gegen Wind und Seegang nahm sich Piazzolla vor, die Leitbilder der Musik von Buenos Aires zu verwandeln und in dieser Aufgabe der stetigen Erneuerung, des täglichen Experiments, arbeitete er ein Werk heraus, das viele bereits nicht mehr zum Gebiet des Tango zählen, dem Gebiet, auf dem sich vorher Erneuerer wie Julio De Caro, Osmar Maderna oder Horacio Salgán behauptet hatten.

„Ich bin es leid, daß mir alle Welt sagt, daß meine Musik kein Tango sei; und dann sag ich ihnen halt, weil ich es satt habe: ‚Gut, das Meine ist – wenn Sie so wollen – Musik von Buenos Aires.' Aber die Musik von Buenos Aires, wie heißt die? Tango. Also ist meine Musik Tango." Diese Sätze wurden in einer Radiosendung Mitte 1963 in Buenos Aires aufgezeichnet. Die Polemik hatte ihren Siedepunkt erreicht. Die Traditionalisten sahen es als eine Ketzerei an, den Namen Piazzolla in die Reihe der Tangoschöpfer zu stellen. Die Schmähschriften der Kommentatoren, die hartnäckig an den kanonischen Mustern festhielten, häuften sich. Unterdessen folgte ihm die kleine und elitäre Gruppe seiner Anhänger in jene Stätten, in denen ein „homöopathisches" Klientel über die Ignoranz seiner Verleumder lachte.

Während er seine Kritiker mit – für die orthodoxen Tangoanhänger – skandalösen Äußerungen provozierte, – wie zum Beispiel: „Sogar Gardel sang falsch", was eine Welle von Protesten unter den Priestern und Getreuen des Gardel-Kultes entfachte – schuf Piazzolla weiter, probierte, experimentierte, irrte sich und traf in den meisten Fällen ins Schwarze. Die Zahl der Partituren stieg an; darunter waren solche Werke wie *Lo que vendrá, Buenos Aires Hora Cero, Nuestro tiempo, Revolucionario* und zwei Themen, die er in Gedenken an seinen Vater schrieb: *Nonino* und *Adiós Nonino*, worin der melancholische Dramatismus des Schmerzes beim Durchfließen der Takte dieses Requiems in eine Sehnsucht nach der eigenen Kindheit einzudringen scheint.

Astor Piazzolla wurde im März 1921 in Mar del Plata geboren. Mit vier Jahren kam er durch den Umzug seiner Familie nach New York. Zu seinem neunten Geburtstag schenkte ihm sein Vater, ein Frisör, ein gebrauchtes *ban-*

doneón, das er für achtzehn Dollar in einem Hafengeschäft erstanden hatte. Der Junge wurde oft zu seinem Unwillen zum Üben angehalten, denn seine besonderen Vorlieben lagen eher auf der Seite des Jazz; und dieser Klotz schien für den Swing nicht besonders geeignet zu sein.

Astor bekam einige elementare Lektionen im Notenlesen sowie einen dürftigen Unterricht zum Fingersatz seines Instrumentes. Nach einer kurzen Rückkehr nach Mar del Plata und der erneuten Emigration der Familie in die USA, setzte er schließlich seine Ausbildung bei Terig Tucci und danach bei Bela Wilda, einem Rachmaninoff-Schüler, fort. Mit dreizehn Jahren beherrschte er das *bandoneón* schon akzeptabel, spielte in dem Orchester, das Carlos Gardel im Film *El día que me quieras* begleitete, und trat in diesem Film außerdem in einer kurzen Szene in Erscheinung, in der er einen Zeitungsjunge spielte.

Aus den Vereinigten Staaten zum zweiten Mal, dieses Mal endgültig zurückkehrt, blieb die Familie zuerst einige Monate in Mar del Plata, siedelte aber bald nach Buenos Aires. Er spielte bei heute vergessenen Orchestern, trat bei Miguel Caló und später als Bandoneonist bei Aníbal Troilo auf – eine Stelle, die er nur bekam, nachdem sich Pichuco davon überzeugen konnte, daß er das gesamte Repertoire auswendig kannte. Außerdem arbeitete Piazzolla als Arrangeur und perfektionierte sich in jenen Jahren bei dem argentinischen Komponisten Alberto Ginastera. 1944 löste er sich von Troilo, um das Begleitorchester von Francisco Fiorentino zu leiten, machte Musik für einige Filme, und nachdem seine eigene Gruppe sich aufgelöst hatte, widmete er sich dem Schreiben von Arrangements für verschiedene Tangodirigenten, mit denen er sich verbunden fühlte: José Basso, Miguel Caló und Francini-Pontier. Über jene Epoche, ebenso wie über seine vorherigen Arrangements bei Troilo, gestand er in dem von Alberto Speratti veröffentlichten Buch-Interview: „Die Tänzer waren mir nie wichtig. Wichtig war zu sehen, was für ein Gesicht die Musiker machten, wenn sie es spielten. Wenn sie ein seltsames Gesicht machten, war das ein schlechtes Zeichen. Wenn es ihnen gefiel, war es meine Glückseligkeit." Auf Ginasteras Anraten stellte er seine *Sinfonía de Buenos Aires* beim Wettbewerb Febian Sevitzky vor. Er gewann den Preis und das Werk wurde durch denselben Sevitzky als Dirigent interpretiert und im Staatlichen Radiosender aus der Aula Magna der Universität für Rechtswissenschaft gesendet. Die Uraufführung verursachte einen Skandal wegen der Aufnahme von *bandoneones* in eine Aufführung klassischer Musik, was für bestimmte, verknöcherte Empfindsamkeiten undenkbar erschien.

Imselben Jahr 1954 reiste er mit einem Stipendium nach Paris, wo er bei Nadja Boulanger Komposition studierte. Sie war es, die ihn, nachdem sie seinen Tango *triunfal* gehört hatte, davon überzeugte, daß er diese Musik nie aufgeben dürfte, weil sich dort sein Weg befände. „Was sie in mir wachsen ließ, stülpte mich schließlich um. Sie gab mir vor allem Selbstvertrauen, zeigte mir, daß ich im Grunde ein *tanguero* war, daß das Übrige zwar auch wichtig, aber nichts von mir, sondern etwas von einem anderen, falschen, kopflastigen ‚Ich' hatte. Und dann drehte sich alles, was ich gegen den Tango in mir hatte, zu seinen Gunsten um." Vor seiner Rückkehr nahm er mehrere Themen auf: *Prepárense*, *Picasso*, *Imperial*, *Marrón y azul*, *Sens unique*. Der Weg war für immer vorgezeichnet. Zurück in Buenos Aires sammelte er die besten Musiker um sich und gründete das *Octeto Buenos Aires;* mit Enrique Mario Francini und Hugo Baralis an den Violinen, Roberto Pansera am *bandoneón*, José Bragato am Violincello, Aldo Nicolini am Baß, Horacio Malvicino an der elektrischen Gitarre und Atilio Stampone am Klavier. Einige der Versionen des Oktetts nahmen aufgrund ihrer neuartigen, rhythmischen und kontrapunktischen Transformationen, die sich auf das hohe technische Niveau jedes seiner Mitglieder stützen konnten, in entscheidender Weise Einfluß auf die nachfolgende Entwicklung des Tango.

Im Jahr 1960, nach einer Reise in die Vereinigten Staaten, wo sein Still als jazz-tango bezeichnet wurde, gründete er sein berühmtes Quintett. Dessen solistische Mitglieder waren zu unterschiedlichen Zeiten Alvino Vardaro, Antonio Agri, Horacio Malvicino, Oscar López Ruiz, Quikcho Díaz, Osvaldo Manzi und Cacho Tirao.

1968 komponierte er die Kurzoper *María de Buenos Aires* für Rezitativ, weibliche und männliche Gesangsstimme und elf Instrumente mit einem Libretto des Dichters Horacio Ferrer. Sie wurde in Buenos Aires im kleinen Saal *Planeta* in Form einer Zweiakter-Kantate in acht Bildern uraufgeführt.

Im Jahr 1969 schien sich eine Tendenz abzuzeichnen, die für einige seiner fanatischen Anhänger ein Grund zur Besorgnis war: Piazzolla begann, zusammen mit Horacio Ferrer leichtere Themen für die rauhe und sinnliche Stimme von Amelita Baltar zu schreiben. Auf diese Weise kam er in den Genuß, daß seine Werke eine weite Verbreitung und großen Erfolg beim Publikum erzielten. Insbesondere durch die *Balada para un loco*. Die folgendermaßen beginnt:

> Las callecitas de Buenos Aires tienen ese qué sé yo
> *¿viste? Salgo por Arenales, lo de siempre en la calle*
> *y en mí. Cuando de repente se aparece él.*
> *Mezcla rara de penúltimo linyera y de polizonte*
> *en el viaje a Venus...*

Die Straßen von Buenos Aires haben dieses gewisse, was weiß ich,
oder? Ich gehe auf die Arenales, so wie immer in der Straße
und in mir. Und plötzlich erscheint *er*.
Eine seltsame
Mischung aus vorletztem Penner und Polyp
auf der Reise zur Venus...

dessen Protagonist bittet:

queréme así, piantao, piantao, piantao,
trepáte a esta ternura de locos que hay en mí.
Ponéte esta peluca de alondras y volá,
volá conmigo ya, ¡vení volá, vení!

Lieb mich so – durchgedreht[1], durchgedreht, durchgedreht,
Kletter auf diese Zärtlichkeit der Verrückten, die in mir ist.
Setz Dir diese Perücke aus Lerchen auf und flieg!
Flieg mit mir, mach schon, komm, flieg, komm!

Balada para un loco war der letzte, große, mit dem Tango verbundene Erfolg. Seine enorme Popularität ließ andere, zur gleichen Zeit von den beiden Autoren für die gleiche Stimme geschriebene Themen – die ein besseres Schicksal verdient und gewiß bekommen hätten, wenn sie nicht im Schatten eines so übermächtigen Liedes wie der *Balada para un loco* veröffentlicht worden wären – in den Hintergrund treten.

Horacio Ferrer, geboren 1933 in Uruguay, gründete, während seines Architekturstudiums in Montevideo den Club der *Guardia Nueva*, der die Zeitschrift *Tangueando* herausbrachte. Er lernte außerdem *bandoneón* zu spielen und wurde zum gelehrten Forscher der Biographie der Musik vom Rio de la Plata (das Ergebnis seiner Forschungen ist, neben vielen anderen Essays, sein unumgängliches Buch *El libro del tango. Historias e imágenes*, von 1970). Im Jahr 1961 kam *El tango del alba*, sein erstes Thema in Zusammenarbeit mit Piazzolla, mit dem er während dessen Studien in Paris bei Nadya Boulanger in Briefwechsel gestanden hatte, zur Uraufführung.

Die anderen Balladen, die das Duo 1969 vorstellte, waren *Balada para mi muerte*:

---

[1] *piantao* – die Übersetzung des Partizips mit „durchgedreht“ entspricht dem argentinischen Sprachgebrauch; das aus dem Italienischen abgeleitete Verb *piantar* hat dagegen die Bedeutung „flüchten, entkommen“.

Moriré en Buenos Aires. Será de madrugada,
Guardaré, mansamente, las cosas de vivir:
mi pequeña poesía de adioses y de balas,
mi tabaco, mi tango,
mi puñado de esplín.

Me pondré por los hombros, de abrigo toda el alba;
mi penúltimo whisky quedará sin beber.
Llegará tangamente mi muerte enamorada,
yo estaré muerto, en punto, cuando sean las seis.

Hoy...que Dios me deja de soñar...
a mi olvido iré por Santa Fe,
sé que en nuestra esquina vos ya estás,
¡toda de tristeza hasta los pies.!
Abrazáme fuerte que por dentro,
oigo muertes, viejas muertes,
agrediendo lo que amé.
Alma mía...vamos yendo...
llega el día...¡no llorés!

Moriré en Buenos Aires. Será de madrugada,
que es la hora en que mueren los que saben morir;
flotará en mi silencio la mufa perfumada,
de aquel verso que nunca yo te pude decir.
Andaré tantas cuadras...y allá en la Plaza Francia,
como sombras fugadas de un cansado ballet,
repitiendo tu nombre por una calle blanca,
se me irán los recuerdos en puntitas de pie.

Ich werde sterben in Buenos Aires. Es wird im Morgengrauen sein.
Ich werde sanftmütig die Dinge des Lebens einpacken:
Meine kleine Poesie der Abschiede und der Gewehrkugeln,
meinen Tabak, meinen Tango,
meine Handvoll ‚Spleen'.

Ich werde mir als Mantel die ganze Morgendämmerung über die Schulter legen,
mein vorletzter Whisky wird ungetrunken bleiben.
Auf Tangoart wird mein verliebter Tod kommen.
Ich werde tot sein, pünktlich um 6 Uhr.

Heute...da Gott mich aufhört zu träumen...
werde ich zu meinem Vergessen die Straße Santa Fé entlanggehen,
ich weiß, daß Du schon in unserer Ecke stehst,
ganz in Trauer bis zu den Füßen!
Umarme mich kräftig, denn in mir
höre ich Tode, alte Tode,
die dabei sind, das, was ich liebte, anzugreifen!
Meine Seele...gehen wir fort...
der Tag bricht an...Weine nicht!

Ich werde sterben in Buenos Aires. Es wird im Morgengrauen sein.
Das ist die Stunde, in der die sterben, die zu sterben verstehen;
in meinem Schweigen wird das in Duft gehüllte Unglück schweben,
von jenem Vers, den ich Dir nie sagen konnte.
Ich werd' soviele Straßen entlangwandern...und dort auf der Plaza Francia,
wie flüchtige Schatten eines erschöpften Balletts,
Deinen Namen wiederholend in einer weiße Straße,
werden mir meine Erinnerungen auf Zehenspitzen davongehen.

und die *Balada para él*:

Cayó la tarde y él tenía tango
whisky en la zurda y en la otra sed.
Su voz un gusto de magnolia macho,
los muslos duros de saber volver.

El me sembró toda la piel de quieros
y quiero a quiero calentó mi piel.
Desabrochó mi soledad por dentro,
de un solo quiero y de una sola vez.

Su boca encinta de un misterio bravo,
diez hembras hondas me empujó a crecer.
Porque en mi pelo y en silencio bravos,
veinte varones él sabía ser.

Es brach der Abend an und *er* hatte Tango,
Whisky in der Linken und in der anderen Durst.
Seine Stimme einen Geschmack nach männlicher Magnolie,
die Beine hart, da sie gelernt haben zurückzukehren.

Er übersäte mir die ganze Haut mit „ichliebedichs"
und von „ich begehr" zu „ich begehr" erhitzte er meine Haut.
Er schnallte mir meine ganze Einsamkeit von innen ab,
von einem einzigen „ich will" an und mit einem einzigen Mal.

Sein Mund schwanger von einem ungezähmten Geheimnis,
zehn tiefe Weiber stieß er an in mir zu wachsen.
Denn in meinem Haar und in der Stille ungezähmte,
zwanzig Männer konnt' er sein.

Ebenso schufen sie das beliebte Lied *Chiquilín de Bachín*; das weitere, zusammen produzierten Materials erzielte jedoch keine, mit der von *Balada para un loco* vergleichbare Wirkung.

Im Oktober 1971 kündigte Piazzolla, nachdem er nochmal in Paris gewesen war, die Neugründung seines alten *octeto* an. Er erarbeitete längere, als die bisher geschriebenen Themen, aber die meisten davon hatten sich schon vom Tango – auch von seinen eigenen Tangos – entfernt. Zu diesem Experimentalstil gehören auch einige spätere Werke wie *Muralla china*, – wo er auf die Unterstützung von Antonio Agri als Violin-Solist zählt – die vier Teile von *Pulsación* sowie die Musik von zahlreichen Filmen. Ganz im Gebiet der Jazz-Improvisation eingebunden erscheint die Verbindung mit dem Saxophonisten Gerry Mulligan aus dem Jahre 1974, deren live-Aufnahme mehrere Neuauflagen erlebte.

In Fernando Solanas Film *Tangos. El exilio de Gardel* bekommen die Kompositionen von Piazzolla wieder den alten Geschmack seiner Tango-Schöpfungen. Aber sich ihn zu diesem Zeitpunkt als einen strikt auf Tango beschränkten Musiker vorzustellen, stellt eine wirklichkeitsfremde Begrenzung eines Werkes dar, das, auch wenn es für Momente die eigene Rhetorik wiederholt, ausreichend Atem besessen hat, um über Jahre hindurch mit immer neuen, gelungenen Kompositionen aufzuwarten.

Eine Zeit lang schrieb Piazzolla, um Erstaunen zu erregen. Heutzutage – abgesehen von den Wiederholungen, die einem reichlichen und stetigen Werk nun mal eigen sind – stellt sich die Überraschung immer dann ein, wenn man beim Zuhören ein Stück Landschaft der Stadt entdeckt. Dem Zuhörer ist es möglich, seine eigenen Erfahrungen mit diesem nachdrücklichen, erregten Rhythmus zu identifizieren, der Melodien zeichnet, deren musikalische Architektur im harmonischen Schachbrett der Stadt Buenos Aires ihre Entsprechung findet. Nach langem Todeskampf starb Astor Piazzolla im Jahr 1992.

Die „Piazzollaner“

Eduardo Rovira

Außer seinen einhundertundfünfzig Tangos hinterließ Rovira bei seinem Tod 1980 einhundertundzwanzig Kammermusikwerke und etwa einhundert Instrumentalstücke für unterschiedliche Instrumente: Gitarre, Flöte, Oboe, Fagott. Bereits in sehr jungen Jahren hatte er mit dem *bandoneón* angefangen, und schon als Jugendlicher spielte er in verschiedenen Orchestern: Alessio, Caló, Maderna, Basso, jedoch prägten ihn, nach eigenem Bekunden, vor allem die Erfahrungen bei Orlando Goñi und Alfredo Gobbi (Sohn), den er als den „letzten intuitiven Schöpfer“ bezeichnete.

Mitte der fünfziger Jahre dirigierte er sein eigenes Orchester innerhalb der traditionellen Regeln. Den Sprung machte er 1960, als er, bereits mit einem neuen, musikalischen Konzept, die kurzlebige *Agrupación de Tango Moderno* leitete. Über das Gedicht *Tango* von Fernando Guibert komponierte er die *Suite de ballet de Buenos Aires*, die – aus der Perspektive der Avantgarde betrachtet – ein Stück Tangogeschichte geschrieben hat.

Beeinflußt von Béla Bártok und dem ständigen Schatten Johann Sebastian Bachs, konnte er sich auch der Wirkung Astor Piazzollas nicht entziehen – nur daß die Sichtweise Roviras sehr viel kopflastiger, fast mathematisch erscheint.

Seine herausragenden Werke sind: *El engobbiado*, *Preludio de la guitarra abandonada, Sónico, Azul y yo*, *Tango para don Ernesto*, *Solo en la multitud* und *Bandomanía.*

Rodolfo Mederos

Anläßlich der Präsentation seiner ersten Schallplatte, die Themen von Piazzolla, Cobían und eigene Kreationen umfaßte, bemerkte Eduardo Lagos auf den Seiten der Zeitung *La Prensa* vom 8. Januar 1967 begeistert: „Er beherrscht die Spielweise des Kontrapunktes wie ein guter Polyphonist, und findet Gefallen an rhythmisch variierten Schemata, ohne dabei in den unerwarteten Taktwechseln Überraschungen zu suchen...Als Melodienschreiber bevorzugt er kurze Phrasen, die im Quartabstand wiederholt werden, eine Tendenz, der Piazzolla auch gerne frönt. Seine Arbeit als Arrangeur ist erstklassig, denn mit den beschränkten Möglichkeiten des Quartettes gelingt es ihm immer, die Aufmerksamkeit der Zuhörer zu erhalten und greift dabei nicht auf althergebrachte billige Effekte zurück, sondern auf eine abwechslungsreiche Palette an Einfällen, in denen durchweg die Qualität gebietet."

Es schien, daß sich Astor Piazzolla nicht geirrt hatte, Mederos, nachdem er dessen Gruppe in Córdoba (Argentinien) gehörte hatte, zu überzeugen nach Buenos Aires zu reisen und die Biologie aufzugeben, in deren Studium er bereits fortgeschritten war. Bis zu jenem Moment hatte Mederos seine Begeisterung zwischen dem *bandoneón*, der Universität und dem Film aufgeteilt. Gegen 1960 bewies er den Cordobesen mit dem von ihm geleiteten *Octeto Guardia Nueva*, daß Piazzolla bereits Schüler aufweisen konnte. In Buenos Aires angekommen, war er zwischen 1968 und 1972 als Arrangeur und Bandoneonist von Pugliese tätig. Immer noch im Orchester des Autors von *Recuerdo*, gründete er seine Gruppe *Generación Cero*, deren Kreationen sowohl dem Jazz, der Rockmusik, als auch den Schöpfungen von Piazzolla nahestehen. In der Aufnahme von *Fuera de broma* hatte er den Tango vollständig hinter sich gelassen, obwohl ein Hauch von Buenos Aires der ebenso in seinem Rezital *Buenas Noches, Paula* aus dem Jahr 1983 spürbar ist, noch nicht verschwunden war. Zu diesem Zeitpunkt hatte er bereits begonnen sich vom Autor des Tangos *Adiós Nonino* zu unterscheiden.

* * *

Piazzolla öffnete die Türen, ließ die Schemata bersten, empörte die Traditionalisten und führte für mehr als vier Jahrzehnte ein ständiges, kreatives Experiment durch. Die alten Diskussionen über die Beschaffenheit und die Bezeichnung seiner Musik erschienen ab einem bestimmten Punkt byzantinisch. So wie es einmal hieß, der Tango habe Flecken in seiner Abstammung, so hatte der Autor von *Lo que vendrá* – ebenso wie seine Nachfolger – Tango in der seinigen, obgleich kein Zweifel daran besteht, daß er die Grenzen überschritt, die vorhergehende Generationen für akzeptabel hielten oder halten. Wenn in den zwanziger Jahren De Caro die Strukturen der *Guardia Vieja* bereicherte, drehte Piazzolla in den Siebziger Jahren die Schraube weiter an: Er zerbrach die Gußform und jeder Schritt nach vorne bedeutete einen neuen Impuls, um die Seile der Freiheit zu neuen Ufern zu verlängern. Dennoch kann niemand ohne bösen Willen den typischen Bezug seiner Themen zu Buenos Aires und den Beigeschmack, den Geschmack nach Tango der meisten seiner Themen leugnen. Sein konstantes, avantgardistisches Experimentieren bewies, daß sein Arbeitsmaterial ein lebendiges, künstlerisches Ergebnis war, dessen Zellen sich dynamisch vermehren und Mutationen zulassen, von denen jede einzelne ein Markstein in einer Entwicklung sein kann, in der sich Perioden eröffnen und abschließen. Zu versuchen, sich an einen bestimmten Zeitraum festzuklammern, indem man voraussetzt, daß bestimmte Regeln unveränderlich sind, ist reiner Anachronismus. Die Geschichte ist immer Vergangenheit und in allen Sparten können Transformationen nur in der Gegenwart stattfinden. Piazzolla hatte dies begriffen und alle Risiken dieser Einstellung auf sich genommen. Die erreichten Resultate beweisen, daß er Recht hatte.

Der Tanz:
Erotik und Leidenschaft

Seit seinen weit zurückliegenden Ursprüngen ist der Tanz essentielles Element des Tango gewesen; und es ist der Tanz, der im wesentlichen dafür verantwortlich ist, daß sich der Tango in der ganzen Welt verbreitet hat. Sinnlich und äußerst konzentriert, ernst und sehnsuchtsvoll, gewinnt er weiterhin seine Adepten in den verschiedendsten und entlegendsten Gegenden des Planeten. Vom primitiven *tanguito,* einem direkten Erbe des *candombe,* über den stakkatoartigen Tango der ersten Jahre des zwanzigsten Jahrhunderts, zu dem „gegangenen" *tango caminado* der zwanziger und dreißiger Jahre, bis hin zum Showtanz, der Ende der fünfziger Jahre in Erscheinung trat und bis zu seinen übertriebenen, theatralischen Auswüchsen der Gegenwart, hat der Tanz einen langen Entwicklungsweg zurückgelegt, dessen Anfänge in einem anderen Teil dieses Buches untersucht wurden.

Wenn heute irgendein Tango-Veteran (ein *milonguero*, wie er im Jargon der Kenner genannt wird) bestimmte, mit sich selbst beschäftigte Paare beobachtet, die dabei sind Schritte „abzuzählen" und Figuren zu exerzieren, die sie bis zur Übersättigung geübt haben, mag man ihn oft mit einer gewissen, sympathischen Geringschätzung angesichts der einstudierten Strenge einiger junger Leute lächeln sehen, die den Bemerkungen eines Lehrers mehr Aufmerksamkeit schenken als den puren Impulsen des Rhythmus. Der sagenumwobene Tänzer Benito Bianquet, bekannter unter seinem Beinamen El Cachafaz, meinte, daß die Tanzfiguren des Tango der Improvisation entsprechen müssen, bei der die Paare – wie es Jorge Luis Borges in *Hombre de la esquina rosada* ausdrückt – von der „Flut des Tango" *(marea del tango)* getragen werden. Ein Tanz, der keine verbale Unterhaltung des Paares zuläßt, das seine Aufmerksamkeit die ganze Zeit auf das Hin- und Her der Musik und auf die „Einladungen" richtet, die sich in der Improvisation immer neu ergeben. Der Tanz erfordert Konzentration und entmutigt die, die ihn bloß als pure Unterhaltung ohne jeglichen Ernst ausüben wollen. Der Tango ist ernst, und deshalb rufen bestimmte, an Karikatur grenzende Übertreibungen, Ablehnung beim Beobachter hervor.

Juan Carlos Copes, einer der größten Namen des Tango-Tanzes, hält fest, daß es beim Tango auf die Inspiration des einzelnen ankommt, daß er am Boden ohne jedes Hüpfen getanzt werden muß, da es sonst kein Tango sei. Ein anderer „Mythos des Tanzes", Virulazo, gestand einmal, daß der Tango,

„letzten Endes nichts anderes ist, als drei Minuten lang zu gehen; zum Rhythmus eines Orchesters, eine Frau umarmend, die weiß, wie sie auf jede Intention des Mannes antwortet. Alles andere ist Gymnastik.“ Dennoch haben die neuen Generationen – wie zu erwarten war – ihre eigenen Kriterien hinzugefügt und haben einen Tango kreiert, der Stilisierungen erlaubt, und der eine choreographische Vielfalt besitzt, die an die Regeln des Ballets heranreicht. Vielleicht, weil dieser Tanz seit seiner Entstehung, eine Unmenge an Möglichkeiten des Spiels, der Hypnose, der Verführung und der Eroberung eröffnet. Zweifellos gehört er durch die Art seiner Bewegungen, den engen Körperkontakt, seine Drehungen und seine Umarmung, zu den Tänzen, mit der stärksten, erotischen Komponente. Daß der Mann mit seinem Bein einen Schritt nach vorne zwischen die Beine der Frau macht, deutet zum Beispiel auf die sexuelle Abstammung hin, die wenige Tänze gewagt haben so deutlich auszudrücken. Und er offenbart, daß die Tiefe des Tango nicht nur metaphorisch ist, daß er dort, wo sich Liebe und Leidenschaft vermischen, verschmelzen und darstellen, ans Metaphysische reicht. In dieser Choreographie, in der „die Vereinigung“ gemimt wird, und bei der die guten Tänzer in Feinheiten schwelgen, greift der Tango auf die geheimsten Falten des Gedächtnisses unseres Innersten zurück, wo die Ursprünge und die Genese des Lebens kauern. Es ist nicht tollkühn zu behaupten, daß in diesem essentiellen Pulsschlag der Grund für das Überdauern des Tangotanzes und seine Strahlkraft wurzelt, die jene blendet, die sich ihm nähern und sich von den Fäden dieses musikalischen Phänomens einwickeln lassen – einmal und für immer.

In den letzten Jahren haben viele begonnen, den Tangotanz als wichtigen Teil ihres Lebens wiederzuentdecken und dies nicht nur in Argentinien, sondern in sehr verschiedenen und entfernten Orten der Welt, so daß also einhundertzwanzig oder einhundertdreißig Jahren nach seiner Entstehung, jene Musik, die wie ein Mischling an den Ufern des Río de la Plata aufwuchs, heute oft als ein „Leitmotiv“ in den unterschiedlichsten Filmproduktionen des Planeten erscheint. Die neuen Choreographien erschufen einen Tango, der ausgedachter, interpretierter und geübter ist; wo sich die Gesten und die Haltung dem Theatralischen annähern; aber der zur gleichen Zeit die Wesenszüge der körperlichen Freiheit aufnimmt, die unsere Epoche regiert; ohne allerdings den Zug äußerster Konzentration zu verlieren, der ihn in der ganzen Welt berühmt machte.

Wie es zu erwarten war, hat sich der Tangotanz weiterentwickelt. Es konnte nicht anders sein; in seiner Essenz bleibt er jedoch der gleiche; wie Enrique Santos Discépolo sagte „ein trauriger Gedanke, den man tanzen kann.“

Finale

Die letzten Jahre, die das schwärzeste Kapitel der argentinischen Geschichte einschließen (1973-1983), den Zeitraum, in dem die Entnationalisierung, die vom Staat in Gang gesetzt worden war, alle Gebiete des nationalen Lebens erreichte, zeigen, daß sich der Tango – den schwarzen Listen und der Zensur gegenüber Themen und Autoren zum Trotz (wie die Verbote von *Cambalache*, *Al pie de la Santa Cruz* und *Pan* unter vielen anderen Titeln) – weiter entwikkelte. Ein Wachstum, daß seit der Wiedereinführung der Demokratie einen wahrhaft explosionsartigen Charakter angenommen hat. Es fanden Live-Aufführungen der wichtigsten Persönlichkeiten des Tango statt, es schossen nächtliche Lokalitäten aus dem Boden, in denen man jede Art von Interpreten, Sängern und neuen Musikern hören konnte; das *Orquesta de Tango de Buenos Aires* unter der gemeinsamen Leitung des Bandoneonisten Raúl Garello und dem Pianisten Carlos García wurde gegründet; es gab zahlreiche Tourneen durch Europa, USA und Japan, und eine gelehrte und große Bibliographie wurde herausgegeben – Beweis für das steigende Interesse der einheimischen Intellektuellen an einem Thema, das bis vor einem Vierteljahrhundert nur eine Handvoll Autoren beschäftigt hatte.

Gegen Ende der Sechziger und Anfang der Siebziger Jahre, traten zwei Gruppen mit ähnlichen, formalen Charakteristika in Erscheinung. Beide waren Sextette, zusammengesetzt aus erstklassigen Solisten, die die Spitzen des Tango darstellten – und darstellen – eines Tango, der noch als ein Tango innerhalb den Regeln seines Genre angesehen werden kann. Das erste, das *Sexteto Tango*, wurde 1968 gegründet. Es entstand als Absplitterung vom Orchester Osvaldo Pugliese aus einigen seiner hervorragendsten Musikern: Osvaldo Ruggiero und Víctor Lavallén an den *bandoneones*, Oscar Herrero und Emilio Balcarce an den Violinen, Julián Plaza am Piano und Alcides Rossi am Kontrabaß, sowie, bis zu dessen Tod 1980, Jorge Maciel als Sänger.

Im Jahr 1973 wurde unter der Leitung der Bandoneonisten José Libertella und Luis Stazo und der Partizipation von Fernando Suárez Paz und Reynaldo Nichele an den Violinen, Omar Murthag am Baß und Armando Cupo am Klavier, das *Sexteto Mayor* gegründet. Gegenwärtig besteht es aus seinen Leitern und Osvaldo Aulicino am Kontrabaß, Oscar Palermo am Klavier sowie Mario Abramovich und Eduardo Walzac an den Violinen.

Dieser kleinen Gruppe von Namen muß man Atilio Stampone mit seinem Sinfonismus hinzugesellen; der Pianist, Komponist und Arrangeur, der die klassischen Melodien mit allen Kunstgriffen der akademischen Musik auskleidet und bereichert. Seine Aufnahmen lassen auf einen Schöpfer mit solider Ausbildung schließen, fähig, die Tangos von Delfino, Maffia, Fresedo oder Cobián in Konzertpartituren zu verwandeln – mitunter mittels eines großen Orchesters oder mit der Unterstützung eines kleinen Kammerensembles.

Auf dem Gebiet der neuen Tangotexte ragt neben Horacio Ferrer mit seiner metaphorischen Poesie – der neben den bereits erwähnten, gelungenen Werken Themen wie *La bicicleta blanca* oder den nostalgischen Tango *La última grela*, einer Art Requiem an die alten Tangofrauen, aufweisen kann – Héctor Negro heraus, der Autor von *Esta ciudad*:

Abeja de hollín porfiado,	Biene aus hartnäckigem Ruß,
Neón	Neon
sobre el desvelo clavado.	über der festgenagelten Schlaflosigkeit.
Jaulón	Käfigkoloß
de bache, pared y asfalto.	aus Schlagloch, Mauer und Asphalt.
La grúa sobre la pena	Der Kran über dem Kummer
y una garúa de antenas	und ein Nieselregen aus Antennen
desplumándome el gorrión.	dabei, mir dem Spatz die Federn auszurupfen.

...von *Para cantarle a mi gente* und *Viejo Tortoni*:

Viejo Tortoni.	Altes Tortoni.
Refugio fiel	Treues Refugium
de la amistad junto al pocillo de café.	der Freundschaft bei einem Schlückchen Kaffee.
En este sótano de hoy, la magia sigue igual	In diesem Souterrain von heute, ist die Magie noch die gleiche,
y un duende nos recibe en el umbral.	und ein Kobold empfängt uns an der Türschwelle.
Viejo Tortoni.	Altes Tortoni.
En tu color	In Deiner Farbe
están Quinquela y el poema de Tuñon.	sind Quinquela[1] und das Gedicht von Tuñon.
Y el tango aquel de Filiberto,	Und jener Tango von Filiberto,
como vos, no ha muerto,	wie Du, ist er nicht gestorben,
vive sin decir adiós.	er lebt ohne Adiós zu sagen.

...sowie Autor von *Aquella Reina del Plata* und *Apuesto por la vida*, unter etlichen weiteren Texten.

---

[1] Martín Benito Quinquela – argentinischer Maler

Eine Frau, Eladia Blázquez, die mit einer eigentümlichen Intonation und häufig humoristischen Augenzwinkern singt, schreibt – wie Ferrer und Negro– Texte für die heutige Wirklichkeit. Die Stadt ist einmal mehr Hintergrund und tägliche Realität. Und so gesteht sie:

aunque me dé la espalda de cemento
me mire transcurrir indiferente,
es ésta mi ciudad y ésta es mi gente
y es el sitio donde a morir, me siento.
¡Buenos Aires!...
Para el alma mía no habrá geografía
mejor que el paisaje...
de tus calles,
donde día a día me gasto los miedos
las suelas y el traje...

Auch wenn sie mir den Rücken aus Zement zukehrt,
mich gleichgültig vergehen sieht,
ist dieses meine Stadt und dies sind meine Leute
und es ist der Ort, wo ich mich zum Sterben niederlasse.
Buenos Aires!...
Für meine Seele wird es keine bessere Geographie geben
als die Landschaft
Deiner Straßen,
wo ich Tag für Tag meine Ängste abnutze,
die Schuhsohlen und den Anzug..

...und schließt mit der Feststellung:

No podría...
vivir con orgullo,
mirando otro cielo que no fuera el tuyo.

Ich könnte nicht..
mit Stolz leben,
und dabei einen anderen Himmel schauen, der nicht der Deine wär.

Aus *Mi ciudad y mi gente*

Eladia spricht ebenso von den Charakteren, den Gewohnheiten und den Eigentümlichkeiten der *porteños*. Sie erwähnt die Sonntagsruhe, die *fiaca*[2], den Zorn. Man sieht sie tiefsinnig, wenn sie bemerkt:

Los miedos que inventamos	Die Ängste, die wir erfanden
nos acercan a todos	näheren uns allen an,
porque en el miedo estamos	denn in der Angst sind wir
juntos, codo con codo...	zusammen, Seite an Seite...
Por temor que nos roben	Aus Furcht, daß sie uns
el amor, la paciencia	die Liebe, die Geduld rauben
y ese pan que ganamos	und dies Brot, das wir uns
con sudor y a conciencia.	mit Schweiß und Gewissenhaftigkeit verdienen.
La soledad es el miedo	Die Einsamkeit ist die Angst
que se teje callando,	die sich schweigend webt,
el silencio es el miedo	die Stille ist die Angst,
que matamos hablando,	die wir töten, wenn wir sprechen
¡y es un miedo el coraje	und es ist eine Angst der Mut
de ponerse a pensar,	anzufangen an die letzte Reise
en el último viaje...	zu denken...
sin gemir, ni temblar!...	ohne Stöhnen, noch Zittern!...

Aus *El miedo de vivir*

und nostalgisch, wenn sie Erinnerungen heraufbeschwört:

Mi barrio fue una planta de jazmín,
la sombra de mi vieja en el jardín,
la dulce fiesta de las cosas más sencillas
y la paz en la gramilla de cara al sol.
...La geografía de mi barrio llevo en mí,
será por eso que del todo no me fui:
la esquina, el almacén, el piberío
los reconozco...son algo mío...
Ahora sé que la distancia no es real
y me descubro en ese punto cardinal,
volviendo a la niñez desde la luz,
teniendo siempre el corazón mirando al sur

Mein Viertel war eine Jasminpflanze,
der Schatten meiner alten Mutter im Garten,

[2] *fiaca* – aus dem Italienischen ins Argentinische eingegangene Bezeichnung für „Schlappheit, Unlust zum Arbeiten, Erschöpftsein."

das süße Fest der einfachsten Dinge
und der Frieden auf dem Rasen, Gesicht zur Sonne.
...Die Geographie meines Viertels trag ich in mir,
deshalb wird es wohl sein, daß ich nicht ganz weggegangen bin:
die Ecke, der Laden, die Jungenbande
ich erkenne sie...sie sind etwas von mir...
Ich weiß jetzt, daß die Entfernung nicht wirklich ist
und entdecke mich an diesem Kardinalspunkt,
wie ich zurückzugehe zur Kindheit, vom Licht aus,
immer mit dem Herz gen Süden blickend.

Aus *El corazón al sur*

Tourneen, Auftritte und Shows sowie Premieren in Städten wie Paris, Genf, New York oder Tokio, die selbst von den schärfsten Kritikern einhellig gelobt wurden, beweisen das wieder aufgekommene Interesse der Kulturmetropolen dieser Welt am Tango.

Astor Piazzolla rückte – wie bereits gesagt wurde – in die erste internationale Reihe, und ein Film mit seiner und der Musik von José Luis Castiñeira de Dios, dessen Handlung sich auf die Mythologie des Tango stützt, wie *El exilio de Gardel* vom argentinischen Filmemacher Fernando Solanas, wurde auf den wichtigsten Filmfestivals der Welt ausgezeichnet. Der Film, nach dem vom Regisseur selbst verfaßten Drehbuch, skizziert eine Geschichte, in der sich die politische Realität einer durch die Diktatur hervorgerufenen Verbannung mit den Schlüsselfiguren der Musik von Buenos Aires – die als Personen verkörpert sind oder als Gespenster auftreten – vermischt: Enrique Santos Discépolo, Osvaldo Pugliese, Roberto Goyeneche und selbstverständlich das Idol, das dem Film den Titel gab: Gardel, der auftritt, um mit keinem Geringeren, als dem General San Martín ein Zwiegespräch zu führen.

Im Laufe eines Jahrhunderts, seit seinen ungewissen Anfängen in schäbigen Refugien der gesellschaftlichen Randschichten, vollbrachte der Tango seinen unaufhörlichen Aufstieg, bis er zum Synonym des Landes wurde, das ihn hervorgebracht hatte. Er war und ist Produkt und Widerschein einer Gesellschaft, die – wie Sabato aufzeigt – aus einer Vermischung hervorging. Aus der Verbindung einheimischer mit anderen, importierten Rhythmen entstand die Musik von Buenos Aires; aus der Mixtur von *criollos*, Italienern, Spaniern, Arabern und Juden entstand der argentinische Mensch, dessen musikalisches Spiegelbild der Tango war und ist. Selbst seine Krisen, Regressionen, Euphorien und Niederlagen sind die gleichen, die sein Vaterland Argentinien erlitten hat.

Erklärungen spanischer und argentinischer Ausdrücke

academia – Die „Tanzakademien“ für den Tango waren keine Tanzschulen im heutigen Sinne; vielmehr waren es Orte, an denen man gegen Geld Frauen zum tanzen mieten konnte.
adiós – Abschiedsgruß; entspricht dem französischen „Adieux“.
arrabal – Die „Vorstadt“ von Buenos Aires ist nicht nur eine stadtgeographische Bezeichnung, sondern implizierte ihre von Kriminalität und Armut gekennzeichnete Kultur.
arrabalero – 1. Mann aus der Vorstadt bzw. mit den Wesensmerkmalen der Vorstadt behaftete Person, bzw. aus der Vorstadt kommend.

bacán – Bezeichnung für einen in der Regel wohlhabenden „Lebemann“.
bailarín – Tänzer
bailongo – Tanzstätte
bandoneón – Das Instrument des Tango wurde zwar in Deutschland erfunden und hergestellt, entwickelte sich jedoch durch den Tango zu einem argentinischen Instrument (deshalb wurde in diesem Buch die spanische Schreibweise anstatt der deutschen gewählt).
barrio – Das Stadtviertel; es ist nicht nur eine verwaltungstechnische Untereinheit der Stadt, sondern steht für eine Kultur des nachbarschaftlichen Lebens, des kleinen Cafés, seiner „berühmten“ Persönlichkeiten etc.

cafés de camareras – In diesen Cafés konnte man die Kellnerinnen (*camareras*) zum Tanz mieten.
cafishio/cafiolo – Zuhälter
cambalache – 1. Pfandhaus, Trödelladen 2. ungeordneter Haufen von Plunder, Rumpelkammer, Chaos.
caminada – Bezeichnung für das gemeinsame Gehen des Tanzpaares beim Tango.
canfinflero – Zuhälter
canción – Lied
candombe/candombero – Aus Afrika stammender Rhythmus und Tanz, der nach wie vor im heutigen Uruguay gespielt und getanzt wird.
cantor de tangos – Tangosänger
canyengue – 1. Bezeichnung für einen wenig vornehmen, jedoch ursprünglichen und forschen Stil beim Tanzen bzw. Singen des Tango; 2. musikalisches Stilmittel in den Orchestern

caudillo – Politischer Anführer
chabón – Dummkopf; ein Wort, mit dem ursprünglich der Mann bezeichnet wurde, der für die Dienste einer Frau bezahlen mußte.
china, chinita – Die „Chinesin" war ursprünglich der Name für die Indiofrauen und hat sich in Südamerika im Laufe der Zeit als Bezeichnung für alle dunkelhaarigen Frauen eingebürgert.
clandestino – Heimliches, illegales Bordell
cocoliche – 1. Kauderwelsch der italienischen Immigranten; 2. Name für den in den Volkstheaterstücken dargestellten Prototyp dieses italienischen Einwanderers.
codillo – argentinisches Kartenspiel
compadre – Gefürchteter, aber ebenso geachteter Messerheld
compadraje – Gesellschaft von *compadres*
compadrito – Die unbeliebte, „halbstarke" Variente des *compadre*
compadrón – Bezeichnung – mit negativem Unterton – für den Messerhelden
conquistador – Eroberer von Amerika
conventillo – Mietsbarracke im Buenos Aires der Jahrhundertwende, in der vor allem die angekommenen Immigranten zusammengepfercht wohnten.
corte y quebrada – „Der Schnitt und die Brechung" waren charakteristische Elemente der Anfangszeiten des getanzten Tango (der „Schnitt", das Innehalten, bei dem das Paar seine Achse „bricht", sich verrenkt, sich biegt).
criollo – Der argentinische „Kreole" ist der (vor der Einwanderungswelle) im Land geborene Argentinier, der aus der Vermischung der Eroberer mit den einheimischen Indios hervorgegangen ist.
cuarteador, cuarta – Berufsbezeichnung für jemanden, der mit seinen schweren Kaltblutpferden Kutschen oder Fuhrwagen bei Steigungen zu Hilfe kamen.

Doble A – Das Doppel A steht für Alfred Arnold bzw. die aus seiner Fabrik hergestellten Instrumente, die unter den Tangomusikern als die besten *bandoneones* gelten.

firulete – Verziehrung beim Tangotanzen, z.B. eine „Zeichnung" auf dem Boden, die der Tänzer mit dem Fuß ausführt, ohne damit seinen Tanzpartnerin zu stören.
fuelle/fueye – „Balg" steht als Synonym für das *bandoneón.*
funyi/funghi – Mit „Pilz" bezeichnete man einen Filzhut, der damals in Mode war.

gaucho – Der argentinische „Cowboy“ war ursprünglich eine Art Trapper, ein freier Mann, der in der weiten Pampa wohnte und sich von den herumlaufenden Rindern ernährte, von denen die Besitzer in jenen Tagen nur das Fell für sich beanspruchten. Mit der Zeit wurde der freie Gaucho zum abhängigen Landarbeiter „degradiert“, Trotzdem hat er bis zum heutigen Tag seinen stoltzen und unabhängigen Charakter und seinen Edelmut bewahrt.
gavión – Der Galan, der mit Charme die Frauen verführt, es mit seiner Liebe aber nicht besonders ernst meint.
giro – Tangotanzfigur, bei der sich die Frau in einem Kreis um den Mann herum bewegt.
gotán – Tango (durch Vertauschen der Buchstaben aus dem Wort Tango entstanden)
grela – (Schöne) Frau
gringo – Ausdruck für „Nicht-*criollo*“, für einen „Weißen“, einen Europäer oder Nordamerikaner.
guapo – Gefürchteter und respektierter Messerheld
guardia vieja – Die alte Garde der Tangomusiker
guardia nueva – Die neue Garde der Tangomusiker

habanera – Aus Kuba stammender Tanz im 2/4 Takt, der ein „Vorfahre“ des Tango ist.

indiada – Die „Indianergruppe“ ist eine Unterform der *patota*, zusammengesetzt aus Schlägern niedrigerer Herkunft.

lora/loro – Die gerade aus Europa angekommene Prostituierte wurde mit diesem Wort als „Papageienweibchen“ bezeichnet.
lunfardo – „Dieb“ (aus dem Italienischen stammend); im Argentinischen steht dieses Wort für einen in der Unterwelt von Buenos Aires entstandenen Jargon, der in die heutige Umgangssprache Eingang gefunden hat.

macró – Französischer Zuhälter
malevaje – Welt der *malevos*, Unterwelt
malevo – Gefürchteter aber nicht geschätzter Messerstecher und Bandit.
mate/matecito – Einen Matetee zu trinken ist in Argentinien ein nationales Ritual, bei dem ein mit Matetee, der *yerba mate*, gefüllter Trinkbehälter, der *mate*, herumgereicht wird, wobei der mit heißem Wasser aufgegossene Sud mittels eines Trinkröhrchen, der *bombilla*, getrunken wird.

matón – Messerstecher, Killer
medialuna – „Halbmond“, argentinische Bezeichnung für 1. Croissant; 2. Tangofigur, bei der der Mann mit seinen Füssen einen Halbmond auf dem Boden beschreibt.
milonga – Ländliche Weise und „Vorfahre“ des Tango, die als eigener Rhythmus auch in das Repertoire des *orquesta típica* aufgenommen wurde; ebenfalls Bezeichnung für den Ort, an dem Tango getanzt wird.
milonguero/milonguera – 1. Zur *milonga*, dem Ort, an dem Tango getanzt wird, gehörig; 2. Stammgast der *milonga*. Die Bezeichnung impliziert die Verwurzelung im Tangomilieu; 3. Sänger der *milonga*.
milonguear – Zum Tangotanzen ausgehen.
milonguita – Die als solche bezeichnete „Tangofrau“ war in der Regel auch „käuflich“.
mina – Frau, Mädchen
mishé – Älterer Mann, der großzügig für die „Gefälligkeiten“ einer Frau bezahlt.

ocho – „Acht“ ist der Name einer Tangotanzfigur, bei der die Frau mit ihren Füßen eine „Acht“ auf dem Boden zeichnet.
orilla – 1. Stadtrand (siehe *arrabal*); 2. Ufer
orillero – 1. Zum Stadtrand gehörig; 2. Bewohner des Stadtrands (siehe *arrabal*)
orquesta típica – Zuerst von Vicente Greco verwendeter Begriff für das Tangoorchester, das sich bis zum Aufkommen der Riesenorchester typischerweise aus sechs Musikern zusammensetzte.
otario – Dummkopf, insbesondere, der von einer Frau ausgenutzte Mann; der Mann, der für die Frau bezahlt, ohne dafür etwas zu bekommen.

papirusaje – Ansammlung von schönen Frauen, *papirusas* bzw. *papusas*.
papusa – (Schöne) Frau, Mädchen
patota – Trupp aus jungen Männern, die sich ein Vergnügen machten in öffentlichen Lokalen Saalschlachten und Schlägerein zu veranstalten.
patotero – Mitglied einer *patota*
payada – Ländlicher Sprechgesang und Vorgänger der *milonga*.
payador – Sänger der *payada*
percanta – Frau, Mädchen
peringundin – Bescheidene, einfach ausgestattete Tanzstätte

piropo – Bezeichnung für die typischen „Komplimente", die die Männer in Argentinien den vorbeigehenden Frauen in der Öffentlichkeit hinterherrufen.
porteño – (Vom Wort *puerto* – Hafen abgeleitet) 1. Zu Buenos Aires gehörig/ aus Buenos Aires stammend; 2. Bewohner von Buenos Aires
pulpería – Eine Art Lebensmittelgeschäft, in dem man auch Getränke zu sich nehmen konnte.
pupila – Prostituierte

quebrada – Siehe: *corte y quebrada*

rana – Der „Frosch" ist der Gerissene, der „Fuchs".
ranchera – Von der Mazurka abgeleitete Tanzweise; wie der Name sagt, wurde sie auf dem Land – auf den Ranchos, den Bauernhöfen – getanzt bzw. gespielt.
rezongo – Bezeichnung für langgezogenen, wehklagenden Ton.
rufian – Zuhälter und Gauner

suburbio – Vorstadt (siehe *arrabal*)

taita – Kühner Mann, *guapo*
tanguero/tanguera – Mann/Frau des Tango, Bezeichnung, die sich sowohl auf einen Musiker, Tänzer oder einfach nur den Anhänger des Tango beziehen kann.
tanguito – „Kleiner Tango"
tangazo – Verstärkungsform von „Tango", im Sinne von „genialer Tango"
tango canción – Das „Tangolied" im eigentlichen Sinne; es tritt mit dem Tango *mi noche triste* von Contursi 1917 in Erscheinung.
truco – Ist *das* argentinische und uruguayische Kartenspiel. Es zeichnet sich unter anderem dadurch aus, daß die Spieler durch „Lügen" bzw. Tricks *(trucos)* den Spielverlauf beeinflußen. Bei mehreren Spielern verständigen sich die Mitspieler einer der beiden, gebildeten Parteien mit geheimen Zeichen, was dem Spiel einen zusätzlichen Reiz verleiht.
tuteo – Gebrauch des *tú* in der zweiten Person Singular; vergleiche *voseo*

vals – Walzer
voseo – Der in Mittel- und Südamerika verbreitete Gebrauch des *vos* anstatt des im modernen Spanisch üblichen *tú* in der zweiten Person Singular.

Zeittafel

1810
Am 25. Mai wird der spanische Vizekönig von Río de la Plata abgesetzt, und eine autonome Regierung gebildet.

1816
Am 09. Juli erklären die Vereinigten Provinzen des Río de la plata ihre Unabhängigkeit von Spanien. Es beginnen die Kämpfe zwischen den Föderalisten und den Unitariern.

1872
Präsidentschaft von Domingo Faustino Sarmiento.
Das Gaucho-Epos *Martín Fierro* von José Hernández wird veröffentlicht.

1873
Niederschlagung des letzten, föderalen Aufstands, der von Ricardo López Jordán angeführt wird.

1874
In La Verde wird der Aufstand des General Bartolomé Mitre, der sich gegen den neugewählten Präsidenten Nicolás Avellaneda richtet, niedergeschlagen.

1874
Die ersten Zeugnisse des Tango: Die Mitre-getreuen Truppen des General Arredondo stimmen die Strophen von *El Queco* an.

1877
Edison erfindet den Phonographen.
Juan Manuel de Rosas stirbt in Southhampton (England)

1878
In Argentinien finden die ersten Arbeiterstreiks statt.

1879
Der General Roca führt die *Campaña del Desierto* zur Eliminierung der eingeborenen Indios durch. Die erschlossenen Länder (vor allem Patagonien) werden unter wenigen Großgrundbesitzern aufgeteilt, von denen einige mehr als 10.000 qkm Land erhalten.

1880
Buenos Aires wird Hauptstadt der Republik, Roca ihr gewählter Präsident.

1888
Sarmiento stirbt in Asunción (Paraguay).

1889
Malatesta besucht Buenos Aires und setzt die anarchistische Bewegung in Gang.

1890
Zivile und militärische Revolution gegen die Regierung von Miguel Juárez Celman. Trotz der Niederschlagung der Revolte tritt der Präsident zurück.

1893
Ein erneuter, kleiner Aufstand der „Radikalen" unter dem Kommando Hipólito Yirigoyens wird niedergeschlagen. Yirigoyen wird verbannt.

1895
Laut Zählung hat Argentinien 3.956.000 Einwohner. In Buenos Aires leben 667.786, davon sind 359.425 Ausländer.
In Frankreich werden die ersten Filmprojektionen von den Gebrüder Lumières aufgeführt.

1897
José Sixto Alvarez (Fray Mocho) veröffentlicht unter dem Pseudonym Fabio Carrizo, *Memorias de un vigilante* ein Schlüsselwerk der Milieuschilderung von Buenos Aires und Exponent der Sprache der Stadt.

1898
Erstes Erscheinungsjahr der Zeitschrift *Caras y Caretas*, die einen einige Jahrzehnte anhaltenden, kulturellen Einfluß ausüben sollte.

1888
In den Bordellen hört man den Tango *Dame la lata.*

1890
Die ersten Interpretationen von *Bartolo.*

1898
Ernesto Ponzio komponiert den Tango *Don Juan.*

1901
Im Laufe des Jahres treffen 125.951 Einwanderer ein, die sich nahezu ausschließlich in Buenos Aires ansiedeln. Das erste Automobil wird importiert.

1903
Villoldo spielt zum ersten Mal seinen Tango *El choclo.*

1904
Domingo Santa Cruz macht seinen Tango *Unión Civica* bekannt.

1905
Ein weiterer von Hipólito Yirgoyen angeführter Aufstand wird niedergeschlagen.

1905
Saborido und Villoldo schreiben *La Morocha.*

1906
Tod von Bartolomé Mitre.

1906
Augusto Berto spielt zum ersten Mal *La Payanca.*

1908
Evaristo Carriego veröffentlicht *Misas herejes.*

1909
Eduardo Arolas spielt zum ersten Mal *Una noche garufa.*

1910
Hunderjahrfeier der Unabhängigkeit Argentiniens

1912
Das Gesetz Sáenz Peña, das allgemeine und geheime Wahlen einführt, wird verkündet.

1912
Das *Armenonville*, das erste Cabaret in Buenos Aires, wird eröffnet.

1914
In Europa bricht der Erste Weltkrieg aus

1915
Es erscheinen die *Versos rantifusos* von Felipe Fernández „Yacaré“, das erste herausragende Buch der *Lunfardo*-Dichtung.

1915
Der *payador* José Betinoti stirbt.

1916
Aus den ersten freien Präsidentschaftswahlen geht Hipólito Yrigoyen als Sieger hervor.
In Nicaragua stirbt der Dichter Rubén Darío.

1916
Der *payador* Gabino Ezeiza stirbt.

1917
Bolschewistische Revolution in Russland.

1917
Carlos Gardel singt *Mi noche triste*; Geburt des *tango-canción*.
In Montevideo spielt Roberto Firpo die Uraufführung des Tangos *La cumparsita* von Gerardo Matos Rodríguez.

1918
Fresedo gründet sein erstes Orchester.

1919
Semana Trágica in Buenos Aires. Streikende Arbeiter werden niedergemetzelt. Am Tag der Bestattung findet ein erneutes Massaker statt. Bewaffnete Nationalisten organisieren Progrome in den jüdischen Vierteln der Stadt.

1921
Das Heer unterbindet einen Streik von Landarbeitern in Patagonien; es gibt mehrere hundert Tote.

1922
Marcelo T. de Alvear, Führer des konservativen Flügels des Radicalismo tritt die Nachfolge des Präsidenten Yrigoyen an und bricht mit diesem, indem er die „antipersonalistische“ Fraktion der UCR gründet.

1922
Ignacio Corsini singt *Patotero sentimental*, einen prototypischen Tango für die zwanziger Jahre.

1923
Azucena Maizani beginnt ihre Karriere mit der Aufführung des Tangos *Padre nuestro*.

1924
Die literarische Zeitschrift *Martín Fierro* erscheint.

1924
Julio de Caro gründet sein Orchester.

1925
Erste Europareise von Carlos Gardel; er singt in Madrid.
Francisco Canaros Debüt in Paris.

1926
Erstes Buch von Raúl González Tuñón: *El violín del diablo*.
Ricardo Güiraldes veröffentlicht *Don Segundo Sombra*.

1926
Uraufführung des Tangos *El ciruja*, dem besten *Lunfardo* Text, sein Autor: Alfredo Marino.

1928
Wiederwahl Yrigoyens zum Präsidenten mit überwältigender Mehrheit.

1928
Gardel debütiert mit Erfolg in Paris und bleibt dort mehrere Monate, um auf verschiedenen Bühnen zu singen.

1930
Militärputsch unter General José Félix Uriburu, der Hipólito Yrigoyen absetzt.
1931
Raúl Scalabrini Ortiz veröffentlicht *El hombre que está solo y espera.*
Aufgrund des triumphalen Wahlsiegs der „Radikalen" annulliert die Regierung die Gouverneurswahlen der Provinz Buenos Aires.
Victoria Ocampo veröffentlicht die Zeitschrift *Sur*.
1933
Roca-Runciman-Abkommen zwischen Argentinien und Großbritannien: Die Abhängigkeit bekommt ihr gesetzliches Instrument.
1935
„Fleischdebatte" im nationalen Senat. Mordanschlag, dem der Senator Bordabehere zum Opfer fällt.
Gründung der FORJA, einer yirogyenistischen Gruppierung, die von Arturo Jauretche angeführt wird und in Gegnerschaft zur alvearistischen Richtung des *radicalismo* auftritt.
1936
Ausbruch des spanischen Bürgerkrieges.
1937
Roberto M. Ortiz (antipersonalistischer Radikaler) und Ramón Castillo (Konservativer) gewinnen mittels Wahlbetrug gegen die radikalen Kandidaten Marcelo T. de Alvear und Mosca.
1938
Selbstmord von Leopoldo Lugones.
1939
Selbstmord von Lisandro de la Torre.
Deutschland marschiert am 01. Sep-

1929
Sofía Bozán stellt den Tango *Yira Yira* von Enrique Santos Discépolo vor.

1935
Carlos Gardel stirbt bei einem Flugzeugzusammenstoß auf der Startbahn von Medellín (Kolumbien).
Juan D'Arienzo debütiert mit seinem Pianisten Rodolfo Biagi im Cabaret Chantecler und begründet damit einen neuen, strikt tanzbaren Stil.

1936
Luis und Héctor Bates veröffentlichen den ersten Band ihres unvollendet gebliebenen Werkes *Historia del tango.*

1939
Debüt des Orchesters von Osvaldo Pugliese.

tember in Polen ein. Beginn des Zweiten Weltkrieges.

Ende des spanischen Bürgerkrieges.

1940

Uraufführung von *Un guapo del 900* von Samuel Eichelbaum.

1943

Ein Militärputsch beendet die Präsidentschaft von Castillo.

1944

Erdbeben von San Juan.

Juan Domingo Perón und Eva Duarte lernen sich kennen.

1945

Ende des Zweiten Weltkrieges. In Italien wird Benito Mussolini erschossen, Adolf Hitler begeht Selbstmord.

Am 17. Oktober erzwingt eine Großdemonstration zur Unterstützung Peróns dessen Freilassung aus der kurz vorher veranlaßten Haft. Mit diesem Akt beginnt sein Weg zur Präsidentschaft.

1946

Das Gespann Perón-Quijano triumphiert bei den Wahlen am 24. Februar und ergreift am 4. Juni die Macht.

1947

Die englische Eisenbahngesellschaft wird argentinisches Eigentum.

1948

Ernesto Sabato veröffentlich *El túnel.*

Leopoldo Marechal veröffentlich *Adán Buenosayres*.

1949

Verfassungsreform.

1951

Juan Domingo Perón wird für eine neue Amtsperiode wiedergewählt.

Julio Corázar veröffentlicht *Bestiario*.

1943

Tania singt das erste Mal den Tango *Uno* von Discépolo.

Erlaß, der das *Lunfardo* in den Tangotexten untersagt.

Pugliese komponiert *La Yumba*.

1944

Alberto Castillo beginnt seine Solokarriere.

Discépolo veröffentlicht den Tango *Canción desesperada.*

Horacio Salgán gründet sein Orchester.

1948

Aníbal Troilo und Homero Manzi schreiben den Tango *Sur.*

Der Tango *Cafetín de Buenos Aires* wird uraufgeführt.

1951

Es sterben Homero Manzi und Enrique Santos Discépolo.

Troilo komponiert *Responso.*

Astor Piazzolla komponiert *Prepárense.* *Ché bandoneón* von Troilo und Manzi kommt zur Uraufführung.

1953

Horacio Salgán schreibt *A fuego lento.*

1954

Lo que vendra von Astor Piazzolla.

1955

Am 16. Juni bombardieren die Flugzeuge der Marine die Plaza de Mayo, es gibt hunderte von Todesopfern.

Juan Domingo Perón verliert durch einen Militärputsch am 16. September sein Präsidentenamt.

1956

Am 09. Juni wird ein properonistischer militärischer Aufstand von der Regierung unter General Pedro Eugenio Aramburu mit Gewalt niedergeschlagen. Mehr als zwanzig Personen werden erschossen.

1956

La última curda von Troilo und Castillo wird uraufgeführt.

1958

Arturo Frondizi gewinnt mit Unterstützung der Peronisten (die Partei ist weiterhin verboten) die Präsidentschaftswahlen mit mehr als vier Millionen Stimmen - gegenüber 2.500.000 für Ricardo Balbín.

1958

Piazzolla gründet sein *Octeto de Buenos Aires*

1959

Der kubanische Diktator Fulgencio Batista wird gestürzt. Fidel Castro marschiert an der Spitze seiner Guerilleros in Havanna ein.

1960

J. L. Borges veröffentlicht *El hacedor.*

Es erscheint *Sobre héroes y tumbas* von Ernesto Sabato.

1960

Gründung des *Quinteto Real.* Die Mitglieder: Horacio Salgán, Ubaldo De Lío, Enrique Mario Francini, Pedro Láurenz und Rafael Ferro.

Astor Piazzolla gründet sein Quinteto Nuevo Tango.

1962

Eine neuer Putsch. Frondizi kommt ins Gefängnis Martín García. Der Senatspräsident José María Guido übernimmt die Präsidentschaft.

Es erscheint die Zeitschrift *Primera Plana*, die dieses Jahrzehnt prägen wird.

Kämpfe zwischen gegnerischen Gruppierungen der Streitkräfte, den sogenannten „Blauen und Roten“. Es heißt einige wollen Wahlen, andere eine Militärregierung. In der Provinz Buenos Aires finden Kämpfe statt.

1963

Arturo Humberto Illia kommt – bei verbanntem Peronismus – durch Präsidentschaftswahlen an die Macht

Rayuela von Julio Cortázar erscheint.

1964

Internationaler Erfolg der Beatles.

1966

Der Präsident Illia wird durch einen Militärputsch unter General Juan Carlos Ongania abgesetzt.

1967

Susana Rinaldi nimmt ihre erste Langspielplatte auf: *La mujer del tango.*

1968

Roberto Goyenche debütiert im Caño 14, Beginn seiner Popularität.

Astor Piazzollas *operita María de Buenos Aires* mit Versen von Horacio Ferrer wird uraufgeführt.

Das *Sexteto Tango* wird gegründet.

1969

Arbeiter und Studenten organisieren in der Stadt Córdoba (Argentinien) einen Volksaufstand, der unter dem Namen *Cordobazo* bekannt ist.

1969

Piazzolla hat mit *Balada para un loco*, auch mit Versen von Horacio Ferrer, seinen ersten großen Publikumserfolg.

1970

Die Organisation *Montoneros* ermordet den General Pedro Eugenio Aramburu.

Der General Ongania wird durch seine eigenen Waffenbrüder von der Macht behoben. Der General Roberto Marcelo Levingston nimmt seine Stelle ein.

1972

Juan Domingo Perón kehrt nach achtzehn Exiljahren ins Land zurück.

1973

Der Peronismus gewinnt die Wahlen. Cámpora tritt die Präsidentschaft an. Nach anderthalb Monaten tritt er zurück, und Raúl Lastiri regiert zwischenzeitlich bis im September Juan Domingo Perón die neuen Wahlen gewinnt und am 12. Oktober die Präsidentschaft antritt.

1973

Das *Sexteto Mayor* wird gegründet.

1974

Nach dem Tod von Juan Domingo Perón wird dessen dritte Frau, María Estela Martínez de Perón, Präsidentin.

1975

Tod von Aníbal Troilo und Cátulo Castillo.

1976

Militärputsch und Verbot sämtlicher politischer Parteien. Von den USA (CIA) unterstützte Verfolgungen linker Gruppierungen durch das Militärregime. In den nachfolgenden Jahren Verschleppung und Ermordung von ca. 30.000 Personen, die unter der Bezeichnung *desparecidos* (Verschwundene) als traumatische Erinnerung ins Volksgedächtnis eingehen.

1982

Islas Malvinas (Falklands) krieg. Nach Argentiniens Kapitulation Rücktritt von General Galtieri; General Reynaldo Bignone wird zum neuen Staatspräsidenten bestimmt.

1983

Bei den wieder stattfindenden freien Wahlen gewinnt die Unión Civica Radical; Raúl Alfonsín wird Staatspräsident.

Unter seiner Regierung stürzt Argentinien in eine Inflationskrise.

1983

Premiere der Tangoshow „Tango Argentino".

Der Tango als Tanz beginnt einen Siegeszug durch die Welt.

1987

Militärrevolte als Antwort auf die Pro-

zesse gegen die wegen Menschenrechtsverletzung angeklagten Militärangehörigen, worauf eine allgemeine Amnestie für Militäroffiziere ausgesprochen wird.
Rücktritt von Alfonsín nach Verlust der absoluten Mehrheit seiner Partei.

1989

Carlos Menem gewinnt die Präsidentschaftswahlen als Kandidat der peronistischen Partei und leitet einen umfassenden, internationalen Ausverkauf staatseigener Betriebe und Güter ein.

1992

Der neu eingeführte, argentinische Peso wird an den Dollar gebunden.
Trotz scheinbarer Stabilisierung der Wirtschaftslage des Landes sind die hauptsächlichen Nutznießer des „Menemismus“ internationale Großkonzerne.

2000

Bei den Präsidentschaftswahlen gewinnt De la Rúa und übernimmt ein mit internationalen Verträgen geknebeltes, hochverschuldetes Argentinien.

2001

Argentinien stürzt in eine schwere Wirtschaftkrise. Der ExPräsident Carlos Menem wird wegen schwerer Korruptionsvergehen verhaftet.

1990

Piazzolla erleidet einen Schlaganfall in Paris, an dessen Folgen er 1992 stirbt. Zu diesem Zeitpunkt ist er in der internationalen Musikszene der berühmteste argentinische Musiker und Komponist.
In Argentinien bilden sich in den 90er Jahren junge Tangoformationen.
Eine Legion argentinischer Tangolehrer und Tänzer verbreitet den Tangotanz in Europa und der ganzen Welt.
Ein internationaler Konsum und eine internationale Vermarktung des Tango als Tanz, Musik und Literatur beginnt.

1994

Pugliese stirbt im Alter von 89 Jahren; bis zuletzt war er mit seinem Orchester aufgetreten.

1995

Goyenche stirbt nach langer Krankheit.

1999

Enrique Cadícamo stirbt im Alter von 99 Jahren in Buenos Aires.

Quellennachweis

Aguirre Máximo: "Ayer de Buenos Aires: el cuartedor", in *La Prensa*, Buenos Aires, 24. August 1969.
Alburquerque, M. A.: "Antología de Tangos", *Ondas*, México, 1956.
Alen Lascano, Luis: "La Argentina ilusionada", *La Bastilla*, 1977.
"Homero Manzi: Poesía y Política" in *Todo es Historia*, N° 46, Buenos Aires, Februar 1971.
Alposta, Luis: "Antología del soneto lunfardo", *Corregidor*, 1971.
"Los bailes del internado" in "La historia del tango" Bd. 8 *Corregidor*, Buenos Aires, 1977.
Andrade, Juan Carlos y San Martín, Horacio: "Del debute chamuyar canero", *Peña Lillo*, Buenos Aires, 1967.
Ardiles Gray, Julio: "A Boedo no se le dice adiós", *La Opinión*, 13. April 1975.
Ardizzone, Osvaldo: "Enrique Cadíacamo, sólo nostalgias", in *Tiempo Argentino*, Buenos Aires, 14. Oktober 1984.
Atienza, Julio de: "Genealogía del tango argentino", in *Cuadernos Hispanoamericanos* N° 190, Madrid, Oktober 1965.
Ayestarán, Lauro: "El folclore musical uruguayo", *Arca*, Montevideo, 1967.

Bagala, Francisco: "Cardón y Malvón", in "La historia del tango", Bd. 14 *Corregidor*, Buenos Aires, 1979.
Barcia, José: "Discepolin", *Centro Editor de América Latina*, Buenos Aires, 1971.
"El Lunfardo de Buenos Aires", *Paidós*, Buenos Aires, 1973.
"Tango, tangueros y tangocosas", *Plus Ultra*, Buenos Aires, 1976.
"Charlo, el tango de salón", in "La historia del tango" Bd. 11, *Corregidor*, Buenos Aires 1978.
"Recuerdo", in "La historia del tango" Bd. 14 *Corregidor*, Buenos Aires, 1979.
Barletta, Leónidas: "Don Atilio", in "La historia del tango" Bd. 14, *Corregidor*, Buenos Aires, 1979.
Bates, Luis Héctor: "La historia del tango" (erster Teil), *Fabril Editora*, Buenos Aires, 1936.
Benarós León: "El tango y los lugares y casas de baile", in "La historia del tango" Bd. 2, *Corregidor*, BuenosAires, 1977.
Blazquez, Eladia: "Cancionero", *Torres Agüero*, Buenos Aires, 1982.
Borges, Jorge Luis: "El idioma de los argentinos", *Editorial Gleizar*, Buenos Aires, 1925.
und Bulrich, Silvina: "El compadrito. Su destino, sus barrios, su música", *Fabril Editora*, Buenos Aires, 1968.
und Clemente, José Edmundo: "El lenguaje de Buenos Aires", *Emecé*, Buenos Aires, 1963.
Bossio, Jorge: "Los cafés de Buenos Aires", *Schapire*, Buenos Aires, 1968.
und Gobello, Jose: "Tangos y letristas", *Plus Ultra*, Buenos Aires, 1979.
und Bracelli, Rodolfo: "La verdad total y definitiva sobre la muerte de Gardel" in *Gente*, Buenos Aires, 13. Dezember 1973.
Bugati, Enrique: "Gardelísimas: el zorzal político", in *Clarín*, Buenos Aires, 5. März 1985.
Byron, Silvestre: "Ricardo Güiraldes y el tango", in "La historia del Tango" Bd. 3, *Corregidor*, Buenos Ai res, 1977.
"Los años veinte", in "La historia del Tango" Bd. 6, *Corregidor*, Buenos Aires, 1977.
"La historia de la cumparsita", in "La historia del Tango" Bd. 6, *Corregidor*, Buenos Aires, 1977.

Cadícamo, Enrique: "Poemas de bajo fondo (viento que lleva y trae)", *Peña Lillo*, Buenos Aires 1964.
"La historia del tango en París", *Corregidor*, 1975.
"Roberto Firpo", in "La historia del tango" Bd. 4, *Corregidor*, Buenos Aires, 1977.
"Cancionero", *Torres Agüero*, Buenos Aires, 1977.
"Gardel en París: su debut", *Corregidor*, Buenos Aires, 1984.
Camps, Pompeyo: "De cómo Enrique Delfino ciego, revisó su pasado", in "La historia del tango" Bd. 6, *Corregidor*, Buenos Aires, 1977.
Canaro, Francisco: "Mis bodas de oro con el tango. 1906 – 1956", Buenos Aires, 1957.

Canto, Beatriz: "Homenaje a Antonio Cantó", in "La historia del tango" Bd. 15, *Corregidor*, Buenos Aires, 1980.
Carella, Tulio: "El tango, mito y esencia" *Editorial Doble P*, Buenos Aires, 1956.
"El sainete criollo. Antología", *Hachette*, Buenos Aires, 1957.
"Picaresca porteña, siglo XX", Buenos Aires, 1956.
Casadevall, Domingo: "El tema de la mala vida en el teatro nacional", *Kraft*, Buenos Aires, 1957.
"Buenos Aires: arrabal, sainete, tango", *Fabril Editora*, Buenos Aires, 1968.
Castellanos, Pintín: "Entre cortes y quebradas", Montevideo, 1948.
Carretero, Andrés V.: "El compadrito y el tango (el hombre de la Argentina comercial)", *Pampa y cielo*, Buenos Aires, 1964.
Carriego, Evaristo: "Misas herejes", *Tor*, Buenos aires, 1946.
Castillo, Cátulo: "Un verso que te lleva y te trae", in "La historia del tango" Bd. 9, *Corregidor*, Buenos Ai res, 1977.
Casinelli, Roberto: "Los cantores de Osvaldo Pugliese", en "La historia del tango" Bd. 14, *Corregidor*, Buenos Aires, 1979.
"Alfredo Gobbi", in "La historia del tango" Bd. 15, *Corregidor*, Buenos Aires, 1980.
Centeya, Julián: "La musa mistonga", *Freeland*, Buenos aires, 1964.
"Presencia viva del Zorzal", in "La historia del tango" Bd. 19, *Corregidor*, Buenos Aires, 1977.
Contursi, Pascual y Contursi, José María: "Cancionero", *Torres Agüero*, Buenos Aires, 1977.
Corsini, Ignacio (h): "Ignacio Corsini, mi padre", in *Todo es historia*, Buenos Aires, 1979.
Cortázar, Julio: "La vuelta al día en ochenta mundos", *Siglo XXI*, Buenos Aires, 1967.
Couselo, Jorge Miguel y Chierico, Osiris: "Gardel, mito – realidad", *Peña Lillo*, Buenos Aires, 1964
"El tango en el cine", in "La historia del tango" Bd. 8, *Corregidor*, Buenos Aires, 1977.
"Carta abierta a Pichuco", in *Clarín*, 18. Mai 1985.
Chávez, Fermín: "Compadritos, hombres de frac y guarangos", in *Clarín*, Buenos Aires, 25. Juli 1985.

Delfino, Armando: "Carlos Gardel (La verdad de una vida)", *Fabril Editora*, Buenos Aires, 1968.
De Caro, Julio: "El Tango en mis recuerdos", *Centurión*, Buenos Aires, 1964.
"El álbum de Julio De Caro", in *La Opinión Cultural*, Buenos Aires, 27. Juni 1976.
De Diego, J. A.: "José González Castillo", in *Clarín*, Buenos Aires, 8. August 1985.
De Dios, Horacio: "El último reportaje a Troilo", in "La historia del tango" Bd. 16, *Corregidor*, Buenos Aires, 1980.
De la Púa, Carlos: "La crencha engrasada", *Editorial Porteña*, Buenos Aires, 1954.
"Chau Morocho", in "La historia del tango" Bd. 9, *Corregidor*, Buenos Aires, 1977.
Del Campo, Isabel María: "Retrato de un ídolo (Vida y obra de Carlos Gardel)", *Editorial Albores*, Castelar, (Provincia de Buenos Aires), 1955.
Del Priore, Oscar: "Ángel Villoldo", in "La historia del tango" Bd. 3, *Corregidor*, Buenos Aires, 1977.
und andere: "2 x 4 = Tango", *Grupo Editor de Buenos Aires*, 1980.
Del Valle, Enrique Ricardo: "Lunfardología", *Freeland*, Buenos Aires, 1966.
Diez, Iván: "¡Ha muerto Carlos Gardel!" , in "La historia del tango" Bd. 9, *Corregidor*, Buenos Aires, 1977.
Discepolo, Enrique Santos: "Cancionero", *Torres Agüero Editor*, Buenos Aires, 1977.
De Paula, Tabaré: "El tango: una aventura política y social. 1910 – 1935" in *Todo es Historia*, Buenos Aires, März 1968.
Di Nubila, Domingo: "Historia del cine argentino", *Editorial Cruz de Malta – Shapire*, Buenos Aires, 1959.
Dos Santos, Estela: "Las mujeres del tango", *Centro Editor de América Latina*, Buenos Aires, 1972.
"Las cantantes", in "La historia del tango", *Centro Editor de América Latina*, Buenos Aires, 1972.
"Agustín Magaldi", in "La historia del tango" Bd. 13, *Corregidor*, Buenos Aires, 1978.

Eichelbaum, Edmundo: "El discurso gardeliano", in "La historia del tango" Bd. 19, *Corregidor*, Buenos Ai res, 1977.
"Portada", in "La historia del tango" Bd. 16, *Corregidor*, Buenos Aires, 1980.
"Carlos Gardel", *Editorial Vergara*, Buenos Aires, 1985.

Ellif, Osvaldo: "Introducción a la poesía rantifusa", *Editorial Aguataura*, Buenos Aires, 1967.
Ernié, Héctor: "Arolas", in "La historia del tango" Bd. 5, *Corregidor*, Buenos Aires, 1977.
"Los cantores de Troilo" in "A todo Troilo", *Clarín*, Buenos Aires, 18. März 1985.
Escardó, Florencio: "Geografía de Buenos Aires", *Eudeba*, Buenos Aires, 1966.
Etchebarne, Miguel D.: "La influencia del arrabal en la poesía argentina culta", *Kraft*, Buenos aires, 1955.
"Juan Nadie, vida y muerte de un compadre", *Albatros*, Buenos Aires, 1957.
"París y el tango argentino", in *La Nación*, Buenos Aires, 20. Oktober 1957.
Expósito, Homero: "Cancionero", *Torres Agüero Editor*, Buenos Aires, 1978.

Fernández, Felipe (Yacaré): "Versos rantifusos", *Freeland*, Buenos Aires, 1964.
Ferrán, Antonio: "La mala vida en el 900", *Arca*, Montevideo, 1967.
Ferrer, Horacio: "El tango, su historia y su evolución", *Peña Lillo*, Buenos Aires, 1960.
"El libro del tango (historia e imágenes)", *Osorio Vargas*, Buenos Aires, 1970.
"Gardel y su mito", in "La historia del tango" Bd. 9, *Corregidor*, Buenos Aires, 1977.
Ferro, Carlos: "El Tango y los intelectuales argentinos", Tegucigalpa, Honduras, 1972.
Fleouter, Claude: "Le tangó de Buenos Aires", *Jean Claude Lattés*, París, 1970.
Flores, Celedonio: "Chapaleando barro" *Editorial El Maguntino*, Buenos Aires, 1951.
"Cuando pasa el organito", *Freeland*, Buenos Aires, 1965.
"Cancionero", *Torres Agüero Editor*, Buenos Aires, 1977.
"Jilguerito criollo", in "La historia del tango" Bd. 9, *Corregidor*, Buenos Aires, 1977.
Foppa, Tito Livio: "Diccionario teatral del Río de la Plata", *Argentores*, Buenos Aires, 1961.
Ford, Aníbal: "Homero Manzi", *Centro Editor de América Latina*, Buenos Aires, 1971.
und Rivera Jorge und Romano, Eduardo: "Medios de comunicación y cultura popular", Editorial Legasa, Buenos Aires, 1985.
Franco, Lily: "Alberto Vacarezza", *Ediciones Culturales Argentinas*, Buenos Aires, 1975.
Freidemberg, Daniel: "Como Malena, tenía penas de bandoneón", *Clarín*, Buenos Aires, 6. September 1984.

Galasso, Norberto: "Discepolo y su época", *Editorial Jorge Alvarez*, Buenos Aires, 1967.
"Escritos inéditos de Enrique Santos Discepolo", *Editorial del Pensamiento Nacional*, Buenos Aires, 1981.
"Jauretche y su época (De Yrigoyen a Perón)", *Peña Lillo*, Buenos Aires, 1985.
Galvez, Manuel: "Historia de arrabal", *Hachette*, Buenos Aires, 1956.
Gallo, Blas Raúl: "Historia del sainete nacional", *Editorial Quetzal*, Buenos Aires, 1958.
García Jiménez, Francisco: "Vida de Carlos Gardel contada por José Razzano", Buenos Aires, 1951.
"Así nacieron los tangos", *Losada*, Buenos Aires, 1965.
"El tango, historia de medio siglo 1880 – 1930", *Eudeba*, Buenos Aires, 1965.
"Estampas de tango", *Editorial Raúl Alonso*, Buenos Aires, 1968.
"París, 1911: Las 'danses brunes' y el tango", *La Prensa*, Buenos Aires, Mai 1968.
"Rosendo Mendizábal y su entrerriano", La Prensa, Buenos Aires, 18. August 1968.
"El Káiser versus El Choclo", *La Prensa*, Buenos Aires, 21. Dezember 1969.
"Entre tango y furlana, arbitraje papal", *La Prensa*, Buenos Aires, 5. Juli 1970.
"Tango en Roma y Milán, vía París", *La Prensa*, Buenos Aires, 14. Februar 1971.
"Carlos Gardel" in "La historia del tango" Bd. 9, *Corregidor*, Buenos Aires, 1977.
"Cancionero", *Torres Agüero Editor*, Buenos Aires, 1978.
Garzón, Tobías: "Diccionario Argentino", Barcelona, 1910.
Germani, Gino: "Estructura social en la Argentina", *Raigal*, Buenos Aires, 1955.
Giacometti, Aquiles: "Troilo, ese amigo" in A todo Troilo, *Clarín*, Buenos Aires, 18. Mai 1985.
Gobello, José: "Lunfardía. Acotaciones al lenguaje porteño", *Argos*, Buenos Aires, 1953.
"Orígenes de la letra del tango", in "La historia del tango" Bd. 1, *Corregidor*, Buenos Aires, 1976.
"Tango, vocablo controvertido", in "La historia del tango" Bd. 1, *Corregidor*, Buenos Aires, 1976.
"Conversando tangos", *Editorial Peña Lillo*, Buenos Aires, 1976.

"Enrique Delfino y el tango-canción", in "La historia del tango" Bd. 6, *Corregidor*, Buenos Aires, 1977.
"Diccionario lunfardo", *Editorial Peña Lillo – Precursora – Nereo*, Buenos Aires, 1977.
"Desde el alma", in "La historia del tango" Bd. 12, *Corregidor*, Buenos Aires, 1978.
"Crónica general del tango", *Editorial Fraterna*, Buenos Aires, 1980.
und Bossio, Jorge: "Tangos y letristas", *Plus Ultra*, Buenos Aires, 1979.
und Payet, Luciano: "Breve diccionario lunfardo", *Peña Lillo*, Buenos Aires, 1959.
und Soler Cañas, Luis: "Primera antología lunfarda", *Las Orillas*, Buenos Aires, 1961.
und Stilman, Eduardo: "Diálogos de Villoldo", *Freeland*, Buenos Aires, 1964.
"Las letras de tango de Villoldo a Borges", *Editorial Brújula*, Buenos Aires, 1966.
Goldar, Ernesto: "La mala vida", *Centro Editor de América Latina*, Buenos Aires, 1971.
Gomez de la Serna, Ramón: "Explicación de Buenos Aires", *De la flor*, Buenos Aires, 1975.
González, Alberto: "¿Te acordás, Osvaldo, qué tiempos aquellos?" in *Siete Días*, Buenos Aires, 16. Septem ber 1976.
González Arrilli, Bernardo: "Buenos Aires, 1900", *Centro Editor de América Latina*, Buenos Aires, 1967.
González Castillo, José und Castillo Cátulo: "Cancionero", *Torres Agüero*, Buenos Aires, 1977.
González Tuñón, Enrique: "Tangos", *Borocaba*, Buenos Aires, 1953.
"Sobre el pucho", in "La historia del tango" Bd. 9, *Corregidor*, Buenos Aires, 1977.
Göttling, Jorge: "El ángel que tenía Vargas", *Clarín*, Buenos Aires, 7. Juli 1984.
"Pichuco anda escondido desde hace 10 años", *Clarín*, Buenos Aires, 18. Mai 1985.
Guibert, Fernando: "El compadrito y su alma", *Editorial Perrot*, Buenos Aires, 1957.
"Tangos", *Editorial Colombo*, Buenos Aires, 1962.
"Confesiones del tango" in Clarín Cultura y Nación, *Clarín*, Buenos Aires, 11. Dezember 1980.

Hernández Arregui, Juan José: "Imperialismo y cultura", *Amerindia*, Buenos Aires, 1957.

Jauretche, Arturo: "Los profetas del odio", *Trafac*, Buenos Aires, 1957.

Lafuente, Raúl F, Pesce Rubén y Visconte, Eduardo: "Los guitarristas de Gardel", in "La historia del tango" Bd. 9, *Corregidor*, Buenos Aires, 1977.
Lagos, Eduardo: "La Yumba", in "La historia del tango" Bd. 14, *Corregidor*, Buenos Aires, 1979.
Lamadrid, Juan Carlos: "El tango, sus poetas y sus cantores", *La Prensa*, Buenos Aires, 8. August 1953.
Lara, Tomás de y Roncetti de Panti, Inés: "El tema del tango en al literatura argentina", *Ediciones Culturales Argentinas*, Buenos Aires, 1961.
Lastra, F. Amadeo: "Recuerdos del 900", *Editorial Huemul*, Buenos Aires, 1965.
Lefcovich, S. Nicolás: "Estudio de la discografía de Aníbal Troilo", Buenos Aires, 1982.
Leonardo, Sergio: "La verdad y la leyenda del tango en París", *La Prensa*, Buenos Aires, 15. März 1953.
La Pera, Alfredo: "Cancionero", in "La historia del tango" Bd. 12, *Corregidor*, Buenos Aires, 1978.
Liacho, Lázaro: "Didáctica del tango", *La Prensa*, Buenos Aires, 28. Februar 1954.
Lima, Félix: "Extraña de Buenos Aires", *Editorial Solar – Hachette*, Buenos Aires, 1969.
Llanes, Ricardo M.: "Verdad y leyenda del café de Hansen", *La Prensa*, 28. August 1965.
López Héctor: "Aníbal Troilo, apuntes para una biografía" in "La historia del tango" Bd. 16, *Corregidor*, Buenos Aires, 1980.
Luna, Félix: "Alvear", *Libros Argentinos*, Buenos Aires, 1958.
Lynch, Ventura R.: "Folklore bonaerense", *Lajouanne Editorial*, Buenos Aires, 1953.

Madrazo, Jorge: "¿Qué hay de nuevo Astor Piazzolla?", in *Siete Días*, Buenos Aires, 27. März 1972.
Macaggi, José Luis: "Francisco García Jiménez, el amor a Buenos Aires", in "La historia del tango" Bd. 17, *Corregidor*, Buenos Aires, 1980.
Mafud, Julio: "Sociología del tango", *Americalee*, Buenos Aires, 1966.
Maggi, Carlos: "Gardel, Onetti y algo más", *Alfa*, Montevideo, 1967.
Manzi, Homero. "Canciones", *Torres Agüero Editor*, Buenos Aires, 1977.
Marambio Catán, Carlos: "60 años de tango (el tango que yo viví)", Buenos Aires, 1970.

Marechal, Leopoldo: "Historia de la calle Corrientes", *Editorial Municipalidad de la ciudad de Buenos Ai res*, 1937.
"Historia de la calle Corrientes", *Paidós*, Buenos Aires, 1967.
"Megafón", Sudamericana, Buenos Aires, 1970.
Marín, Carlos: "El tango, danza sin patria", in *Noticias Gráficas*, Buenos Aires, 26. Februar 1956.
Matamoro, Blas: "La ciudad del tango (tango histórico y nacional)", Galerna, Buenos Aires, 1969, 2te. verbesserte Auflage, 1989.
"Carlos Gardel", *Centro Editor de América Latina*, Buenos Aires, 1971.
"Orígenes musicales", in "La historia del tango" Bd. 1, *Corregidor*, Buenos Aires, 1976.
"Historia del tango", *Centro Editor de América Latina*, Buenos Aires, 1971.
Martínez, Tomás Eloy: "Gardel en París", in *Semana Gráfica*, Buenos Aires, 10. Juli 1970.
Martínez Estrada, Ezequiel: "Radiografía de La Pampa", *Losada*, Buenos Aires, 1957.
"La cabeza de Goliat", *Editorial Nova*, Buenos Aires, 1957.
Martini Real, J. C.: "Mañana será Gardel", in "La historia del tango" Bd. 9, *Corregidor*, Buenos Aires, 1977.
"Tango y literatura oral", *Clarín*, Buenos Aires, 2. August 1979.
"Sobre una poética de la vida cotidiana", in "La historia del tango" Bd. 17, *Corregidor*, Buenos Aires, 1980.
"Manzi, culto y popular", *Clarín*, Buenos Aires, 11. Dezember 1980.
Melaza Muttoni, Jorge: "Este es el rey de la noche porteña", in "La historia del tango" Bd. 16, *Corregidor*, Buenos Aires, 1980.
Milkewitz, Harry: "Psicología del tango", *Alfa*, Montevideo, 1964.
Morena, Miguel Ángel: "Historia artística de Carlos Gardel", *Freeland*, Buenos Aires, 1976.
Murray, Luis Alberto: "El ciudadano Manzione sin trompetas ni imperios", *Clarín*, Buenos Aires, 6. September 1984.

Negro, Héctor: "Los poetas actuales y el tango", *Clarín*, Buenos Aires, 4. Januar 1973.
"Chau", in "La historia del tango" Bd. 16, *Corregidor*, Buenos Aires, 1980.
"Gardel, alma del arrabal porteño", in "La historia del tango" Bd. 9, *Corregidor*, Buenos Aires, 1977.

Onega, Gladys, S.: "La inmigración en la literatura argentina: 1880 – 1910", *Galerna*, Buenos Aires, 1969.
Ordaz, Luis: "El tango en el teatro nacional", en La historia del tango T. 8, *Corregidor*, Buenos Aires, 1977.
Orgambide Pedro: "Gardel y la patria del mito", *Lagasa*, Buenos Aires, 1985.
Ortiz Oderigo, Néstor: "Africanismos en la coreografía del tango", *La Prensa*, Buenos Aires, 9. November 1979.

Páez, Jorge: "El conventilo", *Centro Editor de América Latina*, Buenos Aires, 1976.
Pagano, José: "Rimas Caneras", *Freeland*, Buenos Aires, 1965.
Pagés Larraya, A.: "Sala Groussac", Kraft, Buenos Aires, 1965.
Paolucci, Mario: "Orlando Goñi, un milonguero de ley. Su arte, su genio", in "La historia del tango" Bd. 15, *Corregidor*, Buenos Aires, 1980.
Payet Luciano y Gobello, José: "Breve diccionario lunfardo", *Peña Lillo*, Buenos Aires, 1959.
Paz, Hipólito, J.: "31 años después: el mito de Gardel", in *Confirmado*, Buenos Aires, 30. Juni 1966.
"Goyeneche, la mejor voz del tango", in *Confirmado*, Buenos Aires, 19. September1968.
Pelletieri, Osvaldo: "Tango (II)", in *Todo* es *Historia*, Buenos Aires, 1976.
"Siempre Contursi", in "La historia del tango" Bd. 17, *Corregidor*, Buenos Aires, 1980.
"El artista popular", *Clarín*, Buenos Aires, 18. Mai 1985.
Peña Rodríguez, Manuel: "Con Carlos Gardel en Long Island, a fines de 1934", in *La Nación*, Buenos Aires, September 1966.
Pérez Amuchástegui, Antonio J.: "Mentalidades argentinas", *Editorial Universitaria de Buenos Aires*, 1963.
Pesce Rubén: "La guardia vieja", in "La historia del tango" Bd. 3, *Corregidor*, Buenos Aires, 1977.
"Principales protagonistas de la guardia vieja", in "La historia del tango" Bd. 3, *Corregidor*, Buenos Aires, 1977.

"La evolución artística", in "La historia del tango" Bd. 9, *Corregidor*, Buenos Aires, 1977.
"Ignacio Corsini", in "La historia del tango" Bd. 10, *Corregidor*, Buenos Aires, 1978.
"Apéndices", in "La historia del tango" Bd. 10, *Corregidor*, Buenos Aires, 1978.
Petit de Murat, Ulyses: "La noche de Buenos Aires", *Editorial de la Municipalidad de la ciudad de Buenos Aires*, 1963.
"Presencia viva del tango", *Editorial Selecciones del Reader's Digest*, 1968.
Piana, Sebastián: "Del vals al vals criollo y al vals porteño", in "La historia del tango" Bd. 12, *Corregidor*, Buenos Aires, 1978.
Piazzolla, Astor: "Para divertirme otra vez", in *Confirmado*, Buenos Aires, 12. Oktober 1971.
Pintos, Juan Manuel: "Así fue Buenos Aires (Tipos y costumbres de una época, 1900 – 1950)", *Editorial Coni*, Buenos Aires, 1954.
Puccia, Enrique Horacio: "Juan de Dios Filiberto", in "La historia del tango" Bd. 6, *Corregidor*, Buenos Aires, 1977.
Puertas Crose, Roberto: "Psicopatología del tango", *Editorial Saphos*, Buenos Aires, 1959.

Quintana; Federico: "En torno a lo argentino", *Editorial Coni*, Buenos Aires, 1941.

Ratter, Hugo E.: "Villeros y villas miseria", *Centro Editor de América Latina*, Buenos Aires, 1971.
Rivera, Jorge B.: "Historias paralelas", in "La historia del tango" Bd. 1, *Corregidor*, Buenos Aires, 1976.
"Los límites de la crisis", *Clarín*, Buenos Aires, 2. August 1979.
Rivero, Edmundo: "Una luz de almacén (El lunfardo y yo)", *Emecé*, Buenos Aires, 1982.
Romano, Eduardo: "Sobre poesía popular argentina", *Centro Editor de América Latina*, Buenos Aires, 1983.
Romero Manuel: "Cancionero", *Torres Agüero Editor*, Buenos Aires, 1978.
Rossi, Vicente: "Cosas de negros", *Hachette*, Buenos Aires, 1958.
"Teatro nacional rioplatense. Contribución a su análisis y a su historia", *Editorial Solar – Ha chette*, Buenos Aires, 1968.
Rossler, Osvaldo: "Buenos Aires dos por cuatro", *Losada*, Buenos Aires, 1967.
"Protagonistas del tango", *Emecé*, Buenos Aires, 1974.
"Celedonio Flores", in "La historia del tango" Bd. 17, *Corregidor*, Buenos Aires, 1980.
"Las virtudes poéticas de Celedonio Flores", *Clarín*, Buenos Aires, 11. Dezember 1980.
Ronchetto, Nélida: "Osvaldo Pugliese, su trayectoria", in "La historia del tango" Bd. 14, *Corregidor*, Buenos Aires, 1979.

Sabato, Ernesto: "Tango, discusión y clave", *Losada*, Buenos Aires, 1963.
"El escritor y sus fantasmas", *Aguilar*, Buenos Aires, 1963.
"La cultura en la encrucijada nacional", *Sudamericana*, Buenos Aires, 1976.
Salas, Horacio: "Homero Manzi", *Tiempos Modernos* N° 2, Buenos Aires, April 1965.
"El tema de la ciudad y el barrio en la poesía del tango", *La Gaceta de Tucumán*, Tucumán, 18. September 1966.
"Homero Manzi. Antología", *Editorial Brújula*, Buenos Aires, 1968.
"La poesía de Buenos Aires", *Pleamar*, Buenos Aires, 1968.
"Los dueños de Buenos Aires: Roberto Goyeneche", *Dinamis*, Buenos Aires, Januar 1969.
"Los dueños de Buenos Aires: Tita Merello", *Dinamis*, Buenos Aires, März 1969.
"Los dueños de Buenos Aires: Edmundo Rivero", *Dinamis*, Buenos Aires, Dezember 1969.
"Los dueños de Buenos Aires: Astor Pizzolla", *Dinamis*, Buenos Aires, Dezemeber 1970.
"Horacio Ferrer, el último de los pintados", *Dinamis*, Buenos Aires, Januar 1971.
"Un chamuyo misterioso", *Dinamis*, Januar 1972.
"El tango protesta", *Dinamis*, Juli 1972.
"Cátulo Castillo: letras para los hombres", *Discusión*, Buenos Aires, 4. November 1975.
"Tango, prosa y poesía de Buenos Aires", *Editorial Manrique Zago*, Buenos Aires, 1990.
Sánchez Sívori, Amalia: "Diccionario de payadores", *Plus Ultra*, Buenos Aires, 1979.
Sarduy, Severo: "Se oye la voz de Gardel", *Clarín*, Buenos Aires, 14. September 1978.
Sarlo, Beatriz: "De ícono cotidiano a estatua clásica", *La Razón*, Buenos Aires, 24. Juni 1985.

Scalabrini Ortiz: "El hombre que está solo y espera", *Albatros*, Buenos Aires, 1951.
Scenna, Miguel Ángel: "Una historia del bandoneón (Primera Parte)", in *Todo es Historia* N° 87, Buenos Aires, agosto de 1974.
"Una historia del bandoneón (Segunda Parte)", in *Todo es Historia* N° 88, Buenos Aires, September 1974.
Scobie, James R.: "Buenos Aires, del centro a los barrios 1870 – 1910", *Solar – Hachette*, Buenos Aires, 1970.
Sebreli, Juan José: "Buenos Aires, vida cotidiana y alienación", *Siglo XX*, Buenos Aires, 1965.
Selles, Roberto: "El tango en sus primeras décadas", in "La historia del tango" Bd. 2, *Corregidor*, Buenos Aires, 1977.
"Antes y después de Gardel y Corsini", in "La historia del tango" Bd. 10, *Corregidor*, Buenos Aires, 1978.
"La milonga", in "La historia del tango" Bd. 12, *Corregidor*, Buenos Aires, 1978.
"Antes y después de Contursi", in "La historia del tango" Bd. 17, *Corregidor*, Buenos Aires, 1980.
Sierra, Luis Adolfo: "Historia de la orquesta típica (Evolución testimonial del tango)", Editorial Peña Lillo, Buenos Aires, 1966.
"Vicente Greco", in "La historia del tango" Bd. 4, *Corregidor*, Buenos Aires, 1977.
"Agustpin Bardi", in "La historia del tango" Bd. 4, *Corregidor*, Buenos Aires, 1977.
"Osvaldo Fresedo", in "La historia del tango" Bd. 5, *Corregidor*, Buenos Aires, 1977.
"La escuela Decariana", in "La historia del tango" Bd. 7, *Corregidor*, Buenos Aires, 1977.
"Osvalod Pugliese, estilo y estética del tango", in "La historia del tango" Bd. 14, *Corregidor*, Buenos Aires, 1979.
"Elvino Vardaro", in "La historia del tango" Bd. 15, *Corregidor*, Buenos Aires, 1980.
"Orlando Goñi, el pianista olvidado", in "La historia del tango" Bd. 15, *Corregidor*, Buenos Aires, 1980.
y Ferrer Horacio: "Discepolín", *Editorial del Tiempo*, Buenos Aires, 1965.
Silva Cabrera, Erasmo (Avlis): "Carlos Gardel, el gran desconocido", *Editorial Ciudadela*, Montevideo, 1967.
Slatta, Richard W.: "Los gauchos y el ocaso de la frontera", *Sudamericana*, Buenos Aires, 1985.
Soler Cañas, Luis: "Negros, gauchos y compadres en el cancionero de la federación 1830 – 1848", *Theoría*, Buenos Aires, 1958.
"Pardos y morenos en el año 80", in *Revista del instituto de Investigaciones Históricas Juan Manuel de Rosas* N° 23, Januar – Dezember 1963.
"Cuentos y diálogos lunfardos 1885 – 1964", *Theoría*, Buenos Aires, 1965.
"Orígenes de la literatura lunfarda", *Siglo XX*, Buenos Aires, 1965.
"Antología del lunfardo", *Crisis*, Buenos Aires, 1976.
und Gobello, José: "Primera antología lunfarda", *Las Orillas*, Buenos Aires, 1961.
Soliño, Víctor: ""Mis tangos y los atenienses", *Alfa*, Montevideo, 1967.
Speratti, Alberto: "Con Piazzolla", *Galerna*, Buenos Aires, 1969.
Spinetto, Horacio Julio: "Carlos Gardel, regalo y permanencia", in *Todo es Historia*, Buenos Aires, Juni 1985.
Stilman, Eduardo: "Historia del tango", *Editorial Brújula*, Buenos Aires, 1965.
und Gobello, José: "Diálogos de Villoldo", *Freeland*, Buenos Aires, 1964.

Tallón, José Sebastián: "El tango en sus etapas de música prohibida", *Editorial Amigos del Libro Argentino*, Buenos Aires, 1964.
Talice, Roberto A.: "Evocación y ubicación de José González Castillo", in "La historia del tango" Bd. 17, *Corregidor*, Buenos Aires, 1980.
Tania: "Discepolín y yo", *La Bastilla*, Buenos Aires, 1973.
Terruggi, Mario E.: "Panorama del lunfrado", *Sudamericana*, Buenos Aires, 1973.
Tiempo, César: "El último vuelo", in "La historia del tango" Bd. 9, *Corregidor*, Buenos Aires, 1977.
Torres, Mercedes Pilar: "El canto de los argentinos. Elementos para una etnología argentina", *Editorial del*

Valle, Buenos Aires, 1985.
Tucci, Terig: "Gardel en Nueva York", *Webb Press*, New York, USA, 1965.

Ulla, Noemí: "Tango, rebelión y nostalgia", *Editorial Jorge Alvarez*, Buenos Aires, 1967.
Urquía, Carlos Enrique: "El tango del cuerpo", *Clarín*, Buenos Aires, 2. August 1979.

Varios Autores: "Ensayos de música latinoamericana", *Casa de las Américas*, La Habana, Cuba, 1982.
"El tango, antología", *Centro Editor de América Latina*, Buenos Aires, 1969.
Vecino, Oscar: "Vida, personalidad y discografía de Aníbal Troilo", als Textheft zum Schallplattenalbum "La historia de Aníbal Troilo", *RCA Víctor*, ohne Datum.
Vega, Carlos: "Danzas y canciones argentinas. Teorías e investigaciones", *Establecimiento Gráfico de E. Ferrero*, Buenos Aires, 1936.
Vidart, Daniel: "Literatura y tango", in Capítulo Oriental N° 43, *Centro Editor de América Latina*, 1969.
"Teoría del tango", *Banda Oriental*, Montevideo, 1964.
Villariño, Idea: "Tangos", *Arca*, Montevideo, Uruguay, 1967.
"Tangos, antología", *Centro Editor de América Latina*, Buenos Aires, 1981.
"El tango cantado", *Arca*, Montevideo, Uruguay, 1981.
"El tango", capítulos N° 117 y 118, *Centro Editor de América Latina*, Buenos Aires, 1981.
Villaroel, Luis F.: "Tango, folclore de Buenos Aires", *Ideagraf*, Buenos Aires, 1957.

Yrurtia, Ricardo: "Aníbal Troilo, reportaje", in "La historia del tango" Bd. 16, *Corregidor*, Buenos Aires, 1980.
Yunque, Alvaro: "La poesía dialectal porteña. Versos rantes", *Peña Lillo*, Buenos Aires, 1961.
"Corazoneando", in "La historia del tango" Bd. 14, *Corregidor*, Buenos Aires, 1979.

Zucchi, Oscar D.: "Francisco Lomuto", in "La historia del tango" Bd. 4, *Corregidor*, Buenos Aires, 1977.
"El bandoneón en el tango", in "La historia del tango" Bd. 5, *Corregidor*, Buenos Aires, 1977.
"Edgardo Donato a plena luz", in "La historia del tango" Bd. 6, *Corregidor*, Buenos Aires, 1977.
"Los estribillistas 1920 – 1930", in "La historia del tango" Bd. 11, *Corregidor*, Buenos Aires 1978.

Register sämtlicher im Buch erwähnter Tangotitel

Register sämtlicher im Buch erwähnter Namen

Inhaltsverzeichnis